GÜNTER BREUNIG

Staatsangehörigkeit und Entkolonisierung

Schriften zum Völkerrecht

Band 37

Staatsangehörigkeit und Entkolonisierung

Die Abgrenzung des Staatsvolkes bei der Verselbständigung der frankophonen Staaten Schwarzafrikas unter völkerrechtlichen Gesichtspunkten

Von

Dr. Günter Breunig

DUNCKER & HUMBLOT / BERLIN

Gedruckt 1974 bei Buchdruckerei Richard Schröter, Berlin 61
Printed in Germany

ISBN 3 428 03171 7

Meiner Mutter

und dem Andenken meines Vaters

Vorwort

Die vorliegende Arbeit wurde im Wintersemester 1973/74 von der Juristischen Fakultät der Universität Heidelberg als Dissertation angenommen. Sie unternimmt den Versuch, die Entwicklung der völkerrechtlich relevanten Praxis im modernen Staatsangehörigkeitsrecht anhand der Verselbständigung einer neu in die Völkerrechtsgemeinschaft eingetretenen Staatengruppe zu exemplifizieren. Der gewählte Komplex der ehemals französischen Kolonien in Schwarzafrika läßt sich insoweit als eine selbständig darzustellende Einheit betrachten. Diese ergibt sich aus einer gemeinsamen oder ähnlichen politischen und rechtlichen Vergangenheit und der nahezu gleichzeitig erlangten Unabhängigkeit. Die gewonnenen Ergebnisse geben in ihrer Einheitlichkeit und Verschiedenheit einen Eindruck von den Auffassungen der beteiligten Staaten hinsichtlich der völkerrechtlichen Fragen zur Rechtsnachfolge in die Staatsangehörigkeit. Auf diese Weise sollen die aktuellen Tendenzen im Bereich von Staatsangehörigkeit und Staatensukzession — am konkreten Beispiel der ehemals französischen Kolonien in Schwarzafrika — aufgezeigt werden. Im übrigen möge die Darstellung dazu dienen, zum Eintritt der ehemals abhängigen Gebiete in die internationale Staatengemeinschaft einen juristischen Beitrag zu leisten.

Mein besonderer Dank gilt Herrn Professor Dr. Dr. h. c. Hermann Mosler für seine verständige und hilfsbereite Betreuung der Arbeit. Wertvolle Anregungen und Diskussionen verdanke ich Herrn Professor Dr. Dr. Albert Bleckmann.

Die Arbeit entstand weitgehend im Max-Planck-Institut für ausländisches öffentliches Recht und Völkerrecht in Heidelberg, dessen Personal mich bei der Beschaffung der Literatur hilfreich unterstützt hat.

Nicht zuletzt danke ich Herrn Ministerialrat a. D. Dr. J. Broermann für die freundliche Aufnahme der Arbeit in seine völkerrechtliche Verlagsreihe.

Heidelberg, im Februar 1974

Günter Breunig

Inhaltsverzeichnis

Abkürzungsverzeichnis

AFDI	=	Annuaire Français de Droit International
BGBl.	=	Bundesgesetzblatt der Bundesrepublik Deutschland
BGHZ	=	Entscheidungen des Bundesgerichtshofs in Zivilsachen
Bull. off.	=	Bulletin officiel
BVerfGE	=	Entscheidungen des Bundesverfassungsgerichts
BVerwGE	=	Entscheidungen des Bundesverwaltungsgerichts
Clunet	=	Journal du Droit International
Diss.	=	Dissertation
I. D. E. F.	=	Institut international de Droit d'Expression Française
IGH	=	Internationaler Gerichtshof
J. O.	=	Journal officiel
J. O. C.	=	Journal officiel de la Communauté
J. O. R. C.	=	Journal officiel de la République du Congo (Brazzaville, République populaire du Congo)
J. O. R. Ca.	=	Journal officiel de la République camerounaise
J. O. R. CA	=	Journal officiel de la République centrafricaine
J. O. R. CI	=	Journal officiel de la Côte d'Ivoire
J. O. R. D.	=	Journal officiel de la République Dahomey
J. O. R. F.	=	Journal officiel de la République française
J. O. R. M.	=	Journal officiel de la République Mali
J. O. R. Malg.	=	Journal officiel de la République malgache (République Malagasy)
J. O. R. Tch.	=	Journal officiel de la République Tchad
JZ	=	Juristenzeitung
m. w. N.	=	mit weiteren Nachweisen
Penant	=	Recueil Penant
RdC	=	Recueil des Cours de l'Académie de droit international de La Haye
RGBl.	=	Reichsgesetzblatt
RJPIC	=	Revue juridique et politique. Indépendance et coopération
RJPOM	=	Revue juridique et politique d'outre-mer
UAM	=	Union africaine et malgache
UN, UNO	=	United Nations Organization
UNTS	=	United Nations Treaty Series

Vorbemerkungen

Der Vorgang der Entkolonisierung hat neben spektakulären politischen auch eine Fülle von juristischen Konsequenzen mit sich gebracht. So wurde, neben zahlreichen sonstigen Änderungen, das Staatsangehörigkeitsrecht durch die Verselbständigung der ehemals abhängigen Gebiete tiefgreifend umgestaltet. Die vorliegende Untersuchung beschäftigt sich mit der Dekolonisierung der ehemaligen französischen Kolonialgebiete in Schwarzafrika, die nach der Gewährung der Unabhängigkeit im Jahre 1960 weitgehend abgeschlossen war. Sachlicher Gegenstand ist dabei die bei der Bildung von Neustaaten erforderliche Abgrenzung des Staatsvolkes, die „Erstausstattung" der Bevölkerung mit der Staatsangehörigkeit[1], unter dem Aspekt der hierbei interessierenden völkerrechtlichen Probleme. Dabei soll der Tatsache Rechnung getragen werden, daß der Verselbständigungsprozeß der französischen Kolonialgebiete in Schwarzafrika sich als ein mehrstufiger Vorgang darstellt, der als solcher auch auf die hier zu behandelnden rechtlichen Fragen von Bedeutung ist.

Die Ausrichtung des Themas auf das ehemalige *französische* Kolonialreich folgte aus der Überlegung, daß der Entkolonisierungsprozeß im französischen Rechtskreis eine juristische Entwicklung beinhaltet, die auch unter völkerrechtlichen Gesichtspunkten als Einheit betrachtet werden kann. Die Wahl der frankophonen afrikanischen Gebiete südlich der Sahara erklärt sich daraus, daß diese ihre Unabhängigkeit fast ausnahmslos mit der „Dekolonisierungswelle" des Jahres 1960 erhielten[2]. Die Verselbständigung des frankophonen Schwarzen Afrika stellt also einen einheitlichen politischen und juristischen Vorgang dar[3]. Die völkerrechtlichen Konsequenzen der zur Abgrenzung des Staats-

---

[1] Die Materie läßt sich auch mit der Bezeichnung „Rechtsnachfolge in die Staatsangehörigkeit" umschreiben. In der französischen Literatur spricht man von der „constitution du patrimoine humain" der neuen Staaten. Vgl. *A. Bleckmann,* Das französische Kolonialreich und die Gründung neuer Staaten. Die Rechtsentwicklung in Syrien/Libanon, Indochina und Schwarzafrika; Köln - Berlin - Bonn - München, 1969, S. 496; *A. Zatzépine,* Le droit de la nationalité des républiques francophones d'Afrique et de Madagascar, Paris, 1963, S. 10.

[2] Guinea erlangte seine Unabhängigkeit bereits 1958.

[3] Die islamischen Staaten Nordafrikas befanden sich auch teilweise in einer wesentlich anderen soziologischen und rechtlichen Situation als das „Schwarze Afrika" („L'Afrique noire"). Vgl. dazu *Bleckmann,* S. 3.

volkes[4] getroffenen Regelungen lassen auch schon für diesen Rechtskreis eine einheitliche und zusammenfassende abschließende Beurteilung zu.

In dieser Arbeit sollen unter dem angegebenen Thema folgende neue afrikanische Staaten behandelt werden:

Dahome
Elfenbeinküste
Gabun
Guinea
Kamerun
Kongo (Brazzaville)
Madagaskar
Mali
Mauretanien
Niger
Obervolta
Senegal
Togo
Tschad
Zentralafrikanische Republik

Die Gemeinsamkeiten und Verschiedenheiten der Entwicklung dieser Staaten auf dem Gebiet des Staatsangehörigkeitsrechts bis zur Unabhängigkeit werden im folgenden ebenfalls zur Sprache kommen, soweit völkerrechtlich relevante Gesichtspunkte berührt werden.

Die Ausführungen werden sich im wesentlichen mit dem Begriff der „nationalité" im Gegensatz zur „citoyenneté" beschäftigen. Maßgebend für die völkerrechtliche Betrachtung der Erstausstattung mit Staatsangehörigen ist die äußere, international relevante Staatsangehörigkeit (nationalité) und nicht die intern wirksame Staatsbürgerschaft.

Von Bedeutung ist, daß anläßlich der Verselbständigung zwischen der Französischen Republik und den frankophonen afrikanischen Neustaaten keine vertraglichen Regelungen („Devolutionsabkommen")[5] hinsichtlich der Staatsangehörigkeit getroffen wurden. Deshalb besteht die zur Abgrenzung des Staatsvolkes maßgebliche Staatenpraxis hier aus der entsprechenden Staatsangehörigkeitsgesetzgebung Frankreichs und der neuen afrikanischen Staaten.

---

[4] Unter juristischem Aspekt ist hierunter die Gesamtheit der Staatsangehörigen zu verstehen (*R. Zippelius*, Allgemeine Staatslehre, 3. Aufl., 1971, S. 47).

[5] Vgl. hierzu allgemein *D. P. O'Connell*, International Law, volume I, London - New York, 1965, S. 430 ff.

Die einschlägigen afrikanischen und französischen Gesetzesvorschriften sollen auf ihre Einstellung hinsichtlich derjenigen völkerrechtlichen Grundsätze, Tendenzen und Probleme untersucht werden, die bei der Verselbständigung von ehemals abhängigen Gebieten für die Erstausstattung mit Staatsangehörigen relevant sind bzw. sein können. In erster Linie kommen dabei die völkerrechtlichen Prinzipien in Betracht, die für die Auswirkungen einer Staatensukzession auf die Staatsangehörigkeit der Bevölkerung des betroffenen Gebietes entwickelt wurden. Soweit hierzu völkerrechtliche Grundsätze angenommen werden, sind diese jedoch nicht unumstritten. Nicht ganz erklärt ist zunächst die Frage, inwieweit die Verselbständigung der französischen Gebiete in Schwarzafrika ein Fall der Staatensukzession ist bzw. welcher Erscheinungsform der Staatennachfolge sie zuzurechnen ist.

Die völkerrechtlichen Grundsätze, die zur Rechtsnachfolge in die Staatsangehörigkeit geschaffen wurden, beruhen auf dem Gedanken der Staatensukzession und gehören folglich zum Recht der Staatensukzession. Die Beachtung, die Frankreich und die afrikanischen Neustaaten diesen Grundsätzen in ihren gesetzlichen Regelungen schenken, läßt Rückschlüsse zu auf die Einstellung dieser Staaten zum Gedanken der Staatensukzession im Rahmen des Entkolonisierungsprozesses.

Einer der hier zu behandelnden völkerrechtlichen Gesichtspunkte ist die Frage des automatischen Staatsangehörigkeitswechsels bei Staatensukzessionen. In engem Zusammenhang damit steht das Problem, nach welchen Kriterien sich der vom Staatsangehörigkeitswechsel betroffene Personenkreis bestimmt (Domizil, Geburt, Abstammung usw.). Von Bedeutung sind auch diejenigen Grundsätze, die die Gewährung von Optionen anläßlich eines Souveränitätswechsels betreffen. Fraglich sind hierbei insbesondere das Bestehen einer völkerrechtlichen Pflicht zur Ermöglichung einer Option und die Bestimmung des Kreises der Optionsberechtigten. In Zusammenhang mit der Frage des automatischen Staatsangehörigkeitswechsels steht schließlich das Problem, wann bei Optionen der Zeitpunkt des Staatsangehörigkeitswechsels eintritt. Im Rahmen des Optionsrechts ist noch die Frage nach den Optionen der Minderjährigen von Interesse.

Ein besonderer Aspekt, der nicht in unmittelbarem Zusammenhang mit den Rechtsgrundsätzen der Staatensukzession steht, ergibt sich aus der Überlegung, inwieweit die Regelungen zur Abgrenzung des Staatsvolkes die Entstehung mehrfacher Staatsangehörigkeiten und von Staatenlosigkeit fördern. Das Auftreten von mehrfachen Staatsangehörigkeiten und von Staatenlosigkeit ist eine völkerrechtlich erhebliche Tatsache, die auch bei den hier zu erörternden Vorgängen beachtet werden muß. Wenn nach den entsprechenden Vorschriften Doppelstaatsangehörigkeiten und Staatenlosigkeiten möglich sind, so lassen sich die Vorschriften auch unter diesem Gesichtspunkt völkerrechtlich würdigen.

Die vorliegende Darstellung macht es sich zur Aufgabe, die Einstellung des französischen und der afrikanischen Gesetzgeber zu den oben angeführten völkerrechtlich relevanten Fragen der Abgrenzung des Staatsvolkes zu untersuchen. Dabei soll auch die Mehrstufigkeit des Entkolonisierungsprozesses im frankophonen Schwarzen Afrika berücksichtigt werden, sofern Auswirkungen auf die Staatsangehörigkeit zu beobachten sind. Eine Auseinandersetzung mit den völkerrechtlichen Konsequenzen der von den betroffenen Staaten vorgenommenen Regelungen[6] ist in diesem Zusammenhang unvermeidbar (Weiterentwicklung völkerrechtlicher Prinzipien, Völkerrechtswidrigkeiten).

---

[6] Zur völkerrechtsformenden Bedeutung der Entkolonisierung allgemein vgl. *H. Dölle / F. Reichert-Facilides / K. Zweigert,* Internationalrechtliche Betrachtungen zur Dekolonisierung, Tübingen, 1964, insbes. S. 68.

I. Die französische Staatsangehörigkeit in den afrikanischen Überseegebieten

1. Die Entwicklung der französischen Staatsangehörigkeit in Schwarzafrika während der Kolonialzeit

a) Der Erwerb der Kolonien

Die Kolonisierung der Gebiete südlich der Sahara begann zu sehr unterschiedlichen Zeitpunkten. Im späteren Französisch-Westafrika (Afrique Occidentale Française) wurden bereits im 17. und 18. Jahrhundert durch französische Handelsgesellschaften vom Senegal aus nach Süden die Küste und nach Osten, dem Senegal entlang, das Landesinnere erforscht. Als Folge dieser Expeditionen wurden bald Handelsniederlassungen gegründet und Handelsverträge mit den Eingeborenen abgeschlossen. Die systematische und weiträumige Kolonisation, verbunden mit dem Auftreten einer französischen Staatsgewalt, entwickelte sich jedoch erst im Laufe des 19. Jahrhunderts[1]. Die Gebiete wurden zuerst zu Protektoraten und dann zu Kolonien gemacht[2]. Der koloniale Erwerb des späteren Französisch-Äquatorialafrika (Afrique Equatoriale Française) erfolgte erst im Laufe des 19. Jahrhunderts[3]. Die französische Einflußnahme in Madagaskar begann bereits im 17. Jahrhundert mit der Gründung von Handelsniederlassungen, die jedoch bald aufgegeben wurden. Die von *Ludwig XIV.* im Jahre 1670 vorgenommene Annektierung war nur symbolischer Natur. Erst im 19. Jahrhundert konnte Frankreich die Insel unter seine Kontrolle bringen und schließlich in eine Kolonie verwandeln[4]. Die französische

[1] Vgl. dazu und zum Folgenden im einzelnen *Bleckmann*, S. 231 ff. Dort wird der Erwerb der französischen Kolonien in Schwarzafrika ausführlich dargestellt. Außerdem: *F. W. Jerusalem*, Grundsätze des französischen Kolonialrechts, Berlin, 1909, S. 19 ff.; *N. Scherk*, Dekolonisation und Souveränität, Wien - Stuttgart, 1969, S. 15 ff.

[2] 1817 Unterstellung unter einen Gouverneur und Schutz durch die französische Armee; 1855/1865 Beginn der Umwandlung in eigentliche Kolonien.

[3] 1842 bis 1862 vertragliche Inbesitznahme des Gabun-Flusses und des angrenzenden Landes. Nach 1880 effektive Besetzung des Mittelkongo und des Tschadgebietes. Ausgehend von den Küstenbereichen wurden die inneren Länder zunächst als Protektorate, dann als Kolonien gewonnen. 1910 wurden diese Gebiete in das „Gouvernement général de l'Afrique équatoriale française“ verwandelt.

[4] 1861, 1862, 1868 Freundschafts- und Handelsverträge mit der souveränen Merina-Dynastie; 1840/41 Protektorate im Nordwesten der Insel, 1885 ganz Madagaskar französisches Protektorat; 1896 schließlich war Madagaskar französische Kolonie.

Hoheitsgewalt über die ehemals deutschen Kolonien Togo und Kamerun wurde erst nach dem Ausbruch des Ersten Weltkrieges begründet, als Frankreich den Teil der Gebiete besetzte, der ihm nach dem 1916 mit England geschlossenen Geheimvertrag zufiel. Dieser Vertrag räumte Frankreich Befugnisse ein, die Togo und Kamerun faktisch zu einer französischen Kolonie machten. Nach dem durch den Friedensvertrag von Versailles erklärten Verzicht des Deutschen Reichs auf seine Kolonien bestätigte der Völkerbund die britisch-französischen Mandatsabkommen über Kamerun und Togo. Die Souveränität der Mandatsmacht Frankreich über die ihr unterstellten Gebiete war zwar nicht unbeschränkt, jedoch wurde die Verwaltung wie in einer französischen Kolonie durchgeführt. Nach dem Zweiten Weltkrieg wurden Togo und Kamerun zu Treuhandgebieten der Vereinten Nationen umgewandelt, wobei Frankreich als Treuhandstaat „pleins pouvoirs de législation, d'administration et de jurisprudence sur le territoire" innehatte[5].

b) Die französische Staatsangehörigkeit in Schwarzafrika

aa) Der Beginn der Entstehung der französischen Personalhoheit in Schwarzafrika

Der Überblick über den Erwerb der französischen Kolonien in Schwarzafrika zeigt, daß in den betreffenden Gebieten die französische Hoheitsgewalt erst im Laufe des 19. Jahrhunderts voll erstarkt war. Dies geschah zu dem Zeitpunkt, in dem Frankreich eine effektive Besetzung vorgenommen hatte, die Verwaltung übernommen hatte und das Territorium möglicherweise schon offiziell zur französischen Kolonie erklärt worden war. Vor dieser vollständigen kolonialen Durchdringung gehörten die Gebiete zur französischen Einflußsphäre, zumeist im Status eines Protektorats[6].

Vor der Ankunft der Franzosen war das Land ausschließlich von Eingeborenenstämmen besiedelt, die untereinander vielfach feindlich gesonnen waren. Zum Teil bildeten die Eingeborenenstämme mehr oder weniger mächtige Königreiche (beispielsweise im Gebiet des heu-

---

[5] Vgl. dazu *Bleckmann*, S. 262.

[6] Die genaue rechtliche Struktur dieser „Protektorate" und späteren Kolonien dürfte für den damaligen Zeitraum nur schwer zu bestimmen sein. Fraglich ist, inwieweit ein Protektorat im Sinne des Völkerrechts mit entsprechend entwickelter Staatsqualität damals für die von Eingeborenen besiedelten afrikanischen Gebiete angenommen werden konnte. Verneint man das Vorhandensein von Protektoraten, so kann man jedenfalls statt dessen bereits für dieses Vorstadium den völkerrechtlichen Begriff der Kolonie verwenden. (Vgl. dazu *Bleckmann*, S. 232.) Im weiteren Verlauf der Entwicklung hatten die hier interessierenden Gebiete den Status von Kolonien und nicht von Protektoraten.

tigen Mali, in Madagaskar). Diesem Stammessystem kann man den modernen Rechtsbegriff der Staatsangehörigkeit („nationalité") nicht zuordnen[7]. Die Staatsangehörigkeit als *rechtliches* Band zwischen dem Staat und dem einzelnen zum Zwecke der Bestimmung des Staatsvolkes setzt ein organisiertes und institutionalisiertes Staatswesen voraus. Davon konnte bei der afrikanischen Stammesordnung keine Rede sein. Ob eine irgendwie geartete *faktische* Personalhoheit vorhanden war („Stammeszugehörigkeit"), kann hier dahingestellt bleiben.

Die Gründung französischer Handelsniederlassungen im 17. und 18. Jahrhundert konnte keine Verbreitung der französischen Staatsangehörigkeit in Afrika mit sich bringen, da zu dieser Zeit dort noch keine französische Staatsgewalt ausgeübt wurde. Eine Einverleibung in den französischen Staatsverband fand nicht statt.

Im weiteren Stadium der Kolonisierung schloß Frankreich, hauptsächlich in der ersten Hälfte des 19. Jahrhunderts, Protektoratsverträge mit den einheimischen Stammesfürsten und machte auf diese Weise die betreffenden Gebiete Schwarzafrikas zu seiner Einflußzone. Nach allgemein anerkannten völkerrechtlichen Grundsätzen erwerben die Bewohner eines unter einem Protektorat stehenden Gebietes jedoch nicht deswegen die Staatsangehörigkeit des Protektorstaates[8]. Die Bewohner der unter französischem Protektorat stehenden Länder in Schwarzafrika waren deshalb zwar französische Schutzgenossen, aber nicht französische Staatsangehörige (nationaux). Wegen der fehlenden Staatsqualität ihrer Gemeinwesen (Stämme, Fürstentümer) standen

---

[7] *P. Decheix,* Le code de la nationalité malienne, Penant 73, 1963, S. 300; *R. Decottignies / M. de Biéville,* Les nationalités africaines, Paris, 1963, S. 13; *P. F. Gonidec,* L'Etat africain, Paris, 1970, S. 55; *M. Alliot,* L'attribution de la nationalité à titre originaire dans les états africains francophones, RJPIC 1971, Nr. 4, S. 604.

Hinsichtlich Madagaskars wohl a. A. *R. Bilbao,* Le droit malgache de la nationalité, Paris, 1965, S. 52; *F. Terré,* A propos de la nationalité malgache, Penant 71, 1961, S. 339. *R. Razafimandranto* spricht von einer „nationalité malgache de fait", die bereits vor der französischen Annexion bestanden habe (Le droit de la nationalité malgache, RJPIC 1971, Nr. 4, S. 523). *D. Bardonnet,* La succession d'états à Madagascar, Paris, 1970, erwähnt den „caractère rudimentaire de la nationalité dans l'ancien droit malgache" (S. 56, Anm. 8).

Diese einschränkende Auffassung wird also zumindest für Madagaskar vertreten.

[8] *G. Dahm,* Völkerrecht, Band I, Stuttgart, 1958, S. 451. Hinsichtlich des 1880 gegründeten Protektorats im Gebiet des heutigen Mali wird für diese Zeit eine Gewährung der französischen Staatsangehörigkeit an die einheimische Bevölkerung nicht angenommen (*Decheix,* Le code de la nationalité malienne, Penant 73, 1963, S. 300).

Selbst bei Ablehnung des Rechtsbegriffs „Protektorat" im damaligen Schwarzafrika reichte die Intensität der kolonialen Einflußnahme durch Frankreich noch nicht zum Auftreten der französischen Personalhoheit aus.

die Einheimischen zwar unter französischem Schutz, hatten aber wohl noch keine Staatsangehörigkeit.

Der Kolonialisierungsprozeß war im wesentlichen abgeschlossen mit der Einverleibung des afrikanischen Gebiets in den französischen Staatsverband[9]. Sofern die Verwaltung nicht sofort in ihrer Gesamtheit von Frankreich übernommen wurde, geschah dies in einer mehr oder weniger kurzen Zeit später. Wenn das Gebiet als Kolonie organisiert war, war es zugleich verwaltungsmäßig „territorialisiert"[10].

Mit der Erstreckung der französischen Hoheitsgewalt über ein Gebiet, das verwaltungsmäßig in den französischen Staatsverband eingegliedert war, erwarben dessen Bewohner die französische Staatsangehörigkeit im weitesten Sinne. Sie waren nämlich seit dieser Zeit zumindest der französischen Staatsgewalt unterworfen. Das bedeutet demnach, daß die in den Kolonien lebenden Einheimischen mit der vollzogenen Kolonisierung die französische Staatsangehörigkeit besaßen, obwohl ihnen diese bis dahin durch kein Gesetz (loi, decret, ordonnance) oder sonstigen Rechtsakt verliehen worden war[11]. Diese Auffassung könnte folgen aus der Überlegung, daß eine bisher im rechtlichen Sinne nicht staatlich organisierte Bevölkerung, die an eine bestehende Souveränität verwaltungsmäßig angegliedert wird, notwendigerweise „ipso facto" deren Staatsangehörigkeit erhält[12]. Die hierdurch zum Ausdruck gebrachte Gewaltunterworfenheit der Bewohner unter den französischen Staat erfordert einen Begriff der Staatsange-

---

[9] Hier soll lediglich die Entwicklung in den ursprünglichen französischen Kolonien dargestellt werden. Das Problem der Staatsangehörigkeit in Togo und Kamerun wird später erörtert werden.

[10] Einzelheiten dazu bei *Bleckmann*, S. 233.

[11] So *Bilbao*, Le droit malgache de la nationalité, S. 51, 52. Der Autor geht wohl von einem automatischen Erwerb der französischen Staatsangehörigkeit durch die Bewohner der schwarzafrikanischen Territorien im Zeitpunkt der Kolonialisierung aus. Ähnlich auch *Decottignies / de Biéville*, S. 15; *Jerusalem*, S. 92, 93; *A. R. Werner*, Essai sur la réglementation de la nationalité dans le droit colonial français, Paris, 1936, S. 46.
Dieses Problem soll aber nicht vertieft werden, da die völkerrechtliche Untersuchung sich im einzelnen nur mit der *Verselbständigung* der Gebiete beschäftigt, nicht mit der vorhergegangenen Kolonialisierung. Siehe auch unten, I, 1, b, cc, am Ende.

[12] So im Ergebnis die genannten Autoren oben Anm. 11. Das Problem steht im Zusammenhang mit der in dieser Darstellung unter anderem zu untersuchenden Frage des automatischen Staatsangehörigkeitswechsels bei Staatensukzessionen. Dieser Frage soll hier nur für den Vorgang der Entkolonisierung nachgegangen werden. Hinsichtlich der zuvor eingetretenen Kolonisierung soll zumindest festgehalten werden, daß hier nicht eine organisierte Staatsgewalt an die Stelle einer entsprechenden anderen Staatsgewalt trat, sondern daß eine derartige Staatsgewalt traditionelle Stammesgewalten ablöste. Die automatische Auferlegung der französischen Personalhoheit gegenüber den Eingeborenen ist aber im Ergebnis nach Sukzessionsgrundsätzen zu bejahen.

hörigkeit, der im weitesten Sinne zu verstehen ist[13]. Darunter kann nur der dem deutschen Terminus „Staatsangehörigkeit" ungefähr entsprechende französische Begriff „nationalité" fallen. Die „nationalité" aber ist im Gegensatz zu sehen zur „citoyenneté".

bb) „Nationalité", „citoyenneté" und „statut personnel"

Ursprünglich (in der vorrevolutionären Zeit) hatten „nationalité" und „citoyenneté" weitgehend dieselbe Bedeutung[14] und bezeichneten die Zugehörigkeit zum französischen Staat, und zwar sowohl als Kriterium für die Gewährung des diplomatischen Schutzes als auch für die Ausübung der innerstaatlichen Rechte. Im Laufe der Entwicklung änderte sich die Bedeutung der „citoyenneté" dahingehend, daß sie die mit der Ausübung der politischen Rechte verbundene (Staats-)Bürgerschaft beinhaltete, wohingegen die „nationalité" die Zugehörigkeit zum Staat, also die „Staatsangehörigkeit", ausdrückte. So stellt sich der Unterschied zwischen „nationalité" und „citoyenneté" heute wie auch schon in der für die Kolonialisierung maßgebenden Zeit der 2. Hälfte des 19. Jahrhunderts wie folgt dar:

1. Der Begriff der *Staatsangehörigkeit (nationalité)* gehört im wesentlichen dem *internationalen* Recht an und bestimmt das rechtliche Band, das eine bestimmte Person mit einem bestimmten vom Völkerrecht anerkannten Staat verbindet. Die Staatsangehörigkeit erlaubt es, diese Person von den Angehörigen eines anderen Staates zu unterscheiden und ist der Anknüpfungstatbestand für die Gewährung des diplomatischen Schutzes. Der Begriff der „nationalité" unterlag im Laufe seiner Entwicklung einem Bedeutungswandel dergestalt, daß er mehr und mehr nur die reine Gewaltunterworfenheit unter die französische Staatsgewalt nach außen und nach innen bezeichnete (sujet français).

2. Der Begriff der *Staatsbürgerschaft (citoyenneté)* gehört nur dem *innerstaatlichen* öffentlichen Recht an und gewährleistet verschiedene interne politische Rechte wie das Wahlrecht, die Ausübung der Grundrechte und die Zulassung zu den öffentlichen Ämtern. Die „citoyenneté" kennzeichnet den Gegensatz zur bloßen Gewaltunterworfenheit (sujet), indem sie dem jeweiligen Inhaber verschiedene Rechte gegenüber dem französischen Staat einräumt[15].

---

[13] *Bilbao*, Le droit malgache de la nationalité, S. 52.

[14] *Werner*, S. 11.

[15] In dem Maße, in dem die „nationalité" innerstaatlich allmählich an Bedeutung verlor, beinhaltete die „citoyenneté" die aktive Teilhabe an der französischen Nation (Aktivbürgerschaft). Vgl. *Werner*, S. 12, 18 („La citoyenneté apparaît en effet comme l'état de la plus grande concentration de

Trotz seines relativen Bedeutungsschwundes bringt aber nur der Begriff der „nationalité" die völkerrechtlich relevante Staatszugehörigkeit zum Ausdruck[16].

---

la nationalité, souvent même comme la seule véritable nationalité ..."); *Jerusalem*, S. 83.

[16] *H. Batiffol*, Droit International Privé, 4. Aufl., 1967, S. 65, 66; *J. P. Niboyet*, Traité de Droit International Privé Français, Tome I, Paris, 1947, S. 85; *F. Luchaire*, Droit d'outre-mer, Paris, 1959, S. 109, 111; *Decottignies / de Biéville*, S. 24, 25; *Bilbao*, Le droit malgache de la nationalité, S. 50 ff.; *E. Tomson*, Das Staatsangehörigkeitsrecht des frankophonen Schwarzen Afrika, in: Sammlung geltender Staatsangehörigkeitsgesetze, herausgegeben von der Forschungsstelle für Völkerrecht und ausländisches öffentliches Recht der Universität Hamburg, Band 28, Frankfurt/M. - Berlin, 1967, S. 17; *Bleckmann*, S. 274 ff., m. w. N.

Der Begriff der Staatsangehörigkeit ist in seiner staatsrechtlichen und seiner völkerrechtlichen Bedeutung nicht unbestritten eindeutig. Die Staatsangehörigkeit stellt die Rechtsbeziehung dar, welche einen Menschen mit einem Staate als dessen Staatsangehörigen verbindet (*W. Wengler*, Völkerrecht, 1964, S. 985; vgl. im einzelnen *A. N. Makarov*, Allgemeine Lehren des Staatsangehörigkeitsrechts, 2. Aufl., 1962, Stuttgart, S. 5 ff.). Die *Staatsangehörigkeit* ist zugleich Grundlage der sog. *Personalhoheit*. Die Personalhoheit setzt den Begriff der Staatsangehörigkeit voraus. Die Verbindung zwischen Personalhoheit und Staatsangehörigkeit besteht darin, daß ein Staat seine Personalhoheit nur über seine Staatsangehörigen ausüben kann. Die Personalhoheit ist daher das hoheitliche Verhältnis des Staates zu seinen Staatsangehörigen.

Der Begriff der Staatsangehörigkeit wird in seinem rechtlichen Inhalt nicht ganz eindeutig gesehen. Einigkeit besteht darüber, daß der weitere Begriff der Staatsangehörigkeit sowohl im innerstaatlichen Recht als auch im Völkerrecht rechtlich relevant ist. Einige Autoren im neueren Schrifttum unterscheiden deshalb den *innerstaatlichen* und den *völkerrechtlichen Begriff der Staatsangehörigkeit* (*Dahm*, S. 449; *Wengler*, Völkerrecht, S. 985 ff.; *Wengler*, Betrachtungen zum Begriff der Staatsangehörigkeit, in: Festschrift für W. Schätzel, 1960, S. 545 ff.). Die völkerrechtliche Staatsangehörigkeit braucht dabei mit der innerstaatlichen Staatszugehörigkeit nicht übereinzustimmen. Diese dualistische Konstruktion des Staatsangehörigkeitsbegriffs wird jedoch vielfach abgelehnt mit der Begründung, daß es keinen eigentlichen Unterschied zwischen der staatsrechtlichen und der völkerrechtlichen Staatsangehörigkeit gebe, sondern nur staatsrechtliche und völkerrechtliche Wirkungen der im übrigen einheitlichen Staatsangehörigkeit (*F. Berber*, Lehrbuch des Völkerrechts, Band I, 1960, S. 361; *Makarov*, Staatsangehörigkeit, in: Strupp / Schlochauer, Wörterbuch des Völkerrechts, Band III, 1962, S. 324; *derselbe*, Allgemeine Lehren des Staatsangehörigkeitsrechts, 2. Aufl., S. 12). — In dem hier letztlich interessierenden Zusammenhang der völkerrechtlich erheblichen Verselbständigung des frankophonen Schwarzen Afrika ist die völkerrechtliche Komponente der Staatsangehörigkeit von überwiegender Bedeutung. Da es sich hier um die französische Staatsangehörigkeit handelt, kommt es insoweit auf deren rechtliche Konstruktion an. Die Frage, ob ein einheitlicher oder dualistischer Begriff der Staatsangehörigkeit anzunehmen ist, beantwortet sich auch nach der rechtlichen Regelung, die der betreffende Staat hierzu vorgenommen hat. Hinsichtlich der *französischen* Staatszugehörigkeit stellen die genannten Autoren in Auslegung der französischen Verfassung und des französischen Staatsangehörigkeitsgesetzes schon für die Zeit des 19. Jahrhunderts bei der „nationalité" überwiegend auf den völkerrechtlichen Aspekt ab und knüpfen die innerstaatlichen Rechte und Pflichten an die „citoyenneté". Das französische Recht hat folglich *insoweit* eine dualistische Konstruktion der Staatszugehörigkeit entwickelt. Allerdings gehört es zur innerstaatlichen Regelungsbefugnis Frank-

Insbesondere im Zusammenhang mit der Darstellung der französischen Staatsangehörigkeit (nationalité) in den abhängigen Gebieten Schwarzafrikas und der damit notwendigerweise verbundenen Abgrenzung zur französischen Bürgerschaft (citoyenneté) ist noch auf den Begriff des *Zivilstatuts (statut civil)*[17] einzugehen. Der Begriff des Zivilstatuts gehört dem innerstaatlichen Privatrecht an und bringt zum Ausdruck, welche Zivilrechtsordnung auf eine bestimmte Person angewendet wird. Ein französischer Staatsangehöriger kann insoweit entweder dem französischen Zivilrecht unterstehen, sofern er das „Zivilstatut des ordentlichen Rechts" besitzt („statut civil de droit commun", „statut civil moderne"). Er kann aber auch einer besonderen, gewohnheitsrechtlich zustande gekommen, Zivilrechtsordnung unterworfen sein, wenn er das Statut des lokalen Rechts beibehalten hat („statut local, particulier"), das manchmal auch persönliches Statut („statut personnel") oder überliefertes Statut („statut civil traditionnel") genannt wird. Die Unterscheidung, ob eine in den abhängigen Territorien lebende Person das französische Zivilstatut besaß oder ob sie zivilrechtlich dem entsprechenden lokalen Gewohnheitsrecht („statut personnel, local") unterstand, trat während der Zeit der Französischen Union mehr und mehr an die Stelle der Unterscheidung aufgrund der Staatsbürgerschaft, die mittlerweile (1946) den Bewohnern der Überseeterritorien global zuerkannt worden war. Das „statut local" bedeutete für den Eingeborenen die Zuordnung zu seiner engeren heimatlichen Lebensgemeinschaft[18].

---

reichs, Erwerb und Verlust auch der „nationalité" kraft eigener Zuständigkeit selbst zu bestimmen. Die Gewährung der „nationalité" unterliegt aber insoweit völkerrechtlichen Beschränkungen, als sie durch hinreichende Anknüpfungspunkte (Abstammung, Geburt, Einbürgerung, Eheschließung) gerechtfertigt sein muß (*E. Menzel*, Völkerrecht, 1962, S. 189 ff.; *Batiffol*, S. 71 ff. (73); *P. Weis*, Nationality and statelessness in International Law, London, 1956, S. 97 ff.). Außerdem darf ein Staat nicht die Staatsangehörigkeit eines anderen Staates regeln und auf diese Weise in dessen Souveränität eingreifen (*Makarov*, Allgemeine Lehren des Staatsangehörigkeitsrechts, 2. Aufl., S. 58 ff.; siehe auch unten, III, 6, a).

[17] Vgl. dazu *Decottignies / de Biéville*, S. 25; *Luchaire*, S. 109; *P. Lampué*, La diversité des statuts de droit privé dans les Etats africains, Penant 71, 1961, S. 1 ff. (6); *R. Bilbao*, Statuts civils et nationalité, Revue Sénégalaise de Droit, 1969, Nr. 5, S. 28 ff. (37, 38) *A. Marticou-Riou*, Les statuts personnels au Cameroun, Revue Sénégalaise de Droit, 1969, Nr. 5, S. 40 ff.; Cour suprême du Gabon 4. 1. 1971 (note *P. Mabilat*), Penant 81, 1971, S. 373 ff.; *Bleckmann*, S. 276; *Tomson*, S. 17; *Jerusalem*, S. 82 ff.

Vgl. zur französischen Staatsangehörigkeit allgemein *R. Boulbès*, Droit français de la nationalité, Paris, 1956; *derselbe*, Nationalité française, Paris, 1960; *E. de Gaudin de Lagrange*, Nationalité française 1963, Recueil Dalloz 1963, S. 107 ff.

[18] *Bleckmann*, S. 276, m. w. N. Die im Laufe der Entwicklung aufgetretene Verlagerung der internen Bedeutung der „nationalité" auf die „citoyenneté" (vgl. dazu *Werner*, S. 12, 18) führte zu einer notwendigen Zusammengehörigkeit von französischer Bürgerschaft und französischem Personalstatut (Zi-

cc) Der Erwerb der „nationalité française" in Schwarzafrika

Die Unterstellung der Bewohner der afrikanischen Kolonien unter die französische Staatsgewalt hat ipso facto die Auferlegung der französischen Staatsangehörigkeit diesen gegenüber mit sich gebracht[19]. Wenn man von dieser Annahme ausgeht, so ist es verständlich, daß diese staatliche Zuordnung sich nur auf die im obigen Sinne dargestellte „nationalité", also den völkerrechtlichen Begriff der staatlichen Zugehörigkeit, erstrecken kann. Die einheimischen Bewohner der afrikanischen Kolonialgebiete besaßen demnach die französische Staatsangehörigkeit im völkerrechtlichen Sinne („nationalité", Gewaltunterworfenheit als „sujet français"), die allein maßgebend ist für die mit der Abgrenzung des Staatsvolkes zusammenhängenden völkerrechtlichen Gesichtspunkte[20]. Einen Erwerb der französischen Staatsbürgerschaft („citoyenneté") konnte man demgegenüber nicht ohne weiteres annehmen[21]. Es ist unschwer einzusehen, daß die Einbeziehung der afrikanischen Kolonialbewohner in den weiteren französischen Staatsverband für diese in der Regel nicht den Genuß der innerstaatlichen politischen Aktivrechte (Bürgerrechte) mit sich führte. Dazu waren Lebensgewohnheiten und Kulturstufe der beteiligten Bevölkerungen zu unterschiedlich. Die Eingeborenen erlangten lediglich die Rechtsstellung eines französischen Untertanen („sujet français"). Der „sujet français" unterstand auch nicht dem ordentlichen französischen Zivilstatut[22].

Die nachfolgende Praxis der französischen Gesetzgebung und der Kolonialverwaltung zeigt ebenfalls, daß die einheimischen Bewohner der afrikanischen Kolonialgebiete letztlich dem Geltungsbereich des französischen Staatsangehörigkeitsrechts unterstellt werden sollten und deshalb als französische Staatsangehörige („nationaux") betrachtet

vilstatut). Vor der erst relativ spät erfolgten generellen Verleihung der französischen Bürgerschaft blieb dem Einheimischen folglich auch das französische Zivilstatut vorenthalten.

[19] Siehe oben, Anm. 11, 12.

[20] Im weiteren Verlauf der Darstellung soll unter „Staatsangehörigkeit" nur „nationalité", also die völkerrechtlich relevante Staatszugehörigkeit, verstanden werden. Sie allein ist für die völkerrechtliche Fragestellung von Bedeutung. Der Gegenstand der Untersuchung bezieht sich also nur auf die „nationalité". Für das richtige Verständnis des (völkerrechtlichen) Staatsangehörigkeitsbegriffs im französischen Recht ist jedoch eine genaue Abgrenzung zur Staatsbürgerschaft und zum Zivilstatut erforderlich. Vgl. hierzu auch *Jerusalem*, S. 81 - 119.

[21] Dies geschah zum Zweck der Assimilierung lediglich für kurze Zeit zu Beginn der Kolonialisierung, als die Kolonien nur einen sehr geringen Teil der Bevölkerung und des Territoriums der Metropole umfaßten (Gesetz von 1833). Später, in der zweiten Hälfte des 19. Jahrhunderts, hätte die generelle Erteilung der Bürgerschaft an die Eingeborenen eine Gefährdung der französischen Herrschaft bedeutet.

[22] *Werner*, S. 42.

wurden. Jedoch geschah dies nur sehr zögernd und zunächst nicht in formeller Weise. Die französische Staatsangehörigkeit der Afrikaner wurde von Seiten Frankreichs in den ersten Jahrzehnten nach der Kolonisierung der jeweiligen Gebiete formell nicht anerkannt, obwohl das französische Staatsangehörigkeitsrecht dort Anwendung fand. Zur Erklärung der Rechtstechnik, deren sich der französische Gesetzgeber dabei bediente, muß auf den weiteren Zusammenhang der rechtlichen Struktur des französischen Kolonialreichs im 19. Jahrhundert zurückgegriffen werden.

Nach der effektiven Besetzung der afrikanischen Länder durch Frankreich wurden diese als Kolonien in den weiteren Staatsverband der Französischen Republik einbezogen. Dies geschah in Schwarzafrika noch vor dem Ende des 19. Jahrhunderts. Die Republik Frankreich und die mit ihr zusammenhängenden Kolonialgebiete wurden damals als „Französisches Imperium" („empire français") bezeichnet. In der gesamten Zeit vor dem Zweiten Weltkrieg hatte das Französische Imperium jedoch keine exakte juristische Struktur[23], erst die Verfassung von 1946 schuf mit der „Union Française" einen genau umrissenen rechtlichen Rahmen. Vor der Schaffung der Französischen Union, die letztlich auf eine Vereinheitlichung der rechtlichen Behandlung aller im französischen Staatsverband lebenden Menschen hinzielte, versuchte Frankreich, den verschiedenartigen soziologischen Strukturen im Mutterland und in den jeweiligen Überseegebieten durch eine differenzierend-spezialisierende Gesetzgebung gerecht zu werden.

Zuständig für die Gesetzgebung über die Kolonien war die Nationalversammlung, deren Kompetenz sich bis 1946 aus ihrer Allzuständigkeit ergab. Bei uneingeschränkter Durchführung dieser Befugnis wäre im ganzen Imperium eine einheitliche Rechtsordnung entstanden, die dem französischen Einheitsstaat entsprochen hätte, jedoch den zum Teil großen zivilisatorischen und kulturellen Unterschieden innerhalb des Imperiums nicht gerecht geworden wäre. Daher wurde der durch diese soziologischen Strukturen gebotene allgemeine Rechtsgrundsatz der *Spezialität der Kolonialrechtsordnungen* („principe général du droit de la spécialité de la législation coloniale") von der Rechtsprechung entwickelt[24]. Das Spezialitätsprinzip besagte, daß das im Mutterland geltende Recht nur kraft ausdrücklicher Anordnung des Gesetzgebers in den Kolonien Gültigkeit haben konnte. Lediglich die den Staat im allgemeinen betreffenden Rechtssätze, allgemeine Rechtsprinzipien,

---

[23] Vgl. dazu *Tomson*, S. 16; *Luchaire*, S. 95.

[24] Vgl. hierzu *Boulbès*, Droit français de la nationalité, S. 32, 36 ff.; *Bleckmann*, S. 245, m. w. N.

Zuständigkeits- und Verfahrensvorschriften für die obersten Zentralorgane und das Statut von im ganzen Imperium versetzbaren Beamten und Soldaten regelnde Vorschriften waren von dem Spezialitätsprinzip ausgenommen.

Das Staatsangehörigkeitsrecht für die Kolonien unterlag daher als eine keine Ausnahme begründende Materie dem Grundsatz der Spezialität[25]. Das bedeutete, daß in jedem überseeischen Gebiet Frankreichs, also auch in Schwarzafrika, Erwerb und Verlust der französischen Staatsangehörigkeit (nationalité) durch spezielle Bestimmungen („dispositions spéciales") geregelt sein mußten.

Die Intention des französischen Gesetzgebers ging dabei von Anfang an dahin, die Kolonialgebiete, nicht aber deren einheimische Bevölkerung, in den Geltungsbereich des französischen Staatsangehörigkeitsrechts einzubeziehen[26]. Daher wurden alle die Staatsangehörigkeit regelnden Gesetzestexte in den afrikanischen Gebieten für anwendbar erklärt. Dies geschah oft mit mehreren Jahren Verspätung, wobei manchmal Anpassungsmaßnahmen („mesures d'adaptation") angeordnet wurden, die wegen der Zusammensetzung der Bevölkerung notwendig erschienen.

So wurden die Bestimmungen des „Code Civil", die in Umrissen die Regeln über die Staatsangehörigkeit enthielten, in Afrika in derselben Zeit für anwendbar erklärt wie der „Code" selbst. In der Folgezeit wurden die französischen Staatsangehörigkeitsgesetze („codes de la nationalité, lois concernant la nationalité") durch Dekrete in den Kolonien anwendbar gemacht. Dies geschah in Befolgung des Spezialitätsprinzips. Das Gesetz vom 7. Februar 1851 wurde durch Dekret vom 13. Januar 1853 für die Kolonien übernommen. Das Gesetz vom 26. Juni 1889 wurde in den Überseegebieten mit Ausnahme der Antillen und der Insel Réunion durch Dekret vom 7. Februar 1897 in Kraft gesetzt. Ebenso war es mit dem Gesetz vom 10. August 1927, das in den

---

[25] Dazu Näheres bei *Boulbès*, Droit français de la nationalité, S. 36 ff., 32 ff.; *Bleckmann*, S. 275, Anm. 80. Im Zusammenhang damit zu sehen sind auch die gegensätzlichen Prinzipien der *Territorialität* und der *Personalität* der Staatsangehörigkeitsgesetze. Das territorial wirksame Gesetz erfaßt alle Personen innerhalb eines bestimmten Territoriums, wohingegen das personale Gesetz an die Person anknüpft und der territoriale Aufenthaltsort nicht relevant ist. Im Bereich des französischen Staatsangehörigkeitsrechts ist das dem Spezialitätsprinzip entsprechende Territorialgesetz die Regel und die personale Anknüpfung die Ausnahme.

[26] Auf die aus dem Mutterland stammenden und in den Kolonien lebenden Franzosen war daher das französische Staatsangehörigkeitsgesetz anzuwenden. Die Einbeziehung der überseeischen Gebiete in den Anwendungsbereich der französischen Staatsangehörigkeitsvorschriften erfaßte aber zunächst nicht die Eingeborenen. Vgl. *Bleckmann*, S. 275, Anm. 80.

abhängigen Gebieten durch das Dekret vom 5. November 1928 für anwendbar erklärt wurde[27].

Trotz der durch diese Dekrete erfolgten frühzeitigen Verbreitung des französischen Staatsangehörigkeitsrechts in Afrika wurde der eingeborenen Bevölkerung gleichzeitig der Erwerb der französischen Staatsangehörigkeit kraft des kodifizierten Staatsangehörigkeitsgesetzes vorenthalten. Keines der oben angeführten Dekrete bezüglich der Staatsangehörigkeit in den Überseegebieten war auf die Eingeborenen anwendbar. Im Gegenteil schlossen diese die einheimische Bevölkerung sogar ausdrücklich[28], in Ausnahmefällen zumindest stillschweigend[29], aus ihrem Anwendungsbereich aus. Dieser erstreckte sich folglich nur auf die Metropolitanfranzosen. Der Wille des französischen Gesetzgebers ging wohl dahin, auf diese Weise die Eigentümlichkeit der Institutionen der Eingeborenen nicht zu beeinträchtigen. Vielleicht hatte man auch gedacht, daß die Technik des Staatsangehörigkeitsrechts mit den überkommenen gewohnheitsrechtlichen Regeln nicht vereinbar wäre[30].

Obwohl also bis zur Schaffung der Französischen Union die Staatsangehörigkeitsgesetzgebung auf die eingeborene Bevölkerung in Afrika nicht anwendbar war, wurde auch von seiten der französischen Hoheitsgewalt anerkannt, daß diese Personen dennoch die französische Staatsangehörigkeit (nationalité) besaßen. Der hierzu erforderliche Erwerbstitel rührte aus *gewohnheitsrechtlichen* Regeln über den Erwerb und Verlust der „qualité d'indigène", die gleichbedeutend war mit der Eigenschaft eines „sujet français"[31]. Unter Zugrundelegung dieser Ge-

---

[27] Vgl. hierzu *Boulbès,* Droit français de la nationalité, S. 36, 37; *H. L. Brin,* La nationalité française dans les territoires d'outre-mer, Nouvelle Revue de droit international privé, Tome 15, 1948, S. 14 ff.; *Decottignies / de Biéville,* S. 13 ff.; *A. C. Sall / A. Diop,* La nationalité au Sénégal, RJPIC 1971, Nr. 4, S. 556.
Im übrigen wurden auch territorial beschränkte Dekrete erlassen, so das „Décret réglant l'organisation politique et administrative du Soudan français" vom 18. April 1890 (Bull. off. col. 1890, S. 927; vgl. hierzu *Decheix,* Le code de la nationalité malienne, Penant 73, 1963, S. 300, 301).

[28] Art. 26, Dec. 5 novembre 1928. „Les dispositions du présent décret ne s'appliquent pas aux indigènes ..." (Fundstelle bei *Decottignies / de Biéville,* S. 15).

[29] Art. 17, Dec. 7 février 1897. „Il n'est rien changé à la condition des indigènes dans les colonies françaises" (unterschiedliche Auslegung möglich, Fundstelle bei *Decottignies / de Biéville,* S. 15).

[30] So *Decottignies / de Biéville,* S. 15.

[31] *Decottignies / de Biéville,* S. 15 (hier wird auch auf die allgemeinen Prinzipien des Völkerrechts als Verleihungstitel zurückgegriffen); *Werner,* S. 40 ff.; *Bleckmann,* S. 275, Anm. 80; *Scherk,* S. 17; *R. Decottignies,* L'application du code de la nationalité dans les territoires d'outre-mer (Décret du 24 février 1953), Annales africaines, 1954, S. 76; *derselbe,* La condition des personnes au Togo et au Cameroun, Annales africaines, 1957, S. 31 ff.

danken war die einheimische Bevölkerung in den französischen Ländern Schwarzafrikas bereits nach dem abgeschlossenen Vorgang der jeweiligen Kolonisierung mit der französischen Staatsangehörigkeit ausgestattet[32], die dann auf die nachfolgenden Generationen übertragen wurde. Diesem tatsächlichen Rechtszustand entsprach jedoch nicht die jahrzehntelang geübte französische Praxis, die Eingeborenen aus dem Geltungsbereich der französischen Staatsangehörigkeitsgesetze auszuschließen.

Nachdem durch die Verfassung vom 27. Oktober 1946 die Französische Union geschaffen war, verstärkte sich das Bedürfnis, die Kolonialbevölkerung in den Anwendungsbereich des französischen Staatsangehörigkeitsgesetzes einzubeziehen. Die Unionsverfassung von 1946 war eine Folge der Erkenntnis, daß die Position Frankreichs als Großmacht nach dem Zweiten Weltkrieg von dem Zusammenhalt und der Unterstützung der Kolonialgebiete, insbesondere in Afrika, abhängig war. Dieser innere Zusammenhalt konnte nur durch eine Demokratisierung der Kolonien erreicht werden. Auf politischem Gebiet mußte dies zwangsläufig zu einer „Afrikanisierung" führen. Die Kolonialrechtsordnung sollte mit den ursprünglichen Gedanken der „légalité républicaine" übereinstimmen.

So wurde in konsequenter Verfolgung dieses neuen Kolonialverständnisses, mit einigen Jahren Verspätung, durch das *Dekret vom 24. Februar 1953*[33] der französische „Code de la nationalité" vom 19. Oktober 1945 auch für die Eingeborenen der inzwischen „territoires d' outre-mer" genannten Kolonien für anwendbar erklärt[34]. Dadurch wurde die bisher bestehende Lücke geschlossen, und die einheimische Bevölkerung unterstand nicht mehr lediglich dem gewohnheitsrecht-

---

[32] So wohl auch *Terré*, A propos de la nationalité malgache, Penant 71, 1961, S. 340, der annimmt, daß die Eingeborenen von Madagaskar mit dem Wirksamwerden des Gesetzes vom 8. August 1896 „nationaux français" wurden. Durch dieses Gesetz wurde Madagaskar zur französischen Kolonie erklärt. Vgl. auch *J. M. Verdier*, Décolonisation et développement en droit international privé, Journal du Droit International (Clunet), 1962, S. 920, Anm. 21; *Alliot*, S. 604; oben, I, 1, b, aa, am Ende.

[33] J. O. R. F. 27. 2. 1953, S. 1984.

[34] Vgl. hierzu *Boulbès*, Droit français de la nationalité, S. 37; *Luchaire*, S. 336; *Alliot*, S. 605; *Decottignies / de Biéville*, S. 15; *Decheix*, Le code de la nationalité malienne, Penant 73, 1963, S. 301; *Terré*, A propos de la nationalité malgache, Penant 71, 1961, S. 341; *Bleckmann*, S. 275, Anm. 80; *H. Hekker / E. Tomson*, Das Staatsangehörigkeitsrecht Frankreichs einschließlich der Überseegebiete und ehemaligen Kolonien, in: Sammlung geltender Staatsangehörigkeitsgesetze, herausgegeben von der Forschungsstelle für Völkerrecht und ausländisches öffentliches Recht der Universität Hamburg, Band 29, Frankfurt - Berlin, 1968, S. 25. Zum gesamten Komplex auch *P. Lampué*, Le droit de la nationalité française dans les territoires d'outre-mer, RJPIC 1971, Nr. 4, S. 741 ff.; *H. L. Brin*, La nationalité française dans les territoires d'outre-mer, Paris, 1954.

lichen, sondern nun auch dem geschriebenen französischen Staatsangehörigkeitsrecht[35]. Die Afrikaner wurden formell als französische Staatsangehörige („nationaux français") anerkannt[36]. Dabei spielte es auch keine Rolle mehr, ob sie das „statut civil français" oder ein „statut personnel" besaßen[37].

dd) Die Entwicklung der Staatsangehörigkeit in Togo und Kamerun

Frankreich hatte die ehemaligen deutschen Kolonien Togo und Kamerun nach dem Ersten Weltkrieg vom Völkerbund als Mandate übertragen bekommen. Mit der Mandatsverwaltung verbunden war die Befugnis, Togo und Kamerun „selon la législation française" als „partie intégrante de son territoire" zu verwalten[38]. Die Verwaltungs- und die daraus herrührende Gesetzgebungsbefugnis wurden allerdings hinsichtlich der Staatsangehörigkeit durch die Resolutionen des Völkerbundrates vom 22. April 1923 beträchtlich eingeschränkt[39]. Die Ein-

---

[35] Die mit dem Dekret vom 24. Februar 1953 vorgenommene Neuerung bestand in der Anwendbarkeit des französischen Staatsangehörigkeitskodex auf die Eingeborenen. Im übrigen wurde, wie es bereits in den früheren Dekreten geschehen war, in Befolgung des Spezialitätsprinzips das französische Staatsangehörigkeitsgesetz in den „territoires d'outre-mer" in Kraft gesetzt (mit Ausnahme der Protektorate, assoziierten Staaten — Indochina — und Treuhandgebiete). Die Notwendigkeit hierzu ergab sich zuletzt aus Art. 10 Code de la nationalité française vom 19. Oktober 1945. Hierin kommt der Grundsatz der Spezialität der Kolonialrechtsordnung für den Bereich des Staatsangehörigkeitsrechts zum Ausdruck. Bis zum 24. Februar 1953 wurde der Spezialitätsgrundsatz hinsichtlich des geschriebenen Staatsangehörigkeitsrechts nur für die in den Kolonien lebenden Metropolitanfranzosen angewendet. Mit dem neuen Dekret kamen auch die Eingeborenen in den Genuß dieses Prinzips. Darin lag die Neuerung.

[36] Auch die Staatsbürgerschaft (citoyenneté) war inzwischen allen Bewohnern der „territoires d'outre-mer" verliehen worden (loi Lamine-Gueye vom 7. Mai 1946). Dabei blieb unklar, ob es sich um die „citoyenneté française", eine „citoyenneté locale" oder um die „citoyenneté de l'Union Française" handelte (vgl. *Luchaire*, S. 110). Die bisherigen Personalstatute blieben aber anerkannt (Art. 82 der Verfassung von 1946).

[37] Vgl. *Decheix*, Le code de la nationalité malienne, Penant 73, 1963, S. 301; *Bleckmann*, S. 277. Auch die französische Bürgerschaft war jetzt nicht mehr unbedingt an das französische Zivilstatut geknüpft. Vgl. auch *Brin*, La nationalité française dans les territoires d'outre-mer, S. 43.

[38] *Decottignies / de Biéville*, S. 18.

[39] Die vier Resolutionen „relatives à la situation juridique des habitants indigènes d'un territoire sous mandat" haben folgenden Wortlaut:
1. Le statut des habitants indigènes d'un territoire sous mandat est distinct de celui des nationaux de la puissance mandataire et ne saurait être assimilé à ce statut par aucune mesure de portée générale.
2. Les habitants indigènes d'un territoire sous mandat n'acquièrent pas la nationalité de la puissance mandataire par suite de la protection dont ils bénéficient.
3. Il n'est pas contraire aux principes posés ci-dessus sous 1 et 2 que les habitants d'un territoire sous mandat puissent, par un acte individuel de leur volonté, obtenir par naturalisation la nationalité de la puissance mandataire conformément aux mesures qu'il serait loisible aux puissances mandataires d'édicter à ce sujet, dans leur législation.

heimischen konnten demnach zwar die Staatsangehörigkeit der Mandatsmacht durch einen individuellen Willensakt erwerben, dieser waren jedoch Maßnahmen untersagt, die zu einem generellen und automatischen Erwerb ihrer Staatsangehörigkeit geführt hätten. Demnach hatten die Eingeborenen in Kamerun und Togo die französische Staatsangehörigkeit nicht und sie durfte ihnen auch nicht durch eine allgemeine Maßnahme des französischen Gesetzgebers auferlegt werden. Der französische Gesetzgeber war gezwungen, dieses Verbot in den für Togo und Kamerun übernommenen Staatsangehörigkeitstexten zu beachten[40]. Die Umwandlung der Mandatsgebiete in Treuhandgebiete der Vereinten Nationen nach dem Zweiten Weltkrieg hat bezüglich dieser Rechtslage keine Änderung gebracht.

Aus den Völkerbundsresolutionen vom 22. April 1923 ergibt sich eindeutig lediglich die Schlußfolgerung, daß die einheimischen Togolesen und Kameruner nicht die französische Staatsangehörigkeit besaßen[41]. Schwierig ist es hingegen, positiv festzustellen, welche Staatsangehörigkeit diese Personen hatten. Der Begriff des „administré français" brachte nur die Unterworfenheit unter die französische Hoheitsgewalt zum Ausdruck, nicht die Zugehörigkeit zu einem Gebiet[42]. Einerseits war es als Lösung denkbar, daß die Eingeborenen von Togo und Kamerun über eine eigene Staatsangehörigkeit verfügten[43]. Dagegen sprach

---

4. Il est à désirer que les habitants indigènes qui bénéficient de la protection d'une puissance mandataire soient désignés, en ce qui concerne chaque mandat, par telle dénomination qui précisera clairement leur statut sous le régime du mandat (Fundstelle bei *Decottignies / de Biéville*, S. 18, 19, Anm. 11).

[40] Hinsichtlich des Erwerbs der französischen Staatsangehörigkeit durch die Eingeborenen wurde am 7. November 1930 ein Dekret erlassen, das generelle Erwerbsgründe nicht vorsah. Nach der Umwandlung von Togo und Kamerun in Treuhandgebiete der Vereinten Nationen hat das Dekret vom 27. März 1956 den französischen Staatsangehörigkeitskodex vom 19. Oktober 1945 dort für anwendbar erklärt, wobei die Bestimmungen, die automatisch den Erwerb der französischen Staatsangehörigkeit „iure soli" wegen der Geburt oder des Aufenthalts in Kamerun und Togo mit sich geführt hätten, ausgenommen waren. Dem Gebot des Völkerbundes wurde damit Genüge getan. Ein Erwerb der französischen Staatsangehörigkeit „iure sanguinis" war sowieso nicht möglich. Vgl. hierzu *Decottignies / de Biéville*, S. 19; *Decottignies*, La condition des personnes au Togo et au Cameroun, Annales africaines, 1957, S. 18 ff.

[41] *Decottignies / de Biéville*, S. 19; *M. de Biéville*, La naissance d'une nouvelle nationalité en Afrique: la nationalité camerounaise, RJPOM 15, 1961, S. 600; *R. K. Creppy*, La nationalité togolaise, RJPIC 1971, Nr. 4, S. 578.
Die generelle Verleihung der französischen Bürgerschaft war ebenfalls untersagt (*Bleckmann*, S. 275, 295). Daher unrichtig *Scherk*, S. 17.

[42] *Decottignies*, La condition des personnes au Togo et au Cameroun, Annales africaines, 1957, S. 29.

[43] So *Niboyet*, Fundstelle bei *de Biéville*, La naissance d'une nouvelle nationalité en Afrique: la nationalité camerounaise, RJPOM 15, 1961, S. 601; auch *Decottignies / de Biéville*, S. 20. Hier wird man aber von einem erwei-

die unbestrittene Tatsache, daß Togo und Kamerun damals keine Staaten — weder autonome noch gar souveräne — waren, sondern nach den Bestimmungen der Verfassung von 1946 den Status von „territoires associés" hatten. Auch in der Zeit vor der Unionsverfassung handelte es sich mit Sicherheit nicht um Staaten, sondern um Territorien. Die Überlegung, daß diese Mandats- bzw. Treuhandgebiete territoriale Einheiten darstellten, die von der Mandats- und Treuhandmacht verschieden waren[44], genügt nicht, um eine selbständige Staatsangehörigkeit annehmen zu können. Das Vorhandensein einer eigenen Staatsangehörigkeit, insbesondere als Anknüpfungspunkt für völkerrechtlich relevante Befugnisse, wird man bei einem nicht einmal autonomen Gebiet ohne Staatsqualität nicht annehmen können, ohne dabei den Begriff der Staatsangehörigkeit seiner exakten juristischen Konturen zu berauben.

Wenn auch die Eingeborenen der Treuhandgebiete weder die französische noch eine eigene togolesische oder kamerunische Staatsangehörigkeit besaßen, so hätte die daraus zu folgernde Annahme einer generellen Staatenlosigkeit für diese Personen den modernen Tendenzen des Völkerrechts widersprochen. Im übrigen mußte man ja auch das Vorhandensein einer irgendwie gearteten Personalhoheit über die Bevölkerung bejahen[45]. Deshalb ist für die damalige Zeit wohl die Annahme eines besonderen Status notwendig, der die Zugehörigkeit zum

---

terten Begriff der Staatsangehörigkeit sprechen müssen, da Kamerun und Togo nach der Verfassung von 1946 keine Staaten, sondern „territoires associés" waren (vgl. hierzu *Bleckmann*, S. 295, 275; *Dahm*, S. 172, 565 ff.). Es bestand insoweit auch die Möglichkeit, die Theorie einer „virtuellen Souveränität" dieser Mandate und späteren Treuhandgebiete anzunehmen. Daraus wurde von dieser Lehre als Folgerung das Bestehen einer „virtuellen Staatsangehörigkeit" der zukünftigen Staaten bejaht (*A. Millot*, Les mandats internationaux, 1924, S. 119). Kritisch gegenüber der Möglichkeit einer „virtuellen Staatsangehörigkeit" allgemein *H. Triepel*, Virtuelle Staatsangehörigkeit, Berlin, 1921, insbes. S. 61.

[44] *Decottignies / de Biéville*, S. 20; *Batiffol*, S. 65, Anm. 8; *Niboyet*, Traité de droit international privé français, tome I, S. 81.

Die Treuhandgebiete waren Völkerrechtssubjekte eigener Art (*Dahm*, S. 71); sie hatten einen „eigentümlichen völkerrechtlichen Status", bei dem die Ausübung der Gebietshoheit dem Treuhänder unter Aufsicht der UN zukam (*Berber*, S. 161). Lediglich *P. Guggenheim* erkennt den Treuhandgebieten sogar — zu Unrecht — die Staatsqualität zu (Lehrbuch des Völkerrechts, Band I, Basel, 1948, S. 213 ff.).

[45] Diese Personalhoheit sollte eine engere Beziehung zum Treuhandgebiet beinhalten als die bloße Unterstellung unter die französische Staatsgewalt mit der Eigenschaft eines „administré français". Es ging insoweit nicht um den Aspekt der sicherlich vorhandenen Zuordnung zur französischen Hoheitsgewalt, sondern um die Zugehörigkeit zu der eigenständigen politischen und rechtlichen Einheit, die die Mandats- bzw. Treuhandgebiete darstellten. Vgl. dazu *Bleckmann*, S. 275, 295; *P. F. Gonidec*, L'Etat africain, Paris, 1970, S. 59. *Gonidec* stellt insoweit lediglich auf den Status des „administré français" ab.

Treuhandgebiet zum Ausdruck brachte. Hierbei bietet sich der Begriff der *„Gebietsangehörigkeit“ (ressortissant togolais, camerounais)* an, der ähnlich wie die Staatsangehörigkeit die Bindung einer Person an ein — in gewisser Hinsicht eigenständiges — Territorium ausdrückt[46].

Zusammenfassend ist daher zu sagen, daß in den Treuhandgebieten Kamerun und Togo die eingeborene Bevölkerung zu keiner Zeit die französische Staatsangehörigkeit besaß. Sie unterstand vielmehr einer eigenen Personalhoheit.

ee) Abschließende Stellungnahme zur Entwicklung der französischen Staatsangehörigkeit in Schwarzafrika während der Periode der Kolonisierung

Die bisherige Darstellung hat gezeigt, daß während der Kolonialzeit die eingeborene Bevölkerung in den französischen Besitzungen Schwarzafrikas und Madagaskars mit der französischen Staatsangehörigkeit ausgestattet war. Diese Staatsangehörigkeit war zunächst nach — sowohl innerstaatlichen als auch völkerrechtlichen — gewohnheitsrechtlichen Gesichtspunkten zu beurteilen. Seit dem Dekret vom 24. Februar 1953 besaßen die Afrikaner die französische Staatsangehörigkeit kraft der Geltung des französischen Staatsangehörigkeitsgesetzes.

Eine Ausnahme ist bei den Mandats- bzw. Treuhandgebieten Togo und Kamerun anzumerken. Hier hatten die Eingeborenen niemals die französische Staatsangehörigkeit, obwohl sie der französischen Hoheitsgewalt unterstanden. Sie waren vielmehr dem jeweiligen Treuhandgebiet durch eine besondere, der Staatsangehörigkeit höchstens ähnliche, Gebietsangehörigkeit verbunden.

In diesem Stadium der Entwicklung kam weder den „territoires d'outre-mer“ noch den „territoires associés“ eine eigene Staatsqualität zu.

---

[46] Im wesentlichen war das auch die Lösung der französischen Verwaltungspraxis und eines Teils der Lehre. Die Praxis betrachtete diese Personen allerdings auch global als „administrés français“ (vgl. *Creppy,* S. 578). Bei Annahme anderer Ansichten blieb die personale Zugehörigkeit der Togolesen und Kameruner unklarer, als sie der Begriff der Gebietsangehörigkeit bekundet. Dies ist der Fall bei Lösungsvorschlägen, die die dortige Bevölkerung in einer ungenauen Rechtslage beließen, wenn sie von einem „statut international spécial“ oder einer „apatridie d'un genre particulier“ sprachen (vgl. hierzu *R. Decottignies,* La condition des personnes au Togo et au Cameroun, Annales africaines 1957, S. 28 ff.; *Decottignies / de Biéville,* S. 20; *Alliot,* S. 605. *Decottignies* spricht hier — S. 29 — von einer „insuffisance des categories juridiques classiques trop rigides pour accueillir les réalités nouvelles nées du développement et de la transformation des relations internationales“.).

2. Der Beginn des Verselbständigungsprozesses mit der Schaffung der „Communauté Française" im Jahre 1958 und seine Auswirkungen auf die französische Staatsangehörigkeit in Afrika[1]

Die staatsangehörigkeitsrechtliche Entwicklung in Togo und Kamerun

a) Der staatsrechtliche[2] Hintergrund

Die innenpolitischen Ereignisse des Sommers 1958 in Frankreich und das damit eingeleitete Ende der IV. Republik bedeuteten auch einen neuen Abschnitt in der Geschichte des französischen Kolonialreichs. Durch die *Verfassung vom 4. Oktober 1958* wurde die *Communauté Française* gegründet. Damit wollte Frankreich den wachsenden Verselbständigungsbestrebungen in den abhängigen Gebieten entgegenkommen. Die wesentliche Änderung im Status der afrikanischen Kolonialgebiete bestand darin, daß die meisten der ehemaligen Überseeterritorien (territoires d'outre-mer) zu *Mitgliedstaaten* der Französischen Gemeinschaft *(états membres* de la Communauté française) wurden[3]. Die Französische Gemeinschaft beruhte auf der Integration der Staaten in einem neben der Republik stehenden weiteren französischen Staatsverband. Dabei hatte die Republik Frankreich einen besonderen Status. Während Frankreich *unabhängig* war, waren die Mitgliedstaaten der Communauté lediglich *autonom.* Der Status eines Mitgliedstaates der Communauté fand auf Frankreich keine Anwendung, obwohl Frankreich Mitglied der Gemeinschaft war.

Die Verfassung von 1958 sah für die Überseegebiete eine Anzahl von typisierten Statuten vor, die von der Integration in die Republik als Überseedepartement oder -territorium über die Mitgliedschaft in der

[1] Die nach der im Vergleich zu den übrigen frankophonen Kolonialgebieten vorzeitigen Unabhängigkeit Guineas am 30. September 1958 entstandene Rechtslage soll erst in dem Kapitel über die Unabhängigkeit der Staaten behandelt werden. Dadurch wird der sachliche Zusammenhang besser gewahrt.

[2] Daß es sich hierbei im wesentlichen um staatsrechtliche und nicht um völkerrechtliche Beziehungen handelt, ergibt sich aus der damaligen juristischen Struktur der Französischen Gemeinschaft (vgl. hierzu *Bleckmann,* S. 372 ff., insbesondere S. 376). In den Beziehungen der Gemeinschaftsstaaten untereinander kam es allerdings zu einer Ausweitung der Völkerrechtssphäre.

[3] Dem Ursprung nach war die Communauté eine Assoziation von Staaten, zu der einerseits die Französische Republik, andererseits einige überseeische Territorien gehörten, die die Verfassung vom 4. Oktober 1958 angenommen hatten. Die Überseeterritorien hatten sich danach für den Status eines Mitgliedstaates der Communauté entschieden. Vgl. zum gesamten Komplex *Bleckmann,* S. 316 ff.; *Tomson,* S. 18; *Luchaire,* S. 116 ff.; *Scherk,* S. 26 ff.; *R. Lacharrière,* L'évolution de la Communauté franco-africaine, AFDI, tome 6, 1960, S. 9 ff.; *J. Chatelain,* La nouvelle constitution et le régime politique de la France, Paris, 1959, S. 329 ff.

Gemeinschaft als autonomer Staat bis zur Unabhängigkeit außerhalb der Gemeinschaft[4] reichten.

Die hier behandelten afrikanischen Gebiete hatten vor der Gründung der Communauté mit Ausnahme von Kamerun und Togo den Status von „territoires d'outre-mer" innerhalb der Französischen Union. Nach der Verfassung von 1958 wäre es diesen Überseeterritorien freigestanden, dieselbe Eigenschaft beizubehalten. In diesem Falle hätte sich ihre rechtliche Lage wohl gar nicht geändert[5]. Die zuständigen Territorialversammlungen („assemblées territoriales"[6]) entschieden sich jedoch nach der Annahme der Verfassung durch die Bevölkerung für den zukünftigen Status eines Mitgliedstaates der Communauté („Etat membre de la Communauté")[7].

Damit wurden die Territorien zu autonomem Mitgliedstaaten der Gemeinschaft mit dem Recht der demokratischen und freien Selbstverwaltung (Verfassungs-, Gesetzgebungs-, Verwaltungs- und Rechtsprechungsautonomie)[8]. Die Wahrnehmung der auswärtigen Angelegenheiten fiel in den Zuständigkeitsbereich der Gemeinschaft, das heißt letztlich der Französischen Republik[9]. Die äußere Souveränität stand also nicht den Mitgliedstaaten, sondern nur der Gemeinschaft zu.

Mit dieser Entwicklung im Rahmen der französischen Gemeinschaft wurde die beginnende Verselbständigung der frankophonen Gebiete in Schwarzafrika deutlich.

b) Die Staatsangehörigkeit in der Gemeinschaft: Die Umwandlung der afrikanischen Territorien in autonome Staaten und ihre Auswirkungen auf die Staatsangehörigkeit der Bevölkerung unter Zugrundelegung völkerrechtlicher Maßstäbe

Über die Frage der Staatsangehörigkeit in der Französischen Gemeinschaft gibt es in der Verfassung vom 4. Oktober 1958 keine ein-

[4] Der Austritt aus dem französischen Staatsverband mit Erlangung der Unabhängigkeit ergab sich zwar als Möglichkeit weder aus der Verfassung noch einem sonstigen Gesetz, folgte aber aus den Erklärungen des damaligen Ministerpräsidenten de Gaulle vor dem Referendum über die Annahme der Verfassung.

[5] Art. 74 der Verfassung vom 4. Oktober 1958.

[6] Art. 76 Abs. II der Verfassung vom 4. Oktober 1958.

[7] Lediglich die Territorialversammlung von Guinea verkündete am 2. Oktober 1958 die Unabhängigkeit Guineas, die bereits am 30. September 1958 wirksam geworden war. Guinea gehörte also niemals zur Communauté.

[8] Art. 79 Abs. I i. V. m. Art. 77 Abs. I der Verfassung vom 4. Oktober 1958.

[9] Der verfassungsmäßige Kompetenzbereich der Gemeinschaft erfaßte unter anderem die Außenpolitik (vgl. Art. 83 Abs. IV der Verfassung), Verteidigung, Währung, gemeinsame Wirtschafts- und Finanzpolitik und die Politik der strategischen Rohstoffe (vgl. *Bleckmann*, S. 329 ff.).
Die Rechtsnatur der Gemeinschaft führte dazu, daß die Gemeinschaftsbefugnisse faktisch Befugnisse der Französischen Republik waren. Die Ge-

deutige Aussage. Ausdrücklich ist von der Staatsangehörigkeit nur in Artikel 34 die Rede, in dem gesagt wird, daß es sich dabei um eine durch ein Gesetz des französischen Parlaments zu regelnde Materie handelt. Aus dieser Vorschrift geht nicht hervor, ob darunter die Staatsangehörigkeit Frankreichs oder die der Gemeinschaft zu verstehen ist. Jedoch spricht die Tatsache, daß dieser Artikel in dem die „Französische Republik" betreffenden Teil der Verfassung steht, dafür, daß nur deren Staatsangehörigkeit gemeint ist[10]. Die Auffassung, daß der Verfassungsgeber den Begriff der „Französischen Republik" in einem weiteren, auch die Mitgliedstaaten der Gemeinschaft umfassenden Sinne verstanden wissen wollte, läßt sich nicht zwingend begründen. Wenn aber nur die Staatsangehörigkeit der französischen Republik im Sinne des Mutterlandes Gegenstand der Vorschrift sein soll, so kann daraus nicht der Schluß gezogen werden, daß die Angehörigen der afrikanischen Mitgliedstaaten der Gemeinschaft in die Staatsangehörigkeit der Republik einbezogen seien oder daß es eine Staatsangehörigkeit der Gemeinschaft oder der autonomen afrikanischen Mitgliedstaaten nicht hätte geben können.

Im übrigen äußerte sich die Verfassung nur noch zur Bürgerschaft innerhalb der Gemeinschaft. Nach Art. 73 Abs. II „gibt es nur eine Bürgerschaft der Gemeinschaft"[11]. In der französischen Rechtsordnung werden jedoch die Begriffe der „citoyenneté" und der „nationalité", wie oben dargelegt, schon lange in unterschiedlichem Sinne verstanden, so daß nicht angenommen werden kann, der Verfassungsgeber habe mit der „citoyenneté" die „nationalité" gemeint[12]. Auch kann diese Vorschrift nicht zwingend dahin ausgelegt werden, daß zwar nur eine Bürgerschaft, aber mehrere Staatsangehörigkeiten in der Gemeinschaft bestehen. Denkbar wäre auch, daß es lediglich eine Bürgerschaft der Gemeinschaft, jedoch nicht zugleich der Staaten gebe[13].

Im Ergebnis läßt sich daher festhalten, daß das Problem der Staatsangehörigkeit in der Französischen Gemeinschaft nach den vorhandenen staatsrechtlichen Quellen nicht zu lösen ist. Zur Klärung der Frage muß folglich auf das *Wesen der Staatsangehörigkeit*, die damit zu-

---

meinschaftsorgane waren im wesentlichen Organe Frankreichs (vgl. dazu *Bleckmann*, S. 352 ff., 372 ff., insbesondere 373).

[10] *Bleckmann*, S. 364, 365.

[11] „Il n'existe qu'une citoyenneté de la Communauté."

[12] *Bleckmann*, S. 364. Hier wird auch auf die Möglichkeit eines „argumentum a maiore ad minus" eingegangen, die im Ergebnis verneint wird. Die gemeinsame Bürgerschaft setzt nicht notwendigerweise eine gemeinsame Staatsangehörigkeit voraus, da es sich in Art. 73, Abs. II auch um eine sog. „intercitoyenneté" handeln kann, die verschiedene Staatsangehörigkeiten voraussetzt.

[13] Siehe unten, Anm. 38.

sammenhängenden völkerrechtlichen Gesichtspunkte und die *rechtliche Struktur* der „Communauté française" zurückgegangen werden.

Der Erwerb und der Verlust der Staatsangehörigkeit (nationalité) werden jeweils von den Staaten, um deren Angehörigkeit es sich handelt, durch Gesetze geregelt. Die rechtliche Regelung der Staatsangehörigkeit ist also eine interne Angelegenheit der Staaten[14] und wird im allgemeinen durch entsprechende Staatsangehörigkeitsgesetze vorgenommen. Jedoch steht diese Befugnis grundsätzlich nur den Staaten im völkerrechtlichen Sinne zu[15]. Die Staatsangehörigkeit ist demnach das rechtliche Band, das eine Person an einen bestimmten vom Völkerrecht anerkannten Staat bindet[16]. Nach dieser Definition ist es also Voraussetzung der Existenz einer Staatsangehörigkeit, daß der betreffende Staat vom Völkerrecht anerkannt wird. Die Staatsangehörigkeit ist folglich insoweit, obwohl von den Staaten geregelt, auch ein Institut des Völkerrechts[17].

Daraus ergibt sich, daß die Frage der Staatsangehörigkeit (nationalité) innerhalb der Französischen Gemeinschaft unter dem Gesichtspunkt der Anerkennung durch das Völkerrecht gesehen werden muß. In der internationalen Staatengemeinschaft erschien aber nur die Französische Republik. Nur sie war ein Staat im völkerrechtlichen Sinne und gehörte der Völkerrechtsgemeinschaft an. Die „Communauté Française" als solche und die afrikanischen Mitgliedstaaten besaßen nicht die Völkerrechtssubjektivität[18]. Dies führte zu dem Schluß, daß innerhalb der Gemeinschaft nur die französische Staatsangehörigkeit als bestehend angesehen wurde, weil eben nur die Französische Republik als Staat vom Völkerrecht anerkannt war[19]. Nach dieser Auffassung hat

---

[14] *Berber*, S. 354; *Dahm*, S. 446, 455; siehe oben, I, 1, b, bb, Anm. 16.

[15] *Bleckmann*, S. 365. *Makarov* läßt jedoch die Staatseigenschaft der Gebietskörperschaft als Voraussetzung der Staatsangehörigkeit genügen und verzichtet insoweit auf das Erfordernis der die Völkerrechtsunmittelbarkeit begründenden Souveränität (*Makarov*, Allgemeine Lehren des Staatsangehörigkeitsrechts, Stuttgart, 1962, S. 32; *derselbe*, Deutsches Staatsangehörigkeitsrecht, Kommentar, Frankfurt - Berlin, 1971, S. 41, 237 - 239).

[16] *Tomson*, S. 17, 19; *Luchaire*, S. 109 m. w. N.; siehe auch oben, I, 1, b, bb. Für die Richtigkeit dieser Auffassung bezüglich der „nationalité" spricht die dualistische Konstruktion „citoyenneté — nationalité" der Staatsangehörigkeit im französischen Recht.

[17] *Bleckmann*, S. 365. Die völkerrechtliche Ausrichtung liegt bei der „nationalité française", nicht bei der „citoyenneté". Siehe auch oben, I, 1, b, bb.

[18] *Luchaire*, S. 167.

[19] So besonders *Luchaire*, S. 166; vgl. auch ebenso *J. Foyer*, Travaux du Comité Français de Droit International Privé, 1960 - 1962, S. 143; *A. Zatzépine*, Attribution et acquisition de la nationalité dans les états africains d'expression française et à Madagascar, RJPOM 17, 1963, S. 86; *Decheix*, Le code de la nationalité malienne, Penant 73, 1963, S. 301; *Sall / Diop*, S. 556; *D. P. O'Connell*, State Succession in Municipal Law and International Law, Vol. I, Cambridge, 1967, S. 523.

die „Communauté" ihre Staatsangehörigkeit von Frankreich bezogen und alle Angehörigen der „Communauté" waren Franzosen. Unter dem Aspekt des Völkerrechts konnten sie gar keine andere Staatsangehörigkeit haben. Die Mitgliedstaaten der Gemeinschaft besaßen keine eigene Staatsangehörigkeit, da sie vom Völkerrecht nicht als Staaten anerkannt waren und nicht an den internationalen Rechtsbeziehungen teilnahmen. Dieser Meinung entsprach daher völlig die Entscheidung des Präsidenten der Gemeinschaft vom 9. Februar 1959, nach der es in der Gemeinschaft nur eine Staatsangehörigkeit gebe, nämlich die „nationalité de la République française et de la Communauté"[20].

Gegen das Vorhandensein einer einzigen Staatsangehörigkeit in der Französischen Gemeinschaft und für die Möglichkeit von mehrfachen Staatsangehörigkeiten sprach sich *Gonidec* aus[21]. Er legte dar, daß es keine Staatsangehörigkeit der Gemeinschaft als solcher geben könne, da die Gemeinschaft keine Person des Völkerrechts sei und nicht den Charakter eines Bundesstaates besitze. Die Staatsangehörigkeit der Französischen Republik hätte nicht auf die Angehörigen der afrikanischen Staaten ausgedehnt werden dürfen, da es *nur* die Staatsangehörigkeiten der Mitgliedstaaten hätte geben können. Zur Begründung führt Gonidec an, daß die Kompetenz zur Bestimmung der Staatsangehörigkeit unbestritten dem innerstaatlichen Recht und nicht dem Völkerrecht zustehe[22]. Wenn aber das interne Recht für die Staatsangehörigkeitsgesetzgebung maßgebend sei, genüge es, daß ein Staat die innere Autonomie besitze, um seine eigene Staatsangehörigkeit bestimmen zu können. Diese innere Autonomie sei bei den afrikanischen Überseestaaten gegeben. Gleichzeitig sei es für einen anderen Staat nicht mehr

---

Viele Autoren sehen in dieser Frage kein Problem und nehmen das Fortbestehen der französischen Staatsangehörigkeit als alleiniger Staatsangehörigkeit ohne weiteres an, z. B. *Decottignies / de Biéville*, S. 8, 16, 17; *Hecker / Tomson*, S. 29; *Tomson*, S. 18, 19; *Chatelain*, S. 343.

[20] Décision du 9 février 1959 portant définition de la nationalité au sein de la Communauté (J. O. R. F. 17 février 1959, S. 2052; J. O. C. 15 février 1959, S. 9).

[21] *P. F. Gonidec*, Note sur la nationalité et les citoyennetés dans la Communauté, AFDI, tome 5, 1959, S. 750; *derselbe*, Droit d'outre-mer, tome II, Paris, 1960, S. 177 ff.; teilweise ähnlich *F. de Castro*, La nationalité, la double nationalité et la supra-nationalité, Recueil des cours (RdC) de l'Académie de droit international de la Haye, tome 102, 1961, I, S. 606. *De Castro* bejaht neben der Existenz der gemeinsamen französischen Staatsangehörigkeit das Vorhandensein von lokalen afrikanischen Staatsangehörigkeiten.

[22] *Gonidec*, Note sur la nationalité et les citoyennetés dans la Communauté, AFDI, tome 5, 1959, S. 751; *derselbe*, Droit d'outre-mer, tome II, 1960, S. 178. Der Autor beruft sich in diesem Zusammenhang auf Art. 1 der Staatsangehörigkeitskonvention von Den Haag vom 12. April 1930, in dem es heißt: „Il appartient à chaque Etat de déterminer par sa législation quels sont ses nationaux." Außerdem ergebe sich dieselbe Schlußfolgerung aus dem sogenannten „Nottebohm-Urteil".

möglich, dem autonomen Staat seine Staatsangehörigkeit aufzuerlegen. Da die Autonomie des Staates für die Regelung der Staatsangehörigkeit genüge, sei es nicht notwendig, daß ein Staat die internationale Souveränität besitze, um eine eigene Staatsangehörigkeitsgesetzgebung erlassen zu können. Insoweit wird auf das Beispiel der britischen Dominions und der Treuhandgebiete Togo und Kamerun verwiesen, die auch als nicht souveräne Staaten eine eigene Staatsangehörigkeit besessen hätten[23]. Bei Anwendung dieser Überlegungen auf die Beziehungen zwischen Frankreich und den afrikanischen Gemeinschaftsstaaten ergäben sich die gleichen rechtlichen Konsequenzen[24]. Da die ehemaligen Überseeterritorien als Mitgliedstaaten der Gemeinschaft aus der Französischen Republik ausgeschieden seien[25], sei die Bestimmung des neuen Staatsvolkes in die interne Kompetenz der neuen afrikanischen Staaten übergegangen. Die Regelung der Staatsangehörigkeit gehöre zum „droit interne" der Mitgliedstaaten und falle deshalb mangels eines Gemeinschaftsvorbehalts in deren Zuständigkeit.

Die von Gonidec vorgebrachten Thesen erscheinen insgesamt gesehen nicht überzeugend. Zur Vertiefung der Problematik ist es angebracht, den Fragenkomplex in *zwei* Teile aufzugliedern: Einerseits erhebt sich die Frage, ob nach der Umwandlung der frankophonen afrikanischen Überseeterritorien in autonome Mitgliedstaaten der Französischen Gemeinschaft diese jeweils eine eigene Staatsangehörigkeit hatten oder zumindest schaffen konnten. Davon zu trennen ist die andere Frage, ob nämlich die Französische Republik ihre Staatsangehörigkeit auf die Angehörigen der afrikanischen Staaten erstrecken durfte.

Wenn Gonidec die Möglichkeit von neuen afrikanischen Staatsangehörigkeiten bejaht, so begründet er dies mit der vorhandenen inneren Autonomie der Mitgliedstaaten. Die Souveränität des Staates sei zur Schaffung einer eigenen Staatsangehörigkeit nicht erforderlich. Gleichzeitig folge daraus das völkerrechtliche Verbot für einen anderen Staat, den Gemeinschaftsstaaten seine Staatsangehörigkeit aufzuerlegen. Nach der oben gegebenen Definition[26] ist die Staatsangehörigkeit das rechtliche Band, das eine bestimmte Person mit einem bestimmten vom Völkerrecht anerkannten Staat verbindet. Dieses Verständnis der Staatsangehörigkeit ist jedoch nicht unangreifbar. So wird die Staatsangehörigkeit auch bezeichnet als die Angehörigkeit zu einer Gebiets-

---

[23] Zur Rechtslage in Kamerun und Togo siehe oben, I, 1, b, dd.

[24] *Gonidec*, Note sur la nationalité et les citoyennetés dans la Communauté, AFDI, tome 5, 1959, S. 752.

[25] Zur Begründung wird hier auf Art. 72 der französischen Verfassung vom 4. Oktober 1958 verwiesen.

[26] I, 1, b, bb.

körperschaft, die den völker- und verfassungsrechtlichen Voraussetzungen entspricht, welche es erlauben, sie als einen Staat zu betrachten[27]. Dabei wird auf das Erfordernis einer Anerkennung durch das Völkerrecht verzichtet. Der Staat, um dessen Angehörigkeit es sich handelt, braucht nicht die äußere Souveränität zu besitzen. Es genügt, daß einer Gebietskörperschaft die Staatseigenschaft zugesprochen werden kann, ganz abgesehen davon, ob ihr die unbeschränkten Souveränitätsrechte zustehen oder nicht[28]. Daß die Staatsangehörigkeit eines nichtsouveränen Staates als Anknüpfungspunkt für völkerrechtliche Vorgänge kaum geeignet ist, hindert nach dieser Auffassung nicht ihr grundsätzliches Vorhandensein. Demnach könnte Gonidec mit seiner Auffassung insoweit Recht haben, als die afrikanischen Gemeinschaftsstaaten eigene Staatsangehörigkeiten hätten einführen dürfen[29]. Fraglich ist aber, ob die „nationalité" als *völkerrechtlich* strukturierte Staatsangehörigkeit in den jeweiligen Mitgliedstaaten der Gemeinschaft bestand bzw. geregelt werden konnte. Dem hätte in der Tat die mangelnde Völkerrechtsfähigkeit der Staaten entgegenstehen können.

Zunächst erscheint aber die Behauptung verfehlt, wegen der vorhandenen Autonomie der Mitgliedstaaten hätte die Französische Republik deren Angehörigen nicht die französische Staatsangehörigkeit auferlegen dürfen[30]. Dieses Problem ist von der Möglichkeit der afrikanischen Staatsangehörigkeiten zu trennen. Seine Lösung ergibt sich aus der rechtlichen Struktur der Französischen Gemeinschaft in den Jahren 1958 und 1959, wobei es auf die Verfassungsstruktur des *weiteren* Staatsverbandes entscheidend ankommt.

Die Gründung der Französischen Gemeinschaft im Jahre 1958 bedeutete den juristisch sichtbaren Beginn des Entkolonisierungsprozes-

---

[27] *Makarov*, Allgemeine Lehren des Staatsangehörigkeitsrechts, 2. Aufl., S. 31; siehe oben, Anm. 15.

[28] *Makarov*, Allgemeine Lehren des Staatsangehörigkeitsrechts, 2. Aufl., S. 32; a. A. aber wohl *Decottignies*, La condition des personnes au Togo et au Cameroun, Annales africaines, 1957, S. 28. Der Ansicht von *Makarov* widerspricht meines Erachtens nicht die Auffassung von *Batiffol*, der schreibt: „Les Etats qui confèrent une nationalité aux membres de leur population sont, en principe, ceux qui constituent des personnes du droit international, c'est-à-dire les Etats souverains." Danach verleihen zwar nur die souveränen Staaten „im Prinzip" eine Staatsangehörigkeit, aber die Möglichkeit einer Ausnahme wird insoweit wohl nicht verneint. Allerdings hebt *Batiffol* an dieser Stelle auch die „valeur internationale" der „nationalité" hervor (*Batiffol*, S. 65) .

[29] *Gonidecs* Hinweis auf die nach seiner Ansicht eigenen Staatsangehörigkeiten der nicht souveränen Gebiete Togo und Kamerun erscheint hinsichtlich der afrikanischen Gemeinschaftsstaaten nicht zwingend. Der völkerrechtliche Status von Togo und Kamerun ließ sich ja durchaus von dem der übrigen frankophonen afrikanischen Staaten unterscheiden.

[30] Dies geschah durch präsidentielle Entscheidung vom 9. Februar 1959 (siehe oben, Anm. 20).

ses. Zur Zeit der Französischen Union war der Begriff der Französischen Republik in einem weiteren Sinne zu verstehen; er umfaßte die Metropole und die überseeischen Departments und Territorien. Mit der Entstehung der Französischen Gemeinschaft begann die Entwicklung zu einem engeren Verständnis der Französischen Republik, nämlich ohne die inzwischen gegründeten afrikanischen Gemeinschaftsstaaten. Die Communauté Française markierte jedoch nach ihrem materiellen Verfassungszustand im Augenblick ihrer Gründung nicht einen abrupten Wechsel der Rechtslage, sondern muß als Beginn eines Enwicklungsprozesses verstanden werden. Diese Entwicklung mit ihrer allmählichen Veränderung der Rechtslage entsprach dem gleichzeitig stattfindenden Prozeß der politischen Verselbständigung. Dem damaligen Stadium des Verselbständigungsprozesses konnte insoweit dadurch Rechnung getragen werden, daß der Begriff „Französische Republik" gleichzeitig in einem weiteren und einem engeren Sinn zu verstehen war. Dies folgt aus der Überlegung, daß zu jener Zeit sowohl die alte als auch die neue Rechtslage zu berücksichtigen waren. Die Französische Republik im weiteren Sinne markierte noch den Beginn des Entwicklungsprozesses, am Ende steht nur die Französische Republik im engeren Sinne. Auch wenn die Verfassung nur auf die Republik im engeren Sinne abstellt, so wird dadurch nicht eine Gegenüberstellung beider Begriffe ausgeschlossen. Nur dieses doppelte Verständnis des Begriffs der Französischen Republik wird der sich allmählich ändernden Verfassungsstruktur gerecht, dem Fortbestehen der alten Rechtslage und dem langsamen Aufrücken der neuen Rechtslage, dem gegenseitigen Durchdringen beider Rechtslagen[31].

Die Frage, welche der beiden Rechtslagen zur Lösung eines konkreten Problems maßgebend ist, läßt sich nur nach dem jeweiligen Stadium des Verselbständigungsprozesses beantworten. Es kommt dabei darauf an, ob der alte oder der neue Rechtszustand der insoweit überwiegende ist.

Zu untersuchen ist also das Ausmaß des Verselbständigungsprozesses innerhalb der Französischen Gemeinschaft im Jahre 1959. Die Französische Republik war einerseits ein Mitgliedstaat wie die afrikanischen Staaten, andererseits war sie diesen gegenüber durch ihre rechtlich dominierende Position übergeordnet. Die Gemeinschaft hatte zwar nur eine entfernte Ähnlichkeit mit einem Bundesstaat, jedoch war, sofern man diesen Vergleich zieht, die Französische Republik insoweit eine Art „Oberstaat". Gemäß der Verfassung trat nach außen völkerrechtlich wirksam allein die Republik auf. Die Republik übte nicht wie bei einem Protektorats- oder Treuhandverhältnis fremde

---

[31] Vgl. dazu *Bleckmann*, S. 366.

Staatsgewalt im eigenen Namen, sondern eigene Staatsgewalt auch auf dem Gebiet der autonomen afrikanischen Staaten und über deren Angehörige aus. Angesichts dieser engen, historisch gewachsenen und gegenüber der äußeren Staatenwelt vollständigen Unterworfenheit unter die Hoheitsgewalt der Französischen Republik ist die Beibehaltung der französischen Staatsangehörigkeit für die Angehörigen der Gemeinschaftsstaaten nicht rechtswidrig[32]. Für den Bereich des Staatsangehörigkeitsrechts hat sich insoweit die alte Rechtslage noch nicht geändert. Es ist der oben genannten Präsidentialentscheidung auch dahin zuzustimmen, daß sie von der Staatsangehörigkeit der „Republik und der Gemeinschaft" spricht. Versteht man unter der Französischen Republik nämlich die Republik im engeren Sinne, unter der Gemeinschaft nicht eine selbständige Rechtsperson, sondern die anderen Mitgliedstaaten in ihrer Gesamtheit, so wird hier der umfassende Staatsverband zutreffend gekennzeichnet, der mit der Französischen Republik im weiteren Sinne übereinstimmt[33]. Dementsprechend galt in den afrikanischen Staaten das alte Staatsangehörigkeitsrecht weiter. Die Kompetenz der Einzelstaaten erstreckte sich nach der Verfassungslage nicht auf die Regelung der Angehörigkeit zum umfassenden Staatsverband.

Von der Frage des Fortbestehens der französischen Staatsangehörigkeit in den afrikanischen Staaten ist die Möglichkeit des Bestehens oder der Einführung eigener afrikanischer Staatsangehörigkeiten zu trennen. Obwohl der Verselbständigungsprozeß innerhalb der Gemeinschaft noch nicht so weit fortgeschritten war, daß das allgemeine Weiterbestehen der französischen Staatsangehörigkeit rechtswidrig gewesen wäre, so ist er damals jedoch bereits an einem Punkt angelangt gewesen, an dem die Einführung der afrikanischen Staatsangehörigkeiten möglich erschien. Die Gemeinschaftsstaaten erfüllten die verfassungsmäßigen Voraussetzungen, die es rechtfertigten, sie auch materiell als Staaten anzusehen. Sie verfügten über eine zum Teil weit-

---

[32] *Bleckmann*, S. 366. Dem Autor ist auch dahin zuzustimmen, daß er *Gonidecs* Auffassung, die Staatsangehörigkeitsregelung gehöre zum „droit interne" der Staaten und falle deshalb mangels Vorbehalts in ihre Kompetenz, ablehnt. Die Regelung der Staatsangehörigkeit fällt besser unter den Gemeinschaftsvorbehalt der „Außenpolitik" (*Bleckmann*, S. 365). Diese auswärtige, völkerrechtlich relevante, Gemeinschaftsbefugnis wurde aber von der Französischen Republik im eigenen Namen ausgeübt. Zu diesem Ergebnis führen sowohl staats- als auch völkerrechtliche Gründe.

Im Ergebnis ist auch *Luchaire* soweit zuzustimmen, daß alle Angehörigen der afrikanischen Gemeinschaftsstaaten immer noch die französische Staatsangehörigkeit hatten. *Gonidecs* Annahme eines — staats- oder völkerrechtlich begründeten — Verbots der Auferlegung der französischen Staatsangehörigkeit diesen Personen gegenüber ist deshalb abzulehnen.

[33] *Bleckmann*, S. 366. Vgl. hierzu auch *Decottignies*, Nationalité et citoyenneté 1959 en Afrique noire, Annales africaines, 1959, S. 52, 53.

gehende innere Autonomie. Zwar entbehrten sie der internationalen Souveränität, diese ist jedoch keine unerläßliche Voraussetzung für die Existenz einer Staatsangehörigkeit[34]. Die Staaten waren zwar in ihren äußeren Kompetenzen starken Beschränkungen unterworfen, besaßen jedoch eine „vocation" zur Ausdehnung dieser äußeren Befugnisse. Selbst wenn man die Staatsangehörigkeit („nationalité") hier nur unter ihrem völkerrechtlichen Aspekt und den daraus entspringenden Befugnissen betrachtet, so ließ sich die Schaffung von neuen, afrikanischen Staatsangehörigkeiten durchaus rechtfertigen[35]. Die eigenen Staatsangehörigkeiten hätten bei den Angehörigen der Gemeinschaftsstaaten die unterschiedliche staatliche Zuordnung deutlich gemacht. Diese staatsangehörigkeitsrechtliche Differenzierung der afrikanischen Bevölkerung hätte auch der Entwicklung der zwischenstaatlichen Beziehungen unter den Mitgliedstaaten entsprochen. Im Innenverhältnis der Gemeinschaft weitete sich in den Beziehungen der Staaten untereinander die Völkerrechtssphäre aus, bei gleichzeitiger, durch den jeweiligen Verselbständigungsprozeß verursachter, Zurückdrängung der staatsrechtlichen Beziehungen. Dieser Entwicklung hätte die Einführung neuer, völkerrechtlich motivierter, Staatsangehörigkeiten sicherlich entsprochen.

Auch ohne Beachtung dieses völkerrechtlichen Gesichtspunktes hätte die damalige rechtliche Struktur der Französischen Gemeinschaft dem Gedanken eigener afrikanischer Staatsangehörigkeiten kaum widersprochen. Die „Communauté Française" stellte eine organisierte staatsrechtliche Staatenverbindung dar, wobei die Beziehungen der Mitgliedstaaten untereinander teilweise in den Völkerrechtsraum „hineinragten". Bei den organisierten Staatenverbindungen besteht neben der speziell geregelten Zugehörigkeit zu dem ganzen Verband (hier „nationalité française") auch eine Zugehörigkeit zu den Teilstaaten[36]. Diese

---

[34] Siehe oben, Anm. 15.

[35] *Bleckmann*, S. 367; im Ergebnis auch *Gonidec*, Note sur la nationalité et les citoyennetés dans la Communauté, AFDI, tome 5, 1959, S. 750, 751; *Decottignies*, Nationalité et citoyenneté 1959 en Afrique noire, Annales africaines, 1959, S. 56 (mit Einschränkungen). Vgl. auch *de Castro*, S. 606.

Grundsätzlich ablehnend *Luchaire*, S. 166, 167, der aber bei einer *weiteren* Verselbständigung der Gemeinschaftsstaaten die Schaffung neuer Staatsangehörigkeiten ebenfalls für möglich hielt.

[36] *Makarov*, Allgemeine Lehren des Staatsangehörigkeitsrechts, 2. Aufl., S. 36; *derselbe*, Deutsches Staatsangehörigkeitsrecht, Kommentar, Frankfurt - Berlin, 1971, S. 237 - 239 (zu Art. 74 GG). Der Autor geht am Beispiel der Bundesrepublik Deutschland auf die Frage ein, ob sich das Bestehen von Landesstaatsangehörigkeiten unmittelbar aus der staatlichen Eigenschaft der Länder ergibt, oder ob es dazu noch besonderer konstitutiver Gesetze bedürfe. Diese im Schrifttum kontroverse Frage (weitere Nachweise *Makarov*, Kommentar) beantwortet der Autor wohl zutreffend dahingehend, daß er aus der Rechtsnatur der Länder als öffentlich-rechtliche Gebietskörperschaften im Rahmen des föderativen Aufbaus ein Ipso-iure-Bestehen

Feststellung trifft nicht nur für Bundesstaaten zu, sondern gilt auch für sonstige organisierte staatsrechtliche Staatenverbindungen. Fraglich ist jedoch, ob die afrikanischen Staatsangehörigkeiten bereits ohne ausdrückliche gesetzliche Regelung vorhanden waren oder ob lediglich ihre Einführung möglich erschien. Nach den zu den Staatenverbindungen getroffenen Feststellungen müßten die neuen Staatsangehörigkeiten bereits existent gewesen sein. Jedoch wäre der Rechtszustand bei derartigen nicht organisierten Staatsangehörigkeiten auf die Dauer unsicher gewesen. Es wäre fraglich gewesen, nach welchen Anknüpfungspunkten diese ungeregelten Staatsangehörigkeiten verliehen wurden (z. B. Geburt, Domizil). Deshalb ist es besser, aus der Existenz der Gemeinschaftsstaaten als solcher nur auf das Vorhandensein von „virtuellen" oder „embryonalen" Staatsangehörigkeiten zu schließen[37]. Erst durch das Ausnützen der rechtlich gegebenen Möglichkeiten im Wege des Erlassens einer detaillierten Staatsangehörigkeitsgesetzgebung wären vollwertige, organisierte Staatsangehörigkeiten entstanden.

Eine weitere Ungewissheit bestand noch hinsichtlich der näheren begrifflichen Qualifizierung der möglichen afrikanischen Staatsangehörigkeiten. Sie als „citoyennetés" zu bezeichnen, wäre fehlerhaft gewesen, da der Begriff der Bürgerschaft in der französischen Rechtsordnung von der Staatsangehörigkeit zu trennen ist (dualistische Konstruktion)[38]. Der klassische Begriff der „citoyenneté" schien auch die Existenz der afrikanischen Staaten und ihre Teilnahme am Leben der Gemeinschaft nicht zur Genüge sicherzustellen[39]. Am besten ist es wohl, von „internen"[40] oder „lokalen"[41] Staatsangehörigkeiten zu sprechen („nationalités internes, locales"), da nach der grundsätzlichen Verfas-

---

der Länderstaatsangehörigkeiten bejaht. Diese in bezug auf den Bundesstaat gemachte Aussage kann auch für die bundesstaatsähnliche Rechtsstruktur der Communauté Française herangezogen werden.

[37] *Decottignies*, Nationalité et citoyenneté 1959 en Afrique noire, Annales africaines 1959, S. 56. („... Peut-être serait-il plus prudent de qualifier de ‚nationalités virtuelles' ces nationalités qui, dans la Communauté de 1958, sont un devenir plus qu'une réalité.")

[38] Nach Art. 77 Abs. II der französischen Verfassung vom 4. Oktober 1958 gab es nur eine „citoyenneté de la Communauté". Neben dieser gemeinsamen Bürgerschaft waren auch die jeweiligen Bürgerschaften der Einzelstaaten vorhanden. Das ergibt sich aus den Verfassungsbestimmungen einiger Gemeinschaftsstaaten, die vom Bestehen einer eigenen Bürgerschaft ausgingen (z. B. Elfenbeinküste, Art. 37; Obervolta, Art. 36). Die französische Bürgerschaft wiederum stand nur den „ressortissants" der Republik im engeren Sinne zu (vgl. hierzu *Decottignies*, Nationalité et citoyenneté 1959 en Afrique noire, Annales africaines 1959, S. 59 ff.; *Bleckmann*, S. 367 - 369; *Gonidec*, Note sur la nationalité et les citoyennetés dans la Communauté, AFDI, tome 5, 1959, S. 754 ff.).

[39] *Decottignies*, Nationalité et citoyenneté 1959 en Afrique noire, Annales africaines 1959, S. 56.

[40] Vgl. Anmerkung 39.

[41] *Luchaire*, S. 167.

sungsstruktur der Communauté an diese partikulären Staatsangehörigkeiten keine effektiven völkerrechtlichen Befugnisse angeknüpft werden konnten[42]. Immerhin waren bei einer sich fortentwickelnden Desintegration innerhalb der Gemeinschaft zukünftige völkerrechtliche Beziehungen zwischen den Staaten in verstärktem Ausmaß denkbar, so daß diese internen afrikanischen Staatsangehörigkeiten im Laufe der Zeit auch völkerrechtliche Befugnisse hätten entfalten können.

Insgesamt kann also festgestellt werden, daß in den Jahren 1958/1959 die Verselbständigung im frankophonen Schwarzen Afrika soweit fortgeschritten war, daß die Einführung *eigener* Staatsangehörigkeiten der Staaten[43] möglich erschien. Der Verselbständigungsprozeß hatte einen Punkt erreicht, an dem die Staaten so weit verselbständigt waren, daß sie eine eigene organisierte Staatsangehörigkeit besitzen konnten, aber der Zusammenhang noch so eng war, daß *auch* eine *gemeinsame* Staatsangehörigkeit bestand. Es war also eine doppelte Staatsangehörigkeit denkbar, allerdings nicht hinsichtlich der völkerrechtlichen Anknüpfungen[44].

Angesichts dieser Rechtslage war es nur konsequent, daß die Verfassung von Gabun einen Artikel enthielt, der die Staatsangehörigkeitsregelung der Kompetenz des Parlaments zuwies[45], und daß Madagaskar, Mali und die äquatorialafrikanischen Staaten in einer gemeinsamen Erklärung vom 17. 1. 1959 eine eigene Staatsangehörigkeit verlangten[46]. Auch der Präsident der Gemeinschaft stellte eigene Staatsangehörigkeiten der afrikanischen Staaten in Aussicht und berief zur Prüfung dieser Frage eine Kommission ein[47]. Eine Entscheidung wurde jedoch nicht mehr getroffen, weil die Unabhängigkeit der Staaten ohnehin zu ihrer jeweils eigenen Staatsangehörigkeit führte.

---

[42] *Luchaire,* S. 167 („... des nationalités locales sans effet sur le droit international"). Eine derartige Staatsangehörigkeit ohne Gewährung völkerrechtlicher Befugnisse für den jeweiligen Staat ist bei einem umfassenden Verständnis des allgemeinen Staatsangehörigkeitsbegriffs durchaus möglich (siehe oben, S. 43). Sie entbehrt zwar weitgehend der völkerrechtlichen Wirksamkeit (diplomatischer Schutz), kann aber dogmatisch-konstruktiv von der *Ausübung* internationaler Kompetenzen getrennt werden. Im übrigen wäre ihre völkerrechtliche Substanz im Werden begriffen gewesen.

[43] Dahome, Elfenbeinküste, Gabun, Kongo (Brazzaville), Madagaskar, Mali, Mauretanien, Niger, Obervolta, Senegal, Tschad, Zentralafrikanische Republik.
Hinsichtlich Togo, Kamerun und Guinea siehe unten, I, 1, c; II, 7.

[44] Die allgemeinen völkerrechtlichen Bedenken gegen das Auftreten einer doppelten Staatsangehörigkeit greifen hier also nicht ein, da diese Staatsangehörigkeiten völkerrechtlich nicht gleichwertig sind.

[45] Art. 22.

[46] Penant 69, 1959, S. 615.

[47] Kommuniqué der Sitzung des Rats vom 10./11. 9. 1959 (J. O. C. 15. 9. 1959, S. 14): „Sur rapport du Premier Ministre de la République française, il a été décidé qu'un Comité étudiera le problème de la nationalité. Il devra

Trotz der mit der Communauté eingeleiteten Verselbständigung der afrikanischen Gebiete hatte im damaligen Stadium die eigentliche Abgrenzung der neuen Staatsvölker im Ergebnis also noch nicht begonnen.

c) Die Staatsangehörigkeit in Togo und Kamerun

aa) Die Rechtslage bis zum 30. Dezember 1958

Solange die französischen Treuhandgebiete Kamerun und Togo als „territoires associés" dem Staatsverband der Französischen Union angegliedert waren, hatte die eingeborene Bevölkerung weder die französische noch eine eigene Staatsangehörigkeit. Sie war jedoch einer eigenen Personalhoheit unterworfen, die am besten durch den Begriff „Gebietsangehörigkeit" ausgedrückt wird[48].

Zur Zeit der Französischen Union hatten Togo und Kamerun zunächst den Status eines Territoriums. Diese Rechtslage änderte sich jedoch für Kamerun mit dem Erlaß eines Dekrets am 16. April 1957 aufgrund von Art. 8 eines Rahmengesetzes vom 23. Juni 1956 und für Togo mit der Verabschiedung eines Dekrets am 24. August 1956[49]. Die Dekrete enthielten neue Statuten und wandelten im Zuge der Verselbständigungsbestrebungen in Afrika die Territorien in Treuhand*staaten* (états sous tutelle) um. Nach allgemein anerkannten Grundsätzen berechtigt das Vorliegen der Staatseigenschaft bei einer Gebietskörperschaft diese zumindest zur Einführung einer eigenen Staatsangehörigkeit[50]. Dem schien es nur zu entsprechen, wenn die einheimischen Regierungen von da an bei Frankreich um die Erlaubnis zur Einführung von eigenen Staatsangehörigkeiten nachsuchten. Zur Begründung machten sie geltend, die ehemaligen Territorien seien nun zu Staaten geworden und hätten das Recht auf eine jeweils eigene Staatsangehörigkeit[51]. Die französische Regierung lehnte jedoch die Schaffung einer togolesischen und einer kamerunischen Staatsangehörigkeit ab und berief sich darauf, daß das Wort „nationalité" nicht in den Statuten erwähnt wurde und daß die neuen Staaten noch nicht mit der äußeren Souveränität ausgestattet seien.

---

proposer une solution permettant de concilier l'affirmation de la personnalité des Etats et la volonté d'assurer la cohésion de la Communauté; la possibilité de nationalités distinctes de la nationalité commune a été évoquée." Zu den Sitzungsberichten des Komitees vgl. J. O. C. 15. 12. 1959, S. 131 und J. O. C. 15. 2. 1960, S. 10.

[48] Siehe oben, I, 1, b, dd.

[49] Décret n° 57 - 501 du 16 avril 1957 portant statut du Cameroun (J. O. R. F. 18 avril 1957, S. 4112); Décret du 24 août 1956 portant statut du Togo (J. O. R. F. 26 août 1956, S. 8173).

[50] Siehe oben, I, 2, b, bes. Anm. 28.

[51] Vgl. hierzu für Kamerun *de Biéville,* La naissance d'une nouvelle nationalité en Afrique: la nationalité camerounaise, RJPOM, 15, 1961, S. 601.

Demgegenüber vertraten *de Biéville*[52] und *Decottignies*[53] wie die einheimischen Regierungen die Auffassung, daß die Einführung von eigenen Staatsangehörigkeiten berechtigt sei. In bezug auf Kamerun betonte de Biéville, daß das Statut von 1957 einen Staat geschaffen habe, der allen vom Völkerrecht geforderten Bedingungen entsprochen habe. Es seien bereits damals eine organisierte politische Gewalt, ein genau abgegrenztes Gebiet und eine auf diesem Gebiet beheimatete Bevölkerung vorhanden gewesen. Dies genüge zur Einführung einer eigenen Staatsangehörigkeit, da ein Staat nicht vollständig unabhängig sein müsse, um sich eine Staatsangehörigkeit geben zu können. Im übrigen besage das Statut ausdrücklich, daß die Angehörigen von Kamerun kamerunische Bürger seien[54]. Die „citoyenneté" aber sei in der Regel an die „nationalité" geknüpft. Die „nationalité" garantiere im allgemeinen sowohl die Ausübung der privaten Rechte (statut civil) als auch der öffentlichen Rechte (statut politique ou citoyenneté). Das Nichtvorhandensein der äußeren Souveränität hindere nicht die Existenz einer eigenen Staatsangehörigkeit. Dies ergebe sich aus dem sog. „Nottebohm-Urteil", in dem deutlich zwischen der Staatsangehörigkeit und der Befugnis zur Gewährung des diplomatischen Schutzes unterschieden werde. Die Staatsangehörigkeit werde lediglich durch das innerstaatliche Recht geregelt, wohingegen die Ausübung des diplomatischen Schutzes Ausfluß der Souveränität des Staates sei. Die allgemeine Entwicklung des Völkerrechts tendiere langsam, aber stetig dahin, das völkerrechtliche Institut des diplomatischen Schutzes von dem innerstaatlichen Institut der Staatsangehörigkeit zu trennen[55].

Dieser Auffassung wird man für das damalige Stadium des Verselbständigungsprozesses nicht zustimmen können. Zwar spricht der

---

[52] *De Biéville,* La naissance d'une nouvelle nationalité en Afrique: la nationalité camerounaise, RJPOM, 15, 1961, S. 601 ff.

[53] *Decottignies,* La condition des personnes au Togo et au Cameroun, Annales africaines 1957, S. 30 ff. (31); *derselbe,* Nationalité et citoyenneté 1959 en Afrique noire, Annales africaines 1959, S. 47; vgl. auch *Tomson,* S. 184, 436.

[54] Art. 7 des Statuts vom 16. April 1957: „les ressortissants du Cameroun sont citoyens camerounais."

[55] *De Biéville* vergleicht im übrigen das erste Statut des Treuhandstaates Kamerun mit der rechtlichen Situation der ehemaligen französischen Mandatsstaaten Syrien und Libanon, die ebenfalls eine eigene Staatsangehörigkeit hatten, obwohl der diplomatische Schutz von Frankreich ausgeübt wurde.

Außerdem verstoße die Vorenthaltung der kamerunischen Staatsangehörigkeit gegen die allgemeine Menschenrechtsdeklaration der Vereinten Nationen vom 10. Dezember 1948. Dies ergebe sich aus den Artikeln 3 und 16 der Deklaration. (Art. 3: „Les droits énoncés dans la présente Déclaration s'étendent en pleine égalité à tous les habitants des Territoires sous tutelles et des Territoires non autonomes." Art. 16: „Tout individu a droit à une nationalité.") Vgl. zu allem *de Biéville,* S. 603.

Staatscharakter der Treuhandgebiete dafür, die Einführung von eigenen Staatsangehörigkeiten als rechtmäßig anzusehen. Die mit einer vollständigen Unabhängigkeit verbundene Souveränität ist dafür keine notwendige Voraussetzung. Außerdem waren Togo und Kamerun als Treuhandstaaten mit Frankreich in einer bundesstaatsähnlichen Weise verbunden[56]. Bei bundesstaatlichen Staatenverbindungen kann eine in Gestalt der Staatsangehörigkeit organisierte Zugehörigkeit zu den nichtsouveränen Teilstaaten bestehen[57]. Dennoch läßt die Rechtslage von Togo und Kamerun in den Jahren 1956/1957 den Schluß zu, daß Frankreich diesen Treuhandstaaten zu Recht eigene Staatsangehörigkeiten vorenthalten hat. Die mangelnde Souveränität der Staaten kann nicht als Hinderungsgrund betrachtet werden. Die Fälle, in denen nichtsouveräne Staaten über eine eigene Staatsangehörigkeit verfügen, unterscheiden sich aber von der damaligen Situation in Kamerun und Togo. Die beiden Staaten besaßen zwar eine organisierte politische Gewalt, ihnen fehlte jedoch neben der Souveränität auch die weitgehende innere Autonomie[58]. Im Vergleich zu der Autonomie, die die anderen afrikanischen Staaten in der späteren Französischen Gemeinschaft besaßen, war die innere Selbständigkeit Togos und Kameruns in der Zeit von 1956/1957 noch nicht so stark entwickelt. Es handelte sich insoweit um eine Art „Halbautonomie". Daß in der Communauté Française afrikanische Staatsangehörigkeiten möglich waren[59], ist also kein Argument für entsprechende Staatsangehörigkeiten in Togo und Kamerun bereits in der Epoche der zu Ende gehenden IV. Republik.

Auch die bundesstaatlichen Züge in der Verbindung der Treuhandstaaten mit Frankreich rechtfertigen wohl nicht die Einführung von eigenen Staatsangehörigkeiten. Zwar besitzt jedes Land in einem Bundesstaat in der Regel notwendig seine eigene Staatsangehörigkeit[60]. Jedoch war der Rechtscharakter der Beziehungen der Treuhandstaaten zu Frankreich einem Bundesstaat nur entfernt ähnlich. Kamerun und Togo waren nicht im eigentlichen Sinne Teilstaaten eines Bundesstaates. Daher erschien eine Analogie nicht gerechtfertigt. Im übrigen

---

[56] Vgl. hierzu *Bleckmann*, S. 296. Der Autor hält die Möglichkeit einer togolesischen und einer kamerunischen Staatsangehörigkeit zum damaligen Zeitpunkt für verfrüht.

[57] Fraglich ist, ob dies auch in Gestalt der „nationalité" geschehen kann, oder ob insoweit nur eine „citoyenneté" möglich ist. Man wird aber eine „nationalité locale" annehmen können.

[58] Erst die beiden französischen Ordonnanzen vom 30. Dezember 1958 (J. O. R. F. 31 décembre 1958) gewährten Togo und Kamerun eine verstärkte Autonomie als Vorstufe der Unabhängigkeit. (Siehe unten, I, 2, c, bb). Die Dekrete von 1956 und 1957 schufen lediglich einen halbautonomen Status. Vgl. dazu *Bleckmann*, S. 289, 298.

[59] Siehe oben, I, 2, b, am Ende.

[60] Siehe oben, Anm. 36. Anderer Ansicht *Bleckmann*, S. 296.

wäre eine derartige „nationalité“ ohne die ihr sonst eigene völkerrechtliche Relevanz gewesen.

Die Statuten von 1956/1957 erkennen den Angehörigen von Togo und Kamerun zwar eine eigene „citoyenneté“ zu, aber das Vorhandensein der Bürgerschaft ist kein zwingendes Argument für das Bestehen einer eigenen Staatsangehörigkeit.

Wenn de Biéville das „Nottebohm-Urteil“ heranzieht und die Staatsangehörigkeit als innerstaatliches Rechtsinstitut von der Befugnis zur Gewährung des diplomatischen Schutzes als einer völkerrechtlichen Rechtsbeziehung unterscheidet, so muß ihm insoweit widersprochen werden, als die Staatsangehörigkeit kein ausschließlich innerstaatliches Rechtsinstitut ist. Sie ist im Gegenteil zumindest auch ein Institut des Völkerrechts[61].

Der Staatscharakter von Togo und Kamerun genügt also als solcher nicht, um eine uneingeschränkte Befugnis zur Einführung eigener Staatsangehörigkeiten daraus herleiten zu können. Völkerrechtliche Hinderungsgründe wie der internationale Grundstatus von Kamerun und Togo sind ebenfalls zu beachten.

Das Vorenthalten der togolesischen und kamerunischen Staatsangehörigkeit dürfte auch kein Verstoß gegen allgemeine Menschenrechte gewesen sein. Immerhin wurden die Bewohner der Treuhandgebiete nicht als Staatenlose angesehen, sondern es wurde ihnen von der französischen Praxis der Sonderstatus der Gebietsangehörigkeit („ressortissant togolais, camerounais“) zuerkannt. Damit wurde wohl auch den Tendenzen des modernen Völkerrechts genügt. Ein Verstoß gegen die Menschenrechte ist nicht anzunehmen.

Daß die Einführung von eigenen Staatsangehörigkeiten der Treuhandstaaten zum damaligen Zeitpunkt verfrüht gewesen wäre, ergibt im wesentlichen das *Ausmaß der Staatlichkeit* in den Jahren 1956 und 1957. Die Dekrete vom 24. August 1956, 22. März[62] und 16. April 1957 haben zwar zu einer erheblichen Zunahme der einheimischen Befugnisse geführt, es wurden aber nicht alle Kompetenzen übertragen. Togo wurde ausdrücklich als „République autonome du Togo“, Kamerun als „Etat sous tutelle du Cameroun“ bezeichnet. Jedoch erfaßte die Autonomie noch nicht alle wesentlichen Bereiche der innerstaatlichen Ordnung. So war die Gerichtsbarkeit noch nicht in vollem Umfang auf die Staaten übertragen. Die neuen Organisationsstatuten wurden nicht zweiseitig, sondern durch einen einseitigen Akt der französischen Regierung in der Form eines Dekrets erlassen. Auch be-

---

[61] Siehe oben, I, 1, b, bb.
[62] J. O. R. F. 23 mars 1957, S. 3090 (Änderung des Togo-Statuts).

hielt sich Frankreich weitgehende Kontrollrechte vor. Insgesamt gesehen konnte der damalige Rechtszustand von Kamerun und Togo noch nicht als echte innere Autonomie bezeichnet werden[63]. Dem entsprach es, daß nur die neue „citoyenneté camerounaise, togolaise" als Anknüpfungspunkt innerstaatlicher Rechtspositionen eingeführt wurde. Diese erste Etappe auf dem Weg zur Unabhängigkeit erforderte aber noch keine eigene Staatsangehörigkeit aus völkerrechtlichen Gründen.

bb) Die Rechtslage vom 30. Dezember 1958 bis zur Unabhängigkeit

Die beiden französischen Ordonnanzen vom 30. Dezember 1958[64] bedeuteten für Kamerun und Togo einen weiteren Schritt in Richtung auf die Unabhängigkeit. Die neuen Statuten verliehen der einheimischen Staatsgewalt weitgehende Gesetzgebungsbefugnisse im innerstaatlichen Bereich[65]. Die moderne Gerichtsbarkeit wurde vollständig auf die Republiken übertragen (Gerichtsautonomie)[66]. Die beiden Ordonnanzen spiegeln das Ergebnis von Regierungsverhandlungen zwischen Frankreich und den Treuhandstaaten wider. Für Kamerun wurden überdies zusätzlich zu der Ordonnanz weitere Bedingungen in den Verträgen vom selben Tage festgelegt[67]. Der neue Rechtszustand wurde also zum Teil durch zweiseitige Rechtsakte herbeigeführt, zumindest aber allgemein durch zweiseitige faktische Vorgänge vorbereitet.

Der durch die neuen Statuten geschaffenen weitgehenden inneren Autonomie entsprach es, daß die Ordonnanzen expressis verbis die einheimischen Staatsangehörigkeiten begründeten[68], die später durch einheimische Gesetze im einzelnen geregelt werden sollten[69]. Es handelt sich demnach um neue Staatsangehörigkeiten, die durch die Statuten mit konstitutiver Wirkung geschaffen wurden[70]. Der von der Staats-

---

[63] Vgl. hierzu im einzelnen *Bleckmann,* S. 289 ff.

[64] Ordonnance du 30 décembre 1958 (J. O. R. F. 31 décembre 1958, S. 12113).

[65] *Decottignies / de Biéville,* S. 20.

[66] *Bleckmann,* S. 310.

[67] Penant 69, 1959, S. 221.

[68] Art. 26, ordonnance du 30 décembre 1958 portant statut du Togo; Art. 2, ordonnance du 30 décembre 1958 portant statut du Cameroun: „Les ressortissants camerounais possèdent la nationalité camerounaise, dont les conditions d'attribution sont fixées par la loi camerounaise." „Les ressortissants du Togo possèdent la nationalité togolaise ..." (J. O. R. F. 31 décembre 1958, S. 12113).

[69] So die Ordonnanz des Ministerpräsidenten von Kamerun vom 26. November 1959 (J. O. R. Ca. 12 décembre 1959). Das entsprechende togolesische Gesetz wurde erst am 25. Juli 1961 erlassen. Vgl. dazu *Decottignies / de Biéville,* S. 341 ff.

Seit 11. Juni 1968 wird die kamerunische Staatsangehörigkeit durch ein neues Gesetz geregelt („loi no 68/LF/3 du 11 juin 1968"; vgl. *A. Ngongang-Ouandji,* Acquisition et perte de la nationalité camerounaise, RJPIC 1971, Nr. 4, S. 472).

[70] Einige Autoren halten diese Regelung wohl für deklaratorisch, da sie vom vorherigen Bestehen der Staatsangehörigkeiten ausgehen (so *De-*

angehörigkeitsentstehung betroffene Personenkreis wurde in den Statuten noch nicht im einzelnen abschließend umschrieben; dies geschah erst in den später erlassenen Staatsangehörigkeitsgesetzen[71]. Die neuen Staatsangehörigkeiten existierten zwar, waren aber rechtlich noch nicht organisiert. Hieraus lassen sich jedoch keine völkerrechtlichen Bedenken gegen das Bestehen der Staatsangehörigkeiten herleiten, zumal der konkretisierende Organisationsakt ja in absehbarer Zeit erfolgen sollte[72].

Nach den Statuten war die neue Staatsangehörigkeit auf die Personen beschränkt, die die Eigenschaft eines „ressortissant camerounais" bzw. „ressortissant togolais" besaßen. Die Verträge mit Kamerun sahen zusätzlich vor, daß das Gesetz auch andere Personen mit der Staatsangehörigkeit ausstatten konnte[73]. Die beteiligten Staaten waren dabei jedoch der Verpflichtung unterworfen, das Auftreten doppelter Staatsangehörigkeit und Staatenlosigkeit zu vermeiden[74]. Dabei sollte ein Vertrag die Gleichstellung dieses erweiterten Personenkreises mit den ehemaligen „ressortissants" bezüglich der inneren politischen Rechte und des diplomatischen Schutzes regeln.

---

cottignies / de Biéville, S. 20; *Decottignies*, Nationalité et citoyenneté 1959 en Afrique noire, Annales africaines 1959, S. 47; *Tomson*, S. 184).

Zu den völkerrechtlichen Problemen des Staatsangehörigkeitswechsels siehe unten, III, 2, c, bb; III, 4, b, cc.

[71] Immerhin heißt es in Art. 4, Abs. I der „Convention sur l'exercice des pouvoirs réservés, les transferts et la coopération intergouvernementale" mit Kamerun: „Sont considérés comme ressortissants camerounais appelés à bénéficier des dispositions de l'article 2 du statut, les personnes qui jouissent à la date d'établissement de la présente convention, de la *possession d'état* de ressortissants camerounais." Zu den völkerrechtlichen Fragen hinsichtlich des betroffenen Personenkreises siehe unten, III, 4, b, cc. (Zur Fundstelle vgl. Penant 1959, S. 221).

[72] Im übrigen war der Begriff der „possession d'état de ressortissant camerounais" bereits eingeführt.

[73] Art. 4, Abs. II des in Anm. 71 genannten Vertrages: „Une convention déterminera, en tant que besoin, les conditions dans lesquelles d'autres nationaux camerounais pourront éventuellement jouir des droits et libertés garantis aux citoyens français et bénéficier de la protection diplomatique française lorsque le Gouvernement camerounais ou l'Assemblée législative auront défini les conditions d'accession à la nationalité camerounaise" (Penant 69, 1959, S. 221).

[74] Art. 4, Abs. III des in Anm. 71 genannten Vertrages: „Cette convention particulière devra régler dans les mêmes conditions les conflits pouvant naître en la matière de l'application des dispositions de chacune des lois nationales dans toutes les hypothèses où des dispositions sembleraient devoir être écartées en tant qu'elles pourraient être génératrices de cas de double nationalité ou d'apatridie." Zur Frage der doppelten Staatsangehörigkeit und der Staatenlosigkeit im kamerunischen und togolesischen Staatsangehörigkeitsgesetz siehe unten, III, 6, c; III, 6, c, ee.

Die togolesische und die kamerunische Staatsangehörigkeit waren also bereits vor dem mit der Unabhängigkeit[75] erreichten Abschluß des Verselbständigungsprozesses geschaffen. Die mit der Unabhängigkeit vor sich gegangene völkerrechtliche Verselbständigung hatte demnach keine Auswirkungen auf die Entstehung der Staatsangehörigkeiten in den ehemaligen Treuhandgebieten. Die kamerunische und die togolesische Staatsangehörigkeit sind jeweils *nicht aufgrund der Unabhängigkeit* dieser Länder entstanden[76]. Auch den Staatsangehörigkeitsgesetzen kann keine konstitutive Wirkung zugesprochen werden, da die neuen Staatsangehörigkeiten spätestens mit dem Inkrafttreten der Ordonnanzen vom 30. Dezember 1958 am 1. Januar 1959 geschaffen wurden. Im früheren Stadium der Entwicklung kann man aber meines Erachtens diese Staatsangehörigkeiten noch nicht bejahen.

Die Staatsangehörigkeit diente hier zunächst als Anknüpfungspunkt für öffentliche Rechtspositionen gegenüber Frankreich und den anderen Staaten und hatte dieselbe Bedeutung wie vorher die Bürgerschaft[77]. Dies hinderte jedoch nicht ihre potentielle völkerrechtliche Relevanz, die allerdings erst mit der Erlangung der Unabhängigkeit praktisch wurde. Bis dahin übte Frankreich den diplomatischen Schutz für die kamerunischen und togolesischen Staatsangehörigen aus.

---

[75] Unabhängigkeit von Kamerun: 1. Januar 1960;
Unabhängigkeit von Togo: 27. April 1960.

[76] *Decottignies / de Biéville*, S. 20; *Tomson*, S. 184, 436.

[77] *Bleckmann*, S. 313. Dem entspricht es, wenn derselbe Autor eine direkte Entwicklung von der Gebietsangehörigkeit über die „citoyenneté" Kameruns und Togos bis hin zur „nationalité camerounaise, togolaise" feststellt (S. 295). Diese Sicht gibt die Auswirkungen der jeweiligen personalen Unterworfenheit wieder und veranschaulicht den Verselbständigungsprozeß. Sie ändert jedoch nichts an der rechtlichen Verschiedenheit der Begriffe.

II. Die Unabhängigkeit der afrikanischen Gebiete als ein Fall der Staatensukzession

1. Der politische Hintergrund

Die politische Entwicklung in den afrikanischen Mitgliedstaaten der Französischen Gemeinschaft zielte trotz der mit der Verfassung vom 4. Oktober 1958 erreichten weitgehenden inneren Selbständigkeit auf die Erlangung der uneingeschränkten äußeren Unabhängigkeit. Der Autonomie sollte die international wirksame Souveränität folgen. Diese bereits bei der Option für den Status von Mitgliedstaaten in der Communauté vorhandenen starken Tendenzen zur völligen Unabhängigkeit setzten sich im Jahre 1960 endgültig durch[1]. Nachdem sich Frankreich mit der neuen Lage abgefunden hatte und den neuen Staaten auch für die Zeit nach der Unabhängigkeit seine Hilfe zugesichert hatte, standen der neuen Entwicklung keine Hindernisse mehr im Wege. Sowohl die Staaten des Westens als auch des Ostens trugen den immer stärker gewordenen Selbstbestimmungswünschen Rechnung und unterstützten den endgültigen Abschluß des Entkolonisierungsprozesses. Das Selbstvertrauen der afrikanischen Staaten schien eine positive Zukunftsentwicklung zu garantieren.

Bereits am 2. Oktober 1958 verkündete die Territorialversammlung von Guinea die am 30. September 1958 wirksam gewordene Unabhängigkeit Guineas, nachdem die einheimische Bevölkerung das Referendum zur Annahme der neuen französischen Verfassung negativ beantwortet hatte. Die übrigen frankophonen afrikanischen Kolonialgebiete erlangten ihre Unabhängigkeit in rascher Aufeinanderfolge im Laufe des Jahres 1960[2]. Mit der Gewährung der Unabhängigkeit folgte Frankreich den völkerrechtlichen Tendenzen zur Anerkennung des Selbstbestimmungsrechts der Völker. Im übrigen schien es dazu aufgrund

---

[1] Vgl. zur Dekolonisierung in Afrika allgemein *Scherk*, insbesondere S. 33 ff.; *Gonidec*, L'Etat africain, Paris, 1970; *M. A. Glélé*, Naissance d'un Etat noir. L'évolution politique et constitutionnelle du Dahomey, de la colonisation à nos jours, Paris, 1969.

[2] Dahome am 1. August 1960, Elfenbeinküste am 7. August 1960, Gabun am 15. Juli 1960, Kamerun am 1. Januar 1960, Kongo (Brazzaville) am 15. August 1960, Madagaskar am 26. Juni 1960, Mali bzw. Mali-Föderation am 22. September bzw. 19. Juni 1960, Mauretanien am 28. November 1960, Niger am 3. August 1960, Obervolta am 5. August 1960, Senegal am 19. Juni 1960 (als Gliedstaat von Mali) bzw. am 20. August 1960 (als selbständige Republik), Togo am 27. April 1960, Tschad am 11. August 1960, Zentralafrikanische Republik am 13. August 1960.

der Verfassung, wie sie von Staatspräsident *de Gaulle* ausgelegt worden war, verpflichtet zu sein. Zum Zwecke des Vollzugs der Unabhängigkeit wurden zwischen Frankreich und den afrikanischen Staaten jeweils mehrere Verträge geschlossen, die die Unabhängigkeit festlegten; dazu deren Folgen für die Gemeinschaft, die neuen Formen der Zusammenarbeit und die Rechtsnachfolge regelten[3]. Diese Verträge stellten jedoch keine sogenannten „Devolutionsabkommen" dar, wie sie anläßlich anderer Entkolonisierungsvorgänge vereinbart wurden.

Die Unabhängigkeit stellte den Abschluß des stufenweise — über die Eigenschaft als bloße Kolonie, Überseeterritorium und autonomer Mitgliedstaat der Gemeinschaft[4] — vorangeschrittenen Verselbständigungsprozesses dar.

2. Mögliche völkerrechtliche Auswirkungen der Unabhängigkeit auf die Staatsangehörigkeit

Vor der Unabhängigkeit besaßen nur Kamerun und Togo eine eigene Staatsangehörigkeit. Im übrigen existierte in den afrikanischen Gemeinschaftsstaaten bzw. im Territorium Guinea die französische Staatsangehörigkeit. Von der Möglichkeit lokaler Staatsangehörigkeiten war noch kein Gebrauch gemacht worden.

Die Erlangung der Unabhängigkeit im Jahre 1960 bedeutete die äußere Verselbständigung der afrikanischen Staaten. Die neuen unabhängigen Staaten verfügten nicht mehr lediglich über die innere Autonomie, sondern waren mit der vollen internationalen Souveränität ausgestattet[1]. Die Gewährung der Unabhängigkeit beinhaltete einen Wechsel der Souveränität von der alten Kolonialmacht Frankreich auf die jeweiligen Neustaaten. Der Übergang der Souveränität auf die afrikanischen Staaten stellte allein die im internationalen Bereich relevante Verselbständigung dar. Die neuen Staaten wurden zu eigenen unabhängigen Völkerrechtssubjekten[2].

---

[3] Vgl. hierzu *Bleckmann*, S. 383 ff.; *Lacharrière*, S. 21 ff.; auch *F. Borella*, L'évolution de la Communauté en 1960: de la Communauté constitutionelle à la Communauté conventionnelle, AFDI, tome 6, 1960, S. 925 ff. Die Communauté sollte mit entsprechend veränderter rechtlicher Struktur fortbestehen.

[4] Besonderheiten gab es insoweit bei Guinea (kein Gemeinschaftsstaat) und bei Togo und Kamerun (assoziierte Territorien und später halbautonome bzw. autonome Treuhandstaaten).

[1] Vgl. hierzu besonders *Scherk*, S. 139 ff.

[2] Der Begriff der Souveränität ist von zentraler Bedeutung sowohl für die allgemeine Staatslehre als auch im Völkerrecht. Unter Souveränität versteht man einerseits die höchste Entscheidungsgewalt innerhalb eines Staates, also die Souveränität *im* Staate (*interne* Souveränität, vgl. dazu *H. Quaritsch*, Staat und Souveränität, Band 1, Die Grundlagen, Frankfurt, 1970; *W. von Simson*, Die Souveränität im rechtlichen Verständnis der

Es liegt nahe, daß der mit der Unabhängigkeit verbundene Souveränitätswechsel auch hinsichtlich der Abgrenzung des Staatsvolkes der afrikanischen Staaten von Bedeutung war. Bei der bereits früher, im Rahmen der Französischen Gemeinschaft bzw. der Treuhandverhältnisse, erfolgten Verstaatlichung der ehemaligen Kolonialgebiete richtete sich die Abgrenzung des jeweiligen Staatsvolkes noch nach dem französischen Staatsangehörigkeitsrecht. Die Bildung der autonomen Staaten hatte für deren Bewohner keinen Wechsel der Staatsangehörigkeit zur Folge. Die sich als ein Souveränitätswechsel darstellende Erlangung der Unabhängigkeit könnte jedoch Auswirkungen auf die Staatsangehörigkeit der Afrikaner gehabt haben. Insbesondere treten im Zusammenhang mit der Unabhängigkeit besondere völkerrechtliche Probleme und Gesichtspunkte auf, die für die Staatsangehörigkeit in den afrikanischen Staaten maßgebend sind. Von entscheidender Bedeutung ist hier auch die Frage, ob die völkerrechtlichen Probleme, die bei den Auswirkungen einer Staatensukzession auf die Staatsangehörigkeit der betroffenen Bevölkerung entstehen, im Falle der Unabhängigkeit der frankophonen afrikanischen Neustaaten ebenfalls in dieser Art bestehen. Daraus ergibt sich die weitere Frage, ob eventuell bestehende allgemeine völkerrechtliche *Grundsätze* zur Staatsangehörigkeit bei Staatensukzessionen auch hier anwendbar sind.

3. Wesen der Staatensukzession und ihre Erscheinungsformen

Diese Frage kann nur bejaht werden, wenn die Unabhängigkeit der afrikanischen Staaten sich jeweils als ein Fall von Staatensukzession darstellt. Nur dann treffen die hierbei zu beachtenden völkerrechtlichen Gesichtspunkte auch auf die Staatsangehörigkeit in den neuen Staaten zu. Es ist also zunächst einmal das Wesen einer Staatensukzession mit ihren verschiedenen möglichen Erscheinungsformen darzu-

---

Gegenwart, Berlin, 1965). Für das Völkerrecht ist aber nicht die Souveränität im Staate relevant, sondern es kommt entscheidend auf die Souveränität *des* Staates an, auf die *äußere* Souveränität. Die völkerrechtliche Souveränität beinhaltet die Unabhängigkeit der Staaten voneinander und ihre Gleichheit untereinander. Der in diesem Sinne souveräne Staat ist selbst und nicht erst durch die Vermittlung einer ihm übergeordneten Autorität Völkerrechtssubjekt. Die sogenannte Souveränität des Staates ist dann gleichbedeutend mit seiner Völkerrechtsunmittelbarkeit (*Dahm*, S. 152, 154, 164: *H. Kelsen*, Souveränität, in: Strupp / Schlochauer, Wörterbuch des Völkerrechts, Band III, 1962, S. 281).

In dem hier darzulegenden Zusammenhang der Entkolonisierung der frankophonen afrikanischen Staaten kommt es allein auf die völkerrechtliche Souveränität an. Der Begriff der Souveränität wird deshalb insoweit ausschließlich im völkerrechtlichen Sinne verstanden.

Vgl. zu diesen Fragen auch *Menzel*, der sich kritisch zum Souveränitätsbegriff äußert (Völkerrecht, S. 138, 139), und *Scherk*, S. 3 ff.

legen, um die Unabhängigkeit als Abschluß des Entkolonisierungsprozesses daran messen zu können.

Der Begriff der Staatensukzession muß unter verschiedenen rechtlichen Aspekten gesehen werden. Er beinhaltet zunächst den *Gebietsübergang* von einem Staat auf einen anderen[1]. Damit verbunden ist ein Wechsel der *Gebietshoheit*. Der eine Staat hört auf, seine Hoheitsgewalt in einem bestimmten Gebiet auszuüben, während ein anderer seine Stelle einnimmt[2]. Hinsichtlich der Gebietshoheit rückt der eine Staat in die Rechtsposition ein, die vorher ein anderer Staat innegehabt hat[3].

Die Staatensukzession kann auch unter dem Gesichtspunkt der *Souveränität* betrachtet werden. Sie liegt dann vor, wenn eine neue Souveränität an die Stelle einer anderen, bisher auf diesem Gebiet ausgeübten, souveränen Hoheitsgewalt tritt[4]. Eine Staatensukzession ist also grundsätzlich immer mit einem Souveränitätswechsel verbunden. Sie bedeutet Nachfolge in die völkerrechtliche Souveränität (Gebietshoheit, Gebietsherrschaft) über ein bestimmtes, abgegrenztes Territorium.

Keine Staatensukzession liegt demnach vor, wenn ein Staat nur seine Staats- oder Regierungsform, auch auf revolutionäre Weise, verändert[5]. In diesen Fällen wird die Völkerrechtsfähigkeit des betreffenden Staates unberührt gelassen und es liegt insoweit Identität des Rechtssubjekts vor[6].

---

[1] *O'Connell*, International Law, Vol. I, S. 423; *G. Herbig*, Staatensukzession und Staatenintegration. Ein Beitrag zur Frage der Kontinuität völkerrechtlicher Verträge bei Staatenzusammenschlüssen, Mainz, 1968, S. 11.

[2] *O'Connell*, State Succession in Municipal Law and International Law, Vol. I, S. 3.

[3] *Menzel*, Staatensukzession, in: Strupp / Schlochauer, Wörterbuch des Völkerrechts, Band III, 2. Aufl., Berlin, 1962, S. 306.

[4] *O'Connell*, International Law, Vol. I, S. 423; *Ch. Rousseau*, Droit International Public approfondi, Paris, 1961, S. 162.

[5] *Menzel*, Staatensukzession, S. 306.

Vgl. zum Wesen der Staatensukzession auch *H. Mosler*, Wirtschaftskonzessionen bei Änderungen der Staatshoheit, Stuttgart, 1948, S. 17 ff. Hier wird ebenfalls auf den „Hoheitswechsel" abgehoben.

[6] Im einzelnen ist der Begriff der Staatensukzession trotz zahlreicher Lösungsversuche systematisch nicht vollständig geklärt. Nach einer klassischen Formel heißt es: „Sukzession = Substitution und Kontinuation" (*M. Huber*, Die Staatensuccession, 1898, S. 18). Zur Frage der *Substitution* wird abwechselnd auf den Wechsel der Gebietshoheit, die Ersetzung der Staatsgewalt und den Wechsel der Souveränität abgestellt. Eine andere Lehre betont die Substitution der Völkerrechtssubjekte (Vgl. *R. Goerdeler*, Die Staatensukzession in multilaterale Verträge. Eine Darstellung der Praxis der Gebietsnachfolger Frankreichs in Afrika, Berlin, 1970, S. 18, mit Einzelnachweisen). Das Element der *Kontinuation* bereitet geringere Schwierigkeiten. Die Autoren sind sich weitgehend einig über die Möglichkeit der Aufrechterhaltung von bestimmten völkerrechtlichen Rechtsverhältnissen (vgl. *Goerdeler*, S. 19).

Eine Staatensukzession kann in verschiedenen Erscheinungsformen vor sich gehen. Es kann sich beispielsweise um eine Zession handeln, eine Annexion, eine Dismembration, eine Emanzipation, um den Eintritt in eine Staatenverbindung (so auch die Umwandlung eines Staatenbundes in einen Bundesstaat)[7]. Alle diese verschiedenartigen Vorgänge haben als gemeinsamen Zug den Wechsel der Souveränität (Gebietshoheit) über ein bestimmtes Territorium[8].

Der wohl klassische Fall der Staatensukzession ist der Untergang einer Staatsgewalt und ihre Ersetzung durch eine neue Souveränität[9]. In diesen Fällen wird eine bestehende Völkerrechtssubjektivität vernichtet und eine andere tritt an ihre Stelle. Das Hauptbeispiel hierfür ist die totale Annexion eines Gebietes. Diese Art der Staatensukzession wird auch als „totale Sukzession" bezeichnet, weil die betreffende souveräne Gebietskörperschaft vollständig zerstört wird. Demgegenüber versteht man unter einer „partiellen Sukzession" diejenigen Fälle, in denen ein völkerrechtsfähiger Staat zwar einen Gebietsverlust erleidet, seine Völkerrechtssubjektivität und rechtliche Verantwortlichkeit als solche jedoch bestehen bleiben[10].

Der Vorgang der Staatensukzession, in welcher Erscheinungsform er sich auch ereignen mag, hat rechtliche Konsequenzen. Ein Souveränitätswechsel über ein bestimmtes Gebiet bringt eine Unterbrechung der juristischen Kontinuität mit sich. Um die Auswirkungen dieses Bruchs

---

Die Sukzessionslehre tritt vielfach auf im Zusammenhang mit der Rechtsnachfolge in völkerrechtliche Verträge, deren Weitergeltung unter bestimmten Voraussetzungen bejaht wird.

Die zur Kennzeichnung der Substitution entwickelten Kriterien schließen sich in der Regel nicht aus, sondern ergänzen einander. Das generell treffende Merkmal des Wechsels (der Substitution) der völkerrechtlichen Souveränität, ergänzt um den Gesichtspunkt der völkerrechtlichen Kompetenzverschiebung zwischen Subjekten des Völkerrechts, stellt eine hinreichende Präzisierung der Substitution und damit der Staatensukzession dar (Vgl. *L. Herbst*, Staatensukzession und Staatsservituten, Berlin, 1962, S. 20; *Goerdeler*, S. 18, 19, der im übrigen das Kriterium des Souveränitätswechsels als zu ungenau bezeichnet).

[7] Die Unterteilung im einzelnen ist schwierig und als Typisierung nicht immer zwingend.

Vgl. hierzu *O'Connell*, International Law, Vol I, S. 423; *derselbe*, State Succession in Municipal Law and International Law, Vol. I, S. 3; *H. J. Jellinek*, Der automatische Erwerb und Verlust der Staatsangehörigkeit durch völkerrechtliche Vorgänge, zugleich ein Beitrag zur Lehre von der Staatensukzession, Berlin - Detmold - Köln, 1951, S. 69 ff., 187 ff.; *W. Schoenborn*, Staatensukzessionen, in: Stier-Somlo's Handbuch des Völkerrechts, 2. Band, Stuttgart, 1913, S. 13 ff.; *Berber*, S. 249, 250.

Eine umfassende Übersicht findet sich bei *Herbst*, S. 21, 22.

[8] *O'Connell*, State Succession in Municipal Law and International Law, Vol. I, S. 3.

[9] *Menzel*, Staatensukzession, S. 306.

[10] *O'Connell*, State Succession in Municipal Law and International Law, Vol. I, S. 4; *derselbe*, International Law, Vol. I, S. 423; *Herbst*, S. 22.

in der Rechtsordnung zu mildern, sind völkerrechtliche Möglichkeiten und Regeln entwickelt worden. Diese Regeln bilden das „Recht der Staatensukzession". In dem hier zu erörternden Zusammenhang kommt es auf die zur Rechtsnachfolge in die Staatsangehörigkeit aufgestellten Regeln an, sofern diese bestehen.

4. Die Unabhängigkeit der afrikanischen Staaten als Zession oder Emanzipation

Die Unabhängigkeit der frankophonen afrikanischen Staaten könnte jeweils als eine Staatensukzession in Gestalt einer Zession oder Emanzipation anzusehen sein.

Unter *Zession* versteht man eine Gebietsabtretung unter Staaten durch völkerrechtlichen Vertrag[1]. Dabei ist es erforderlich, daß die Vertragspartner die völkerrechtliche Persönlichkeit und die staatsrechtliche Unabhängigkeit voneinander besitzen[2]. Völkerrechtliche Persönlichkeit und staatsrechtliche Unabhängigkeit müssen die Ausführung des Vertrages zeitlich überdauern; daher kann eine Zession nicht für das gesamte Gebiet eines Staates vorgenommen werden, ohne ihren rechtlichen Charakter zu verändern. Eine Zession ist sowohl als eine Folge von Kriegen als auch auf friedlichem Wege denkbar. Die nach Kriegen erfolgte Zession wird in Friedensverträgen vereinbart. Die „friedlichen" Zessionen, oft als „Kauf"[3], „Schenkung" oder „Tausch"[4] bezeichnet, unterscheiden sich in ihrem rechtlichen Charakter nicht von den nach einem Kriege vorgenommenen.

Die Unabhängigkeit der afrikanischen Gemeinschaftsstaaten im Jahre 1960 wurde jeweils durch Verträge zwischen Frankreich und dem betreffenden Staat festgelegt. Auch die sich daraus ergebenden Folgen für die Französische Gemeinschaft wurden vertraglich geregelt[5]. Insoweit besteht also eine Ähnlichkeit mit dem ebenfalls vertraglichen Vorgang der Zession. Erhebliche Bedenken wird man jedoch bei den Kriterien der „völkerrechtlichen Persönlichkeit" und der „staatsrechtlichen Unabhängigkeit" haben müssen. Vertragspartner waren Frank-

---

[1] *Schoenborn*, S. 27.
[2] *H. J. Jellinek*, S. 69.
[3] „Kauf" von Alaska durch die USA im Jahre 1867.
[4] „Tausch" von Helgoland und Sansibar durch Großbritannien und das Deutsche Reich im Jahre 1890.
[5] Siehe oben, II, 1. Einem Zessionsabkommen vergleichbar sind hierbei nur jeweils die Verträge, die die Unabhängigkeit in der Weise festlegen, daß sie die Befugnisse der Gemeinschaft auf die Staaten übertragen und möglicherweise zusätzlich feststellen, daß durch diese Übertragung die internationale Souveränität und Unabhängigkeit erworben werde. Wirksam wurden diese Abkommen mit dem Austausch der Notifikationsurkunden über den Abschluß des jeweiligen innerstaatlichen Verfahrens. Vgl. dazu *Bleckmann*, S. 396, 397.

reich und der jeweilige afrikanische Mitgliedstaat. Frankreich besaß zwar als souveräner Staat die Völkerrechtssubjektivität, die afrikanischen Staaten waren aber lediglich autonom und verfügten — auch gegenüber der Französischen Republik und den anderen Gemeinschaftsstaaten — nicht über eine selbständige völkerrechtliche Persönlichkeit[6]. Die Vertragspartner standen auch nicht in dem geforderten Verhältnis der staatsrechtlichen Unabhängigkeit voneinander. Die autonomen afrikanischen Staaten unterstanden in den äußeren Angelegenheiten und den sonst der Gemeinschaft vorbehaltenen Befugnissen der französischen Hoheitsgewalt[7]. Sie waren nach wie vor von Frankreich abhängige Gebiete, auf denen Frankreich seine eigene, souveräne Staatsgewalt ausübte. Die Beziehungen zwischen Frankreich und den afrikanischen Staaten waren daher staatsrechtlicher und abhängiger Natur. Nach diesen Überlegungen könnte man zu dem Schluß kommen, daß die Unabhängigkeit der frankophonen afrikanischen Staaten sich nicht als eine Staatensukzession in Gestalt der Zession darstellte.

Bevor man insoweit zu einer endgültigen Antwort gelangt, muß man sich jedoch der rechtlichen und politischen Besonderheiten der Entkolonisierung bewußt werden. Die afrikanischen Staaten waren im Augenblick der Vertragsabschlüsse zwar noch keine Völkerrechtssubjekte, aber die Unabhängigkeitsverträge sollten gerade die völkerrechtliche Persönlichkeit dieser Staaten begründen. Sie sollten auch die bisher bestehende staatsrechtliche Abhängigkeit beenden und die äußere Unabhängigkeit herbeiführen. Es war gerade ein wesentlicher Zweck der Verträge, die völkerrechtliche Persönlichkeit und die staatsrechtliche Unabhängigkeit der Staaten zu schaffen. Das charakteristische Kriterium der Zession, daß völkerrechtliche Persönlichkeit und staatsrechtliche Unabhängigkeit der Partner die Ausführung des Vertrages überdauern müssen, ist das wesentliche Ziel der Unabhängigkeitsverträge. Dieser Besonderheit der kolonialen Unabhängigkeitsvorgänge trägt die Auffassung Rechnung, daß „*werdende Völkerrechtssubjekte*" bereits an Verträgen für sich für die Zukunft beteiligt sein können[8].

---

[6] Dies wird man grundsätzlich annehmen können, obwohl die staatlichen Beziehungen innerhalb der Gemeinschaft wenigstens teilweise, infolge der zunehmenden Verselbständigung, allmählich vom staatsrechtlichen in den völkerrechtlichen Bereich erhoben wurden. Bevor dieser neue Rechtszustand soweit konkretisiert war, daß er juristische Beachtung finden konnte, trat die Unabhängigkeit der Staaten ein.

[7] Nach der Struktur der Gemeinschaft stellten sich die Gemeinschaftskompetenzen im Ergebnis als französische Befugnisse dar.

[8] Vgl. hierzu *E. Kordt / K. Zemanek*, Gegenwärtige Fragen der Staatensukzession, in: Berichte der deutschen Gesellschaft für Völkerrecht, Heft 5, Karlsruhe, 1964, S. 131 (Aussprache). *Schoenborn* stellt ausdrücklich fest, daß auch Staaten mit „beschränkter" völkerrechtlicher Persönlichkeit Zes-

Wenn hinsichtlich der Unabhängigkeitsverträge die afrikanischen Staaten als „werdende Völkerrechtssubjekte" betrachtet werden, so haben sie zum Zeitpunkt des Abschlusses der Verträge schon eine hinreichende völkerrechtliche Persönlichkeit — im „werdenden Stadium" — und auch die geforderte staatsrechtliche Unabhängigkeit — ebenfalls im „werdenden Stadium" — besessen. Falls man dieses „stadium nascendi" genügen läßt, erfüllen die zwischen Frankreich und den afrikanischen Staaten geschlossenen Unabhängigkeitsverträge die modifizierten Voraussetzungen von Zessionsabkommen. Die Berechtigung zu diesen Modifizierungen läßt sich möglicherweise aus den rechtlichen und politischen Besonderheiten der Entkolonisierung als einem in der konkreten Erscheinung einzigartigen historischen Vorgang herleiten. Die Unabhängigkeit der frankophonen afrikanischen Staaten würde sich folglich als eine modifizierte Art der Zession („Kolonialzession") darstellen[9]. Die rechtliche Betrachtungsweise — auch in bezug auf die Staatsangehörigkeit — müßte zumindest ähnlich wie bei der Zession und damit der Staatensukzession sein.

Die Unabhängigkeit der frankophonen afrikanischen Staaten könnte auch als eine Staatensukzession in Gestalt einer *Emanzipation* betrachtet werden. Eine Emanzipation (Sezession, Losreißung, Entlassung, Loslösung) liegt dann vor, wenn sich von einem Staat ein Gebietsteil loslöst und ein neues eigenes Staatswesen in rechtlicher Unabhängigkeit vom Altstaat begründet (Verselbständigung eines bisherigen Staatsteils)[10]. Sie vollzieht sich gewaltsam oder als Folge eines Vertrages mit dem Altstaat (einverständlich)[11].

---

sionsverträge schließen können (S. 27). Vgl. auch *I. von Münch*, Verselbständigung von Staatsteilen, in: Strupp-Schlochauer, Wörterbuch des Völkerrechts, Band III, 2. Aufl., Berlin, 1962, S. 525.

[9] Ob dies auch für Guinea anzunehmen ist, scheint zweifelhaft. Guinea war vor seiner Unabhängigkeit im Jahre 1958 nicht Mitgliedstaat der Französischen Gemeinschaft, sondern Überseeterritorium der Französischen Union. Die überstürzte Verselbständigung entbehrte des Zwischenstadiums des „werdenden Völkerrechtssubjektes". Für die Treuhandstaaten Togo und Kamerun wird man aber diese Eigenschaft vor der Unabhängigkeit bejahen können. Siehe unten, II, 6, 7.

[10] *Dahm*, S. 95; *Schoenborn*, S. 64 ff.; *O'Connell*, State Succession in Municipal Law and International Law, Vol. I, S. 3 (dieser Autor spricht von „emancipation of subject regions").

[11] *H. J. Jellinek*, S. 187. Dem könnte es widersprechen, daß der Autor an dieser Stelle die Emanzipation in der Kapitelüberschrift bei den „nichtvertraglichen Staatensukzessionen mit der Folge der Entstehung von Neustaaten" einordnet. Wahrscheinlich wird aber das Fehlen eines Vertrages nicht als Voraussetzung für das Vorliegen einer Emanzipation gefordert. Umgekehrt ist ein Vertrag mit dem Altstaat rechtlich nicht erforderlich (S. 187). Es dürfte daher richtig sein, das Vorliegen oder Nichtvorliegen eines Vertrages für die Annahme einer Emanzipation als irrelevant anzusehen.

Das Hauptbeispiel für eine Emanzipation im hergebrachten Sinn ist die Loslösung ehemaliger Kolonien vom Mutterland[12], so USA von Großbritannien 1776, südamerikanische Staaten von Spanien und Portugal 1820 - 1826. Einige Emanzipationen im europäischen Bereich (Belgien von Holland 1830, Griechenland vom Osmanischen Reich 1829, die baltischen Länder von der Sowjetunion nach dem Ersten Weltkrieg) hatten die Verselbständigung einer Provinz oder eines mehr oder weniger autonomen Territoriums zum Inhalt.

Nach der oben gegebenen Definition könnte die Unabhängigkeit der frankophonen afrikanischen Gemeinschaftsstaaten eine Emanzipation gewesen sein. Das Vorliegen von Unabhängigkeitsverträgen hindert diese Annahme nicht. Es dürfte auch nicht erforderlich sein, daß das sich loslösende Gemeinwesen keinen Staatscharakter hat[13]. Zweifel könnten sich nur aus der Frage ergeben, ob die afrikanischen Gemeinschaftsstaaten vor ihrer Unabhängigkeit „Gebietsteil eines Staates" gewesen sind[14].

Da die Französische Gemeinschaft als solche über keine eigenen Organe verfügte, sondern diese von der Französischen Republik „entlieh", sie auch keine spezifisch eigene Staatsgewalt, sondern die französische ausübte, wird man die damalige Gemeinschaft nicht als selbständigen Staat bezeichnen können. Ihre eigene Rechtspersönlichkeit ist aber wohl zu bejahen[15]. Die Gemeinschaft übte durch selbständige Organe Hoheitsbefugnisse über ein bestimmtes Gebiet und über bestimmte Angehörige im eigenen Namen aus. Da die afrikanischen Staaten insoweit ausgeschlossen waren, kann man die Gemeinschaft als eine diese Staaten mediatisierende „supranationale" Gebietskörperschaft verstehen[16].

Da die Französische Gemeinschaft kein eigener Staat war, ergeben sich für den Unabhängigkeitsvorgang Zweifel am Vorliegen einer Emanzipation. Die koloniale Losreißung setzt streng genommen voraus, daß das Mutterland ein Staat ist. Die Französische Republik, die die Staatseigenschaft besaß, wird insoweit kaum als das Mutterland ange-

---

[12] *H. J. Jellinek*, S. 187; *Dahm*, S. 95, 96.

[13] *H. J. Jellinek* äußert sich zu dieser Frage nicht. Die von ihm genannten Beispiele betreffen die Verselbständigung von unterstaatlichen Provinzen und Territorien oder von sehr weitgehend abhängigen Kolonien (S. 187 ff.). Nach *Schoenborn* ist es nicht erforderlich, daß der losgerissene Staat schon vorher im Altstaat eine gewisse rechtliche Persönlichkeit besaß (S. 64, Anm. 1).

[14] So wird es von *Schoenborn* verlangt (S. 64).

[15] Vgl. hierzu *Bleckmann*, S. 374.

[16] Diese Gebietskörperschaft beruhte auf der französischen Verfassung und übte der Substanz nach französische Hoheitsbefugnisse aus. Deswegen gehörte die Gemeinschaft zum französischen Rechtsbereich und nicht zum Völkerrechtsraum.

sehen werden können. Immerhin stellte die Gemeinschaft aber eine übergeordnete Rechtspersönlichkeit dar. Die Unabhängigkeit der afrikanischen Staaten bedeutete zunächst rein tatsächlich eine Loslösung von dieser übergeordneten Organisation[17].

Die Mitgliedstaaten waren zwar Gliedteile der Gemeinschaft und gehörten zu deren Gebiet, verfügten aber schon über eine vorangeschrittene Selbständigkeit, die an der Grenze zu völkerrechtlichen Befugnissen stand und diese zum Teil wohl schon überschritten hatte. Die Loslösung beseitigte insoweit die restlichen, aber bis dahin noch überwiegend vorhandenen Bindungen.

Im Ergebnis wird man daher sagen können, daß die Unabhängigkeit keine Emanzipation im *strengen* Sinne der oben gegebenen Definition war. Die Staaten waren zuvor nicht Bestandteile eines übergeordneten Staates, sondern gehörten zum Gebiet und zum Hoheitsbereich einer supranationalen übergeordneten Rechtspersönlichkeit ohne Staatscharakter. Zwar war die der Gemeinschaft zuzuordnende Hoheitsgewalt identisch mit der Staatsgewalt der Französischen Republik und wurde von dieser „entliehen". So kam unter dem Namen der Französischen Gemeinschaft faktisch die Französische Republik als der das Abhängigkeitsverhältnis beherrschende Staat zur Geltung. Die den afrikanischen Staaten fehlende Souveränität wurde von der Französischen Republik und nicht von der Gemeinschaft ausgeübt. Trotz dieser faktischen Identität mußte jedoch rechtlich zwischen französischen Kompetenzen und Gemeinschaftsbefugnissen unterschieden werden, ebenso wie zwischen französischem Gebiet und Gemeinschaftsterritorium.

Im übrigen war die Verselbständigung schon vor dem Zeitpunkt der Loslösung so weit vorangeschritten, daß nur noch ein gelockertes Abhängigkeitsverhältnis mit partieller Integration in den übergeordneten Verband bestand.

Dennoch wird man wegen der faktischen und auch rechtlichen Unterworfenheit unter die französische Staatsgewalt jedenfalls von einem der Emanzipation *ähnlichen* Vorgang sprechen können, der in seiner historisch-tatsächlichen und juristischen Einmaligkeit zu würdigen ist[18].

Die Unabhängigkeit der frankophonen afrikanischen Staaten stellt sich also insgesamt als ein sowohl der Zession als auch besonders der Emanzipation zumindest ähnliches (analoges) rechtliches Ereignis dar.

---

[17] Zur Frage einer weiteren Mitgliedschaft in der möglicherweise noch fortbestehenden Gemeinschaft vgl. *Bleckmann*, S. 407 ff.

[18] Vgl. zum Ganzen *von Münch*, S. 523, m. w. N. Denkbar wäre im übrigen, den Begriff der Emanzipation weiter zu fassen und darunter auch unmittelbar die Loslösung von einem Staats*verband* zu verstehen.

Unter dem Blickwinkel des weiteren französischen Staatsverbandes wird man sogar eine echte Emanzipation (Sezession) annehmen können.

5. Die Unabhängigkeit der afrikanischen Staaten nach den allgemeinen Kriterien einer Staatensukzession

Die Zugrundelegung der allgemeinen Kriterien einer Staatensukzession ergibt deren Vorliegen bei der Unabhängigkeit der afrikanischen Staaten. Es fand zwar keine Gebietsübergabe von einem Staat auf einen anderen statt, jedoch von einem umfassenden Staatsverband mit eigener Rechtspersönlichkeit auf den jeweiligen Neustaat. Es ist auch ein Wechsel der Gebietshoheit insoweit zu bejahen, als die Hoheitsgewalt der neuen Staaten an die Stelle der die Gemeinschaftsbefugnisse ausübenden französischen Staatsgewalt trat.

Ein die Staatensukzession begründender Souveränitätswechsel lag in allen Fällen ebenfalls vor. Die von der Französischen Republik als Gemeinschaftsbefugnis ausgeübte völkerrechtliche Souveränität wurde den bisherigen Gemeinschaftsstaaten übertragen. Das Völkerrechtssubjekt „Französische Republik" wurde für den Bereich der Neustaaten durch diese substituiert. Diese wesentlichen Charakteristika der Unabhängigkeit entsprechen der Grunddefinition einer Staatensukzession.

Damit kann als Ergebnis festgehalten werden, daß die völkerrechtliche Verselbständigung der afrikanischen Gemeinschaftsstaaten im Jahre 1960 die rechtlichen Voraussetzungen für das Vorliegen einer Staatensukzession erfüllte. In die traditionellen Erscheinungsarten der Sukzession läßt sich der Abschluß dieser Entkolonisierung jedoch nicht exakt einordnen. Man könnte ihn analog einer Zession oder Emanzipation begreifen. Näher liegt aber die Annahme, daß die Unabhängigkeit der französischen Gemeinschaftsstaaten eine Staatensukzession „sui generis" darstellt. Dafür spricht, daß Staatensukzessionen als konkrete historisch-politische Vorgänge einer exakten Typisierung oft schwer zugänglich sind. Die komplexen Konstruktionen moderner Staatenbildungen und -zusammenschlüsse erschweren das Problem. Die Unabhängigkeit der Gemeinschaftsstaaten erfüllt das *allgemeine* Prinzip der Staatensukzession. Daher ist ein direkter Fall der Staatennachfolge gegeben. Eine Typisierung ist insoweit möglich, als die Dekolonisierung als die *eigenständige* Erscheinungsform der Verselbständigung bisher abhängiger oder beschränkt abhängiger Staaten aufgefaßt werden kann[1]. Jeder Sukzessionsvorgang — so auch die

---

[1] So *Herbst,* S. 22; *M. G. Marcoff,* Accession à l'Indépendance et succession d'états aux traités internationaux, Freiburg (Schweiz), 1969, S. 48 ff.;

Nachfolge in die französische Communauté — behält jedoch seine ganz spezielle Struktur.

Danach handelt es sich hier nicht nur um den analogen Fall einer Zession oder Emanzipation oder eine echte Emanzipation, sondern um eine durch ihre historische Einmaligkeit charakterisierte besondere Erscheinungsform einer Staatennachfolge[2]. Wegen der Besonderheit dieser Sukzession wäre es denkbar, daß allgemeine völkerrechtliche Grundsätze des Rechts der Staatennachfolge für den Bereich der Staatsangehörigkeit hier nicht anwendbar sind oder modifiziert werden.

6. Die Unabhängigkeit von Togo und Kamerun

Die französischen Treuhandstaaten Kamerun und Togo erlangten ihre Unabhängigkeit ebenfalls im Jahre 1960. Die Unabhängigkeit wurde vollzogen durch das Zusammenwirken von Handlungen der Französischen Republik, Erklärungen und Abkommen zwischen Frankreich und den Treuhandstaaten und Resolutionen der Vollversammlung der UN. Auch im Falle der völkerrechtlichen Verselbständigung von Togo und Kamerun spricht gegen die Annahme einer Zession, daß die Treuhandstaaten als Vertragspartner noch nicht die völkerrechtliche Persönlichkeit und staatsrechtliche Unabhängigkeit besaßen. Andererseits trafen die Voraussetzungen der „Theorie vom werdenden Völkerrechtssubjekt" in erhöhtem Umfang zu, da die Selbständigkeit Kameruns und Togos gegenüber Frankreich stärker vorangeschritten war als im Vergleich die der Gemeinschaftsstaaten (eigene Staatsangehörigkeit). Im übrigen beruhte die Verbindung zur Französischen Republik auf dem Treuhandverhältnis, also einer internationalen Rechtsbeziehung. Wegen dieser vorangeschrittenen Eigenständigkeit gegenüber Frankreich könnte man hinsichtlich der Unabhängigkeit von einem *zessionsähnlichen* Vorgang sprechen.

M. Bedjaoui, Problèmes récents de succession d'états dans les Etats nouveaux, Vol. 130, 1970, II, RdC, S. 489.

[2] *O'Connell*, State Succession in Municipal Law and International Law, Vol. I, S. 4. Der Autor bezeichnet die Kolonialsukzession hier sogar als die gegenwärtig charakteristischste Form der Staatensukzession. („At the present time the most characteristic form of State succession is the succession of colonial areas or the emergence of subject territories to full sovereignty.") An anderer Stelle (S. 6): „The grant of independence to a colonial territory theoretically involves a change of sovereignty, and the problems raised by it are accordingly subsumed under the category of State succession."

Im folgenden heißt es aber: „In fact, however, this type of change exhibits more affinity, at least with respect to most of the legal institutions affected by it, with the traditional case of succession of governments than with the classical instances of transfers of territory from one State to another." Diese Auffassung könnte einer schon vorher bestehenden Autonomie Rechnung tragen. Im übrigen kommt es aber auf das durch die Sukzession jeweils betroffene Rechtsgebiet an, welche Grundsätze gelten.

Dagegen werden im Vergleich zur Rechtslage der Gemeinschaftsstaaten die Ähnlichkeiten mit einer Emanzipation geringer. Die Treuhandstaaten waren nach den letzten Statuten keine Gebietsteile der Französischen Republik, sondern autonome Staaten, deren Unterstellung unter die französische Hoheitsgewalt auf internationale Akte zurückging. Togo und Kamerun standen rechtlich außerhalb des umfassenden Staatsverbandes der Französischen Gemeinschaft[1]. Schon vor der Unabhängigkeit war eine zunehmende Internationalisierung in den Beziehungen zu Frankreich zu beobachten[2]. Da die Treuhandstaaten weder in einen anderen Staat noch in eine übergeordnete Rechtspersönlichkeit eingegliedert waren, ist eine eventuelle Losreißung davon begrifflich nicht denkbar.

Immerhin treffen jedoch einige allgemeine Voraussetzungen der Staatensukzession auf die Unabhängigkeit von Togo und Kamerun zu. Soweit die französische Hoheitsgewalt noch bestand, wurde sie durch diejenige der neuen Staaten ersetzt. Es fand also ein Wechsel der Gebietshoheit statt. Im übrigen war auch hier das wesentliche Merkmal der Unabhängigkeit, daß den Staaten die für die völkerrechtliche Verselbständigung erforderliche Souveränität übertragen wurde und daß sie als neue Völkerrechtssubjekte der Französischen Republik nachfolgten. Daher handelt es sich auch hier um einen Vorgang, der prinzipiell nach den Grundsätzen der Staatensukzession zu beurteilen ist. Aber es ist dabei zu beachten, daß der besondere Charakter dieser kolonialen „Treuhandsukzession" zu rechtlichen Modifizierungen auch auf dem Gebiet des Staatsangehörigkeitsrechts führen kann[3].

7. Die Unabhängigkeit Guineas

Eine Besonderheit im Vergleich zu den Gemeinschafts- und Treuhandstaaten stellt schließlich die Unabhängigkeit Guineas im Jahre 1958 dar. Nach dem negativen Ausgang des Referendums über die Annahme der Gemeinschaftsverfassung in Guinea verkündete die Territorialversammlung am 2. Oktober 1958 die Unabhängigkeit des Landes. Frankreich, das in einer Note vom 29. September 1958 das Ende seiner Souveränitätsausübung angekündigt hatte, widersetzte sich der Unabhängigkeit nicht. Zu vertraglich fixierten Vereinbarungen kam es jedoch zunächst nicht[1].

---

[1] Die Treuhandgebiete wurden aber, auch schon zur Zeit der Französischen Union, so behandelt, als ob sie Teil der Französischen Republik bzw. Gemeinschaft gewesen wären (*Bleckmann*, S. 289).

[2] *Bleckmann*, S. 315.

[3] Siehe unten, III, 2, c, bb.

[1] Erst später wurden unter anderem Abkommen über die finanziellen Beziehungen sowie technische und kulturelle Hilfe abgeschlossen (7. Januar

Da Guinea nie der Französischen Gemeinschaft angehörte, verfügte es vor der Unabhängigkeit nicht über die Staatseigenschaft. Es war vielmehr ein Überseeterritorium der Französischen Republik im Rahmen der Französischen Union und kam von diesem Status zur völkerrechtlichen Verselbständigung. Da Guinea damals eine nichtautonome unterstaatliche Gebietskörperschaft war, kann die Theorie vom „werdenden Völkerrechtssubjekt" nicht angewendet werden. Die Unabhängigkeit hat folglich nicht einmal eine Ähnlichkeit mit einer Zession. Demgegenüber liegen die Voraussetzungen einer kolonialen *Emanzipation* uneingeschränkt vor: Ein Gebietsteil löst sich von einem Staat und begründet einen neuen eigenen Staat in rechtlicher Unabhängigkeit vom Altstaat. Guinea war als Überseeterritorium Bestandteil des französischen Staates (Französische Republik) und wurde zu einem souveränen Neustaat. Auch die allgemeinen Kriterien der Staatennachfolge sind gegeben: Wechsel der Gebietshoheit und Souveränitätswechsel. An die Stelle der französischen Staatsgewalt und Souveränität trat die einheimische guinesische.

8. Völkerrechtliche Auswirkungen einer Staatensukzession auf die Staatsangehörigkeit Die Schaffung von „neuen" Staatsangehörigkeiten in Afrika als besonderer Aspekt

Die Erlangung der Unabhängigkeit durch Guinea, die afrikanischen Mitgliedstaaten der Communauté Française, Togo und Kamerun erfüllte — in jeweils unterschiedlicher Weise — die rechtlichen Voraussetzungen einer Staatensukzession. Eine derartige Staatennachfolge könnte völkerrechtlich begründete Auswirkungen auf die Staatsangehörigkeit der Bewohner der betroffenen Gebiete haben[1]. Die Unabhängigkeit der afrikanischen Staaten brachte für diese die Notwendigkeit einer Abgrenzung des Staatsvolkes mit sich. Dabei ist es denkbar, daß die Staatensukzession als ein völkerrechtlicher Vorgang für die Abgrenzung des Staatsvolkes von unmittelbarer rechtlicher Bedeutung war. Die Abgrenzung des Staatsvolkes geschah durch die „Erstausstattung" der neuen souveränen Staaten mit Staatsangehörigen.

Die Auswirkungen eines Souveränitätswechsels auf die Staatsangehörigkeit der Bewohner des von der Staatensukzession betroffenen Gebietes stellen eines der schwierigsten Probleme des Rechts der Staatennachfolge dar[2]. Die in diesem Zusammenhang auftauchenden

---

1959, 29. Juli 1961). Vgl. hierzu Penant 69, 1959, S. 160; AFDI 4, 1958, S. 711; J. O. R. F. 19. April 1962, S. 4062.

[1] Siehe oben, II, 2.

[2] Vgl. hierzu *O'Connell*, State Succession in Municipal Law and International Law, Vol. I, S. 497 ff.

Fragen und die sich daraus ergebenden allgemeinen Grundsätze gehören dem Völkerrecht an. Es fragt sich nun, welche völkerrechtlichen Auswirkungen der mit der Unabhängigkeit verbundene Souveränitätswechsel auf die Abgrenzung des Staatsvolkes der frankophonen Neustaaten hatte. Dazu müssen die insoweit bestehenden Grundsätze des Rechts der Staatensukzession herangezogen werden. Insbesondere gehört hierzu die Frage des *Wechsels* der Staatsangehörigkeit und damit der *Nachfolge* in die Staatsangehörigkeit.

Die Angehörigen der afrikanischen Gemeinschaftsstaaten hatten vor der Unabhängigkeit allein die französische Staatsangehörigkeit, obwohl die Einführung lokaler afrikanischer Staatsangehörigkeiten wohl möglich war[3]. Die Bewohner Guineas besaßen ebenfalls die französische Staatsangehörigkeit. Die mit der Unabhängigkeit erreichte völkerrechtliche Verselbständigung brachte für die neuen Staaten das Bedürfnis nach Schaffung von eigenen Staatsangehörigkeiten mit sich. Dies geschah durch den Erlaß von Staatsangehörigkeitsgesetzen. In Togo und Kamerun war dieses Ziel schon vor der Unabhängigkeit erreicht. Für die übrigen Staaten aber stellte sich die Frage des Wechsels von der französischen Staatsangehörigkeit zu den neuen eigenen Staatsangehörigkeiten, das heißt der Rechtsnachfolge in die bisherige französische Staatsangehörigkeit. Für die Beantwortung dieser Frage könnten insoweit bestehende allgemeine völkerrechtliche Grundsätze des Rechts der Staatensukzession dienlich sein.

Jedoch wird von einigen Autoren in Auslegung der nach der Unabhängigkeit erlassenen afrikanischen Staatsangehörigkeitsgesetze bestritten, daß für die Frage des Staatsangehörigkeitswechsels der Bewohner der Gedanke der Staatensukzession in jedem Falle erheblich gewesen sein müsse[4]. Es wird darauf hingewiesen, daß die Entstehung eines Staates nicht notwendigerweise einer Zession gleichzusetzen sei. Der erste Fall beinhalte die Schaffung einer vollständig neuen Staatsangehörigkeit, wohingegen die Gebietszession lediglich den Übergang von einer Staatsangehörigkeit auf die andere mit sich bringe. Diese Idee der „Schaffung" einer Staatsangehörigkeit sei von den afrikanischen Gesetzgebern bei ihren Regelungen zugrunde gelegt worden. Für sie habe die Entstehung der neuen Staatsangehörigkeiten kein besonderes Übergangsproblem bedeutet. Es habe keinen zeitlichen Konflikt zwischen der französischen Staatsangehörigkeit und den afrikanischen Staatsangehörigkeiten gegeben, weil diese der ersteren nicht

[3] Siehe oben, I, 2, b.

[4] *Decottignies / de Biéville*, S. 44, 45; *Decottignies*, Les nouvelles nationalités africaines, Penant 74, 1964, S. 19; *Tomson*, S. 29, 30. Vgl. hierzu auch *Bilbao*, Le droit malgache de la nationalité, S. 43.

nachgefolgt seien[5]. Die afrikanischen Gesetzgeber hätten sich bei der Schaffung der Staatsangehörigkeiten nicht um die Vergangenheit gekümmert. Sie hätten lediglich die Anwendungsbedingungen der neuen Gesetze festgelegt. Dabei sei man von einer unmittelbaren Anwendbarkeit ausgegangen, wodurch der Verleihungseffekt der neuen Staatsangehörigkeit auch hinsichtlich derjenigen Tatsachen und Handlungen hervorgerufen worden sei, die vor der Verkündung der Gesetze sich ereignet haben. Auf diese Weise wurde der Staatsangehörigkeitskonflikt insoweit unterdrückt, als die afrikanischen Staaten die vorherige französische Staatsangehörigkeit nicht berücksichtigten. Durch die souveräne Schaffung der neuen Staatsangehörigkeiten, verbunden mit der Ignorierung der ehemaligen französischen Staatsangehörigkeit, könnte der Gedanke der Rechtsnachfolge in die Staatsangehörigkeit und damit die Idee der Staatensukzession verworfen worden sein[6]. Dafür spricht möglicherweise die Tatsache, daß in einigen der neuen afrikanischen Staatsangehörigkeitsgesetzen Ausländern, die zuvor nicht die französische Staatsangehörigkeit besaßen, Optionen gewährt wurden[7].

Daß die afrikanischen Gesetzgeber sich bei ihren Regelungen hauptsächlich auf den Gedanken der Schaffung einer neuen Staatsangehörigkeit stützten, die jedoch bereits de facto bestanden haben soll[8], läßt nicht den zwingenden Schluß zu, daß die neuen Staaten ihre völkerrechtliche Verselbständigung nicht als einen Vorgang der Staatensuk-

---

[5] *Decottignies*, Les nouvelles nationalités africaines, Penant 74, 1964, S. 19.

[6] In einem der „documents préparatoires" zum senegalesischen Staatsangehörigkeitsgesetz ist zu lesen: „Ce n'est pas parce que le Sénégal est indépendant que l'on définit une nationalité sénégalaise, mais parce qu'il y avait des Sénégalais, que le Sénégal est devenu indépendant. Si bien qu'en réalité il ne s'agit pas de ‚naturaliser' brusquement la population, mais de définir une nationalité préexistante par le moyen de critères qui trouvent leur racine dans le passé, dans l'attache au Sénégal." (Fundstelle bei *Decottignies / de Biéville*, S. 44.)
Daraus könnte die Absicht des senegalesischen Gesetzgebers hervorgehen, eine Staatsangehörigkeit zu definieren, die bereits zuvor vorhanden gewesen sein soll. Unter dieser „nationalité préexistante" ist aber möglicherweise weniger die Staatsangehörigkeit als Rechtsbegriff zu verstehen als vielmehr der Inbegriff einer Zugehörigkeit zur geistigen Einheit der senegalesischen Nation. Eine so geartete „nationalité" brauchte nicht einmal neu geschaffen zu werden. Die Ablehnung des Gedankens der *rechtlichen* Nachfolge in die bisherige französische Staatsangehörigkeit und damit der Staatensukzession überhaupt erscheint jedenfalls nicht zwingend. Vgl. auch *P. Gulphe*, Le certificat de nationalité sénégalaise, RJPIC, 1971, Nr. 2, S. 179 ff., wo zumindest die „absence d'existence effective de la nationalité sénégalaise avant l'indépendance" zugegeben wird (S. 183).

[7] Vgl. hierzu *Decottignies*, Les nouvelles nationalités africaines, Penant 74, 1964, S. 19; *Bleckmann*, S. 498.

[8] So *Tomson*, S. 29.

zession betrachtet haben[9]. Daß die Auswirkungen der Unabhängigkeit auf die Staatsangehörigkeit in den Augen der Afrikaner wegen der historisch-politischen Besonderheiten der „Kolonialsukzession" möglicherweise anders gesehen werden müssen als nach den hergebrachten Grundsätzen des Rechts der Staatensukzession, braucht nicht zu bedeuten, daß die Staatensukzession als solche abgestritten werden soll. Die Auffassung der afrikanischen Gesetzgeber kann auch lediglich dahin gehen, daß die besonderen Gegebenheiten der kolonialen Staatensukzession im frankophonen Schwarzen Afrika wenigstens teilweise eine neue völkerrechtliche Betrachtung der Auswirkungen auf die Staatsangehörigkeit rechtfertigen[10]. Das allgemeine Problem der völkerrechtlichen Auswirkungen einer Staatensukzession auf die Staatsangehörigkeit der davon betroffenen Personen kann für die koloniale Staatensukzession im frankophonen afrikanischen Kolonialreich wegen der besonderen soziologischen, politischen und rechtlichen Situation anders gesehen werden als dies allgemein üblich ist. Um darüber nähere Aufschlüsse zu erfahren, soll im weiteren Verlauf dargestellt werden, wie Frankreich und die neuen Staaten bei der Abgrenzung des Staatsvolkes zu den allgemeinen völkerrechtlichen Problemen, Gesichtspunkten und Grundsätzen Stellung nehmen, die hinsichtlich der Auswirkungen einer Staatensukzession auf die Staatsangehörigkeit bestehen. Daraus lassen sich auch Schlüsse ziehen, wie die Staaten zur Idee der Staatensukzession als solcher stehen[11].

Um einen Überblick zu bekommen, welche allgemeinen völkerrechtlichen Gesichtspunkte und Grundsätze zur Frage der Nachfolge in die Staatsangehörigkeit bei Staatensukzessionen denkbar sind, sollen diese im Rahmen der folgenden Darstellung jeweils vor der Erörterung der einschlägigen afrikanischen Regelungen aufgezeigt werden. Im wesentlichen handelt es sich dabei um den Problemkreis des Wechsels der bisherigen Staatsangehörigkeit. Von Bedeutung ist dabei zunächst die Frage nach dem Bestehen eines allgemeinen völkerrechtlichen Grundsatzes, wonach bei der betroffenen Bevölkerung ein *automatischer* Staatsangehörigkeitswechsel stattfindet. Eng damit zusammen hängen die Abgrenzung des vom Staatsangehörigkeitswechsel betroffenen *Per-*

---

[9] Gabun und Obervolta haben im Gegenteil in ihren Staatsangehörigkeitsgesetzen zur Abgrenzung des Staatsvolkes Spezialvorschriften erlassen, die den in Zessionsabkommen bisher üblichen Vorschriften ähnlich sind.

[10] Vgl. hierzu *Bilbao*, Le droit malgache de la nationalité, S. 43. („... Madagascar ne succède pas seulement à l'Etat Français, elle épanouit une souveraineté ancienne, quelque temps abolie et rouvre les portes de la cité malgache à tous ses fils, où qu'ils se trouvent et quel que soit leur statut international.")

[11] Siehe unten, III, 2, c, aa, am Ende. Es wurde bereits oben bejaht, daß die rechtlichen Voraussetzungen einer Staatensukzession *objektiv* jeweils vorliegen (II, 4 - 7).

sonenkreises und der Zeitpunkt des Staatsangehörigkeitswechsels bei Optionen. Der Problemkreis der Gewährung von *Optionen* bei Staatensukzessionen soll als solcher ebenfalls erörtert werden. Schließlich ist noch auf die Entstehung von Doppelstaatsangehörigkeiten und Staatenlosigkeiten im Zusammenhang mit der Nachfolge in die Staatsangehörigkeit einzugehen.

III. Die Einstellung der Französischen Republik und der neuen frankophonen Staaten Schwarzafrikas hinsichtlich der allgemeinen völkerrechtlichen Gesichtpunkte zur Nachfolge in die Staatsangehörigkeit bei Staatensukzessionen

Die allgemeinen völkerrechtlichen Gesichtspunkte zur Nachfolge in die Staatsangehörigkeit bei Staatensukzessionen sind auch für die Unabhängigkeit der neuen frankophonen Staaten Schwarzafrikas von rechtlicher Bedeutung, da es sich hierbei um einen Vorgang der Staatensukzession handelt. Im folgenden soll dargestellt werden, wie Frankreich und die neuen Staaten — als Beteiligte an der Gewährung der Unabhängigkeit — bei der Regelung der Rechtsnachfolge in die frühere französische Staatsangehörigkeit[1] zu diesen völkerrechtlichen Gesichtspunkten Stellung nehmen. Insbesondere soll gezeigt werden, ob und in welchem Ausmaß die neuen Staaten bestehende völkerrechtliche Grundsätze, Üblichkeiten und Tendenzen bestätigen. Sofern besondere, eigenständige Lösungen gewählt werden, wird darauf einzugehen sein.

1. Der allgemeine Grundsatz des automatischen Staatsangehörigkeitswechsels der betroffenen Bevölkerung bei Staatensukzessionen

Das wichtigste und umstrittenste Problem im Zusammenhang mit den Auswirkungen einer Staatensukzession auf die Staatsangehörigkeit der betroffenen Bevölkerung ist die Frage, in welcher Weise der Staatsangehörigkeitswechsel sich vollzieht. Bevor dieser Gesichtspunkt im Hinblick auf die Unabhängigkeit der afrikanischen Staaten untersucht wird, soll zunächst die Einstellung der bisherigen Staatenpraxis und Völkerrechtslehre hierzu dargelegt werden. An dem so gefundenen Maßstab sollen dann die einschlägigen Regelungen Frankreichs und der neuen afrikanischen Staaten gemessen werden.

Zur Modalität des Staatsangehörigkeitswechsels werden im wesentlichen drei unterschiedliche Auffassungen[1] vertreten: Eine Meinung hält daran fest, daß die Staatsangehörigkeit der von einem Gebietswechsel betroffenen Bewohner sich *automatisch* im Augenblick des

[1] Siehe oben, I, 2, b.

[1] Vgl. hierzu *O'Connell*, State Succession in Municipal Law and International Law, Vol. I, S. 497.

Souveränitätswechsels ändert und diese damit die Staatsangehörigkeit des Nachfolgestaates bei gleichzeitigem Verlust der bisherigen Staatsangehörigkeit erwerben. Eine zweite Meinung behauptet, daß die betreffenden Personen die Staatsangehörigkeit des Nachfolgestaates nur durch ausdrückliche oder stillschweigende *Unterwerfung* unter die neue Hoheitsgewalt erlangen. Die dritte Ansicht schließlich betrachtet die Staatsangehörigkeit ausschließlich als eine *interne Angelegenheit des betreffenden Staates* und geht davon aus, daß der Nachfolgestaat die alleinige Befugnis hat zu bestimmen, inwieweit und auf welche Weise er den Bewohnern des erworbenen Gebietes seine Staatsangehörigkeit verleiht[2].

Zur Beantwortung dieser Frage ist es erforderlich, neben den Meinungen der Völkerrechtslehre insbesondere die Staatenpraxis zu berücksichtigen. Da die Staaten das Völkerrecht gemeinschaftlich fortbilden, kommt der Praxis eine primäre Bedeutung zu[3].

a) Die Staatenpraxis in Deutschland (Verträge, Gesetze, Rechtsprechung)

Bereits die völkerrechtlichen Verträge des Deutschen Reiches und seiner Einzelstaaten zur Vornahme von Gebietszessionen am Ende des 17., im 18. und bis in das 19. Jahrhundert hinein zeigen deutlich, daß von einer Unlösbarkeit der Verbindung zwischen Gebiet und Wohnbevölkerung ausgegangen wurde[4]. Diese Auffassung hatte ihren Ausgangspunkt in den lehnsrechtlichen Vorstellungen des ausgehenden Mittelalters und in den patrimonialstaatlichen Überzeugungen der beginnenden Neuzeit. Das lehnsrechtliche Verhältnis betonte das Band zwischen Landesherr und Untertan, wohingegen der patrimonialstaatliche Gedanke die Gebietshoheit in erster Linie aus dem Eigentumsrecht am Staatsgebiet (patrimonium) herleitete. In den erwähnten Verträgen sind beide Vorstellungskreise wirksam, wenn auch die zum reinen Territorialitätsprinzip führende patrimonialstaatliche Auffas-

---

[2] Denkbar ist auch, daß ein automatischer Wechsel der Staatsangehörigkeit verneint wird, jedoch eine *Verpflichtung* des Erwerberstaates zur Verleihung seiner Staatsangehörigkeit an bestimmte Personenkreise der erworbenen Gebiete bejaht wird.

[3] Zu der in diesem Zusammenhang auftauchenden Frage nach dem Geltungsgrund des Völkerrechts vgl. *Menzel*, Völkerrecht, 1962, S. 45 ff. Die dazu entwickelten Theorien — Willenstheorie, normativistische Theorie und objektivistische Theorie — gehen entweder vom Einzelstaat oder von der Staatengemeinschaft aus. Trotz ihrer Verschiedenheit bejaht die Völkerrechtspraxis — also das Verhalten der Staaten — die Verbindlichkeit sowohl des völkerrechtlichen Vertragsrechts als auch des Gewohnheitsrechts. Vgl. dazu auch *H. Triepel*, Völkerrecht und Landesrecht, Leipzig, 1899, S. 27 ff., 63 ff.

[4] Vgl. hierzu *H. A. Schmidt*, Staatsangehörigkeitswechsel bei Staatensukzessionen, München, 1966, S. 12 ff.; auch *Triepel*, Völkerrecht und Landesrecht, 1899, S. 221.

sung überwiegt. Die Abmachungen in dem Friedensvertrag von Osnabrück (1648) zeigen noch in erheblichem Maße lehnsrechtliche Gedanken[5]. In diesem zwischen dem Deutschen Reich und Schweden geschlossenen Frieden werden die Untertanen der abgetretenen Gebiete ausdrücklich ihres Lehnseides gegenüber dem zedierenden Landesherrn entbunden und dem neuen Gebietsherrn zur Begründung eines neuen Lehnsverhältnisses überwiesen.

Im weiteren Verlauf der Entwicklung wird auf die formelle Lösung des Lehnsbandes verzichtet, und die Abtretung wird mit Formulierungen wie „en toute propriété et Souveraineté" und ähnlichen vereinbart. Dieser Praxis liegt die Auffassung zugrunde, daß die Einwohner Zubehör (pertinentia) des Staatsgebietes sind. Die Pertinenztheorie wird beispielsweise in aller Deutlichkeit ausgesprochen in dem Vertrag zwischen Frankreich und dem Erzbistum Basel vom 20. Juni 1780[6], in dem unter anderem die Herrschaft Franquemont abgetreten wird, „ainsi qu'elle se comporte en villages, maisons, sujets, terres et territoires" (Art. II).

Auch als im Laufe des 19. Jahrhunderts die Patrimonialstaatsidee in den Hintergrund trat und der Begriff des Untertanenverbandes durch den der Staatsangehörigkeit ersetzt wurde, blieb der Grundsatz des automatischen Wechsels der Zugehörigkeit bei allen Gebietsveränderungen maßgebend, an denen das Deutsche Reich oder ein deutscher Gliedstaat beteiligt waren. Dies zeigt beispielsweise die sogenannte „Arnim-Depesche" vom 1. September 1872, worin der deutsche Gesandte *Graf Arnim* dem französischen Außenminister den Standpunkt der kaiserlichen Regierung zu der Auslegung des Art. 2 des Frankfurter Friedens vom 10. Mai 1871 auseinandersetzt. Nach deutscher Auffassung trat mit der Zession ein automatischer Staatsangehörigkeitswechsel der in Elsaß-Lothringen wohnhaften Personen ein[7].

---

[5] Deutsches Reich - Schweden: Friede zu Osnabrück vom 24. Oktober 1648; Art. X, 1: „... L'Electeur de Brandebourg, et tous les autres interessez, déchargent les Estats, Officiers, et Sujets de tous les dits Lieux, des Liens et Sermens par lesquels avoient esté jusqu'a présent engagez à luy et à ceux de sa Maison, et les renvoyent pour rendre doresnavant en la manière accoutumé, leur Hommages et leurs Services à Sa Majesté et Couronne de Suede ..." (*Dumont de Carels-Croon*, Jean; Corps universel diplomatique du droit des gens = Dumont, Tome VI, Teil I, S. 469). Zum Patrimonialstaatsgedanken vgl. *H. Krüger*, Allgemeine Staatslehre, 1964, S. 137 ff.; *Zippelius*, S. 53.

[6] Frankreich - Erzbistum Basel: Vertrag vom 20. Juni 1780 betreffend Regelung von Grenzfragen (*Martens*, Recueil de traités, 2. Aufl., Tome III, S. 319; auch abgedruckt bei *Schmidt*, Anhang S. 116, Nr. 2).

[7] Wortlaut der „Arnim-Depesche": „Le Gouvernement impériale a estimé, dès le principe, que, par le fait même de la cession de l'Alsace et de la Lorraine à l'Allemagne, ses habitants de nationalité française devenaient Allemands, sans que cet effet dût même être constaté expressément par le traité de paix, et l'article 2 n'a eu d'autre sens ni d'autre but que de

Der Vertrag zwischen Preußen und Oldenburg vom 20. Juli 1853[8] über die Abtretung von Gebieten am Jadebusen an Preußen bringt erstmals, wohl wegen der besonderen geographischen Verhältnisse, eine Ausnahme vom Grundsatz des automatischen Staatsangehörigkeitswechsels. Die Bewohner der zedierten Gebiete wurden „nicht als sofort mit abgetreten“ angesehen. Schon die Formulierung deutet auf den Ausnahmecharakter dieser Regelung hin. Immerhin zeigt dieser Vertrag, daß in Deutschland der Grundsatz vom automatischen Staatsangehörigkeitswechsel nicht als zwingender, sondern lediglich als dispositiver Völkerrechtssatz aufgefaßt wurde[9].

Auch die Zessionsverträge, an denen das Deutsche Reich im 20. Jahrhundert beteiligt war, beinhalten einen automatischen Staatsangehörigkeitswechsel der betroffenen Bevölkerung. So enthält der Friedensvertrag von Versailles vom 28. Juni 1919[10] Bestimmungen, in denen der automatische Staatsangehörigkeitswechsel ausdrücklich betont wird[11].

Auch im Zusammenhang mit der Expansion des „Dritten Reiches“ gingen die zugrunde liegenden Verträge und Staatsakte, die die offizielle Auffassung des Deutschen Reiches wiedergaben, vom Prinzip des automatischen Staatsangehörigkeitswechsels aus. Im Falle des österreichischen Anschlusses ist eine ausdrückliche Verleihung der deutschen Staatsangehörigkeit nicht erfolgt. Es wurde jedoch eine „Verordnung über die deutsche Staatsangehörigkeit im Lande Österreich“ vom 3. Juli 1938[12] erlassen, in der als Folge des Anschlusses festgestellt wurde, daß die österreichische Bundesbürgerschaft wegfalle und es zukünftig nur noch die deutsche Staatsangehörigkeit gebe. Im übrigen werden in dieser Verordnung Personengruppen aufgeführt, die „durch die Wiedervereinigung Österreichs mit dem Deutschen Reich die deutsche Staatsangehörigkeit nicht erworben haben“. Daraus ergibt sich, daß bei den anderen österreichischen Bundesbürgern ein

---

fixer les conditions par l'observation desquelles une certaine catégorie d'habitants pourrait se soustraire à cette conséquence naturelle de la cession ...“ (abgedruckt bei *G. Cogordan*, La nationalité au point de vue des rapports internationaux, 2. Aufl., Paris, 1890, S. 363).

[8] Preußen - Oldenburg: Vertrag vom 20. Juli 1853 betreffend Abtretung von Gebieten im Jadebusen (*G. F. Martens*, Nouveau recueil général de traités, Tome XVI, 2, S. 457).

[9] *Schmidt*, S. 16.

[10] *K. Strupp*, Documents pour servir à l'histoire du droit des gens, 2e éd., considérablement augmentée, des „Urkunden zur Geschichte des Völkerrechts“, Tome IV, Berlin, 1923, S. 140 ff.

[11] Part III, Section I, Art. 36 und andere (betrifft Einwohner von Eupen - Malmedy), außerdem noch weitere Vorschriften. Vgl. hierzu auch *H. J. Jellinek*, S. 31.

[12] RGBl 1938, I, S. 790.

automatischer Wechsel der Staatsangehörigkeit als notwendige Folge des Souveränitätswechsels eintreten sollte und auch eingetreten war[13].

Bei der Abtretung des Memelgebietes hatte der Wechsel der Gebietshoheit ebenfalls automatisch einen Wechsel der Staatsangehörigkeit zur Folge. Dies besagt Art. 1 des deutsch-litauischen Staatsangehörigkeits- und Optionsvertrages vom 8. Juli 1939[14], wo es heißt: „Ein litauischer Staatsangehöriger, der ..., hat mit Wirkung vom 22. 3. 1939 (Datum des Inkrafttretens des Abtretungsvertrages) die deutsche Staatsangehörigkeit erworben."

Die Praxis der Bundesrepublik Deutschland geht ebenfalls von dem besagten Grundsatz aus. Dies zeigt das 2. Gesetz zur Regelung von Fragen der Staatsangehörigkeit vom 17. Mai 1956[15]. § 1 dieses Gesetzes bringt zum Ausdruck, daß mit dem Tage der Neuerrichtung der Republik Österreich (27. April 1945) die deutsche Staatsangehörigkeit der Österreicher erloschen ist.

Insgesamt läßt sich festhalten, daß seit dem 17. Jahrhundert die deutsche diplomatische Praxis und die Gesetzgebung grundsätzlich von einem automatischen Wechsel der Staatsangehörigkeit bei Staatensukzessionen ausgegangen sind oder ihn doch zumindest konstitutiv angeordnet haben[16]. Daher ist schon deshalb der neueren deutschen Rechtsprechung insoweit nicht zuzustimmen, als sie die Ansicht vertritt, eine einheitliche Auffassung der Völkerrechtsgemeinschaft sei zu dieser Frage nicht erkennbar, es sei vielmehr im Gegenteil anerkannt, daß jeder Staat allein die Befugnis habe zu bestimmen, wie seine Staatsangehörigkeit erworben und verloren werde[17].

b) Die Staatenpraxis in Frankreich (Verträge, Gesetze, Rechtsprechung)

Ebenso wie die deutsche Praxis gingen auch die von Frankreich im 17. und 18. Jahrhundert geschlossenen Zessionsverträge von der Patrimonialstaatsidee aus und bewirkten infolge der unlösbaren Bindung der Einwohner an die von ihnen bewohnten Gebiete einen Wechsel des Untertanenverbandes als notwendige Folge des Wechsels der territorialen Souveränität[18]. Dieser Wechsel des Untertanenverbandes er-

---

[13] So *Schmidt*, S. 18.

[14] RGBl 1939, II, S. 999.

[15] BGBl 1956, I, S. 431.

[16] Ausnahmen wurden in neuerer Zeit lediglich bei dem deutsch-belgischen Grenzbereinigungsvertrag vom 24. September 1956 (BGBl 1958, II, S. 263) und dem deutsch-niederländischen Grenzbereinigungsvertrag vom 8. April 1960 (BGBl 1963, II, S. 458 ff.) vereinbart. Dies geschah wohl deshalb, weil nur wenige Personen davon betroffen waren. Im übrigen mußte Art. 16 Abs. I GG beachtet werden.

[17] BVerwGE 1, 206; vgl. auch BGHZ 3, 178. Zum Teil anders BVerfGE 4, 322 (327).

gibt sich in zahlreichen Fällen nicht unmittelbar aus den Vertragstexten, sondern mittelbar aus Regelungen, die den Staatsangehörigkeitswechsel als notwendig voraussetzten. Teilweise wird in den Verträgen auch nur die Abtretung des Gebietes ausgesprochen, wobei der Wechsel der personalen Zugehörigkeit aus Formulierungen wie „en toute souveraineté, avec toute leur jurisdictions, appartenances et dépendances“ hervorgeht.

Auch nach der französischen Revolution blieb die Auffassung vom automatischen Staatsangehörigkeitswechsel für die französische Vertragspraxis maßgebend. Allerdings werden die Einwohner allgemein nicht mehr ausdrücklich als von der Abtretung miterfaßt erwähnt. In den Verträgen ist lediglich von einer Abtretung „en toute propriété“ oder „avec tous les droits et dépendans“ die Rede[19].

Von diesem Grundsatz ist man in Frankreich nur bei der Auslegung des Art. 17 des 1. Pariser Friedens vom 30. April 1814 abgewichen[20]. Diese Bestimmung könnte von den vertragschließenden Parteien hauptsächlich als Optionsklausel vereinbart worden sein, um den Bewohnern der abgetretenen Departments, die mit der Zession die französische Staatsangehörigkeit verloren hatten, die Auswanderung nach Frankreich zu ermöglichen. Das restaurative Regime in Frankreich nahm jedoch fiktiv an, daß *Ludwig XVIII.* seit 1795 König von Frankreich gewesen sei und wollte die revolutionäre und napoleonische Zwischenepoche nicht anerkennen. Es wurde, was völkerrechtlich unhaltbar ist, vorgebracht, daß die französischen Gebietserwerbungen seit 1792 von nicht legitimierten Regierungen vorgenommen worden seien und daher als nichtige Rechtsakte die Staatsangehörigkeit der übernommenen Bevölkerung nicht hätten ändern können. Da diese Personen niemals Franzosen geworden seien, könnten sie auch nicht die französische Staatsangehörigkeit durch Emigration nach Frankreich bewahren[21]. Auch nach dieser Auffassung sollte nicht der

[18] Vgl. hierzu im einzelnen *Schmidt*, S. 33 ff.

[19] Seit dem Frieden von Campo Formio (17. 10. 1797) wird der Bevölkerung in manchen Fällen ein Optionsrecht gewährt, wodurch der einzelne den automatischen Erwerb der Staatsangehörigkeit wieder rückgängig machen konnte (vgl. hierzu *Cogordan*, S. 330, 331).

[20] *Martens*, Nouveau recueil de traités, Tome II, S. 1; Frankreich - Rußland, England, Österreich, Preußen (1. Pariser Friede). Art. 17 lautet: „Dans tous les pays qui doivent ou devront changer de maîtres, tant en vertu du présent traité, que des arrangements qui doivent être faits en consequence, il sera accordé aux habitants naturels et étrangers, de quelque condition et nation qu'ils soient, un espace de six ans, à compter de l'échange des ratifications, pour disposer, s'ils le jugent convenable, de leurs propriétés acquises, soit avant, soit depuis la guerre actuelle et se retirer dans tel pays qu'il leur plaira de choisir.“

[21] Vgl. hierzu *Cogordan*, S. 332 ff.; *A. Weiss*, Traité théorique et pratique de droit international privé, 2. Aufl., Band I, Paris, 1907, S. 611 ff.

Grundsatz vom automatischen Staatsangehörigkeitswechsel bezweifelt werden, sondern es sollte lediglich die Anwendung dieses Prinzips auf den Pariser Frieden ausnahmsweise ausgeschlossen werden[22].

Anders als Art. 17 des 1. Pariser Friedens wurde der fast gleichlautende Art. 7 des 2. Pariser Friedens vom 20. November 1815 in Frankreich als Optionsbestimmung aufgefaßt[23]. Diese Unterscheidung rührt daher, daß die von Frankreich in diesem Vertrag abgetretenen Gebiete (Saarlouis, Saarbrücken, Landau u. a.) schon vor 1792 zu Frankreich gehört hatten. Der damalige Erwerb dieser Gebiete war folglich auch für Frankreich völkerrechtlich wirksam, weshalb die spätere Abtretung einen „echten" Verlust an französischem Territorium darstellte, verbunden mit einem Staatsangehörigkeitswechsel der Einwohner. Der völkerrechtliche Grundsatz vom automatischen Staatsangehörigkeitswechsel wurde also auch hier anerkannt.

In den weiteren Verträgen des 19. Jahrhunderts wurde der Staatsangehörigkeitswechsel der Bevölkerung immer öfter ausdrücklich festgestellt[24].

Aus der Auslegung des Art. 2 des Frankfurter Friedens von 1871[25] geht ebenfalls hervor, daß Frankreich das Prinzip des automatischen Staatsangehörigkeitswechsels grundsätzlich bejahte. Nach Art. 2 dieses Vertrages hatten die „sujets français originaires des territoires cédés, domiciliés actuellement sur ces territoires" ein Optionsrecht. Hinsichtlich der Auslegung dieser Vertragsbestimmung bestanden zwischen der deutschen und der französischen Regierung Meinungsverschiedenheiten, ob sowohl die „originaires" als auch die „domiciliés" von dem Wechsel der Staatsangehörigkeit erfaßt worden seien.

In Art. 1 einer späteren Zusatzkonvention erklärte sich Frankreich damit einverstanden, daß alle „originaires" Deutsche geworden seien. Bezüglich der „domiciliés" wurde keine Einigung erzielt. Das Studium der Dokumente zu dem Gesetzentwurf der erwähnten Zusatzkonvention zeigt, daß man in Frankreich auch bei dieser Frage vom Grundsatz des automatischen Staatsangehörigkeitswechsels ausgegangen ist[26]. Der Auslegungsstreit mit dem Deutschen Reich bezog sich nur auf den betroffenen Personenkreis.

---

[22] *Schmidt*, S. 35.
[23] *Cogordan*, S. 339, 340.
[24] So in den Verträgen Frankreichs mit Sardinien im Jahre 1860, der Schweiz 1862, Schweden 1877 und Tahiti 1880. (Vgl. hierzu *Martens*, Nouveau recueil général de traités; zitiert nach *Schmidt*, Anhang Nr. 16 - 19, S. 120, 121.)
[25] *Martens*, Nouveau recueil général de traités, 1. Serie, Tome XIX, S. 688, 689; siehe oben, III, 1, a, am Anfang.
[26] Vgl. hierzu *Schmidt*, S. 39, 40.

Von der französischen Vertragspraxis im 20. Jahrhundert sind vor allem die Friedensverträge nach dem Ersten Weltkrieg von Interesse. Die Verträge, deren Signatarstaat Frankreich war und auf deren inhaltliche Gestaltung es Einfluß ausübte, bejahen in allen Zessionsfällen einen automatischen Staatsangehörigkeitswechsel der Bevölkerung[27].

In der Zeit nach dem Zweiten Weltkrieg gibt besonders das französische Staatsangehörigkeitsgesetz vom 19. Oktober 1945 Hinweise auf die Haltung der neuesten französischen Praxis. In diesem Gesetz wird der Grundsatz vom automatischen Staatsangehörigkeitswechsel bei Staatensukzessionen in das positive französische Recht eingeführt. Für Zessionen galten die Artikel 11 bis 14[28]. Obwohl diese Vorschriften nur innerstaatliche Wirkung hatten, ist aus ihnen zu schließen, daß Frankreich den automatischen Staatsangehörigkeitswechsel als geltendes Völkerrecht anerkannte[29]. Diese Vorschriften sollten auch nicht eine insoweit bestehende Rechtsunklarheit beseitigen, sondern längst anerkannte völkerrechtliche Grundsätze im innerstaatlichen Recht kodifizieren[30].

Von Bedeutung ist weiter der Friedensvertrag von Paris mit Italien aus dem Jahre 1947[31], durch den auch Frankreich kleinere Gebiete erwarb. In diesem Vertrag sind die Fragen der Staatsangehörigkeit nicht einheitlich geregelt. Art. 6 des Triest-Statuts beinhaltet einen automatischen Staatsangehörigkeitswechsel, der sich aus Abs. I unmittelbar ergibt. Hinsichtlich der übrigen abgetretenen Gebiete ist Art. 19 des Friedensvertrages einschlägig. Ob diese Bestimmung ebenfalls einen automatischen Staatsangehörigkeitswechsel bejaht, ist umstritten[32].

---

[27] Siehe oben, III, 1, a. Es handelt sich insbesondere um den Vertrag von Versailles.

[28] Art. 11: „Les personnes nées et les personnes domiciliées dans les territoires réunis à la France ou détachés par un traité international dûment ratifié comportant une annexion ou une cession acquièrent ou perdent la nationalité française suivant les dispositions édictées par ce traité."

Art. 12: „Dans le cas ou le traité ne contient pas de telles dispositions les personnes qui demeurent domiciliées dans les territoires rattachés à la France acquièrent la nationalité française."

Art. 13: „Dans la même hypothèse, les personnes domiciliées dans les territoires cédés perdent la nationalité française, à moins qu'elles n'établissent effectivement leur domicile hors de ces territoires."

(Vgl. *Decottignies / de Biéville*, S. 384; *H. J. Jellinek*, S. 57.)

[29] *H. J. Jellinek*, S. 57.

[30] In der französischen Rechtslehre wird betont, daß es überflüssig gewesen sei, einen selbstverständlichen Grundsatz des Völkerrechts durch ein innerstaatliches Gesetz zu bestätigen (*Niboyet*, S. 356).

[31] UNTS Band 49, S. 3, 72.

Für die Beurteilung des hier besonders interessierenden Entkolonisierungsvorganges sind noch zwei Verträge bedeutungsvoll, die Frankreich in den Jahren 1951 und 1956 mit Indien im Verlaufe der Aufgabe seiner indischen Kolonialbesitzungen abgeschlossen hat[33]. Nach beiden Verträgen erwirbt die einheimische Bevölkerung automatisch die indische Staatsangehörigkeit.

Die französische Rechtsprechung schließlich ist in ihren Entscheidungen immer von der Existenz eines Völkerrechtssatzes über den automatischen Wechsel der Staatsangehörigkeit bei Staatennachfolge ausgegangen[34].

Zusammenfassend läßt sich sagen, daß die — für das hier zu untersuchende Thema besonders bedeutungsvolle — französische Staatenpraxis, soweit ersichtlich ausnahmslos, bisher von dem völkerrechtlichen Grundsatz eines automatischen Staatsangehörigkeitswechsels bei Staatensukzessionen ausgegangen ist.

c) Die sonstige Staatenpraxis (Verträge, Gesetze, Rechtsprechung)

Auch die übrige Staatenpraxis geht, soweit ersichtlich, seit Jahrhunderten fast ausnahmslos von dem Grundsatz des automatischen Staatsangehörigkeitswechsels bei Staatensukzessionen aus[35]. Zweifel ergeben sich allerdings aus Section 11 des British Nationality Act von 1948[36]. *H. J. Jellinek* ist der Meinung[37], daß der britische Gesetzgeber an dieser Stelle deutlich zu erkennen gegeben habe, daß der Staatsangehörigkeitswechsel der betroffenen Bevölkerung nicht automatisch eintrete, sondern in das Belieben des Königs gestellt sei, der durch „Order in Council" bestimme, wer aufgrund seiner Verbindung mit dem erworbenen Gebiet britischer Staatsangehöriger werde. Der Begriff des „citizen" deute hier nicht auf eine Trennung zwischen der

---

[32] Vgl. dazu im einzelnen *Schmidt*, S. 43 - 45. Der Autor nimmt auch hier einen automatischen Staatsangehörigkeitswechsel an.

[33] Indien - Frankreich: Vertrag von Neu-Delhi vom 28. Mai 1956, Art. 4 (Indian Yearbook of International Affairs, 1956, S. 175 ff.). Vgl. auch AFDI, tome 17, 1971, S. 1049, 1050.

[34] So zuletzt Cour de Cassation, Urteil vom 4. November 1947 (Nouvelle revue de droit international privé, 1947, S. 421 ff., 422). Weitere Nachweise bei *Schmidt*, S. 46.

[35] Eine Einzeldarstellung gibt *Schmidt*.

[36] British Nationality Act 1948; citizenship by incorporation of territory. Section 11: „If any territory becomes a part of the United Kingdom and Colonies, His majesty may by Order in Council specify the persons who shall be citizens of the United Kingdom and Colonies by reason of their connection with that territory; and those persons shall be citizens of the United Kingdom and Colonies as from a date to be specified in the Order." (*C. Parry*, Nationality and citizenship laws of the Commonwealth and of the Republic of Ireland, 1957, S. 221 ff.)

[37] S. 58, 59.

„äußeren“ Staatsangehörigkeit und der nur intern wirksamen Bürgerschaft hin, da es, abgesehen von einer bestimmten Übergangsperiode, keine „british subjects without citizenship“ gebe. Demgegenüber glaubt *H. A. Schmidt*[38], daß hier keine Abkehr von dem Prinzip des automatischen Staatsangehörigkeitswechsels gegeben sei. Die in Section 11 vorgesehene Regelung durch „Order in Council“ betreffe nicht den automatisch erfolgenden Staatsangehörigkeitswechsel, sondern nur den vom Staatsangehörigkeitswechsel betroffenen Personenkreis. Angesichts des Wortlauts der Bestimmung erscheint diese Argumentation einleuchtend.

d) Die Rechtslehre in Deutschland

Die große Mehrheit der deutschsprachigen Autoren betrachtet den Grundsatz des automatischen Staatsangehörigkeitswechsels bei Staatensukzessionen als einen allgemeinen Völkerrechtssatz, von dem nur durch eine vertragliche Vereinbarung abgewichen werden kann[39]. In der neueren deutschen Völkerrechtsliteratur jedoch gibt es einige Stimmen, die den Grundsatz nur eingeschränkt gelten lassen wollen oder ihn ganz verneinen.

Eine einschränkende Meinung vertritt *Dahm*, der einen automatisch vor sich gehenden Staatsangehörigkeitswechsel mit der Begründung ablehnt, daß es keine allgemein anerkannten Regeln gebe, wonach der Kreis der durch den Staatsangehörigkeitswechsel betroffenen Personen bestimmbar sei[40]. Daher sei eine Konkretisierung durch Verträge oder Gesetze des Nachfolgestaates notwendig. Beim Fehlen eines Vertrages müsse aber eine Verpflichtung des Erwerberstaates angenommen werden, eine derartige Konkretisierung vorzunehmen.

Die Auffassung Dahms erscheint nicht zwingend, da der vom Staatsangehörigkeitswechsel betroffene Personenkreis entweder vertraglich durch die beteiligten Staaten festgelegt wird oder zumindest einige Zeit nach dem Souveränitätswechsel durch einseitige Gesetzgebungsakte des Nachfolgestaates in aller Regel bestimmt wird.

Einen eingeschränkten Grundsatz vom Wechsel der Staatsangehörigkeit vertritt auch *Menzel*[41]. Er scheint wie Dahm einen automatischen Staatsangehörigkeitswechsel abzulehnen, jedoch ebenfalls eine Ver-

---

[38] S. 80, 81.

[39] *H. J. Jellinek*, S. 253; *Schoenborn*, S. 37; *W. Schätzel*, Der Staatsangehörigkeitswechsel bei Gebietsveränderungen, 1923, S. 88; *R. Bernhardt*, Option, in: Strupp - Schlochauer, Wörterbuch des Völkerrechts, Band II, 2. Aufl., Berlin, 1961, S. 663; *Schmidt*, S. 28 ff., mit weiteren Nachweisen.

[40] *Dahm*, S. 466 ff., 472.

[41] Staatensukzession, in: Strupp - Schlochauer, Wörterbuch des Völkerrechts, Band III, 2. Aufl., S. 309.

pflichtung des Erwerberstaates zur Übertragung seiner Staatsangehörigkeit an die übernommene Bevölkerung zu bejahen. Menzel führt aus, daß das Völkerrecht es dem Nachfolgestaat gestatte, den Übergang seiner Staatsangehörigkeit an die übernommene Bevölkerung anzuordnen. Hinsichtlich Teilsukzessionen wird man ihn aber so verstehen müssen, daß derjenige, der auf dem zedierten Gebiet verbleibt, einen Anspruch auf Erwerb der neuen Staatsangehörigkeit hat. Dies ergibt sich als Folge aus Menzels Auffassung, daß eine Verpflichtung zur Gewährung der Staatsangehörigkeit nicht bestehe, wenn der davon Betroffene die neue Staatsangehörigkeit ablehnt.

Makarov setzt sich im einzelnen nicht mit dem Grundsatz des automatischen Staatsangehörigkeitswechsels auseinander. Er hält jedoch im Falle der Staatensukzession die Auferlegung der Staatsangehörigkeit des Erwerberstaates an die Bevölkerung des betreffenden Gebietes für völkerrechtlich geboten, da nur auf diese Weise die erforderliche Anknüpfung an die Rechtsordnung des Nachfolgestaates geschaffen werde und eine allgemeine Staatenlosigkeit verhindert werde[42].

Berber lehnt ebenfalls einen automatischen Wechsel der Staatsangehörigkeit ab und erörtert auch nicht die Frage, ob eine Verpflichtung des erwerbenden Staates zur Gewährung seiner Staatsangehörigkeit besteht[43].

Am eindeutigsten spricht sich *Verdross* gegen das Bestehen völkerrechtlicher Grundsätze im Zusammenhang mit den Auswirkungen einer Staatennachfolge auf die Staatsangehörigkeit aus. Er verneint sowohl einen automatischen Staatsangehörigkeitswechsel als auch eine Verpflichtung des Nachfolgestaates zur Übertragung seiner Staatsangehörigkeit an die Bevölkerung des betroffenen Gebietes[44]. Zur Begründung wird vorgetragen, jeder Staat habe die alleinige Befugnis, die Voraussetzungen für den Erwerb seiner Staatsangehörigkeit festzulegen.

e) Die Rechtslehre in Frankreich

Anders als die deutsche Völkerrechtswissenschaft bejaht die französische Rechtslehre einstimmig das Bestehen des allgemeinen völkerrechtlichen Grundsatzes über den automatischen Staatsangehörigkeitswechsel bei Staatennachfolge[45]. Sie befindet sich damit in Übereinstimmung mit der weit überwiegenden Staatenpraxis.

---

[42] *Makarov,* Allgemeine Lehren des Staatsangehörigkeitsrechts, 2. Aufl., S. 97.

[43] *Berber,* S. 263.

[44] *A. Verdross,* Völkerrecht, 5. Aufl., Wien, 1964, S. 256, 257.

[45] *Batiffol,* S. 75; *Boulbès,* Droit français de la nationalité, S. 61; *Cogordan,* S. 320 ff.; *Niboyet,* S. 116 ff.; *J. L'Huillier,* Eléments de droit international public, Paris, 1950, S. 258; *Weiss,* S. 594 ff.; *P. Bastid,* Cours de droit international public, Paris, 1950/51, S. 298; *L. Cavaré,* Le droit international

f) Die sonstige Rechtslehre

Die weit überwiegende Mehrheit der übrigen Völkerrechtswissenschaft nimmt das Bestehen eines allgemeinen Grundsatzes über den automatischen Staatsangehörigkeitswechsel bei Staatennachfolge an. Gleichzeitig wird der dispositive Charakter der Regel hervorgehoben[46].

Demgegenüber vertreten einige angelsächsische Autoren den Standpunkt, daß der Völkerrechtssatz vom automatischen Staatsangehörigkeitswechsel nicht bestehe. *O'Connell* geht dabei von der klassischen Überlegung aus, daß jeder Staat kraft seiner Souveränität die alleinige Befugnis habe zu bestimmen, ob und wem er seine Staatsangehörigkeit überträgt[47]. Folglich bestimme das innerstaatliche Recht des Altstaates, welche Personen ihre Staatsangehörigkeit aufgrund des Souveränitätswechsels verloren haben. Der Nachfolgestaat lege allein fest, welche Personen seine Staatsangehörigkeit erworben haben. Der Einfluß des Völkerrechts gehe nur soweit, einerseits die Kompetenz des Altstaates beim Zurückhalten gewisser Personen als seiner Angehörigen zu beschränken, andererseits die Befugnis des Nachfolgestaates, diese Personen als seine eigenen Angehörigen zu betrachten, zu begrenzen. Der Autor leitet aus der jeweils einen Staatsangehörigkeitswechsel anordnenden neueren britischen und amerikanischen Staatenpraxis weder einen automatisch wirkenden völkerrechtlichen Erwerbstatbestand noch die völkerrechtliche Verpflichtung her, den Bewohnern der übernommenen Gebiete die britische Staatsangehörigkeit zu gewähren. O'Connell geht noch auf die „Unterwerfungstheorie" ein, die von der britischen Rechtsprechung teilweise vertreten wurde und wonach die Staatsangehörigkeit nur durch stillschweigende Unterwerfung unter die neue Souveränität erworben oder verloren wurde[48]. Diese Ansicht lehnt er ab, da der Begriff der Unterwerfung nur schwer faßbar sei. Von demselben Ausgangspunkt wie O'Connell, nämlich der souveränen Regelungsbefugnis des Staates in Angelegenheiten der Staatsangehörigkeit, geht auch *Graupner* aus[49]. Wegen dieser inner-

---

public positif, tome 1, Paris, 1951, S. 337 ff.; *F. Despagnet*, Cours de droit international public, 4. Aufl., herausgegeben von de Boeck, Paris, 1910, S. 459 ff.; *P. Fauchille*, Traité de droit international public, Band I, 1. Teil, Paris, 1922, S. 856 ff.; *L. Delbez*, Manuel de droit international public, 2. Aufl., Paris, 1951, S. 182; etwa auch *Terré*, La reconnaissance de la nationalité française, Penant 71, 1961, S. 18; *Gonidec*, L'Etat africain, S. 55. (Weitere Nachweise bei *Schmidt*, S. 47.)

[46] Eine Einzeldarstelung mit weiteren Nachweisen geben *Schmidt* und *H. J. Jellinek*.

[47] *O'Connell*, State Succession in Municipal Law and International Law, Vol. I, S. 501.

[48] *O'Connell*, State Succession in Municipal Law and International Law, Vol. I, S. 505, 506. Siehe auch oben, III, 1, am Anfang.

[49] *R. Graupner*, Nationality and State Succession, in: Transactions of the Grotius Society, Band 32, London, 1947, S. 92 ff.

staatlichen Kompetenz könne das Völkerrecht keinen automatischen Übergang der Staatsangehörigkeit anordnen, sondern höchstens eine Verpflichtung des Nachfolgestaates gegenüber dem Altstaat zur Übertragung seiner Staatsangehörigkeit an die übernommene Bevölkerung aussprechen.

Von den britischen Autoren ist noch *Weis* hervorzuheben, der die Existenz von völkerrechtlichen Regeln über Erwerb und Verlust der Staatsangehörigkeit bejaht, aber für den Fall einer Staatensukzession insoweit völkerrechtliche Grundsätze ablehnt[50].

In der italienischen Rechtslehre verneinen nur *Quadri* und *Sereni* den Völkerrechtssatz vom automatischen Staatsangehörigkeitswechsel. Quadri führt den Wechsel der Staatsangehörigkeit auf die innerstaatliche Gesetzgebung des Nachfolgestaates zurück[51]. Ein automatischer Staatsangehörigkeitswechsel sei nicht möglich, da es keine völkerrechtlich anerkannten Grundsätze zur Bestimmung des vom Staatsangehörigkeitswechsel betroffenen Personenkreises gebe. Sowohl einen automatischen Wechsel der Staatsangehörigkeit als auch eine Pflicht des Nachfolgestaates zur Verleihung seiner Staatsangehörigkeit lehnt Sereni ab[52]. Er beruft sich auf die Souveränität der Staaten und führt aus, die in Zessionsverträgen getroffenen Vereinbarungen zum Wechsel der Staatsangehörigkeit sollten die durch das Fehlen von Völkerrechtssätzen entstandene Lücke ausfüllen.

g) Abschließende Betrachtung

Die überwiegende Staatenpraxis sieht beim Wechsel der Gebietshoheit einen Wechsel der Staatsangehörigkeit vor. Dabei wird bei den jeweiligen Verträgen nicht immer deutlich, ob der Staatsangehörigkeitswechsel kraft der souveränen Befugnis der vertragschließenden Staaten oder in Anerkennung des Bestehens eines entsprechenden völkerrechtlichen Grundsatzes eintritt. Dieselbe Frage stellt sich bei der einseitigen Gesetzgebung des Nachfolgestaates[53]. Die Praxis gibt also vielfach nicht zu erkennen, ob die staatlichen Akte den Staatsangehörigkeitswechsel *konstitutiv* oder *deklaratorisch* regeln. Diese Unklarheit ist aber bei der zusammenfassenden Betrachtung der vorliegenden Verträge und Gesetze nicht von entscheidender Bedeutung,

---

[50] *P. Weis,* Nationality and Statelessness in International Law, London, 1956, S. 92, 139 ff. (149).

[51] *R. Quadri,* Diritto Internazionale Pubblico, 4. Aufl., Palermo, 1963, S. 526.

[52] *A. P. Sereni,* Diritto Internazionale, Band II, 1. Teil, Organizzazione Internazionale, soggeti a carattere territoriale, Milano, 1958, S. 693.

[53] *H. J. Jellinek* gibt einem Staatsangehörigkeitsgesetz des Nachfolgestaates insoweit nur deklaratorische Wirkung. Danach wird der bereits eingetretene Wechsel der Staatsangehörigkeit nur bestätigt (S. 49).

denn unabhängig von einer gewollten konstitutiven oder deklaratorischen Anordnung ergibt die Staatenpraxis doch mit Gewißheit, daß die Völkerrechtsgemeinschaft in weitgehender Übereinstimmung an den Souveränitätswechsel auch einen Staatsangehörigkeitswechsel geknüpft wissen wollte. Diese langdauernde *gewohnheitsmäßige* Übung ist geeignet, einen allgemeine Völkerrechtssatz zu begründen, auch wenn die Staaten möglicherweise nur kraft ihrer Souveränität den Wechsel der Staatsangehörigkeit mit dem Wechsel der Gebietshoheit zusammenfallen ließen[54]. Daher erscheint auch das Hauptargument der den automatischen Staatsangehörigkeitswechsel ablehnenden Meinung, nämlich die souveräne Regelungsbefugnis der Staaten bezüglich der Staatsangehörigkeit, nicht mehr zwingend, denn die Staaten können auch in Ausübung ihrer Souveränität gewohnheitsrechtliche Völkerrechtssätze schaffen[55].

Immerhin wird man aber die staatliche Souveränität soweit respektieren müssen, daß staatliche Rechtsakte, die ausdrücklich für den Staatsangehörigkeitswechsel einen anderen Zeitpunkt annehmen als für den Souveränitätswechsel, nicht ohne weiteres rechtswidrig sind. In diesem Fall müßte noch ein Verstoß gegen sonstige Rechtsgrundsätze vorliegen.

Auch das gegen den automatischen Staatsangehörigkeitswechsel vorgebrachte Argument, der von dem Wechsel betroffene Personenkreis sei nicht hinreichend bestimmt, vermag nicht zu überzeugen. Der Nachfolgestaat wird in aller Regel innerhalb einer nicht allzu langen Zeit nach dem Gebietswechsel die von dem Staatsangehörigkeitswechsel erfaßten Personengruppen nach bestimmten Kriterien ermitteln[56]. In derartigen Fällen steht fest, daß der Wechsel der Gebietshoheit einen automatischen Staatsangehörigkeitswechsel bei den meisten Bewohnern mit sich gebracht hat, wobei die Konkretisierung dieser Personen nachträglich erfolgt[57]. Falls eine nähere Bestimmung überhaupt ausbleibt, könnte immer noch die subsidiäre Geltung eines allgemeinen Anknüpfungspunktes (z. B. Domizil, Herkunft, Abstammung, Kombi-

---

[54] Diese Möglichkeit wird ausdrücklich abgelehnt von Zemanek, der einen automatischen Staatsangehörigkeitswechsel *kraft Völkerrechts* verneint (*K. Zemanek*, State succession after decolonization, in: Recueil des Cours — RdC —, Tome 116, 1965, III, S. 277). Diese Auffassung trägt der Bedeutung der Staatenpraxis nicht genügend Rechnung.

[55] Das Völkergewohnheitsrecht stellt eine verbindliche völkerrechtliche Rechtsquelle dar. Seine verpflichtende Kraft wird nach allen Theorien über den Geltungsgrund des Völkerrechts bejaht. (Vgl. *Menzel*, Völkerrecht, S. 90 - 96; siehe auch oben, Anm. 3.)

[56] Siehe oben, III, 1, d.

[57] Bei der Bildung von Neustaaten könnte deshalb zumindest am Anfang deren ungeregelte Staatsangehörigkeit entstanden sein.

nationen davon) angenommen werden[58]. Die Praxis zeigt, daß Fälle denkbar sind, in denen ein Gebietswechsel stattfindet, ohne daß die bestehende Staatsangehörigkeit der Einwohner von den beteiligten Staaten geändert wird[59]. Ausgehend von der souveränen Kompetenz der Staaten, ihre Staatsangehörigen selbst zu bestimmen, wird man dies als völkerrechtlich zulässig ansehen können, sofern nicht andere Rechtssätze verletzt werden (z. B. Recht einer Person auf eigene Staatsangehörigkeit, Existenz eines eigenen Staatsvolkes bei selbständigen Staaten).

Die ältere Staatenpraxis konnte den gleichzeitigen Wechsel von Gebiet und Untertanenverband aus der lehnsrechtlichen „Pertinenztheorie" herleiten, wonach die Bevölkerung notwendiges Zubehör des Gebietes darstellte. Durch den Einfluß modernen Gedankengutes wuchs die Tendenz, den Menschen als selbständigen Träger von Rechten und Pflichten zu betrachten und deshalb vom Boden zu emanzipieren[60]. Damit in Zusammenhang steht das Selbstverständnis einer weitgehenden Auswanderungsfreiheit und die Gewährung von Optionsrechten nach Gebietsveränderungen. Diese Befugnisse entsprechen der Idee der persönlichen Selbstbestimmung des Menschen. Auch wenn nun in der modernen Zeit die unlösbare Beziehung zwischen Gebiet und Bewohner entfällt und als Begründung für den automatischen Staatsangehörigkeitswechsel nicht mehr herangezogen werden kann, so widerspricht dieser dennoch nicht der menschlichen Freiheit und Würde. Eine Gebietsveränderung hat notwendig den Übergang der Territorialhoheit zur Folge. Ohne gleichzeitigen Wechsel der Personalhoheit käme es vielfach zu einer beträchtlichen Rechtsunsicherheit im Status der betroffenen Bevölkerung. Staatenlosigkeiten und Ausweisungsgefahren könnten die Rechtsstellung dieser Personen verschlechtern. Die Annahme eines automatischen Staatsangehörigkeitswechsels hingegen verbessert diese rechtliche Position.

Im Ergebnis wird man daher dem Grundsatz vom automatischen Staatsangehörigkeitswechsel bei Staatensukzessionen zustimmen können. Dieses Prinzip entspricht einer gewachsenen Staatenpraxis und auch den neueren Anschauungen über die rechtliche Stellung des Menschen gegenüber dem Inhaber der Personalhoheit. Es trägt auch meistens den Bedürfnissen der Staaten Rechnung, weil sichergestellt wird, daß die übernommene Bevölkerung in den neuen Staat integriert wird und kein staatsfremdes Element bildet. Um eine zu weitgehende

---

[58] Siehe unten, III, 3.
[59] Siehe oben, Anm. 16.
[60] Daher ist eine Anwendung der „Pertinenztheorie" für die Gegenwart abzulehnen (*Schoenborn*, S. 34).

Einschränkung des Souveränitätsprinzips zu vermeiden, wird man den betroffenen Staaten aber verbindliche abweichende Regelungen gestatten müssen. Dies gilt sowohl für vertragliche als auch einseitige gesetzliche Regelungen. Voraussetzung ist allerdings, daß diese Anordnungen nicht sonstigen Völkerrechtssätzen widersprechen. Deswegen ist der völkerrechtliche Grundsatz vom automatischen Staatsangehörigkeitswechsel bei Staatennachfolge nicht zwingend, sondern dispositiv.

2. Die Frage des automatischen Staatsangehörigkeitswechsels bei der Unabhängigkeit der neuen Staaten

Im folgenden soll untersucht werden, welche Einstellung die Französische Republik und die neuen frankophonen afrikanischen Staaten bei deren Unabhängigkeit gegenüber diesem dispositiven allgemeinen Völkerrechtsgrundsatz vom automatischen Staatsangehörigkeitswechsel[1] bei Staatensukzessionen gezeigt haben.

a) Die Art der Regelung zur Abgrenzung des Staatsvolkes bei den afrikanischen Staaten

Der Wechsel der Staatsangehörigkeit wurde im allgemeinen von den beteiligten Staaten im Rahmen der Zessionsverträge geregelt. Bei der Unabhängigkeit der frankophonen afrikanischen Staaten wurde dieser übliche Weg nicht beschritten. Zwischen Frankreich und den neuen afrikanischen Staaten wurden keine Abkommen zur Regelung der Rechtsnachfolge in die bisherige französische Staatsangehörigkeit geschlossen[2]. Die Lösung dieses Problems blieb daher dem französischen und den afrikanischen Gesetzgebern überlassen. Die neuen Staaten haben, im allgemeinen kurz nach ihrer Unabhängigkeit, eigene Staatsangehörigkeitsgesetze erlassen, in denen sie selbst die Abgrenzung ihres jeweiligen Staatsvolkes vorgenommen haben[3]. Die Staaten sind dabei einseitig, ohne Absprache mit Frankreich und den anderen Neustaaten, vorgegangen. Frankreich hat ebenfalls eine einseitige gesetzliche Regelung hinsichtlich der Staatsangehörigkeit der von der Unabhängigkeit betroffenen Personen erlassen. Eine derartige Regelung auch von seiten Frankreichs lag nahe, da diese Personen bisher die französische Staatsangehörigkeit besaßen. Sie erfolgte durch das „*Gesetz Nr. 60 vom 28. Juli 1960*[4]", das eine Änderung der Artikel 13 und

---

[1] Es geht dabei nur um die „nationalité" und nicht um die „citoyenneté".

[2] *Tomson,* S. 29; *Decottignies,* Les nouvelles nationalités africaines, Penant 74, 1964, S. 18. Zu den Gründen vgl. *P. Lagarde,* De quelques conséquences de la décolonisation sur le droit français de la nationalité, in: Mélanges offerts à René Savatier, Paris, 1965, S. 513.

[3] Vgl. *Gonidec,* L'Etat africain, S. 85.

[4] J. O. R. F. 30. 7. 1960, S. 7040.

152 des französischen Staatsangehörigkeitsgesetzes mit sich brachte. Hieraus lassen sich Schlüsse auf die Einstellung des französischen Gesetzgebers zu den die Staatsangehörigkeit im Zusammenhang mit der Unabhängigkeit berührenden Problemen, also auch zur Frage eines automatischen Staatsangehörigkeitswechsels, ziehen.

b) Die Einstellung des französischen Gesetzgebers zur Frage des automatischen Staatsangehörigkeitswechsels bei der Unabhängigkeit der neuen Staaten

aa) Die gesetzlichen Grundlagen

Die Einstellung des französischen Gesetzgebers zu dem Problem des automatischen Staatsangehörigkeitswechsels bei Staatensukzessionen ergibt sich aus Titel I, Art. 11 bis 14 des französischen Staatsangehörigkeitsgesetzes vom 19. Oktober 1945[5]. Diese Vorschriften regeln die Auswirkungen einer Annexion oder Zession von Territorien auf die französische Staatsangehörigkeit. Dabei wird ersichtlich, daß der französische Staatsangehörigkeitsgesetzgeber insoweit von dem Grundsatz des automatischen Staatsangehörigkeitswechsels bei Staatensukzessionen ausgeht[6]. Dieser völkerrechtlich anerkannte Grundsatz wird an dieser Stelle in das innerstaatliche französische Recht aufgenommen, und es ist daraus zu schließen, daß Frankreich den automatischen Staatsangehörigkeitswechsel als geltendes Völkerrecht anerkennt. Für den Fall einer Zession ist dieses Prinzip in Art. 13, Abs. I des Code de la nationalité française niedergelegt, wo es heißt:

> „Dans la même hypothèse, les personnes domiciliées dans les territoires cédés perdent la nationalité française, à moins qu'elles n'établissent effectivement leur domicile hors de ces territoires[7]."

Sofern also der Zessionsvertrag nichts anderes bestimmt („dans la même hypothèse, ..." — Hinweis auf Art. 12), verlieren die auf dem abgetretenen Gebiet wohnhaften Personen nach dieser Vorschrift durch die Zession die französische Staatsangehörigkeit, es sei denn, sie begründen ihren tatsächlichen Wohnsitz außerhalb dieses Territoriums. Bei Anwendung dieser Regel auf die Unabhängigkeit der afrikanischen Staaten hätte sich als Konsequenz ergeben, daß alle Franzosen, die in den betreffenden Gebieten ihren Wohnsitz hatten, vom Verlust der französischen Staatsangehörigkeit bedroht gewesen wären. Diejenigen Franzosen, die ihren Wohnsitz in dem neuen unabhängigen Staat beibehalten hätten, wären der französischen Staatsangehörigkeit ver-

---

[5] Siehe oben, III, 1, b, am Ende.

[6] Siehe oben, III, 1, b, am Ende. Vgl. auch *Gonidec*, La nationalité dans les Etats de la Communauté et dans les Etats „marginaux", AFDI 7, 1961, S. 834.

[7] Siehe oben, III, 1, b, Anm. 28.

lustig gegangen. Man könnte dem entgegenhalten, daß Art. 13 des französischen Staatsangehörigkeitsgesetzes die Zession von Gebietsteilen im Auge hat und keinsfalls die Unabhängigkeit von ehemaligen Kolonialgebieten betrifft. Diese Ansicht dürfte jedoch abzulehnen sein, da die Zession, genau wie die Unabhängigkeit, einen Vorgang der Staatensukzession darstellt und durch das gemeinsame Kriterium des Souveränitätswechsels charakterisiert wird. Zwischen einer Zession und der Gewährung der Unabhängigkeit besteht insoweit kein erheblicher Unterschied[8]. Die Rechtsfolge des Artikels 13, also der Verlust der französischen Staatsangehörigkeit für die Domizilbevölkerung, wäre demnach auch bei der Unabhängigkeit der afrikanischen Staaten eingetreten[9]. Um diese angesichts der engen Verbindung mit den ehemaligen Kolonialgebieten unerwünschte rechtliche Konsequenz zu vermeiden, fügte das Gesetz vom 28. Juli 1960 dem Artikel 13 einen zweiten, ergänzenden Absatz hinzu[10]:

„Les dispositions de l'alinéa précédant ne s'appliquent pas aux personnes qui sont ou étaient domiciliées, à la date d'entrée en vigueur d'un traité portant cession de territoire ou de l'accession à l'indépendance, dans un territoire qui avait le statut de territoire d'outre-mer de la République française à la date du 31 décembre 1946. Ces personnes sont régies par les dispositions du titre VII du présent Code, à moins qu'elles ne soient originaires, conjoints, veufs ou veuves d'originaires du territoire de la République française, tel qu'il est constitué à la date de promulgation de la loi no. 60 - 752 du 28 juillet 1960, ainsi que leurs descendants, auquel cas elles sont dispensées de toute formalité."

In Titel VII des Code de la nationalité française, der gleichfalls neu hinzugefügt wurde, wird die *„reconnaissance* de la nationalité française" geregelt. Art. 152 bestimmt:

„Les personnes mentionnées au deuxième alinéa de l'article 13 du présent Code, auxquelles une autre nationalité est conférée par disposition générale alors qu'elles possèdent la nationalité française, peuvent se faire reconnaître cette dernière nationalité par déclaration reçue par le juge compétant du lieu où elles établissent leur domicile sur le territoire de la République française ..."

Der neue Art. 106, Abs. I, II gibt der Regierung die Möglichkeit, sich der „reconnaissance" durch ein Dekret zu widersetzen, das mit

---

[8] *F. Terré,* La reconnaissance de la nationalité française, Penant 71, 1961, S. 17; *Batiffol,* S. 78; *Hecker / Tomson,* S. 30; siehe auch oben, II, 4.

[9] Dies hätte sich aus einer extensiven Auslegung des Begriffs „territoires cédés" in Art. 13 ergeben. Denkbar wäre auch eine analoge Anwendung dieser Vorschrift gewesen. Das Problem bleibt dahingestellt bei *Lagarde,* S. 514, Anm. 1.

[10] Fundstelle des Gesetzestextes: *Decottignies / de Biéville,* S. 383 ff. Zu den Beweggründen des Gesetzgebers vgl. *Lagarde,* S. 514.

einem Gutachten des Conseil d'Etat übereinstimmt[11]. Die neuen Art. 153 bis 155 beziehen sich auf die Kinder unter 18 Jahren der in Art. 152 aufgeführten Personen[12]. Die ehelichen Kinder erhalten den Status ihres Vaters; falls dieser verstorben ist, den Status ihrer überlebenden Mutter; die unehelichen Kinder folgen dem Status desjenigen Elternteils, in bezug auf den ihre Abstammung zuerst anerkannt wurde, im Falle dessen Todes dem Status des überlebenden Teils. Dabei war zu beachten, daß die Abstammung sich bei Kolonialfranzosen nach ihrem jeweiligen Personalstatut bestimmt, also teilweise nach dem französischen Recht des Mutterlandes, teilweise nach dem französischen oder einheimischen Recht des überseeischen Gebiets (Art. 154)[13].

Der neue Art. 156 schließlich lautet:

„La nationalité française des personnes astreintes à déclaration par l'article 152 du présent Code n'est tenue pour établie que si, les conditions d'attribution ou d'acquisition de cette nationalité étant remplies, la preuve est en outre rapportée que cette déclaration a été souscrite."

bb) Die Auswirkungen der Unabhängigkeit auf die Staatsangehörigkeit der betroffenen Personen

Die Auslegung dieser Vorschriften hinsichtlich der Frage, ob die Erlangung der Unabhängigkeit durch die afrikanischen Staaten zu einem automatischen Staatsangehörigkeitswechsel der betroffenen Bevölkerung geführt hat, ist im einzelnen zweifelhaft. Eindeutig ist zunächst nur, daß nach Art. 13 Abs. II diejenigen Franzosen, die aus Gebieten stammen, welche am 28. Juli 1960 zur Französischen Republik gehörten („Français originaires du territoire de la République française") sowie deren Ehegatten und Kinder aus dem Anwendungsbereich von Art. 13, Abs. I herausgenommen werden sollen[14]. Diese Personen haben also infolge der Unabhängigkeit der neuen Staaten nicht ihre französische Staatsangehörigkeit verloren, auch wenn sie ihren Wohnsitz innerhalb der unabhängig gewordenen Gebiete haben. In diesem Zusammenhang ist hervorzuheben, daß der Begriff der Französischen Republik, wie er in Art. 13, Abs. II, S. 2 genannt ist, nicht nur das Mutterland, sondern auch die Überseedepartements und -territorien erfaßt (Art. 72, Abs. I der Verfassung von 1958).

---

[11] Vgl. dazu näher *Lagarde*, S. 534. Das Oppositionsrecht der Regierung ist durch eine nachträgliche Gesetzesänderung wieder eingeschränkt worden. Die Auswirkungen sind im einzelnen zweifelhaft.

[12] Vgl. hierzu *Terré*, La reconnaissance de la nationalité française, Penant 71, 1961, S. 23; *J. Foyer*, Travaux du Comité Français de droit international privé, 1960 - 1962, S. 148.

[13] Vgl. dazu *Lagarde*, S. 525.

[14] Vgl. hierzu *Bilbao*, La nationalité française et l'accession à l'Indépendance des anciens territoires d'outre-mer, Penant 71, 1961, S. 521; *Gaudin de Lagrange*, S. 109.

Nicht ganz deutlich wird jedoch der Begriff des *„originaire"*. Man wird nicht annehmen können, daß darunter lediglich die Geburt innerhalb des Territoriums der im obigen Sinne zu verstehenden Französischen Republik gemeint ist[15].

Da die aus dem Gebiet der Französischen Republik stammenden, in den unabhängig gewordenen Gebieten wohnhaften, Franzosen durch die Unabhängigkeit nicht ihre bisherige französische Staatsangehörigkeit verloren haben, ist nach ausdrücklicher Anordnung durch den französischen Gesetzgeber bei diesen Personen kein — und damit auch kein automatischer — Staatsangehörigkeitswechsel eingetreten.

Außerdem läßt sich aus Art. 13, Abs. II, S. 2 entnehmen, daß die aus der Französischen Republik stammenden Franzosen nicht vom Anwendungsbereich des Titels VII erfaßt werden sollen und daß sie von jeglichen Formalitäten freigestellt sind. Das erklärt sich daraus, daß diese Personen ihre französische Staatsangehörigkeit behalten haben und folglich keiner „reconnaissance" bedürfen. Der französische Gesetzgeber wollte damit zum Ausdruck bringen, daß sie in keiner Weise durch die Gewährung der Unabhängigkeit oder die Auferlegung einer anderen Staatsangehörigkeit berührt sind[16].

Eindeutig ist ferner, daß die außerhalb der unabhängig gewordenen Gebiete wohnhaften Franzosen in jedem Falle die französische Staats-

---

[15] *Bleckmann*, S. 500. Ein „circulaire" des Außenministers vom 23. November 1961 brachte eine weite Auslegung des Begriffs „originaire", nämlich „toute personne dont un ascendant quelconque ... est né sur ce territoire" (zitiert nach *Batiffol*, S. 78, 79). Vgl. auch *Terré*, La reconnaissance de la nationalité française, Penant 71, 1961, S. 20 („... doit être considérée comme originaire toute personne née sur le territoire de la République française ou dont un ascendant quelconque, en ligne paternelle ou maternelle, y serait né.")

Eine ausführliche Abhandlung zur Auslegung des Begriffs *„originaire"* in diesem Zusammenhang findet sich bei *Lagarde*, S. 517 ff. Der Autor zieht als mögliche Kriterien die allgemeinen Anknüpfungspunkte des „ius sanguinis" und des „ius soli" heran (S. 518). Unter Zugrundelegung des „ius soli" ist „originaire" jede Person, die auf dem betreffenden Gebiet geboren ist. Bei Anwendung des „ius sanguinis" muß der „originaire" durch Abstammung mit der ethnischen Gemeinschaft verbunden sein, die auf dem jeweiligen Territorium beheimatet ist. Der Autor verwirft eine denkbare alternative bzw. kumulative Anwendung beider Prinzipien und befürwortet das „ius soli" als alleinigen Abgrenzungsmaßstab (S. 520, mit zweifelhafter Begründung).

Vgl. hierzu auch *J. Dumas*, Effets de la décolonisation sur la nationalité française des métis, RJPIC, tome 24, 1970 (I), S. 45. Im Zusammenhang mit dem Begriff des „originaire" wird die rechtliche Situation der franko-afrikanischen Mischlinge dargestellt. Diese Personen fallen in die Kategorie der „descendants d'originaires du territoire de la République française." (Ebenso *Lagarde*, S. 520.)

[16] *Bilbao*, La nationalité française et l'accession à l'Indépendance des anciens territoires d'outre-mer, Penant 71, 1961, S. 521.

angehörigkeit behalten haben[17]. Diese Personen werden nicht von dem Verlusttatbestand des Art. 13, Abs. I berührt.

Die Staatsangehörigkeit der aus den überseeischen Gebieten stammenden und dort wohnhaften Franzosen, also der überwiegenden Bevölkerung dieser Länder, wird durch Art. 13, Abs. II in Verbindung mit Art. 152 geregelt. Daraus ergibt sich, daß diese Personen ihre französische Staatsangehörigkeit mindestens bis zu dem Zeitpunkt behalten, in dem sie durch „allgemeine Bestimmungen" des Staatsangehörigkeitsgesetzes eines der neuen Staaten dessen Staatsangehörigkeit übertragen bekommen[18]. Diese Formulierung des Art. 152, S. 1 („Les personnes ..., auxquelles une autre nationalité est conférée par disposition générale alors qu'elles possèdent la nationalité française ...") läßt den Eindruck entstehen, als habe der französische Gesetzgeber für den Vorgang der Gewährung der Unabhängigkeit eine Abkehr von dem Grundsatz des automatischen Staatsangehörigkeitswechsels bei Staatensukzessionen vollzogen. Die Rechtsfolge des Staatsangehörigkeitswechsels wird von dem französischen Gesetz nicht an die Unabhängigkeit, sondern an die Gewährung der neuen Staatsangehörigkeit durch eine allgemeine Bestimmung der afrikanischen Staaten geknüpft[19]. Es wird nicht auf den Souveränitätswechsel, sondern auf die Gesetzgebung des Nachfolgestaates abgestellt. Trotz des eindeutigen Wortlauts des Art. 152, S. 1 bedarf diese Frage aber einer umfassenderen Betrachtung. Das französische Gesetz ordnet nämlich den Staatsangehörigkeitswechsel der aus den Überseegebieten stammenden und dort wohnenden Personen nicht selbst an, sondern überläßt diese Aufgabe der Gesetzgebung des jeweiligen afrikanischen Staates. Die Bestimmung des Art. 13, Abs. I, die von einem automatischen Wechsel der Staatsangehörigkeit im Falle einer Zession ausgeht, wird bei der Erlangung der Unabhängigkeit für unanwendbar erklärt, ohne daß eine

---

[17] Vgl. *Lagarde*, S. 526, 527.

[18] *Bilbao*, La nationalité française et l'accession à l'Indépendance des anciens territoires d'outre-mer, Penant 71, 1961, S. 517; *Terré*, La reconnaissance de la nationalité française, Penant 71, 1961, S. 21; *Bleckmann*, S. 501; vgl. auch *Dumas*, S. 44.

Zur Auslegung des Begriffs *„disposition générale"* vgl. *Lagarde*, S. 528. Danach ist „disposition générale celle qui n'implique dans son application aucune manifestation de volonté, ni des autorités de l'Etat considéré, ni de l'intéressé lui-même. Est au contraire conférée par une disposition *particulière* la nationalité qui découle, soit d'un décret de naturalisation, soit d'une option positive de l'intéressé." (Vgl. dazu auch *Terré*, La reconnaissance de la nationalité française, Penant 71, 1961, S. 20).

Das Problem, ob einer der neuen Staaten eine „disposition générale" getroffen hat, stellt sich insbesondere bei Art. 90 Code de la nationalité malgache. Siehe dazu unten, III, 2, c, aa (zu Madagaskar); III, 4, b, aa, Anm. 49.

[19] So *J. Foyer*, S. 146; *Bleckmann*, S. 501.

Ersatzvorschrift eingreift. Es gibt insoweit keine französische Rechtsvorschrift, die den Verlust der französischen Staatsangehörigkeit bei einem Bewohner der unabhängig werdenden Gebiete anordnet[20]. Statt dessen verweist das französische Gesetz in Art. 152, S. 1 auf die Gesetzgebung der neuen afrikanischen Staaten und läßt höchstens deren Tätigwerden für einen Wechsel der Staatsangehörigkeit maßgebend sein. Der französische Gesetzgeber verzichtet also auf eine eigene Entscheidung und stellt diese in das Belieben der neuen Staaten, und zwar derart, daß die Regelung der neuen Staaten auch von französischer Seite als verbindlich angesehen wird. Wenn die afrikanischen Staaten also ihrerseits den Wechsel der Staatsangehörigkeit an den Wechsel der Souveränität anknüpfen und damit von dem Gedanken des automatischen Staatsangehörigkeitswechsels ausgehen sollten[21], so wird diese Regelung auch für das französische Recht erheblich. Man wird also sagen müssen, daß der französische Gesetzgeber in Art. 13, Abs. II; 152, S. 1 Code de la nationalité für die Bewohner der unabhängig gewordenen Gebiete von sich aus keinen automatischen Staatsangehörigkeitswechsel vorgesehen hat, dies jedoch für die Erlangung der Unabhängigkeit nicht schlechthin ausgeschlossen wissen wollte. Diese Einstellung des französischen Gesetzgebers bedeutet also zwar keine Bejahung, aber auch nicht unbedingt eine Verneinung des automatischen Wechsels der Staatsangehörigkeit bei Erlangung der Unabhängigkeit. Immerhin kann festgehalten werden, daß das französische Gesetz selbst hinsichtlich der Unabhängigkeit nicht von einem automatischen Staatsangehörigkeitswechsel ausgeht. Insoweit wird die bisher geübte französische Praxis verlassen[22]. Es fragt sich, wie diese Regelung völkerrechtlich zu würdigen ist.

Der Völkerrechtssatz vom automatischen Staatsangehörigkeitswechsel ist nicht zwingend, sondern dispositiv[23]. Die Gesetzgebung eines Staates kann davon abweichen, sofern sie nicht gegen andere völkerrechtliche Prinzipien verstößt. Der französische Gesetzgeber läßt in Art. 152, S. 1 erkennen, daß er die Verleihung einer neuen Staatsangehörigkeit an die Bevölkerung der unabhängigen Gebiete respektiert. Damit wird die Souveränität der neuen Staaten geachtet; dies sogar in einem besonderen Maße, da die Art und Weise des Staatsangehörigkeitswechsels in ihr Belieben gestellt wird. Gleichzeitig wird zum Ausdruck gebracht, daß die Unabhängigkeit berechtigterweise zu einer Änderung der Staatsangehörigkeit der davon betroffenen Personen führen kann. Außerdem wird dadurch, daß den Bewohnern der neuen

---

[20] Vgl. hierzu *Bilbao*, Le droit malgache de la nationalité, S. 75.

[21] Dazu Näheres siehe unten, III, 2, c, aa.

[22] Siehe oben, III, 1, b.

[23] Siehe oben, III, 1, g.

Staaten die französische Staatsangehörigkeit bis zur Erlangung einer neuen Personalhoheit erhalten bleiben soll, das Auftreten von Staatenlosigkeit verhindert[24]. Daß der Wechsel der Staatsangehörigkeit nicht an den Vorgang der Unabhängigkeit geknüpft wird, verdeutlicht die aus französischer Sicht besonders enge Verbindung zwischen Frankreich und seinen ehemaligen afrikanischen Besitzungen.

cc) Das Problem des vollständigen Verlustes der französischen Staatsangehörigkeit nach Erlangung einer afrikanischen Staatsangehörigkeit — vollständiger oder teilweiser Wechsel der Staatsangehörigkeit — die „nationalité de jouissance" und die „nationalité d'exercice" — die „reconnaissance" der französischen Staatsangehörigkeit

Nach Art. 152 Code de la nationalité française haben die Franzosen, denen eine afrikanische Staatsangehörigkeit durch eine allgemeine Bestimmung des neuen Staates übertragen wurde, ohne Befristung[25] das Recht, nach Begründung ihres Wohnsitzes[26] auf dem Territorium der Französischen Republik durch eine Erklärung vor dem zuständigen französischen Richter die *„reconnaissance"* der französischen Staatsangehörigkeit vornehmen zu lassen. Der Begriff der „reconnaissance" wird durch das Gesetz nicht näher erläutert. Aus Art. 152 geht auch nicht hervor, welchen Status die betreffenden Personen zwischen dem Erwerb einer afrikanischen Staatsangehörigkeit und der „reconnaissance" der französischen Staatsangehörigkeit haben. Es fragt sich, ob sie die französische Staatsangehörigkeit verloren haben oder nicht oder ob es eine mittlere Lösung gibt. Es stellt sich damit das Problem, ob

---

[24] Nach dem Willen des französischen Gesetzgebers war es also möglich, daß die Angehörigen der neuen Staaten die französische Staatsangehörigkeit auch noch nach der Unabhängigkeit besaßen. Die Folge wäre gewesen, daß die Bevölkerung eines souveränen Staates sich im wesentlichen aus Angehörigen eines anderen Staates zusammengesetzt hätte. Insoweit bestehenden völkerrechtlichen Bedenken kann jedoch entgegengehalten werden, daß dies nur bis zur Verleihung der neuen Staatsangehörigkeit der Fall gewesen wäre.

[25] Hiergegen Bedenken bei *Lagarde,* S. 535, 536.

[26] Zum hier verwandten Begriff „domicile" vgl. *Lagarde,* S. 530 ff. Der Autor stellt zunächst die Frage, ob es einen Begriff des „Domizils" („domicile") gibt, der speziell dem Staatsangehörigkeitsrecht eigentümlich ist. In dem hier interessierenden Zusammenhang wird zunächst eine Definition gegeben, wonach unter „domicile" zu verstehen ist „la résidence effective, présentant un caractère stable et permanent, et coïncidant avec le centre des attaches et des occupations." Zurückgreifend auf den Domizilbegriff im französischen Code civil (Art. 102 - 105) wird „domicile" dann in Gegensatz zur „résidence" gesetzt. Für das „domicile" ist danach ergänzend erforderlich, daß die betreffende Person die Absicht (intention) hat, den Schwerpunkt ihrer Lebensverhältnisse nach Frankreich zu verlegen. Die „résidence" erfordert kein derartiges „élément intentionnel". Siehe auch unten, III, 4, b, aa, Anm. 32.

diese Personen überhaupt einen Wechsel der Staatsangehörigkeit erfahren haben[27].

Der oben zitierte Wortlaut des Art. 156 scheint darauf hinzudeuten, daß die betreffenden Personen die französische Staatsangehörigkeit weiterbehalten. Die französische Staatsangehörigkeit derjenigen Personen, die eine „reconnaissance" herbeiführen müssen, gilt nämlich dann als festgestellt, wenn die Bedingungen des Erwerbs dieser Staatsangehörigkeit erfüllt sind und wenn der Beweis erbracht wird, daß die Erklärung zur Herbeiführung der „reconnaissance" abgegeben worden ist. Wenn eine Staatsangehörigkeit aber „festgestellt" wird („est tenue pour établie"), kann man wohl von ihrem bisherigen Bestehen ausgehen. Dieses Weiterbestehen der französischen Staatsangehörigkeit wäre dann unabhängig von der inzwischen erfolgten Gewährung einer neuen afrikanischen Staatsangehörigkeit. In diese Richtung geht die Ansicht von *Terré*, der behauptet, daß die betroffenen Personen auch nach Übertragung einer afrikanischen Staatsangehörigkeit durch eine „disposition générale" die französische „nationalité de jouissance" behalten, während die französische „nationalité d'exercice" bis zur Herbeiführung der „reconnaissance" ruhe[28]. Der Autor führt aus, daß der französische Gesetzgeber den vollständigen Bruch mit der französischen Staatsangehörigkeit vermeiden wollte. Auch wenn es nicht möglich gewesen sei, die ursprüngliche französische Staatsangehörigkeit der afrikanischen Bevölkerung gänzlich aufrechtzuerhalten — dies hätte der Unabhängigkeit der neuen Staaten und dem Geist der Kooperationsverträge widersprochen[29] —, sei es dennoch wichtig gewesen, eine enge Beziehung zu diesen Personen aufrechtzuerhalten. Nach diesen Darlegungen soll die „nationalité de jouissance" als juristischer Kern der französischen Staatsangehörigkeit weiterbestehen, wohingegen die Ausübung der mit der französischen Staatsangehörigkeit

[27] Diese Frage steht im Zusammenhang mit dem Problemkreis des automatischen Staatsangehörigkeitswechsels. Die Möglichkeit einer „reconnaissance" der französischen Staatsangehörigkeit berührt nämlich unmittelbar die Übertragung der afrikanischen Staatsangehörigkeit durch einen der neuen Staaten.

[28] *Terré*, La reconnaissance de la nationalité française, Penant 71, 1961, S. 21; auch *J. Foyer*, S. 148.
Lagarde, S. 537, lehnt die Konstruktion einer französischen „nationalité de jouissance" ab. Er verneint jedoch den Wechsel der französischen Staatsangehörigkeit insoweit, als er die zur „reconnaissance" berechtigten Personen auch als eine „Kategorie" von Franzosen bezeichnet (S. 529) und ihnen die französische Staatsangehörigkeit weiterhin unter der „condition suspensive de la reconnaissance" zuerkennt (S. 538) — trotz der Unabhängigkeit der afrikanischen Staaten und trotz der inzwischen erfolgten Verleihung der afrikanischen Staatsangehörigkeiten.

[29] Vgl. hierzu auch *Lagarde*, S. 514.

verbundenen Rechte, die „nationalité d'exercice", bis zur Vornahme der „reconnaissance" ruhen soll[30].

Gegen diese Auffassung erheben sich zahlreiche Bedenken, die insbesondere von *Bilbao* vorgebracht werden[31]. Es erscheint konstruktiv kaum möglich, daß jemand eine Staatsangehörigkeit behält, obwohl ihm die Ausübung aller damit verbundenen Rechte untersagt ist. Die rechtliche Trennung zwischen der Staatsangehörigkeit als solcher und der Ausübung der daraus entspringenden Rechte läßt sich weder aus dem Text des Art. 152 noch aus den parlamentarischen Diskussionen herleiten. Im übrigen widerspricht diese Unterscheidung auch dem allgemeinen Begriff der Staatsangehörigkeit (nationalité)[32]. Nach einhelliger Meinung knüpfen danach sowohl das Völkerrecht als auch das innerstaatliche Recht an die Staatsangehörigkeit bestimmte Rechte und Pflichten, und zwar sowohl für den Staat als auch für dessen Angehörige. Diese Rechte können zeitweise eingeschränkt sein, beispielsweise bei einem Eingebürgerten. Es ist jedoch kaum möglich und bisher nicht vorgekommen, daß alle mit der Staatsangehörigkeit verbundenen Rechte gänzlich ruhen[33]. In einem derartigen Fall würde die Staatsangehörigkeit als rechtliche Eigenschaft leerlaufen. Von dem Begriff würde nichts als das Wort übrigbleiben, er wäre ein entleerter rechtlicher Rahmen. Zur Staatsangehörigkeit gehören aber begriffsnotwendig die daraus herrührenden Rechte und Pflichten. Aus diesem Grunde entspricht die Unterscheidung zwischen „nationalité de jouissance" und „nationalité d'exercice" nicht dem allgemeinen Staatsangehörigkeitsrecht.

---

[30] Die aus den Überseegebieten stammenden und dort wohnhaften Personen würden demnach, trotz Unabhängigkeit und allgemeiner Übertragung einer neuen Staatsangehörigkeit, „im Prinzip" (*Terré*, La reconnaissance de la nationalité française, Penant 71, 1961, S. 21) die französische Staatsangehörigkeit behalten. Das hätte zur Folge, daß bei Erfüllung der Voraussetzungen, die das französische Staatsangehörigkeitsgesetz verlangt, diese „nationalité de jouissance" nachträglich erworben oder verloren werden könnte, z. B. durch Heirat, Option, Geburt. Das französische Staatsangehörigkeitsrecht würde insoweit weiter auf die afrikanische Bevölkerung anwendbar sein. Dazu einschränkend allerdings *Lagarde*, S. 539 ff. (541, 542).

[31] Vgl. hierzu *Bilbao*, La nationalité française et l'accession à l'Indépendance des anciens territoires d'outre-mer, Penant 71, 1961, S. 517 ff.; *derselbe*, Le droit malgache de la nationalité, S. 74 - 77; *Bleckmann*, S. 501; zum Teil auch *Lagarde*, S. 537.

[32] Siehe oben, I, 1, b, bb.

[33] Die Angehörigen der neuen Staaten genießen zwar gegenüber Frankreich weitgehend besondere Rechte. Diese Rechte beruhen aber nicht auf einer irgendwie gearteten französischen Staatsangehörigkeit, sondern auf speziellen Vereinbarungen zwischen Frankreich und den afrikanischen Staaten (vgl. *Bilbao*, La nationalité française et l'accession à l'Indépendance des anciens territoires d'outre-mer, Penant 71, 1961, S. 518).

Ein weiterer Grund, der gegen die Beibehaltung einer französischen „nationalité de jouissance" spricht, ist die Tatsache, daß der Bevölkerung der neuen afrikanischen Staaten, die ja inzwischen eigene Staatsangehörigkeiten besitzt, damit die französische Staatsangehörigkeit als zweite Staatsangehörigkeit auferlegt bliebe. Dies würde zu einer Vielzahl von völkerrechtlich unerwünschten doppelten Staatsangehörigkeiten führen[34]. Auch aus diesem Grunde ist anzunehmen, daß die Bevölkerung der neuen Staaten mit der allgemeinen Übertragung einer eigenen Staatsangehörigkeit die ursprüngliche französische Staatsangehörigkeit — nicht lediglich die Ausübungsbefugnis — verloren hat.

Schließlich wäre es mit der Souveränität der neuen afrikanischen Staaten nicht vereinbar, wenn Frankreich der gesamten frankophonen afrikanischen Bevölkerung die französische Staatsangehörigkeit belassen hätte. Die neuen Staaten haben kraft ihrer Souveränität eigene Staatsangehörigkeiten geschaffen, die auch der französische Gesetzgeber respektieren muß. Durch die Bildung eines eigenen Staatsvolkes, das vom französischen verschieden ist, haben die neuen Staaten ihrer Unabhängigkeit und souveränen Staatlichkeit Ausdruck verliehen. Dagegen würde Frankreich verstoßen, wenn es einen Wechsel der Staatsangehörigkeit verneinen wollte[35].

Der Wortlaut von Art. 13, Abs. II; 152 zwingt ebenfalls nicht zu der Interpretation, daß die französische Staatsangehörigkeit als eine in ihrer Ausübung gehemmte juristische Eigenschaft fortbestehe. Die Auffassung, daß nach diesen Vorschriften der einzige Unterschied zwischen den Franzosen afrikanischer und metropolitaner Herkunft darin liege, daß die letzteren hinsichtlich ihrer französischen Staatsangehörigkeit von jeglicher Formalität befreit sind, entspricht nicht dem hier dargestellten völkerrechtlichen Verständnis der Unabhängigkeit[36].

Aus den genannten Gründen ist auch die von *Lagarde* vertretene Auffassung abzulehnen, wonach die Angehörigen der neuen Staaten die bisherige französische Staatsangehörigkeit unter der „aufschiebenden Bedingung" ihrer Anerkennung behalten haben[37]. Der Begriff der Staatsangehörigkeit und die sonstigen völkerrechtlichen Überlegungen verbieten die Annahme einer Konstruktion, die die Staatsan-

---

[34] Siehe unten, III, 6; III, 6, c, bb.

[35] Die Erklärungen der französischen Regierung lassen erkennen, daß Frankreich die Hoheitsgewalt der neuen Staaten über ihre Bevölkerung nicht antasten wollte. (Vgl. *Bilbao*, La nationalité française et l'accession à l' Indépendance des anciens territoires d'outre-mer, Penant 71, 1961, S. 520.)

[36] Vgl. *Bilbao*, La nationalité française et l'accession à l'Indépendance des anciens territoires d'outre-mer, Penant 71, 1961, S. 521.

[37] Siehe oben, Anm. 28.

gehörigkeit in der Schwebe ließe und zu einer Rechtsunsicherheit führt.

Im Ergebnis führt also die Auslegung der Art. 13, Abs. II; 152 und 156 des französischen Staatsangehörigkeitsgesetzes zu der Annahme, daß Frankreich im Zeitpunkt der Erstausstattung der neuen Staaten mit eigenen Staatsangehörigen für diese Personen einen Verlust der französischen Staatsangehörigkeit vorsah. Die Französische Republik ging also von einem Wechsel der Staatsangehörigkeit aus, ohne jedoch diesen Wechsel automatisch an die Erlangung der Unabhängigkeit zu knüpfen. Nur die Bejahung eines Wechsels von der französischen Staatsangehörigkeit zu den neuen afrikanischen Staatsangehörigkeiten bedeutet eine völkerrechtskonforme Auslegung des Art. 156 Code de la nationalité française.

Es fragt sich schließlich, welchen rechtlichen Inhalt die „reconnaissance" des Art. 152 unter Zugrundelegung dieses Staatsangehörigkeitswechsels hat. Ein Afrikaner, der die französische Staatsangehörigkeit gemäß Art. 13, Abs. II; 152 als Folge der allgemeinen Gewährung einer neuen afrikanischen Staatsangehörigkeit verloren hat, kann sich anschließend diese zunächst verlorene französische Staatsangehörigkeit anerkennen lassen, wenn er in seiner Person die vom Gesetz (Art. 13, Abs. II; 152, S. 1) geforderten Voraussetzungen und Formalitäten erfüllt. Die Anerkennung („reconnaissance") stellt sich deshalb als eine vereinfachte und rückwirkende Reintegration („réintegration simplifiée et retroactive"), also eine Art Wiedereinbürgerung, dar[38]. Die französische Staatsangehörigkeit geht zunächst verloren, wird aber wieder erworben. Die „reconnaissance" erfordert ein einfacheres Verfahren als die normale Reintegration: Lediglich die Verlegung des Wohnsitzes auf das Territorium der Französischen Republik ist als Voraussetzung notwendig. Der französische Gesetzgeber hat auch gewollt, daß ein Afrikaner, der sich die französische Staatsangehörigkeit anerkennen läßt, so gestellt wird, als habe er niemals die französische Staatsangehörigkeit verloren und daß seine Rechte und Pflichten als französischer Staatsangehöriger vollständig wiederhergestellt werden[39].

---

[38] *Bilbao,* La nationalité française et l'accession à l'Indépendance des anciens territoires d'outre-mer, Penant 71, 1961, S. 521, 522; *Bleckmann,* S. 501, 502. *Verdier* bezeichnet die „reconnaissance" als „mi-chemin entre l'attribution d'origine et l'acquisition" (S. 956).

Für Rückwirkung auch *Lagarde,* S. 536, 540. *Lagarde* äußert sich aber kritisch hinsichtlich der Annahme einer „réintegration". Der Rückwirkungseffekt sei im übrigen eingeschränkt gegenüber Dritten (S. 539).

Teilweise anderer Ansicht sind *Hecker / Tomson,* die eine rückwirkende Kraft der Anerkennung ablehnen, weil keine Fristen für die Abgabe der Erklärung gesetzt worden sind (S. 31).

Eine bloße Ähnlichkeit mit einer „réintegration" nimmt *Terré* an (la reconnaissance de la nationalité française, Penant 71, 1961, S. 17).

Dieser Zweck wird erreicht, wenn der „reconnaissance“ eine rückwirkende Kraft zuerkannt wird, bezogen auf den Zeitpunkt des ursprünglichen Verlustes der französischen Staatsangehörigkeit. So wird für die Person, die eine „reconnaissance“ herbeiführen läßt, der zunächst erfolgte Staatsangehörigkeitswechsel im Ergebnis wieder rückgängig gemacht.

Zusammenfassend ist festzuhalten, daß der französische Staatsangehörigkeitsgesetzgeber entgegen der bisherigen französischen Praxis hinsichtlich der Unabhängigkeit der frankophonen Staaten Schwarzafrikas nicht von einem automatischen Staatsangehörigkeitswechsel der Bevölkerung ausgegangen ist, jedoch im Zeitpunkt des allgemeinen Erwerbs einer afrikanischen Staatsangehörigkeit den Verlust der bisherigen französischen Staatsangehörigkeit, also einen Staatsangehörigkeits*wechsel*, vorgesehen hat. Dieser Verlust konnte nachträglich durch eine „reconnaissance“ der französischen Staatsangehörigkeit verhindert werden. Der französische Gesetzgeber hat den Grundsatz vom automatischen Staatsangehörigkeitswechsel bei Staatennachfolge selbst nicht angewendet, der möglichen Anwendung dieses Prinzips durch die neuen afrikanischen Staaten aber nicht widersprochen. Das Verhalten des französischen Gesetzgebers widerspricht nicht dem Völkerrecht[40].

c) Die Einstellung der Gesetzgeber der neuen frankophonen afrikanischen Staaten zur Frage des automatischen Staatsangehörigkeitswechsels bei der Unabhängigkeit dieser Staaten

aa) Staaten, aus deren Gesetzgebung eine Bejahung des automatischen Staatsangehörigkeitswechsels zu entnehmen ist

Die Einstellung der afrikanischen Staaten zu dem Problem des automatischen Staatsangehörigkeitswechsels bei der Unabhängigkeit ergibt sich aus den von ihnen erlassenen Staatsangehörigkeitsgesetzen. Die nach der Unabhängigkeit geschaffenen afrikanischen Verfassungen[41] enthalten hinsichtlich der Staatsangehörigkeit keine Regelung, sondern behalten diese speziell zu erlassenden Gesetzen[42] vor. Mit Ausnahme

---

[39] Vgl. hierzu *Bilbao*, Statuts civils et nationalité, Revue Sénégalaise de Droit, 1969, Nr. 5, S. 38; *Gaudin de Lagrange*, S. 109, 110.

[40] Siehe oben, III, 2, b, bb, am Ende.

Die bereits vorhandene Bürgerschaft („citoyenneté“) der afrikanischen Staaten wurde durch die Unabhängigkeit nicht tangiert und blieb jeweils bestehen.

[41] Vgl. *D. G. Lavroff / G. Peiser*, Les constitutions africaines, l'Afrique noire francophone et Madagascar, texte et commentaire, Tome premier, Paris, 1961.

[42] Fundstellen der Texte: *Decottignies / de Biéville; Tomson; A. Zatzépine*, Le droit de la nationalité des républiques francophones d'Afrique et de Madagascar, Paris, 1963, 1967; außerdem das dahomesische Gesetz vom

von Kamerun wurden diese Gesetze erst nach der Unabhängigkeit geschaffen. Die Betrachtung der verschiedenen Staatsangehörigkeitsgesetze ergibt, daß die meisten Staaten von einem automatischen Staatsangehörigkeitswechsel im Zeitpunkt der Unabhängigkeit ausgehen. Das bedeutet, daß diese afrikanischen Staatsangehörigkeiten mit der Unabhängigkeit entstanden sind[43].

So heißt es in der Begründung des Staatsangehörigkeitsgesetzes der Republik *Madagaskar* vom 22. Juli 1960[44]:

„L'accession de la République malgache à la personnalité internationale comporte comme conséquence immédiate l'apparition d'une nationalité malgache."

Danach hat der Souveränitätswechsel in Madagaskar als unmittelbare Folge die Entstehung der madagassischen Staatsangehörigkeit hervorgerufen. Diese Einstellung des madagassischen Gesetzgebers entspricht dem allgemeinen völkerrechtlichen Grundsatz vom automatischen Staatsangehörigkeitswechsel bei Staatennachfolge. Es könnte jedoch fraglich sein, ob der madagassische Staatsangehörigkeitsgesetzgeber diese Rechtsfolge kraft seiner eigenen Souveränität konstitutiv angeordnet wissen wollte oder ob er sie lediglich deklaratorisch, in Anerkennung des Völkerrechtssatzes, ausgesprochen hat. Insoweit besteht hier, wie bei zahlreichen ähnlichen Regelungen, keine Klarheit. Die Frage, ob der Staatsangehörigkeitswechsel konstitutiv oder deklaratorisch angeordnet werden sollte, ist in diesem Zusammenhang aber nicht von Bedeutung. Selbst wenn der Gesetzgeber diese Regelung konstitutiv treffen wollte, bestätigt er damit dennoch das Bestehen des Völkerrechtssatzes und trägt zu seiner gewohnheitsmäßigen Fortgeltung bei[45]. Gerade in Ausübung ihrer Souveränität schaffen die Staaten gewohnheitsrechtliche Völkerrechtssätze. Die Anknüpfung der Entstehung der madagassischen Staatsangehörigkeit an die Unabhängigkeit — ob konstitutiv oder deklaratorisch gewollt — bestätigt daher insoweit den Grundsatz vom automatischen Staatsangehörigkeitswechsel.

Auch aus Art. 1 des madagassischen Staatsangehörigkeitsgesetzes[46] läßt sich der Schluß ziehen, daß die madagassische Staatsangehörigkeit

---

23. Juni 1965 (J. O. R. D. 1. August 1965, S. 648 und die zentralafrikanische „Ordonnance" vom 30. August 1966. Zum dahomesischen Gesetz vgl. den Text bei *P. Decheix*, Le code de la nationalité dahoméenne, RJPIC 19, 1965, S. 605 ff. Siehe auch *H. Hecker*, Die Staatsangehörigkeitsvorschriften der Staaten Afrikas, in: Verfassung und Recht in Übersee, 1968, 1. Quartal, S. 65 ff.

[43] *Bleckmann*, S. 495; vgl. auch *Verdier*, S. 920, 922; *E. Mayinguidi*, La nationalité en République populaire du Congo, RJPIC 1971, S. 480.

[44] *Decottignies / de Biéville*, S. 211.

[45] Siehe oben, III, 1, g.

[46] „Ordonnance No 60 - 064 du 22 juillet 1960 portant Code de la nationalité malgache", *Decottignies / de Biéville*, S. 214 ff.

mit dem Souveränitätswechsel entstanden ist. Es heißt in der Vorschrift:

„La présente ordonnance, portant Code de la nationalité malgache, est applicable à compter du 26 juin 1960."

Das Inkrafttreten des Gesetzes wird also auf den 26. Juni 1960, den Tag der Unabhängigkeit Madagaskars, zurückdatiert. Demnach sollte die durch das Gesetz geregelte madagassische Staatsangehörigkeit seit der Unabhängigkeit wirksam sein. Das bedeutet, daß das Datum der Unabhängigkeit zum Anknüpfungspunkt für das allgemeine Entstehen der madagassischen Staatsangehörigkeit gemacht wurde[47]. Nun könnte diese Zurückdatierung auch bedeuten, daß der Erwerb der madagassischen Staatsangehörigkeit *rückwirkend* auf den Zeitpunkt der Unabhängigkeit angeordnet wurde und für den zeitlichen Bereich der Rückwirkung nur als Fiktion zu verstehen sei. Dieses Verständnis des Art. 1 ist nicht zutreffend[48], da der Wortlaut der Vorschrift nicht auf eine Fiktion hindeutet. Im übrigen spricht hierfür auch die oben angeführte Begründung zum Staatsangehörigkeitsgesetz. Das Inkrafttreten des Gesetzes am 26. Juni 1960 brachte die Entstehung der madagassischen Staatsangehörigkeit und ihren automatischen Erwerb durch die Bevölkerung mit sich. Da zu diesem Zeitpunkt die gesetzlichen Regelungen noch nicht vorhanden waren, ist mit der Unabhängigkeit die ungeregelte Staatsangehörigkeit Madagaskars entstanden, die erst später durch das Gesetz konkretisiert wurde[49].

Danach ergibt sich, daß die madagassische Staatsangehörigkeit am Tag der Unabhängigkeit automatisch entstanden ist. Das Prinzip des automatischen Staatsangehörigkeits*wechsels* erfordert jedoch zusätzlich, daß mit dem Entstehen der neuen Staatsangehörigkeit gleichzeitig ein Verlust der bisherigen — französischen — Staatsangehörigkeit eintritt. Die Einstellung des madagassischen Gesetzgebers hierzu läßt sich aus Art. 90 des Staatsangehörigkeitsgesetzes ersehen[50]:

„Les personnes nées de père et de mère d'origine malgache, quels que soient leur âge, leur domicile ou leur résidence à la date du 26 juin 1960 ont la nationalité malgache."

Hier kommt noch einmal, in Verbindung mit Art. 1, zum Ausdruck, daß die madagassische Staatsangehörigkeit am 26. Juni 1960, dem Tag der Unabhängigkeit, entstanden ist. Weiter heißt es in Art. 90:

„Toutefois, ceux qui sont, à cette date, soumis au statut civil de droit moderne pourront, jusqu'au 31 décembre 1960, décliner la nationalité

---

[47] *Zatzépine*, Le droit de la nationalité des républiques francophones d' Afrique et de Madagascar, S. 18.
[48] Vgl. *Bleckmann*, S. 495.
[49] Siehe oben, III, 1, g, Anm. 57.
[50] *Decottignies / de Biéville*, S. 226.

malgache s'ils ont conservé la nationalité française au regard de la loi française."

Das madagassische Gesetz ermächtigt also den Personenkreis der „Erstangehörigen" des neuen Staates, die madagassische Staatsangehörigkeit abzulehnen, wenn diese die französische Staatsangehörigkeit im Einklang mit dem französischen Gesetz behalten haben. Hinsichtlich des Verlustes der französischen Staatsangehörigkeit trifft das madagassische Gesetz also selbst keine Anordnung, sondern verweist auf das französische Gesetz[51]. Die Änderung des französischen Staatsangehörigkeitsgesetzes (Art. 13, Abs. II; = „Gesetz vom 28. Juli 1960") bringt die Rechtsfolge, daß im Zeitpunkt der Verleihung der madagassischen Staatsangehörigkeit durch eine „disposition générale" des madagassischen Gesetzes der Verlust der bisherigen französischen Staatsangehörigkeit eintritt[52]. Der madagassische Gesetzgeber übernimmt insoweit die Regelung des französischen Gesetzgebers und anerkennt damit den Verlust der französischen Staatsangehörigkeit in der Person seiner „Erstangehörigen"[53].

Es ist im übrigen — ohne Berücksichtigung dieser Hin- und Herverweisung — e contrario aus Art. 90, Abs. II zu schließen, daß die erstmalige Verleihung der madagassischen Staatsangehörigkeit nach der Vorstellung des Gesetzgebers im Normalfall zu einem Verlust der französischen Staatsangehörigkeit führen sollte.

Die automatische Entstehung der madagassischen Staatsangehörigkeit, die sich aus Art. 1 des madagassischen Staatsangehörigkeitsgesetzes und aus der Gesetzesbegründung ergibt, ist also auch unter Zugrundlegung dieser Vorschrift des madagassischen Gesetzes mit einem Verlust der bisherigen französischen Staatsangehörigkeit verbunden.

Der Wille des madagassischen Gesetzgebers, an die Entstehung der madagassischen Staatsangehörigkeit gleichzeitig den Verlust der französischen Staatsangehörigkeit angeknüpft zu haben, ergibt sich außerdem deutlich aus Art. 42 des madagassischen Staatsangehörigkeitsgesetzes[54]:

„Perd la nationalité malgache le Malgache majeur qui acquiert volontairement une nationalité étrangère."

---

[51] Vgl. hierzu *Bilbao*, Le droit malgache de la nationalité, S. 80 ff. (81); *Terré*, A propos de la nationalité malgache, Penant 71, 1961, S. 343.

[52] Siehe oben, im Ergebnis III, 2, b, cc, am Ende. Das Weiterbestehen einer französischen „nationalité de jouissance" wäre völkerrechtswidrig.

[53] Unter „dispositions générales" sind hier die Vorschriften zu verstehen, die den automatischen Erwerb der madagassischen Staatsangehörigkeit bewirken (*Bleckmann*, S. 501).

[54] *Decottignies / de Biéville*, S. 219.

Daraus läßt sich die generelle Tendenz ersehen, daß der Gesetzgeber bei einem madagassischen Staatsangehörigen das Vorhandensein einer weiteren Staatsangehörigkeit vermeiden wollte. Mit dieser Tendenz wäre es nicht in Einklang zu bringen, wenn die Erstausstattung mit der neuen Staatsangehörigkeit nicht gewolltermaßen zu einem allgemeinen Verlust der französischen Staatsangehörigkeit geführt hätte.

Schließlich erfordert es der Gedanke der Staatensukzession und der entstandenen Souveränität des neuen afrikanischen Staates, daß die bisherige französische Personalhoheit zurückweicht und die neue afrikanische an ihre Stelle tritt (Prinzip der Rechtsnachfolge in die Staatsangehörigkeit). Unter diesem Aspekt sind die oben genannten Regelungen hier zu sehen. Die Annahme des Verlustes der französischen Staatsangehörigkeit ist deshalb keine völkerrechtlich unmögliche oder unzulässige Regelung einer fremden Staatsangehörigkeit. Die angeführten Regelungen sollen vielmehr zeigen, daß der madagassische Gesetzgeber das generelle Zurückweichen der bisherigen französischen Staatsangehörigkeit als selbstverständlich angesehen hat. Diese Rechtsfolge ergibt sich aus dem Völkerrecht und wird deklaratorisch durch die Anordnung des Neustaates bestätigt.

Da die automatische Entstehung der madagassischen Staatsangehörigkeit mit dem Verlust der französischen Staatsangehörigkeit verbunden war, kam es bei den Erstangehörigen Madagaskars nach madagassischem Recht zu einem Wechsel der Staatsangehörigkeit im Zeitpunkt der Unabhängigkeit[55]. Die madagassische Gesetzgebung bestätigte damit den völkerrechtlichen Grundsatz des automatischen Staatsangehörigkeitswechsels bei Staatensukzessionen.

Die Staatsangehörigkeit der Republik *Gabun* ist ebenfalls automatisch mit der Unabhängigkeit entstanden. Das läßt sich aus Art. 1, Abs. I des Staatsangehörigkeitsgesetzes von Gabun entnehmen[56]:

> „La nationalité gabonaise est le lien de droit qui, depuis le 17 août 1960, date de l'accession du Gabon à la souveraineté internationale, rattache les individus à l'Etat gabonais."

Danach bestand die gabunische Staatsangehörigkeit seit dem mit der Unabhängigkeit verbundenen Souveränitätswechsel. Die Anordnung

---

[55] So auch im Ergebnis *H. Rivierez*, Nationalité et citoyenneté des originaires de l'île Sainte-Marie de Madagascar, RJPIC 1971, No 4, S. 535.

[56] „Loi No 89/61 du 2 mars 1962 portant code de la nationalité gabonaise", *Decottignies / de Biéville*, S. 131 ff.
Zum Gesetzesbegriff in den afrikanischen Staaten („loi - ordonnance - décret - arrêté") vgl. *J. W. Salacuse*, An Introduction to Law in French-Speaking Africa; Vol. I; Africa South of The Sahara, 1969; zu den einzelnen Staaten.

des gabunischen Gesetzgebers beinhaltet insoweit eine Bestätigung des Grundsatzes vom automatischen Staatsangehörigkeitswechsel bei Staatennachfolge.

Das am 2. März 1962 erlassene Staatsangehörigkeitsgesetz enthält keine ausdrückliche Zurückdatierung seines Inkrafttretens auf den Tag der Unabhängigkeit (17. August 1960). Dies war nicht erforderlich, da die Entstehung der gabunischen Staatsangehörigkeit mit der Unabhängigkeit verknüpft wurde und die Erwerbsgründe der Staatsangehörigkeit hinsichtlich der „Erstangehörigen" gesondert geregelt wurden.

Das gabunische Gesetz enthält keine Anordnung, die den Verlust der französischen Staatsangehörigkeit der Bevölkerung als Folge der Unabhängigkeit ausspricht. Dennoch dürfte die kollektive Übertragung der neuen Staatsangehörigkeit an den größten Teil der Bevölkerung unter der stillschweigend angenommenen Voraussetzung erfolgt sein, daß diese Personen als Angehörige eines afrikanischen Staates in Zukunft nicht mehr der französischen Personalhoheit verbunden sein sollten. Von Frankreich wird man erwartet haben, daß es die Afrikaner aus dem engeren französischen Staatsverband entläßt. Daher geht das gabunische Staatsangehörigkeitsgesetz, wenn es die neue Staatsangehörigkeit automatisch mit der Unabhängigkeit entstehen läßt, von einem gleichzeitigen Verlust der französischen Staatsangehörigkeit und damit von einem automatischen Staatsangehörigkeitswechsel aus[57]. Diese Auslegung entspricht dem allgemeinen völkerrechtlichen Prinzip und ist — selbst bei einem Schweigen des Gesetzes — als gewollt anzunehmen (völkerrechtskonforme Auslegung).

Sie wird unterstützt durch den Gedanken des Art. 28 Nr. 4 des gabunischen Gesetzes:

> „Peut être frappé, par décret, de la déchéance de la nationalité gabonaise: ... Le Gabonais majeur qui se comporte, en fait, comme le national d'un pays étranger[58]."

Diese Möglichkeit der Aberkennung der gabunischen Staatsangehörigkeit bei einer Person, die sich tatsächlich wie ein Staatsangehöriger eines fremden Staates verhält, legt ebenfalls nahe, daß die Erstausstattung mit der neuen Staatsangehörigkeit mit einem Verlust der vorherigen französischen Staatsangehörigkeit verbunden sein sollte.

Ähnlich ist die Regelung des Staatsangehörigkeitsgesetzes der Republik *Tschad*, wo es in Art. 1, Abs. I heißt[59]:

---

[57] *Decottignies / de Biéville*, S. 129. („... le texte implique non un changement législatif concernant une nationalité déjà existante, mais un *changement* de nationalité et même la création d'une nationalité nouvelle.")

[58] *Decottignies / de Biéville*, S. 136.

[59] „Ordonnance No 33/Pg.-Int. du 14 août 1962 portant Code de la nationalité tchadienne", *Decottignies / de Biéville*, S. 323 ff.

„La nationalité est le lien de droit qui, depuis le 11 août 1960, date de l'accession du Tchad à la souveraineté internationale, rattache les individus à l'Etat tchadien."

Die Staatsangehörigkeit von Tschad ist also am 11. August 1960, dem Tag der Unabhängigkeit, automatisch entstanden. Der Gesetzgeber von Tschad bejaht insoweit den allgemeinen völkerrechtlichen Grundsatz. Deshalb war eine ausdrückliche Zurückdatierung des Inkrafttretens des Gesetzes auf den Zeitpunkt der Unabhängigkeit nicht erforderlich, auch wenn im übrigen das Gesetz erst mit der Veröffentlichung („promulgation") wirksam wurde. Mit der Unabhängigkeit entstand die ungeregelte Staatsangehörigkeit von Tschad, die erst durch die nachträgliche Schaffung der Staatsangehörigkeitsgesetze im einzelnen organisiert wurde.

Der Staatsangehörigkeitskodex von Tschad geht nicht expressis verbis von einem Verlust der französischen Staatsangehörigkeit als Folge der internationalen Verselbständigung aus. Jedoch ergibt sich aus einigen Vorschriften, daß die „Erstverleihung" der neuen Staatsangehörigkeit mit dem Verlust der bisherigen französischen Staatsangehörigkeit verbunden sein sollte. Ein Teil der Erstangehörigen von Tschad besaß ein Optionsrecht zugunsten der ursprünglichen — französischen — Staatsangehörigkeit[60]. Da der Wille, die französische Staatsangehörigkeit zu behalten, ausdrücklich erklärt werden mußte, ging der Gesetzgeber demnach davon aus, daß im Falle der nicht erfolgten Geltendmachung der französischen Staatsangehörigkeit diese von der betreffenden Person verloren wurde. Dem entspricht es, daß die

---

Das erste Staatsangehörigkeitsgesetz der Republik Tschad vom 27. Februar 1961 wurde durch das neue Gesetz aufgehoben (Art. 44). Das erste Gesetz enthielt die hier zitierte Anordnung nicht, sondern lediglich eine allgemeine Begriffsbestimmung der Staatsangehörigkeit in Art. 1. („La nationalité est le lien de droit qui rattache les individus à l'Etat.") Vgl. *Decottignies / de Biéville*, S. 317.

[60] Art. 14 Code de la nationalité tchadienne: „Sont considérés comme Tchadiens les particuliers de souche africaine qui ont depuis quinze ans la possession d'état de Tchadien ...

Toutefois dans le délai d'un an suivant les quinze ans requis pour l' acquisition de la possession d'état de Tchadien, les intéressés pourront manifester, par une déclaration expresse adressée au ministre de l'Intérieur, leur volonté de conserver leur nationalité d'origine.

Les individus qui, lors de la promulgation du présent texte, rempliraient d'ores et déjà les conditions de stage prévues à l'alinéa 1 du présent article, disposent d'un délai d'un an pour manifester leur volonté de conserver leur nationalité d'origine. Ils le feront dans les conditions prévues à l'alinéa précédent."

Art. 40 Code de la nationalité tchadienne: „Les personnes de nationalité tchadienne pourront, si elles bénéficient d'une autre nationalité, être autorisées par décret à renoncer à la nationalité tchadienne ..." (*Decottignies / de Biéville*, S. 325, 330).

Vgl. auch *Decottignies / de Biéville*, S. 316.

Staatsangehörigkeit von Tschad aberkannt werden kann, wenn der Betreffende sich wie ein Staatsangehöriger eines fremden Staates verhält[61].

Da die Entstehung der Staatsangehörigkeit von Tschad für die davon erfaßte Bevölkerung dem Prinzip der Staatensukzession entsprechend den Verlust der französischen Staatsangehörigkeit zur Folge hatte, bejahte der Gesetzgeber von Tschad das Prinzip des automatischen Staatsangehörigkeitswechsels für die Unabhängigkeit des Landes.

Ebenfalls eine ausdrückliche Bestimmung zum zeitlichen Entstehen der neuen Staatsangehörigkeit enthält das Staatsangehörigkeitsgesetz der Republik *Obervolta*. Art. 120 dieses Gesetzes nennt die zur Erstausstattung mit der Staatsangehörigkeit geforderten Voraussetzungen und beginnt mit den Worten[62]:

„Est Voltaique à compter du 5 août 1960 tout individu né antérieurement à cette date . . ."

Die Erstangehörigen besitzen die voltaische Staatsangehörigkeit also seit dem 5. August 1960, dem Tag der Unabhängigkeit. Die automatische Entstehung der voltaischen Staatsangehörigkeit als Folge der Unabhängigkeit ergibt sich auch aus den Artikeln 121 bis 123 des Gesetzes, die an das Vorliegen weiterer Voraussetzungen ebenfalls die Erstverleihung der Staatsangehörigkeit knüpfen[63]:

„Est Voltaique à compter du 5 août 1960 . . ."

Außerdem wurde die Anwendbarkeit des Staatsangehörigkeitsgesetzes von Obervolta auf den Tag der Unabhängigkeit zurückdatiert:

„Sous réserve des dispositions du présent titre, le Code de la nationalité est applicable à compter du 5 août 1960[64]."

Die Anwendbarkeit des Gesetzes am 5. August 1960 brachte gleichzeitig die — damals noch nicht organisierte — Staatsangehörigkeit von Obervolta zur Entstehung.

Die mit der Unabhängigkeit erfolgte automatische Entstehung der voltaischen Staatsangehörigkeit führte zugleich zu einem Verlust der französischen Staatsangehörigkeit. Dies läßt sich aus dem Gedanken des Art. 66 des Staatsangehörigkeitsgesetzes entnehmen, wonach u. a. der volljährige voltaische Staatsangehörige, der freiwillig eine aus-

---

[61] Vgl. Art. 27 Code de la nationalité tchadienne (*Decottignies / de Biéville*, S. 328); ähnliche Regelung wie in Gabun, siehe gleich oben.

[62] „Loi No 50 - 61 — An du 1er décembre 1961 portant adoption d'un Code de la nationalité voltaique", *Decottignies / de Biéville*, S. 379.

[63] *Decottignies / de Biéville*, S. 379, 380.

[64] Art. 133 Code de la nationalité voltaique (*Decottignies / de Biéville*, S. 381).

ländische Staatsangehörigkeit erwirbt, die voltaische Staatsangehörigkeit verliert[65]. Der Wille des Gesetzgebers ging also dahin, daß die Angehörigen von Obervolta möglichst daneben keine andere Staatsangehörigkeit besitzen sollten. Mit dieser in Art. 66 ff. zum Ausdruck gekommenen Absicht wäre es nicht vereinbar, wenn das gesamte, durch die Erstausstattung mit der neuen Staatsangehörigkeit gebildete, Staatsvolk zugleich eine fremde, nämlich die französische, Staatsangehörigkeit besäße. Dies würde auch nicht dem die Idee der Staatensukzession konkretisierenden Prinzip der Rechtsnachfolge in die Staatsangehörigkeit entsprechen.

Das Staatsangehörigkeitsgesetz von Obervolta ordnete also für den Zeitpunkt der Unabhängigkeit einen Wechsel der Staatsangehörigkeit an. Diese Regelung entspricht dem allgemeinen Völkerrechtssatz von dem automatischen Staatsangehörigkeitswechsel bei Staatensukzessionen.

Die automatische Entstehung der Staatsangehörigkeit der Republik *Mali* im Augenblick der völkerrechtlichen Verselbständigung wird deutlich in Art. 1 der „Ordonnance No 55 du 24 novembre 1960 relative à l'attribution de la nationalité malienne à tous les ressortissants de la République du Mali"[66]:

„La proclamation de la République indépendante du Mali par la loi no 60 - 35 A. L. — R. S. du 22 septembre 1960 comporte attribution de la nationalité malienne à tous les ressortissants de la République du Mali ..."

---

[65] Art. 66: „Perd la nationalité voltaique:
1. Le Voltaique majeur qui acquiert volontairement une nationalité étrangère; ...
4. Le Voltaique d'origine en application des articles 15 à 27 du présent Code qui, possesseur en application d'une loi étrangère d'une nationalité étrangère à titre de nationalité d'origine, n'aura pas produit au jour de sa majorité la preuve légale qu'il a perdu cette nationalité."
(*Decottignies / de Biéville*, S. 371, 372).

[66] *Decottignies / de Biéville*, S. 238; J. O. R. M., 15 décembre 1960, S. 986; *Decheix*, Le code de la nationalité malienne, Penant 73, 1963, S. 302.
Die unabhängige Republik Mali entstand nicht unmittelbar aus der Verselbständigung eines autonomen Mitgliedstaates der „Communauté Française", sondern kam durch das Ausscheiden aus der bereits unabhängigen Mali-Föderation zustande. Das Gebiet der Republik Mali führte ursprünglich den Namen „Französisch Sudan". Aufgrund von Art. 76 der französischen Verfassung von 1958 erklärte sich der Sudan am 24. November 1958 zur Republik. Seit dem 17. Januar 1959 gehörte er mit dem Senegal der Mali-Föderation an, die am 19. Juni 1960 die Unabhängigkeit erlangte. Nach dem am 20. August 1960 erfolgten Ausscheiden des Senegal aus der Föderation wurde der Sudan am 22. September 1960 unter der Bezeichnung „Mali" eine selbständige unabhängige Republik (vgl. *Tomson*, S. 336; *A. Gandolfi*, Naissance et mort sur le plan international d'un Etat éphémère: la Fédération du Mali, AFDI, tome 6, 1960, S. 881 ff.; *R. Cohen*, Legal problems arising from the dissolution of the Mali Federation, in: The British Yearbook of International Law 1960, S. 375 ff.).

Nach Erlaß der „Ordonnance“, die in insgesamt vier Artikeln nur provisorische Regelungen enthielt, erging das eigentliche Staatsangehörigkeitsgesetz der Republik Mali am 3. Februar 1962 und trat mit seiner Veröffentlichung am 1. März 1962 in Kraft[67]. Eine Zurückdatierung des Inkrafttretens sowohl der „Ordonnance“ als auch des Staatsangehörigkeitsgesetzes auf den Zeitpunkt der Unabhängigkeit ist nicht erfolgt. Die automatische Entstehung der malischen Staatsangehörigkeit als Folge der völkerrechtlichen Verselbständigung geht aber bereits aus dem oben angeführten Art. 1 der „Ordonnance“ hervor[68].

Die allgemeine Übertragung der malischen Staatsangehörigkeit an die Bevölkerung führte auch hier zu einem Verlust der bisher innegehabten Staatsangehörigkeiten[69]. Der Verlust der ursprünglichen Staatsangehörigkeiten wird zwar an keiner Stelle expressis verbis angeordnet, ergibt sich aber aus der Tendenz des Staatsangehörigkeits-

---

Solange die Mali-Föderation der „Communauté Française“ als autonomer Mitgliedstaat angehörte, besaßen die Bewohner die französische Staatsangehörigkeit. Fraglich war das Entstehen einer eigenen Staatsangehörigkeit der Föderation mit deren Unabhängigkeit. Nach dem Prinzip des automatischen Staatsangehörigkeitswechsels bei Staatennachfolge war eine derartige Föderations-Staatsangehörigkeit entstanden. Dafür spricht auch Art. 35 der Verfassung der Föderation, in dem bestimmt wurde: „... la loi fédérale fixe les règles concernant la nationalité ...“ Demnach ist eine eigene Staatsangehörigkeit der Mali-Föderation entstanden, die allerdings ungeregelt blieb, da kein Staatsangehörigkeitsgesetz der Föderation erlassen wurde (vgl. *Decheix,* Le code de la nationalité malienne, Penant 73, 1963, S. 301, 302). *A. C. Sall / A. Diop* gehen allerdings von einem Übergangszustand aus, da ein eigenes Staatsangehörigkeitsgesetz der Mali-Föderation niemals erlassen wurde. Das Entstehen einer Föderations-Staatsangehörigkeit wird nur „theoretisch“ bejaht. Außerdem wird mit Recht festgestellt, daß im Verhältnis zu Frankreich die Föderationsangehörigen (Mali-Sudanesen und Senegalesen) nach Art. 152 Code de la nationalité française niemals die französische Staatsangehörigkeit verloren hatten. Auf diese Weise kam es in der Mali-Föderation niemals zu einem wirklichen Staatsangehörigkeitswechsel, vielmehr zu einer doppelten Staatsangehörigkeit, nämlich der französischen und der jeweiligen einheimischen. Der Gesetzgeber der Mali-Föderation hat zu der Frage des automatischen Staatsangehörigkeitswechsels nie Stellung genommen. (Vgl. *Sall / Diop,* La nationalité au Sénégal, RJPIC 1971, Nr. 4, S. 556.)

Nach ungefähr dreimonatiger Dauer der Föderation führte deren Auflösung zur Entstehung einer eigenen Staatsangehörigkeit der unabhängigen Republik Mali am 22. September 1960.

[67] „Loi no 62. 18 A. N. - R. M. du 3 février 1962 portant Code de la nationalité malienne“, *Decottignies / de Biéville,* S. 239 ff.; *Zatzépine,* Le droit de la nationalité des républiques francophones d'Afrique et de Madagascar, S. 20.

[68] Vgl. auch *T. D. Diarra,* Caractères particuliers du Code de la nationalité au Mali, RJPIC 1971, Nr. 4, S. 539. Der Autor knüpft lediglich an die Ordonnanz vom 24. November 1960 an, ohne die Frage der zeitlichen Entstehung der neuen Staatsangehörigkeit zu präzisieren.

[69] Die Auflösung der Mali-Föderation führte zu einem Wechsel von der bisherigen doppelten Staatsangehörigkeit (französische und einheimische Föderationsangehörigkeit) zu der jeweiligen neuen Staatsangehörigkeit von Mali und Senegal.

gesetzes, neben die malische Staatsangehörigkeit einer Person möglichst keine andere Staatsangehörigkeit treten zu lassen[70]. Der malische Gesetzgeber bestätigte damit hinsichtlich der Unabhängigkeit den Grundsatz des automatischen Staatsangehörigkeitswechsels bei Staatennachfolge.

Das Staatsangehörigkeitsgesetz von *Kongo* (Brazzaville) enthält keine Vorschrift, die ausdrücklich von einer automatischen Entstehung der kongolesischen Staatsangehörigkeit als Folge der Unabhängigkeit ausgeht. Dennoch läßt sich die automatische Erstverleihung der neuen Staatsangehörigkeit aus einigen Anordnungen des Gesetzes herleiten.

Das Inkrafttreten des nach der Unabhängigkeit erlassenen Staatsangehörigkeitsgesetzes[71] wurde auf den 15. August 1960, den Tag des Souveränitätswechsels, zurückdatiert:

„La présente loi prend effet à compter du 15 août 1960[72]."

Diese rückwirkende Anwendbarkeit hat keine fiktive Bedeutung. In Zusammenhang mit dem darauf folgenden Art. 99 des Gesetzes beinhaltet sie die automatische Verleihung der neuen Staatsangehörigkeit an die Erstangehörigen mit der Unabhängigkeit. Art. 99 lautet:

„Néanmoins les dispositions relatives à l'attribution de la nationalité congolaise à titre de nationalité d'origine régissent même les individus nés avant cette date ..."

Daraus wird deutlich, daß die vor der Unabhängigkeit geborenen Personen am Tage der Verselbständigung von der Erstausstattung mit der kongolesischen Staatsangehörigkeit erfaßt wurden. Seit der Unabhängigkeit galt deshalb auch der Art. 1 des Gesetzes[73]:

„La nationalité est le lien légal qui rattache les individus à l'Etat ..."

Die Artikel 98, 99 und 1 des kongolesischen Staatsangehörigkeitsgesetzes zeigen, daß die neue Staatsangehörigkeit automatisch mit der Unabhängigkeit entstanden ist[74]. Mangels einer gesetzlichen Regelung war sie zum damaligen Zeitpunkt aber rechtlich noch nicht organisiert. Um das gesetzlose Zwischenstadium zu überbrücken, hat man mög-

[70] Vgl. hierzu etwa Art. 38 Code de la nationalité malienne: „Perd la nationalité malienne, le Malien majeur qui acquiert volontairement une nationalité étrangère." (*Decottignies / de Biéville*, S. 244.)

[71] „Loi no 35 - 61 juin 1961 portant Code de la nationalité congolaise"; *Decottignies / de Biéville*, S. 106 ff.

[72] Art. 98; *Decottignies / de Biéville*, S. 118.

[73] *Decottignies / de Biéville*, S. 106.

[74] Der zeitliche Geltungsbereich des Staatsangehörigkeitsgesetzes wird näher erläutert in der ministeriellen „Instruktion Nr. 748 über Bescheinigungen über die kongolesische Staatsangehörigkeit vom 31. Juli 1961" (vgl. *Tomson*, S. 257). Auch daraus wird deutlich, daß die Unabhängigkeit die neue Staatsangehörigkeit begründet hat.

licherweise zunächst das französische Staatsangehörigkeitsgesetz weiter angewendet und lediglich den Begriff „français“ durch „congolais“ ersetzt[75].

Der Verlust der französischen Staatsangehörigkeit als Folge der Unabhängigkeit wird zwar an keiner Stelle des kongolesischen Gesetzes erwähnt, läßt sich aber wie bei den anderen frankophonen Neustaaten aus der Bestimmung herleiten, daß derjenige kongolesische Staatsangehörige, der freiwillig eine fremde Staatsangehörigkeit erwirbt, die kongolesische Staatsangehörigkeit verliert[76].

Im Ergebnis ging das kongolesische Staatsangehörigkeitsgesetz also ebenfalls von einem Wechsel der Staatsangehörigkeit bei der Unabhängigkeit aus. Es bestätigte deshalb den allgemeinen Völkerrechtssatz des automatischen Staatsangehörigkeitswechsels bei einem Souveränitätswechsel.

Im Gegensatz zu den bisher dargestellten Gesetzen enthält der Staatsangehörigkeitskodex der *Zentralafrikanischen Republik*[77] keine Bestimmungen, die sich auf den Zeitpunkt der internationalen Verselbständigung beziehen. Es wird weder die Entstehung der zentralafrikanischen Staatsangehörigkeit mit der Unabhängigkeit angeordnet noch das Inkrafttreten des Gesetzes auf den Tag der Unabhängigkeit (13. August 1960) zurückdatiert. Das Gesetz war daher vom Tag seiner Veröffentlichung im „Journal officiel“, dem 1. Juni 1961, an anwendbar[78].

Auch ohne entsprechende Vorschriften könnte die Entstehung der zentralafrikanischen Staatsangehörigkeit mit der Unabhängigkeit von dem Gesetzgeber gewollt gewesen sein. Die dahingehende Einstellung des neuen Staates ergibt sich jedoch in jedem Falle deutlich aus der Tatsache, daß bereits vor Erlaß des Staatsangehörigkeitsgesetzes für die Angehörigen der Republik neue zentralafrikanische Kennkarten und Reisepässe vorgesehen waren[79]. Auch dem erst später tätig gewor-

---

[75] *Zatzépine,* Le droit de la nationalité des républiques francophones d'Afrique et de Madagascar, S. 11.

[76] Art. 47 Code de la nationalité congolaise:

„Perd la nationalité congolaise, le Congolais qui acquiert volontairement une nationalité étrangère.“

(*Decottignies / de Biéville,* S. 111.)

[77] „Loi No 61 - 212 du 27 mai 1961 portant Code de la nationalité centrafricaine“; *Decottignies / de Biéville,* S. 82 ff. Zu späteren Änderungen vgl. *Tomson,* S. 480.

[78] *Zatzépine,* Le droit de la nationalité des républiques francophones d'Afrique et de Madagascar, S. 24.

[79] „Loi du 12 décembre 1960 créant la carte nationale d'identité de la République Centrafricaine“ (J. O. R. CA 15 décembre 1960, S. 666); „Loi du 4 janvier 1961 créant le passeport national en République Centrafricaine (J. O. R. CA. 15 janvier 1961, S. 19, danach waren die „ressortissants de la

denen Staatsangehörigkeitsgesetzgeber muß die insoweit sichtbar gewordene Auffassung der neuen Staatsgewalt zugrunde gelegt werden. Die Zentralafrikanische Republik bejahte also das automatische Entstehen ihrer Staatsangehörigkeit als Folge der Unabhängigkeit[80].

Mit der völkerrechtlichen Verselbständigung sollte auch bei den Angehörigen dieses Staates der Verlust der französischen Staatsangehörigkeit eintreten. Wie die Gesetze der meisten anderen neuen Staaten enthält der zentralafrikanische Staatsangehörigkeitskodex die Bestimmung, daß derjenige volljährige zentralafrikanische Staatsangehörige, der freiwillig eine fremde Staatsangehörigkeit erwirbt, die zentralafrikanische Staatsangehörigkeit verliert[81]. Die gleiche Rechtsfolge tritt ein, wenn er erklärt, daß er eine fremde Staatsangehörigkeit anerkennt. Insbesondere aus dieser Anordnung wird erkennbar, daß neben die zentralafrikanische keine weitere Staatsangehörigkeit treten sollte.

Die zentralafrikanische Staatspraxis einschließlich der Staatsangehörigkeitsgesetzgebung setzte damit ebenfalls einen automatischen Staatsangehörigkeitswechsel bei der Unabhängigkeit voraus, was dem allgemeinen Völkerrechtsgrundsatz entspricht.

Die Staaten *Elfenbeinküste, Senegal, Niger* und *Mauretanien* haben in ihren Staatsangehörigkeitsgesetzen[82] keine Regelungen hinsichtlich der zeitlichen Entstehung der jeweiligen afrikanischen und des Verlustes der bisherigen französischen Staatsangehörigkeit getroffen. Bei den neuen Gesetzen ist auch keine Zurückdatierung des Inkrafttretens auf den Zeitpunkt der Unabhängigkeit vorgenommen worden, die einen Hinweis auf das vorherige Wirksamwerden der Staatsangehörigkeiten hätte geben können[83]. In der Staatsangehörigkeitsgesetzen von

République Centrafricaine" verpflichtet, Ende 1961 ihren französischen Paß gegen einen zentralafrikanischen umzutauschen).

[80] Vgl. hierzu auch Cour d'Appel de Bangui 5 juin 1963, Penant 74, 1964, S. 213 ff. (Anmerkung von *P. Lampué*, S. 217).

[81] Art. 46 Code de la nationalité centrafricaine:
„Perd la nationalité centrafricaine, le Centrafricain majeur qui acquiert volontairement une nationalité étrangère, ou qui déclare reconnaître une telle nationalité." (*Decottignies / de Biéville*, S. 87.)

[82] „Loi No 61 - 415 du 14 décembre 1961 portant Code de la nationalité ivoirienne"; Loi No 61 - 10 du 7 mars 1961 déterminant la nationalité sénégalaise"; „Loi No 61 - 26 du 12 juillet 1961 déterminant la nationalité nigérienne"; „Loi No 61 - 112 du 12 juin 1961 portant Code de la nationalité mauritanienne" (*Decottignies / de Biéville*, S. 187, 300, 277, 258).

[83] Die Staatsangehörigkeitsgesetze von Elfenbeinküste, Senegal, Niger und Mauretanien sind mangels gegenteiliger Bestimmungen mit ihrer jeweiligen Veröffentlichung in den „Journaux officiels" anwendbar geworden: das Gesetz der Elfenbeinküste am 20. Dezember 1961, das Gesetz von Senegal am 15. März 1961, das Gesetz von Niger am 31. August 1961 und das Gesetz von Mauretanien am 13. Juni 1961 (*Decottignies / de Biéville*, S. 177, 291, 251; *Zatzépine*, Le droit de la nationalité des républiques francophones d'Afrique et de Madagascar, S. 22, 23).

Senegal, Niger und Mauretanien ist lediglich eine Vorschrift enthalten, wonach Personen, die die neue Staatsangehörigkeit unter anderem durch die automatische Wirkung des jeweiligen Gesetzes erwerben, behandelt werden, als hätten sie diese Staatsangehörigkeit seit ihrer Geburt[84]. Da diese Bestimmung jeweils unter den „dispositions transitoires" aufgeführt ist und somit den „Ersterwerb" der neuen Staatsangehörigkeit regelt, kann daraus zumindest entnommen werden, daß diese automatisch entstanden ist. Für die völkerrechtliche Fragestellung ist es dabei irrelevant, daß die automatische Wirkung konstitutiv durch das Gesetz hervorgerufen werden sollte[85].

Das Gesetz enthält aber in keinem der betreffenden Staaten eine Aussage über den Zeitpunkt des automatischen Staatsangehörigkeitserwerbs. Zwar wird die Wirkung des automatischen Staatsangehörigkeitserwerbs fiktiv auf den Zeitpunkt der Geburt der jeweiligen Person zurückverlegt, so daß zumindest im Wege der Fiktion die neue Staatsangehörigkeit bereits zur Zeit der Unabhängigkeit denjenigen Personen auferlegt war, die vor der Unabhängigkeit geboren wurden. Daraus läßt sich jedoch höchstens ein Indiz entnehmen, daß die neue Staatsangehörigkeit automatisch mit der Unabhängigkeit entstanden sein soll.

Ähnlich ist es mit Art. 106 des Staatsangehörigkeitsgesetzes der Republik Elfenbeinküste, der ebenfalls eine sogenannte „Übergangsbestimmung" („disposition transitoire") darstellt[86]. Aus der Vorschrift läßt sich nicht eindeutig schließen, daß die Staatsangehörigkeit von Elfenbeinküste mit der Unabhängigkeit entstanden ist, obwohl darin die automatischen Entstehungstatbestände als solche angesprochen werden („... qui n'acquièrent pas la nationalité ivoirienne de plein droit ...").

---

[84] Senegal: Art. 31; Niger: Art. 57; Mauretanien: Art. 69.
Art. 31 Code de la nationalité sénégalaise:
„Sont réputés avoir la nationalité sénégalaise depuis leur naissance les individus qui acquièrent cette nationalité soit par l'effet *automatique* de la présente loi, soit par les options qu'elle prévoit ..." (*Decottignies / de Biéville*, S. 306).
Diese Bestimmung findet sich nicht im Staatsangehörigkeitskodex der Republik Elfenbeinküste.

[85] Siehe oben, III, 1, g.

[86] Art. 106 Code de la nationalité ivoirienne:
„Les personnes ayant établi leur domicile en Côte d'Ivoire antérieurement au 7 août 1960 qui n'acquièrent pas la nationalité ivoirienne, soit de *plein droit*, soit volontairement conservent cependant à titre personnel tous les droits acquis dont elles bénéficiaient avant cette date, à l'exception des droits d'électorat et éligibilité aux assemblées politiques ..." (*Decottignies / de Biéville*, S. 200.)
Tag der Unabhängigkeit in Elfenbeinküste war der 7. August 1960.

Aus dem Schweigen der Gesetzgeber oder aus den zumindest nicht eindeutigen gesetzlichen Regelungen kann nun nicht der Schluß gezogen werden, daß die afrikanischen Staatsangehörigkeiten möglicherweise erst mit dem Inkrafttreten der Gesetze, also nach der Unabhängigkeit, entstanden seien. Wenn die innerstaatliche Staatsangehörigkeitsgesetzgebung sich zu einer völkerrechtlich relevanten Frage nicht äußert, kann davon ausgegangen werden, daß insoweit bestehende allgemeine Völkerrechtsgrundsätze beachtet werden sollen. Daher wollten die hier behandelten afrikanischen Staaten[87] das völkerrechtliche Prinzip des automatischen Staatsangehörigkeitswechsels bei einem Souveränitätswechsel trotz ihres Schweigens darüber befolgen. Diese „völkerrechtskonforme" Auslegung der Gesetze läßt sich damit begründen, daß keinem Staat ohne weiteres unterstellt werden kann, er wolle mit seinen Handlungen bestehende allgemeine Völkerrechtsgrundsätze nicht beachten.

Die automatische Entstehung dieser Staatsangehörigkeiten mit der Unabhängigkeit läßt sich im übrigen noch aus einer anderen Überlegung herleiten. Der völkerrechtliche Grundsatz des automatischen Staatsangehörigkeitswechsels bei Staatennachfolge ist nicht zwingend, sondern dispositiv[88]. Das bedeutet, daß der automatische Wechsel der Staatsangehörigkeit nur eintritt, wenn die beteiligten Staaten keine abweichende Regelung treffen. Die genannten afrikanischen Staaten haben in ihren Staatsangehörigkeitsgesetzen zwar den Wechsel der Personalhoheit mit der Unabhängigkeit nicht ausdrücklich angeordnet, sie haben aber auch keine von dem Grundsatz abweichende Rechtsfolge bestimmt. Daher ist anzunehmen, daß die Staaten stillschweigend von dem Prinzip des automatischen Staatsangehörigkeitswechsels ausgegangen sind[89].

Die Staatsangehörigkeitsgesetze von Elfenbeinküste, Senegal, Niger und Mauretanien enthalten ebenfalls die Bestimmung, daß derjenige volljährige Staatsangehörige, der freiwillig eine ausländische Staats-

---

[87] Der unabhängige Staat Senegal entstand aus der nur drei Monate dauernden Mali-Föderation. Siehe oben, Anm. 66.

[88] Siehe oben, III, 1, g, am Ende.

[89] Die Dispositivität des Völkerrechtssatzes liefert ebenfalls ein Argument dafür, daß bei *allen* hier abgehandelten Staaten die automatische Entstehung der eigenen Staatsangehörigkeit mit einem entsprechenden gleichzeitigen Verlust der ursprünglichen französischen Staatsangehörigkeit verbunden war: Da keine gegenteilige Regelung getroffen wurde, ist — gemäß dem Grundsatz — davon auszugehen, daß die Staaten stillschweigend den Verlust der französischen Staatsangehörigkeit eingetreten wissen wollten. Dabei kann dahingestellt bleiben, inwieweit es den Neustaaten überhaupt rechtlich möglich war, bei ihrer Unabhängigkeit eine Regelung der bisherigen Staatsangehörigkeit zu treffen. Dies wird man wegen des völkerrechtlichen Grundsatzes, daß eine fremde Staatsangehörigkeit nicht geregelt werden kann, ablehnen müssen (siehe oben, I, 1, b, bb, Anm. 16, am Ende).

angehörigkeit erwirbt bzw. erklärt, daß er den Besitz einer solchen Staatsangehörigkeit anerkannt, die einheimische Staatsangehörigkeit verliert[90]. Hieraus ergibt sich, wie bei den anderen Staaten, ein Hinweis für den gewollten Verlust der französischen Staatsangehörigkeit als Folge der Entstehung eigener afrikanischer Staatsangehörigkeiten im Zeitpunkt der Unabhängigkeit.

Die neuen Staaten Elfenbeinküste, Senegal, Niger und Mauretanien bejahen also — trotz ihres Schweigens über dieses Problem — das Völkerrechtsprinzip des automatischen Staatsangehörigkeitswechsels bei Staatensukzessionen[91].

Die Unabhängigkeit *Guineas* am 2. Oktober 1958 stellte im Vergleich zu der Verselbständigung der anderen afrikanischen Staaten eine Besonderheit dar, weil Unabhängigkeit und Bildung eines eigenen Staates zusammenfielen[92]. Die internationale Verselbständigung Guineas erfüllte besonders deutlich den Tatbestand einer Staatensukzession (Emanzipation).

Das nach der Unabhängigkeit geschaffene Staatsangehörigkeitsgesetz von Guinea[93] enthält keine Bestimmungen, die die zeitliche Entstehung der neuen Staatsangehörigkeit und den damit zusammenhängenden Verlust der französischen Staatsangehörigkeit regeln. Die Anwendbarkeit des Gesetzes wurde nicht auf den Zeitpunkt der Unabhängigkeit zurückdatiert[94]. Dennoch kann — entsprechend dem oben Gesagten — davon ausgegangen werden, daß trotz des Schweigens des Gesetzgebers ein automatischer Wechsel der Staatsangehörigkeit mit der Unabhängigkeit eintreten sollte[95]. Der völkerrechtliche Grundsatz wird demnach befolgt.

---

[90] Art. 48 Code de la nationalité ivoirienne (siehe unten, S. 212); Art. 18 Code de la nationalité sénégalaise; Art. 38 Code de la nationalité nigérienne; Art. 30 Code de la nationalité mauritanienne (*Decottignies / de Biéville,* S. 193, 303, 282, 261).

[91] So im Ergebnis auch *Bleckmann,* S. 495, der die automatische Entstehung der afrikanischen Staatsangehörigkeiten mit der Unabhängigkeit annimmt. Vgl. auch *M'Baye Kéba,* L'attribution de la nationalité ‚iure soli' et l'option de nationalité dans la loi sénégalaise du 7 mars 1961, Penant 71, 1961, S. 347; *Decottignies / de Biéville,* S. 185, 257.

[92] Siehe oben, II, 7.

[93] „Ordonnance No 011 du 1er mars 1960 portant code de la nationalité guinéenne" (*Decottignies / de Biéville,* S. 154).

[94] Nach Art. 142 der „Ordonnance" sollte diese mit dem Datum ihrer Veröffentlichung in Kraft treten. Im einzelnen wurde der Zeitpunkt der Anwendbarkeit jedoch zweifelhaft, weil eine Veröffentlichung im „Journal Officiel" der Republik Guinea, soweit ersichtlich, nie erfolgt ist (vgl. *Decottignies / de Biéville,* S. 153, 174). Eine Zurückdatierung des Inkrafttretens auf den Augenblick der Unabhängigkeit ist jedoch nicht erfolgt und kann deshalb auch nicht angenommen werden.

[95] Auch das guineische Staatsangehörigkeitsgesetz enthält den hier interessierenden Verlusttatbestand: „Perd la nationalité guinéenne le Guinéen

Außergewöhnlich in dem hier interessierenden Zusammenhang ist auch die Entwicklung in der Republik *Dahome*. Dieser afrikanische Staat erlangte seine Unabhängigkeit am 1. August 1960, erließ aber als letztes der hier behandelten Länder sein Staatsangehörigkeitsgesetz erst am 23. Juni 1965[96]. Das Gesetz enthält keine Regelung hinsichtlich des Zeitpunktes der Entstehung der neuen Staatsangehörigkeit und des Verlustes der bisherigen französischen Staatsangehörigkeit. Desgleichen wurde keine Zurückdatierung des Inkrafttretens des Gesetzes auf den Augenblick der Unabhängigkeit vorgenommen[97]. Insoweit liegt keine Besonderheit vor und nach den bisher angestellten Überlegungen wird dennoch anzunehmen sein, daß das Schweigen des Gesetzgebers nicht das Prinzip des automatischen Staatsangehörigkeitswechsels[98] bei der Unabhängigkeit in Frage stellen sollte.

Der ungewöhnlich lange Zeitraum von fünf Jahren, während dessen trotz des Bestehens eines souveränen Staates keine Regelung der eigenen Staatsangehörigkeit erfolgte, könnte jedoch die Möglichkeit nahelegen, daß hier ausnahmsweise etwas anderes gelten müsse und an den schon länger zurückliegenden Vorgang der Unabhängigkeit insoweit nicht mehr angeknüpft werden könne. Dieser Ansicht scheinen *Decheix* und Lagarde zu sein, die annehmen, daß die Dahomeer erst mit dem wirksamen Erlaß des dahomeischen Staatsangehörigkeitsgesetzes im Jahre 1965 die bisherige französische Staatsangehörigkeit verlieren und die neue dahomeische Staatsangehörigkeit erwerben[99]. Nach Lagarde[100] sollen die Bewohner Dahomes während der Abwesenheit eines eigenen Staatsangehörigkeitsgesetzes französische Staatsangehörigkeitszeugnisse erhalten haben. Der Autor verweist auf die Regelung von

---

majeur qui acquiert volontairement une nationalité étrangère." (Art. 76, *Decottignies / de Biéville*, S. 164.)

Den automatischen Staatsangehörigkeitswechsel in Guinea bejaht im Ergebnis ebenfalls *Decottignies*, Nationalité et citoyenneté 1959 en Afrique noire, Annales africaines, 1959, S. 48 („... nationalité guinéenne, conséquence directe et immédiate de l'existence internationale de la République guinéenne.").

[96] „Loi No 65 - 17 du 23 juin 1965 portant code de la nationalité dahoméenne" (J. O. R. D. 1er août 1965, S. 648; *P. Decheix*, Le code de la nationalité dahoméenne, RJPIC, tome 19, 1965, S. 609 ff.).

[97] Das Gesetz wurde folglich mit seiner Veröffentlichung im „Journal officiel" am 1. August 1965 wirksam.

[98] Der dahomeische Staatsangehörigkeitskodex sieht ebenfalls unter gewissen Voraussetzungen den Verlust der dahomeischen Staatsangehörigkeit vor: „Perd la nationalité dahoméenne le Dahoméen majeur qui acquiert volontairement une nationalité étrangère ..." (Art. 46 C. nat. d., *Decheix*, Le code de la nationalité dahoméenne, RJPIC 19, 1965, S. 614.)

[99] *Decheix*, Le code de la nationalité dahoméenne, RJPIC 19, 1965, S. 605, Anm. 2; *Lagarde*, S. 527, Anm. 3; vgl. auch *Zatzépine*, Le droit de la nationalité des républiques francophones d'Afrique et de Madagascar, Mise à jour, Paris, 1966, 1967, S. 5.

[100] S. 527, Anm. 3.

Art. 13, Abs. II in Verbindung mit Art. 152 Code de la nationalité française und auf die Tatsache, daß die Bewohner Dahomes zunächst noch keine eigene neue Staatsangehörigkeit verliehen bekamen („vide législatif"). Er zieht daraus die Folgerung, daß diese Personen nach wie vor Franzosen blieben. Die Tatsache der völkerrechtlichen Verselbständigung eines Staates impliziere nicht die Verleihung seiner Staatsangehörigkeit durch eine „allgemeine Bestimmung" im Sinne von Art. 152 C. nat. fr. Der Gedanke sei zwar diskutabel, aber im Ergebnis abzulehnen.

Gegen diese Ansicht spricht zunächst die Erwägung, daß beim Fehlen einer gegenteiligen Anordnung der Grundsatz des automatischen Staatsangehörigkeitswechsels bei einem Souveränitätswechsel wegen seiner dispositiven Geltung eingreift. Im übrigen erscheint es kaum denkbar, daß ein Staat, der eine souveräne eigene Gebiets- und Personalhoheit ausübt, während mehrerer Jahre keine eigenen Angehörigen, sondern diejenigen eines fremden Staates besitzen wollte. Es dürfte völkerrechtlich kaum möglich sein, daß das Staatsvolk der souveränen Republik Dahome jahrelang ausschließlich aus französischen Staatsangehörigen bestand. Der „Trinitätsgrundsatz" verlangt, daß neben das eigene Staatsgebiet und die eigene Staatsgewalt auch das eigene Staatsvolk, also die Gesamtheit der Angehörigen des betreffenden Staates, tritt[101]. Es war deshalb von Anfang an erforderlich, daß die unabhängige Republik Dahome über eigene, dahomeische, Staatsangehörige verfügte[102].

In den Jahren zwischen der Unabhängigkeit und dem Erlaß des Staatsangehörigkeitsgesetzes scheinen die dahomeischen Behörden den französischen Staatsangehörigkeitskodex, so wie er vor der Unabhängigkeit in Kraft war, weiter angewendet zu haben[103]. Dies ist meines

[101] Zum Begriff des Staates vgl. *Dahm*, S. 76, 77. Das erforderliche Staatsvolk ist danach die „Gesamtheit der Staatsbürger, die einer bestimmten Staatsgewalt unterstehen." Es ist nicht anzunehmen, daß die Bewohner von Dahome als französische Staatsangehörige der dahomeischen Staatsgewalt unterworfen gewesen sein könnten.

[102] Dieses Argument spricht ebenfalls für die Anwendbarkeit des Grundsatzes des automatischen Staatsangehörigkeitswechsels bei Staatennachfolge bezüglich der Entstehung von *Neustaaten* allgemein im Unterschied zu anderen Erscheinungsarten der Staatennachfolge. Dadurch wird gewährleistet, daß der neue Staat vom Beginn seiner souveränen Existenz an eigene Staatsangehörige hat. Der Völkerrechtssatz wäre in diesen Fällen sogar zwingend. Die Situation ist hier anders als beispielsweise bei einer Zession, wo der Nachfolgestaat bereits seine bisherigen Staatsangehörigen besitzt.

[103] *Zatzépine,* Le droit de la nationalité des républiques francophones d'Afrique et de Madagascar, Mise à jour, 1966, 1967, S. 5; siehe gleich oben. Hierin könnte möglicherweise die ausdrückliche Anordnung der neuen Hoheitsgewalt gesehen werden, das Prinzip des automatischen Staatsangehörigkeitswechsels nicht zu befolgen und damit von der Dispositionsbefugnis Gebrauch zu machen. Die erhebliche zeitliche Dauer des Vorgangs und die

Erachtens nur insoweit möglich, als das Bestehen der neuen Staatsangehörigkeit den inhaltlichen Bestimmungen des französischen Gesetzes zugrunde gelegt wurde. Die Regelungen des französischen Kodex wären damit auf die dahomeische und nicht auf die französische Staatsangehörigkeit angewendet worden.

Daher ist trotz des langen Zeitraumes, in dem kein dahomeisches Staatsangehörigkeitsgesetz vorhanden war, anzunehmen, daß der Gesetzgeber, als er schließlich die neue Staatsangehörigkeit regelte, von einem automatischen Staatsangehörigkeitswechsel im Zeitpunkt der Unabhängigkeit ausging. Die lange Dauer der gesetzgeberischen Untätigkeit läßt nicht ohne weiteres den Schluß zu, eine Bezugnahme auf den Zeitpunkt der Unabhängigkeit sei in keiner Weise gewollt gewesen. Das Verhalten des Gesetzgebers jedenfalls gibt insoweit keine Anhaltspunkte. Der Völkerrechtssatz wird also auch hier bestätigt[104].

Zusammenfassend kann demnach festgehalten werden, daß die Staatsangehörigkeitsgesetzgebung der bisher behandelten Staaten ausdrücklich oder stillschweigend das allgemeine völkerrechtliche Prinzip des automatischen Staatsangehörigkeitswechsels bei Staatensukzession auch bezüglich der eigenen Unabhängigkeit bejaht[105]. Damit haben diese Staaten zugleich zum Ausdruck gebracht, daß sie hinsichtlich ihrer Unabhängigkeit von dem Gedanken der Staatensukzession ausgehen.

Von einigen Autoren wird in Auslegung der neuen Staatsangehörigkeitsgesetze behauptet, daß die neuen Staaten zumindest insoweit ihre völkerrechtliche Verselbständigung nicht als einen Vorgang der Staatensukzession angesehen hätten[106]. Die afrikanischen Gesetzgeber hätten neue Staatsangehörigkeiten geschaffen, die in ihrer Vorstellung nicht der bisherigen französischen Staatsangehörigkeit rechtlich nachgefolgt seien. Die so geschaffene neue Staatsangehörigkeit habe jedoch im Bewußtsein der afrikanischen Staaten de facto bereits bestanden[107]. Aus diesem Grunde hätten die afrikanischen Staaten die Regeln der

---

Argumente aus dem Trinitätsgrundsatz sprechen hier aber gegen das Bestehen der Dispositionsbefugnis.

[104] Falls der neue Staat Dahome dies dennoch nicht gewollt haben sollte, so ergibt sich der automatische Staatsangehörigkeitswechsel wohl zwingend aus den genannten sonstigen Gründen.

[105] Bejahend hinsichtlich der *automatischen* Entstehung der neuen afrikanischen Staatsangehörigkeiten auch *Zemanek*, State succession after decolonization, RdC, tome 116, 1965, III, S. 275. Der Autor verneint jedoch den völkerrechtlichen Geltungsgrund dieses Vorganges (S. 277). Entscheidend sei die souveräne Anordnung der Staaten.

[106] Siehe oben, II, 8.

[107] *Tomson*, S. 29. Vgl. auch das „document préparatoire à la loi sur la nationalité sénégalaise", oben, II, 8, Anm. 6.

Staatensukzession im Hinblick auf die Staatsangehörigkeit bei ihrer Unabhängigkeit verworfen[108].

Die Art und Weise, in der die bisher behandelten Staaten den Wechsel der Staatsangehörigkeit ansahen, läßt insoweit aber den gegenteiligen Schluß zu. Die Bejahung des automatischen Staatsangehörigkeitswechsels bedeutet ein Bekenntnis zu einem wesentlichen Prinzip des Rechts der Staatensukzession. Dadurch wird deutlich, daß die neuen Staaten ihre Unabhängigkeit rechtlich als einen Vorgang der Staatennachfolge betrachtet haben. Sofern aus dem Tätigkwerden der neuen Gesetzgeber die Folgerung gezogen wurde, daß der Sukzessionsgedanke abgelehnt worden sei, kann dies nicht für die rechtliche Qualifizierung als Staatensukzession gelten. Der besonders betonte Gesichtspunkt der Schaffung eigener Staatsangehörigkeiten gibt lediglich Hinweise auf das politische Selbstverständnis der afrikanischen Staaten[109]. Die Ignorierung der bisherigen französischen Staatsangehörigkeit, das Zugrundelegen der bereits zuvor de facto bestehenden neuen Staatsangehörigkeiten und die Idee ihrer eigenständigen Schaffung offenbaren den souveränen Willen der afrikanischen Staaten, auch im Bereich der Abgrenzung des Staatsvolkes die erlangte Unabhängigkeit zu demonstrieren. Derartige den Gedanken der Sukzession ablehnende Tendenzen haben deshalb weniger rechtlichen, sondern mehr politischen Aussagewert[110]. Die angenommene historische Kontinuität der afrikanischen Völker kann nicht dazu führen, daß die Sukzession der Staaten als rechtlicher Vorgang abgeleugnet wird. Dem entspricht es, wenn die Staatsangehörigkeitsgesetzgebungen der neuen Staaten den völkerrechtlichen Grundsatz des automatischen Staatsangehörigkeitswechsels bei Staatennachfolge bejahen.

bb) Staaten, deren Gesetzgebung einen automatischen Staatsangehörigkeitswechsel bei der Unabhängigkeit nicht annimmt

Zwei der frankophonen afrikanischen Neustaaten verneinen einen automatischen Wechsel der Staatsangehörigkeit bei ihrer Unabhängigkeit: *Kamerun* und *Togo*.

[108] *Tomson*, S. 29.

[109] P. *Bourel*, La conjonction du droit africain et du droit européen dans le droit des conflits de lois en Afrique noire francophone, Annales africaines, 1968, S. 67; *Decottignies*, Nationalité et citoyenneté 1959 en Afrique noire, Annales africaines, 1959, S. 43.

[110] Sofern also die neue Staatsangehörigkeit als bereits *vor* der Unabhängigkeit bestehend angesehen wird, ist diese „Rückwirkung" als Fiktion zu verstehen (*Decottignies / de Biéville*, S. 44). Aus dem senegalesischen „document préparatoire" (siehe oben, II, 8, Anm. 6) geht meines Erachtens weniger das Bekenntnis zu der vorherigen Existenz einer senegalesischen *Staatsangehörigkeit* als zu dem Vorhandensein einer senegalesischen *Volkszugehörigkeit* hervor.

Die beiden französischen Ordonnanzen vom 30. Dezember 1958 begründeten für die Treuhandstaaten Togo und Kamerun die Entstehung eigener Staatsangehörigkeiten[111]. Diese Staatsangehörigkeiten waren damals noch ungeregelt.

Die kamerunische Staatsangehörigkeit wurde durch den Staatsangehörigkeitskodex vom 26. November 1959[112] rechtlich organisiert. Am 1. Januar 1960 wurde Kamerun unabhängige Republik. Im Zeitpunkt der Unabhängigkeit bestand also in Kamerun bereits eine geregelte einheimische Staatsangehörigkeit. Die völkerrechtliche Verselbständigung konnte keinen Wechsel der Staatsangehörigkeit mehr bewirken[113]; dieser trat vielmehr zuvor ein.

Die seit dem 30. Dezember 1958 bestehende togolesische Staatsangehörigkeit wurde durch das togolesische Staatsangehörigkeitsgesetz vom 25. Juli 1961[114] rechtlich geregelt. Die Unabhängigkeit erlangte Togo am 27. April 1960. Zur Zeit des Souveränitätswechsels existierte also schon die — im Gegensatz zu Kamerun — noch ungeregelte togolesische Staatsangehörigkeit. Die rechtliche Organisierung dieser Staatsangehörigkeit erfolgte erst nach der Unabhängigkeit. Da das Bestehen der Staatsangehörigkeit nicht von der rechtlichen Organisation derselben abhängig ist, war der Staatsangehörigkeitswechsel[115] im Augenblick des Souveränitätswechsels bereits eingetreten.

Da mit der Unabhängigkeit von Kamerun und Togo kein Wechsel der Staatsangehörigkeit verbunden war, konnte die Staatsangehörigkeitsgesetzgebung dieser Staaten für deren Unabhängigkeit insoweit auch keinen automatischen Wechsel bejahen. Die Unabhängigkeit von Togo und Kamerun stellte sich jedoch rechtlich ebenfalls als ein Vorgang der Staatensukzession dar[116]. Das wesentliche Merkmal der Staatennachfolge, ein Wechsel der Souveränität, trat auch bei der Unabhängigkeit dieser ehemaligen Treuhandstaaten ein. Der Charakter der Sukzession war jedoch abgeschwächt, da die Beziehungen der Treuhand-

[111] Siehe oben, I, 2, c, bb.

[112] „Ordonnance No 59 - 66 du 26 novembre 1959 portant Code de la nationalité camerounaise" (*Decottignies / de Biéville*, S. 62 ff.). Das Gesetz trat in Kraft mit seiner Veröffentlichung im „Journal officiel" am 12. Dezember 1959 (J. O. R. Ca. 12 décembre 1959; vgl. auch *Zatzépine*, Le droit de la nationalité des républiques francophones d'Afrique et de Madagascar, S. 10).

[113] Die Entstehung der kamerunischen Staatsangehörigkeit führte zu einem Verlust der bisherigen kamerunischen „Gebietsangehörigkeit". Hierin liegt der „Wechsel der Staatsangehörigkeit".

[114] „Loi No 61 - 18 du 25 juillet 1961 relative à la nationalité togolaise" (*Decottignies / de Biéville*, S. 341 ff.).

[115] Die eigene „Gebietsangehörigkeit" erstarkte zur eigenen Staatsangehörigkeit.

[116] Siehe oben, II, 6.

staaten zu Frankreich auf einem internationalen Rechtsverhältnis (Treuhandverhältnis) beruhten. Angesichts dessen und der vorangeschrittenen Autonomie[117] Kameruns und Togos handelte es sich um Staatensukzessionen, die in einzelnen Bereichen von dem Üblichen abweichende Rechtsfolgen nach sich ziehen konnten. Wegen der schon weit entwickelten inneren Unabhängigkeit Togos und Kameruns hatte die völkerrechtliche Verselbständigung keine entsprechenden Auswirkungen auf die Staatsangehörigkeit. Die sich im Laufe der Jahre entwickelnde fortschreitende Autonomie verursachte einen „gestreckten" Sukzessionsvorgang, bei dem die Rechtsnachfolge in die Staatsangehörigkeit bereits vor dem im übrigen maßgeblichen Ereignis des Souveränitätswechsels erfolgte. Das völkerrechtlich relevante Sukzessionsereignis, der mit der Unabhängigkeit verbundene Wechsel der Souveränität (die Substitution der Völkerrechtssubjekte), konnte sich deshalb auf die Staatsangehörigkeit nicht mehr auswirken[118]. Die im Augenblick der Unabhängigkeit bereits abgeschwächte („Rest"-)Staatensukzession hatte im Falle Kameruns und Togos eine Modifizierung des allgemeinen völkerrechtlichen Grundsatzes zur Folge: Die neuen Gesetzgeber konnten nicht von einem automatischen Staatsangehörigkeitswechsel bei der Unabhängigkeit ausgehen, da die Umwandlung von der Gebietsangehörigkeit zur Staatsangehörigkeit bereits zuvor eingetreten war oder das Gesetz schon vor der Unabhängigkeit erlassen wurde. Diese Praxis ist völkerrechtlich unbedenklich, da sie dem erreichten Grad der Verselbständigung Rechnung trägt. Im übrigen besagt sie nichts gegen das Prinzip des automatischen Staatsangehörigkeitswechsels bei Staatennachfolge im allgemeinen. Die Unabhängigkeit von Kamerun und Togo stellte eine modifizierte, besondere Art der Staatensukzession dar, die eine Abweichung von dem allgemeinen Völkerrechtssatz nicht nur rechtfertigte, sondern auch gebot[119]. Die beteiligten Gesetzgeber haben daher von ihrer Dispositionsbefugnis einen rechtmäßigen Gebrauch gemacht.

d) Zusammenfassung

Die Regelung des französischen Staatsangehörigkeitsgesetzes läßt die Frage eines automatischen Staatsangehörigkeitswechsels der von

---

[117] Siehe oben, I, 2, c, bb.

[118] Rechtlich relevant wurde die Unabhängigkeit insoweit nur bezüglich der mit der Staatsangehörigkeit verbundenen völkerrechtlichen Befugnisse: Hatte zuvor Frankreich den diplomatischen Schutz für die kamerunischen und togolesischen Staatsangehörigen ausgeübt, so stand diese Kompetenz nun Kamerun und Togo selbst zu (siehe oben, S. 54, 55). *Verdier* spricht von einer „montée à la plénitude du droit de la nationalité locale" im Gegensatz zu einer „naissance" (S. 922, 924).

[119] Siehe oben, II, 6.

der Unabhängigkeit betroffenen Personen dahingestellt. Der automatische Wechsel der Staatsangehörigkeit wird weder ausdrücklich bejaht noch verneint. Die Gesetze der afrikanischen Staaten hingegen bejahen für ihre eigene Unabhängigkeit einen automatischen Wechsel der Personalhoheit mit Ausnahme von Togo und Kamerun, wo er nicht in Betracht kam.

3. Die Abgrenzung des von dem Staatsangehörigkeitswechsel betroffenen Personenkreises als allgemeiner völkerrechtlicher Gesichtspunkt

Die Frage, welche Personengruppen von dem Wechsel der Staatsangehörigkeit erfaßt sein sollen, steht in engem Zusammenhang mit der Art und Weise, in der sich der Staatsangehörigkeitswechsel vollzieht. Die Annahme eines automatischen Wechsels der Staatsangehörigkeit bei Staatensukzessionen ist nur sinnvoll, wenn feststeht, welche Personen davon betroffen sind. Zur Bestimmung dieses Personenkreises sind verschiedene Anknüpfungspunkte denkbar: der *Wohnsitz* in diesem Gebiet zur Zeit des Souveränitätswechsels, die *Geburt* in oder *Abstammung* aus dem Gebiet und auch Modifikationen und Kombinationen dieser Prinzipien[1].

Im folgenden soll ein Überblick über die bisherige Staatenpraxis und über die Meinungen in der Rechtslehre gegeben werden, bevor die entsprechende Praxis der afrikanischen Staaten dargestellt wird.

a) Die Staatenpraxis (Verträge, Gesetze, Rechtsprechung)

aa) Staatenpraxis in Deutschland

Die Zessionsverträge des Deutschen Reiches und seiner Einzelstaaten im 17., 18. und 19. Jahrhundert gingen von einer unlösbaren Verbindung zwischen Gebiet und Wohnbevölkerung aus[2]. Den geistigen Hintergrund dieser Auffassungen bildete zunächst die lehnsrechtliche Idee des Mittelalters[3], später der Patrimonialstaatsgedanke der Neuzeit. Der Friedensvertrag von Osnabrück (1648) zwischen dem Deutschen Reich und Schweden wies die Untertanen der abgetretenen Gebiete dem neuen Gebietsherren zu. In dem ebenfalls schon erwähnten Ver-

---

[1] Vgl. *Dahm*, S. 468, 469.

[2] Siehe oben, III, 1, a.

[3] Im Mittelalter erschienen die Bewohner als untrennbar verbundenes Zubehör des Gebietes. Mit der Abtretung wechselten alle Bewohner die Untertanenschaft („Domizilprinzip"). Vgl. dazu *Schätzel*, Der Staatsangehörigkeitswechsel bei Gebietsveränderungen, Zeitschrift für Völkerrecht, 1923, Band 12, S. 88.

trag zwischen Frankreich und dem Erzbistum Basel vom 20. Juni 1780[4] wurde die Abtretung der Herrschaft Franquemont vereinbart „ainsi qu'elle se comporte en villages, maisons, sujets, terres et territoires". In diesen Formulierungen kommt die „Pertinenztheorie" zum Ausdruck, wonach die Einwohner als Zubehör des Gebietes angesehen wurden. Auch in den übrigen Verträgen dieser Zeit wird der Souveränitätswechsel auf den gesamten Untertanenverband erstreckt. Untertanen waren in der Regel die Einwohner des Gebietes.

Auch als im 19. Jahrhundert der Begriff der Staatsangehörigkeit an die Stelle desjenigen der Untertanenschaft trat, änderte sich nichts an der bisherigen Praxis. Die „Arnim-Depesche" (1. September 1872)[5] brachte die offizielle deutsche Ansicht zum Ausdruck, wonach von dem mit der Zession verbundenen Staatsangehörigkeitswechsel die in Elsaß-Lothringen *wohnhaften* Personen erfaßt seien.

Diese Praxis zeigt, daß der Kreis der von dem Staatsangehörigkeitswechsel betroffenen Personen in Deutschland bis zum 19. Jahrhundert fast ausschließlich nach dem sogenannten *„Domizilprinzip"* bestimmt wurde. Unter „Domizil" mußte der durch eine gewisse Dauerhaftigkeit gekennzeichnete Wohnsitz verstanden werden. Unter Zugrundelegung der Pertinenztheorie und der Patrimonialstaatsidee war dieser Anknüpfungspunkt der übliche und erschien völkerrechtlich geboten[6]. An dieser Übung änderte sich im Laufe des 19. Jahrhunderts nichts. Allerdings wurde das Domizilprinzip bereits damals nicht mehr ausnahmslos angewandt. So wurde beim Erwerb Helgolands der Staatsangehörigkeitswechsel auf die Personen erstreckt, die im abgetretenen Gebiet geboren waren[7]. Es kam also das sogenannte *„Geburtsprinzip"* (Herkunftsprinzip, Originitätsprinzip) zur Anwendung. Schon daraus wird ersichtlich, daß trotz überwiegender Vereinbarung des Domizilprinzips auch andere Anknüpfungspunkte als völkerrechtlich zulässig angesehen wurden.

Die im 20. Jahrhundert von dem Deutschen Reich geschlossenen Zessionsverträge sind ebenfalls überwiegend durch das Domizilprinzip charakterisiert. Die Vorschriften des Versailler Vertrages bestimmen, daß die in den jeweils abgetretenen Gebieten wohnhafte („habitually resident") Bevölkerung mit dem Gebietswechsel die Staatsangehörigkeit des Nachfolgestaates erhält. Auch die in der nationalsozialistischen Zeit zustande gekommenen Verträge enthielten im wesentlichen das

---

[4] Siehe oben, III, 1, a, am Anfang.
[5] Siehe oben, III, 1, a, am Anfang.
[6] *Schmidt*, S. 14.
[7] Vertrag vom 1. Juli 1890 (*Martens*, Nouveau recueil général de traités, 2. Serie, tome XVI, S. 894).

Domizilprinzip, so zum Beispiel hinsichtlich der Einverleibung des Sudetenlandes[8], der Schaffung des Protektorats Böhmen und Mähren[9], der Angliederung Danzigs[10], Westpreußens und des Warthegaus[11]. Bei der Abtretung des Memelgebietes wurden allerdings zum Teil vom Domizilprinzip abweichende Regelungen getroffen[12], desgleichen bei der Eingliederung von Eupen-Malmedy[13]. Aus der Nachkriegszeit lassen sich nur aus dem „Zweiten Gesetz zur Regelung von Fragen der Staatsangehörigkeit" vom 17. Mai 1956[14] Rückschlüsse auf die Ansicht des deutschen Bundesgesetzgebers ziehen. Danach verloren mit Wirkung vom 27. April 1945, dem Tag der Wiedererrichtung der Republik Österreich, sowohl alle in Österreich als auch der Bundesrepublik Deutschland wohnhaften ehemaligen Österreicher die deutsche Staatsangehörigkeit. Das Domizilprinzip wurde hier also mit einer Art Herkunftsprinzip kombiniert.

Auch zum Problem des von dem Staatsangehörigkeitswechsel betroffenen Personenkreises verneint die neuere deutsche Rechtsprechung eine einheitliche Auffassung der Staatengemeinschaft und stützt sich darauf, daß jeder Staat über Erwerb und Verlust seiner Staatsangehörigkeit allein bestimmen könne[15].

Insgesamt ist festzuhalten, daß die deutsche Staatenpraxis nach einer jahrhundertelangen ausnahmslosen Anwendung des Domizilprinzips[16] in neuerer Zeit auch auf andere Anknüpfungspunkte (Herkunftsprinzip, Heimatprinzip) zurückgegriffen hat.

bb) Staatenpraxis in Frankreich

Die hier besonders interessierende französische Praxis ging wie die deutsche im 17. und 18. Jahrhundert unter dem Eindruck der Pertinenz-

---

[8] Staatsangehörigkeits- und Optionsvertrag vom 20. November 1938, RGBl. II, S. 896, § 1.

[9] Erlaß des Führers und Reichskanzlers über das Protektorat Böhmen und Mähren vom 16. März 1939, RGBl. I, S. 485.

[10] Gesetz vom 1. September 1939 über die Wiedervereinigung Danzigs mit dem Deutschen Reich, RGBl. 1939, I, S. 1547.

[11] Erlaß des Führers und Reichskanzlers über Gliederung und Verwaltung der Ostgebiete vom 8. Oktober 1939, RGBl. I, S. 2042, in Verbindung mit der Verordnung über die Deutsche Volksliste und die deutsche Staatsangehörigkeit in den eingegliederten Ostgebieten vom 4. März 1941 in der Fassung vom 31. Januar 1942, RGBl. 1941, I, S. 118; 1942, I, S. 51.

[12] Deutsch-litauischer Staatsangehörigkeits- und Optionsvertrag vom 8. Juli 1939, RGBl. II, S. 999; siehe oben, III, 1, a.

[13] RGBl. I, S. 803, 584 (1940, 1941).

[14] BGBl. I, S. 431 (1956).

[15] BVerwGE 1, 206; vgl. auch BGHZ 3, 178 (siehe oben, III, 1, a, Anm. 17).

[16] Dabei soll der Unterschied zwischen „*Wohnsitz*" und „*gewöhnlichem Aufenthalt*" zunächst einmal dahingestellt bleiben. Wegen der inhaltlichen Ähnlichkeit und Vergleichbarkeit der Begriffe sollen sie beide als „Domizilprinzip" bezeichnet werden.

theorie und der Patrimonialstaatsidee von einer unlösbaren Beziehung zwischen den Einwohnern und den von ihnen bewohnten Gebieten aus[17]. Der Souveränitätswechsel brachte daher als unmittelbare Folge einen Wechsel des Untertanenverbandes mit sich. Da der Untertanenverband die Wohnbevölkerung umfaßte, galt das Domizilprinzip. Diese Praxis setzte sich auch in den Zessionsverträgen nach der französischen Revolution fort.

Nach den Pariser Friedensverträgen von 1814/1815 trat neben das bisher allein übliche Domizilprinzip als weiterer Anknüpfungspunkt das auf die *Geburt* im abgetretenen Gebiet abstellende Herkunftsprinzip (Geburtsprinzip). In dem Grenzbereinigungsvertrag zwischen Frankreich und der Schweiz vom 8. Dezember 1862 wurde ausschließlich das Herkunftsprinzip (Geburtsprinzip) vereinbart, so daß lediglich die in dem abgetretenen Gebiet geborenen Personen von dem Staatsangehörigkeitswechsel erfaßt wurden[18]. Der Zessionsvertrag zwischen Frankreich und Sardinien vom 24. März 1860 sah eine kumulative Anwendung des Domizilprinzips und des Herkunftsprinzips vor, so daß sowohl die in dem zedierten Gebiet wohnhaften als auch die dort geborenen Personen ihre Staatsangehörigkeit wechselten[19].

Die Auslegung des Art. 2 des Frankfurter Friedens von 1871 war hinsichtlich des vom Staatsangehörigkeitswechsel betroffenen Personenkreises (Bevölkerung von Elsaß-Lothringen) zwischen Frankreich und dem Deutschen Reich umstritten[20]. In Frankreich war man der Ansicht, daß jedenfalls alle in Elsaß-Lothringen geborenen Personen die französische Staatsangehörigkeit verloren und die deutsche erworben hatten. Ob bei der aus dem französischen Staatsverband ausscheidenden Wohnbevölkerung Elsaß-Lothringens noch das zusätzliche Kriterium der Geburt hinzutreten müsse, blieb zwischen den Ver-

---

[17] Siehe oben, III, 1, b, am Anfang.

[18] Frankreich - Schweiz: Vertrag vom 8. Dezember 1862 betreffend Grenzbereinigung im Kanton Waadt (*Martens*, Nouveau recueil général de traités, 1. Serie, tome XX, S. 107 ff.).

Art. 3: „Les habitants originaires de la partie de la Vallée des Dappes qui revient à la France, demeureront Français, à moins qu'ils ne déclarent, dans le delai d'une année, opter pour la nationalité Suisse, auquel cas ils pourront conserver leur domicile et leur établissement sur le territoire de l'Empire."

[19] Frankreich - Sardinien: Vertrag von Turin vom 24. März 1860 betreffend Abtretung von Savoyen und Nizza an Frankreich (*Martens*, Nouveau recueil général de traités, 1. Serie, tome XVI, 2, S. 539).

Art. 6: „Les sujets sardes originaires de la Savoie et de l'arrondissement de Nice, ou domiciliés actuellement dans ces provinces, qui entendront conserver la nationalité sarde, jouiront pendant l'espace d'un an à partir de l'échange des ratifications et moyennant une déclaration préalable faite à l'autorité compétente, de la faculté de transporter leur domicile en Italie et de s'y fixer, auquel cas la qualité de citoyen sarde leur sera maintenue."

[20] Siehe oben, III, 1, b.

tragsparteien ungeklärt. Frankreich beharrte auf der kumulativen Anwendung von Herkunftsprinzip und Domizilprinzip. Auch daraus geht hervor, daß man in Frankreich Abweichungen vom Domizilprinzip für zulässig hielt.

Die Friedensverträge nach dem Ende des Ersten Weltkrieges bestimmten die von dem Staatsangehörigkeitswechsel erfaßten Personen überwiegend nach dem Domizilprinzip[21].

Das französische Staatsangehörigkeitsgesetz vom 19. Oktober 1945 führte die subsidiäre Geltung des Domizilprinzips in das innerstaatliche Recht ein (Art. 12, 13 C. nat. fr.)[22]. Danach konnte in den Zessionsverträgen auch ein anderer Anknüpfungspunkt vereinbart werden.

Der Friedensvertrag von Paris mit Italien[23], an dem auch Frankreich beteiligt war, sah in den Art. 6; 19, Abs. I ebenfalls die Anwendung des auf den Wohnsitz abstellenden Domizilprinzips vor.

Zu erwähnen sind noch die beiden Verträge, die Frankreich im Zuge der Entkolonialisierung in den Jahren 1951 und 1956 mit Indien abgeschlossen hat[24] und durch die es seine indischen Kolonien aufgegeben hat. In dem Vertrag von 1951 wird zur Bestimmung des von dem Staatsangehörigkeitswechsel betroffenen Personenkreises das Domizilprinzip vereinbart. Der Vertrag von 1956 verlangt die Geburt in den übertragenen Gebieten und dazu den Wohnsitz dort oder in sonstigen Teilen der Indischen Union[25]. Es liegt also eine Kumulation zwischen Domizilprinzip und Herkunftsprinzip vor.

Die französische Rechtsprechung hielt beim Fehlen entgegenstehender Anordnungen für die Bestimmung des betroffenen Personenkreises das Domizilprinzip für anwendbar[26].

Die französische Praxis zeigt demnach, daß trotz überwiegender Anwendung des Domizilprinzips der von dem Staatsangehörigkeitswechsel erfaßte Personenkreis in einigen Fällen statt dessen oder zusätzlich nach anderen Anknüpfungspunkten bestimmt wurde.

---

[21] Lediglich die Gebietsveränderungen im ehemaligen Österreich-Ungarn folgten dem Heimatrechtsprinzip.

[22] Siehe oben, III, 1, b.

[23] Siehe oben, III, 1, b.

[24] Siehe oben, III, 1, b, am Ende.

[25] Frankreich - Indien: Vertrag von Neu-Delhi vom 28. Mai 1956 (Indian Yearbook of International Affairs, 1956, S. 175 ff.).
Art. 4: „French Nationals *born* in the territory of the Establishments and *domiciled* therein at the date of the entry into force of the Treaty of Cession shall become nationals and citizens of the Indian Union, with the exceptions enumerated under Article 5 hereafter." (Siehe oben, III, 1, b, Anm. 33.)

[26] Zum Beispiel „Tribunal civil de Saint-Etienne", Urteil vom 7. Juni 1916 (Journal du Droit International Privé, 1917, S. 195, 196).

cc) Die sonstige Staatenpraxis

Auch in der Praxis der übrigen Staaten wurden die von einem Staatsangehörigkeitswechsel betroffenen Personen in den meisten Fällen nach dem Domizilprinzip ermittelt. Es lassen sich jedoch auch zahlreiche Beispiele anführen, in denen ein anderer Anknüpfungspunkt, etwa das Herkunftsprinzip, gewählt wurde[27].

b) Die Rechtslehre

aa) Rechtslehre in Deutschland

Die meisten deutschsprachigen Autoren bejahen im Zusammenhang mit dem automatischen Staatsangehörigkeitswechsel bei Staatensukzessionen die Anwendung des Domizilprinzips als geltendes Völkerrecht, von dem nur durch vertragliche Vereinbarung abgewichen werden könne[28]. Das Domizilprinzip stellt demnach einen dispositiven allgemeinen Völkerrechtssatz dar.

In demselben Maße wie der Grundsatz vom automatischen Staatsangehörigkeitswechsel abgelehnt wird, verneinen jedoch einige Autoren die allgemeine völkerrechtliche Geltung des Domizilprinzips[29]. So ist *Dahm* der Auffassung, daß es keine ausschließlich geltende und allgemein anerkannte Regel gebe, wonach der Kreis der durch den Staatsangehörigkeitswechsel betroffenen Personen bestimmt werden könne. Diese Personengruppen müßten durch Verträge oder durch Gesetze des Nachfolgestaates konkretisiert werden[30]. Dahm gibt einen Überblick über die verschiedenen Grundsätze, die von der internationalen Praxis insoweit bisher angewandt wurden[31]. Er betont, daß in früherer Zeit das Domizilprinzip überwiegend zur Anwendung kam. In neuerer Zeit sei jedoch der Wechsel der Staatsangehörigkeit immer häufiger auf Personen erstreckt worden, die auf dem abgetretenen Gebiet geboren wurden (Herkunftsprinzip, Geburtsprinzip, Originitätsprinzip, zum Teil auch Abstammungsprinzip genannt). Auch das Heimatprinzip, das als eine Modifizierung des Wohnsitzprinzips den Erwerb der Staatsangehörigkeit auf einen engeren, seit längerer Zeit im abgetretenen Gebiet ansässigen, Kreis von Personen beschränkte, und das Prinzip der Volkszugehörigkeit werden aufgeführt. Im übrigen wird auf die Möglichkeit von Kombinationen dieser Prinzipien hingewiesen.

---

[27] Nachweise bei *Schmidt*, S. 49 ff., 58 ff., 66 ff., 70 ff., 92 ff., 103 ff.

[28] *Schätzel*, Der Staatsangehörigkeitswechsel bei Gebietsveränderungen, Zeitschrift für Völkerrecht, Band 12, 1923, S. 88 ff.; *E. Kaufmann*, Règles générales du droit de la paix, RdC, tome 54, 1935, IV, S. 373, 374; *Schoenborn*, S. 37; wohl auch *H. J. Jellinek*, S. 71 ff., 253; *Schmidt*, S. 28 ff. (m. w. N.).

[29] Siehe oben, III, 1, d.

[30] *Dahm*, S. 472.

[31] *Dahm*, S. 468, 469.

Wegen der Uneinheitlichkeit der Staatenpraxis gebe es kein völkerrechtlich verbindliches Prinzip, nach dem im Zweifel der Kreis der vom Staatsangehörigkeitswechsel erfaßten Personen bestimmt werden könne.

Ähnlich äußert sich *Menzel*, der von einer grundsätzlichen Verpflichtung des Erwerberstaates zur Verleihung seiner Staatsangehörigkeit ausgeht[32]. Allgemeine völkerrechtliche Regeln gebe es hierzu nur insoweit, als kein Staat seine Staatsangehörigkeit ohne zulässige Anknüpfungspunkte verleihen dürfe. Im Rahmen dieser verschiedenen Anknüpfungsprinzipien könne jeder Staat nach seiner souveränen Kompetenz handeln.

Makarov ist ebenfalls der Ansicht, daß dem Nachfolgestaat die rechtliche Ausgestaltung des Erwerbs seiner Staatsangehörigkeit durch die Bevölkerung des neu erlangten Gebietes zustehe, das heißt, daß ihm die freie Wahl zukomme, welche Anknüpfung er für den Erwerb seiner Staatsangehörigkeit als maßgebend betrachtet[33].

Besonders nachdrücklich gegen das Bestehen von Völkerrechtssätzen in diesem Zusammenhang wendet sich *Verdross*. Er begründet diese Auffassung mit der alleinigen Befugnis jedes Staates, die Voraussetzungen für den Erwerb seiner Staatsangehörigkeit selbst festzulegen[34].

bb) Rechtslehre in Frankreich

Die französische Rechtslehre äußert sich über das Bestehen eines Völkerrechtssatzes zur Abgrenzung des von dem Staatsangehörigkeiswechsel erfaßten Personenkreises nicht einheitlich. Die meisten Autoren stellen die verschiedenen Prinzipien dar, die in der Staatenpraxis bisher angewendet wurden und betonen die Freiheit der beteiligten Staaten, die sinnvollen Abgrenzungskriterien selbst festzulegen[35]. Einen Völkerrechtssatz, der die dispositive Geltung eines dieser Prinzipien zum Inhalt hätte, nehmen sie nicht an. Es wird auch darauf hingewiesen, daß eine einheitliche Staatenpraxis insoweit nicht gegeben sei[36]. Es gibt aber auch Stimmen, die das Domizilprinzip im Zweifel als gewohnheitsrechtlich geltenden Völkerrechtsgrundsatz ansehen. Dies kommt in der Betrachtung des Staatsangehörigkeitsgesetzes von 1945 zum Ausdruck. Die in diesem Gesetz ausgesprochene dispositive

[32] Siehe oben, III, 1, d.
[33] *Makarov*, Allgemeine Lehren des Staatsangehörigkeitsrechts, 2. Aufl., S. 97.
[34] *Verdross*, S. 256, 257.
[35] So etwa *Niboyet*, S. 117, 118; *Batiffol*, S. 76; *Cogordan*, S. 322, 323.
[36] *A. Pillet*, Traité pratique de droit international privé, tome I, Grenoble-Paris, 1923, S. 260; *L'Huillier*, S. 259.

Geltung des Domizilprinzips soll danach einen in das innerstaatliche französische Recht transformierten Völkerrechtssatz darstellen[37].

cc) Die sonstige Rechtslehre

Auch die Völkerrechtswissenschaft anderer Staaten begnügt sich vielfach mit einer Aufzählung der in der Praxis angewendeten Prinzipien und nimmt keine Stellung zu der Frage, ob einem dieser Prinzipien zumindest eine dispositive völkerrechtliche Geltung zukommt[38]. Sofern dennoch eines dieser Kriterien als im Zweifel völkerrechtlich verbindlich angesehen wird, fällt die Entscheidung zugunsten des Domizilprinzips aus.

c) Abschließende Betrachtung

Im Gegensatz zu der weitgehenden Bejahung eines automatischen Staatsangehörigkeitswechsels besteht diese überwiegende Einheitlichkeit nicht hinsichtlich des davon betroffenen Personenkreises. Zwar wird das Domizilprinzip sehr oft angewandt, aber es gibt auch zahlreiche andere Regelungen. Daß den beteiligten Staaten in Ausübung ihrer Souveränität die Befugnis zusteht, unter den verschiedenen völkerrechtlich zulässigen Abgrenzungskriterien zu wählen, ist unbestritten. Ob in dem Falle, in dem diese inner- oder zwischenstaatliche Bestimmung der neuen Staatsangehörigen unterbleibt, ein dispositiver allgemeiner Völkerrechtsgrundsatz zur Anwendung kommt, ist meines Erachtens sehr zweifelhaft.

Zu diesem Ergebnis führt auch die Überlegung, daß ein derartiger Völkerrechtssatz nicht erforderlich erscheint, weil es kaum denkbar ist, daß der Nachfolgestaat jegliche Maßnahme zur Bestimmung der neuen Staatsangehörigen unterläßt[39]. Daß die Bevölkerung — zum Beispiel durch Wohnsitz in oder Herkunft (Geburt) aus dem betreffenden Gebiet näher charakterisiert — ihre Staatsangehörigkeit mangels entgegenstehender Anordnung automatisch wechselt, erscheint völkerrechtlich geboten[40]. Ausgehend von der grundsätzlichen Geltung des Souveränitätsprinzips und der bisher uneinheitlichen Staatenpraxis wird man aber zur Abgrenzung der betroffenen Personengruppen keinen allgemeinen Völkerrechtssatz annehmen können. Die völkerrechtliche Bindung der Staaten beschränkt sich darauf, daß diese die neuen Staatsangehörigen nur nach zulässigen Anknüpfungspunkten bestimmen dürfen. In der Wahl und Ausgestaltung dieser Anknüpfungs-

---

[37] So *Boulbès,* Droit français de la nationalité, S. 61.

[38] Nachweise bei *Schmidt,* S. 53, 65, 84, 112.

[39] So wird zumindest bei der Erteilung von Staatsangehörigkeitszeugnissen oder der Ausstellung von Reisepässen die Einstellung des Erwerberstaates deutlich werden.

[40] Siehe oben, III, 1, g.

punkte sind die Staaten aber weitgehend frei. Sie dürfen nur nicht gegen sonstige völkerrechtliche Grundsätze verstoßen. Falls auf Dauer keinerlei Bestimmung des Personenkreises erfolgt, ist zumindest die subsidiäre Anwendung gerade des Domizilprinzips nicht geboten.

d) Auswirkungen auf die Angehörigen dritter Staaten

Da die Rechtsfolgen einer Staatensukzession sich nur auf die beteiligten Staaten erstrecken, kann auch nur die Staatsangehörigkeit des Altstaates berührt werden. Die Personen, die den erforderlichen Anknüpfungspunkt mit dem abgetretenen Gebiet haben, wechseln von Rechts wegen ihre Staatsangehörigkeit, das heißt sie verlieren diejenige des zurückweichenden Staates und erwerben die des Nachfolgestaates. Die Staatsangehörigkeit dritter Staaten bleibt folglich unberührt[41]. Diese Folgerung entspricht überwiegend der bisherigen Staatenpraxis und dem völkerrechtlichen Gebot, die Souveränität unbeteiligter Staaten zu respektieren. Daher kann der Meinung von *Niboyet* nicht zugestimmt werden, daß auch die Staatsangehörigkeit von Drittstaaten ohne weiteres in den Staatsangehörigkeitswechsel einbezogen werden könne[42].

Obwohl die Staaten, wie oben gesagt wurde, in der Wahl und Ausgestaltung der Kriterien zur Bestimmung des betroffenen Personenkreises frei sind, dürfen sie nicht den Angehörigen dritter Staaten ihre bisherige Staatsangehörigkeit entziehen und die eigene auferlegen. Sie würden in diesem Falle völkerrechtswidrig handeln, da sie sich nicht auf den — insoweit zwingenden — Rechtsgedanken der Staatensukzession stützen könnten[43]. Es wird deshalb bei der Darstellung der Anknüpfungspunkte, nach denen Frankreich und die afrikanischen Staaten den von dem Staatsangehörigkeitswechsel betroffenen Personenkreis abgegrenzt haben, zu beachten sein, inwieweit diese Regelungen der bisherigen Staatenpraxis entsprechen und inwieweit sie völkerrechtsgemäß sind.

---

[41] So *Dahm*, S. 466; *H. J. Jellinek*, S. 78, 79; *Cogordan*, S. 322; *Boulbès*, Droit français de la nationalité, S. 60; *L'Huillier*, S. 259; *Batiffol*, S. 76, der aber insoweit die Möglichkeit einer Ausnahmeregelung andeutet.

[42] *Niboyet*, S. 117.

[43] Fraglich ist, ob von dem Staatsangehörigkeitswechsel auch *Staatenlose* erfaßt werden. Bei konsequenter Anwendung des Prinzips der Staatensukzession — nur die Staatsangehörigkeiten der an der Gebietsveränderung beteiligten Staaten werden berührt — wird man dies verneinen müssen (so *H. J. Jellinek*, S. 79). *Graupner* meint hingegen, der Nachfolgestaat könne beliebig auch Staatenlosen seine Staatsangehörigkeit verleihen (S. 95, 96).

Auch wenn es völkerrechtlich erwünscht ist, Staatenlosigkeiten zu beseitigen (siehe unten, III, 6, a) so hindert doch bei den *automatischen* Erwerbstatbeständen der Grundsatz der Staatensukzession die Ausstattung mit der nachfolgenden Staatsangehörigkeit. Möglich sind allerdings Einbürgerungen oder Erwerbsoptionen.

4. Der von dem Staatsangehörigkeitswechsel bei der Unabhängigkeit (Verselbständigung) betroffene Personenkreis

Es ist nun zu untersuchen, nach welchen Kriterien Frankreich und die afrikanischen Staaten die Abgrenzung des Staatsvolkes der jeweiligen Neustaaten vorgenommen haben.

a) Die Einstellung des französischen Gesetzgebers

Die Haltung des französischen Gesetzgebers zu der Frage des Personenkreises, der bei der Unabhängigkeit von dem Wechsel der Staatsangehörigkeit betroffen wird, läßt sich aus Art. 13, Abs. II in Verbindung mit Art. 152 des französischen Staatsangehörigkeitsgesetzes ersehen. Art. 12 und Art. 13, Abs. I dieses Gesetzes regeln zunächst allgemein, welche Personen bei der Zession französischen Gebietes aufgrund eines internationalen Vertrages die französische Staatsangehörigkeit erwerben und verlieren[1]. Nach diesen Vorschriften verlieren die auf dem zedierten Gebiet *wohnhaften* Personen — sofern sich aus dem Zessionsvertrag nichts anderes ergibt — durch die Zession die französische Staatsangehörigkeit, wenn sie ihren tatsächlichen Wohnsitz innerhalb dieses Territoriums beibehalten. Die Anwendung dieses allgemeinen Domizilprinzips auf die Unabhängigkeit der afrikanischen Staaten hätte zur Folge gehabt, daß alle Franzosen, die in den besagten Gebieten ihren Wohnsitz hatten, die französische Staatsangehörigkeit verloren hätten. Art. 13 des französischen Staatsangehörigkeitsgesetzes wäre auch auf die Unabhängigkeit der afrikanischen Staaten anwendbar gewesen; eine Zession im strengen rechtlichen Sinne brauchte nicht vorzuliegen. Um diese weitgehenden Folgen zu vermeiden, wurde, wie bereits erwähnt, durch das Gesetz vom 28. Juli 1960 der Art. 13 um einen zweiten Absatz ergänzt und der Titel VII dem Gesetz neu hinzugefügt[2].

Aus Art. 13, Abs. II, S. 2 folgt zunächst, daß diejenigen Franzosen, die aus Gebieten stammen, die am 28. Juli 1960 zur Französischen Republik gehörten („Français *originaires* du territoire de la République française") sowie deren Ehegatten und Kinder nicht in den Anwen-

---

[1] Art. 12 c. nat. fr.: „Dans le cas où le traité ne contient pas de telles dispositions les personnes qui demeurent *domiciliées* dans les territoires rattachés à la France acquièrent la nationalité française."

Art. 13 c. nat. fr.: „Dans la même hypothèse, les personnes *domiciliées* dans les territoires cédés perdent la nationalité française, à moins qu'elles n'établissent effectivement leur domicile hors de ces territoires." (Siehe oben, III, 1, b, Anm. 28; III, 2, b, aa.)

[2] Zum Wortlaut siehe oben, III, 2, b, aa, wo auch die Einzelheiten dargelegt sind.

dungsbereich von Art. 13, Abs. I fallen sollen. Auch wenn diese Personen ihren Wohnsitz innerhalb der unabhängig gewordenen Gebiete hatten, so haben sie dennoch nicht aufgrund der Unabhängigkeit der neuen Staaten ihre bisherige französische Staatsangehörigkeit verloren[3].

Das Gesetz macht also insoweit eine Ausnahme von dem ansonsten geübten Domizilprinzip. Die Metropolitanfranzosen sollen auch nicht den Bestimmungen des Titels VII unterliegen; sie sind von jeglichen Formalitäten befreit[4].

Die Auswirkungen der Unabhängigkeit auf die Staatsangehörigkeit der aus den überseeischen Gebieten stammenden und dort wohnhaften Franzosen, also der eingeborenen Bevölkerung, bestimmt Art. 13, Abs. II in Verbindung mit Art. 152. Dabei wird der Wechsel der Staatsangehörigkeit und damit auch der davon betroffene Personenkreis nicht durch den französischen Gesetzgeber selbst geregelt, vielmehr werden diese Anordnungen einer „disposition générale" der neuen Staaten überlassen[5]. Das französische Gesetz stellt keine eigenen Abgrenzungskriterien auf, sondern übernimmt diejenigen des jeweiligen Nachfolgestaates.

Demnach nimmt der französische Gesetzgeber hinsichtlich der Unabhängigkeit der afrikanischen Staaten eine Abkehr von dem in Art. 13, Abs. I c. nat. fr. ausgedrückten Domizilprinzip vor. Es wird dafür jedoch kein anders Prinzip aufgestellt, sondern das französische Gesetz *verzichtet* generell darauf, selbst Anknüpfungspunkte zu bestimmen. Für die Afrikaner wird die Abgrenzung des Staatsvolkes dem betreffenden neuen Staat überlassen; die Metropolitanfranzosen in Afrika werden von dem allgemeinen Domizilprinzip ausgenommen. Eine völkerrechtliche Pflicht des Altstaates, durch einseitige Regelung das Staatsvolk des Neustaates abzugrenzen, besteht nicht. Frankreich hat auch nicht in unzulässiger Weise in die diesbezüglichen Kompetenzen der Nachfolgestaaten eingegriffen, sondern im Gegenteil diesen ausdrücklich die Regelung überlassen[6]. Die in den neuen Staaten wohnhaften Metropolitanfranzosen vor dem Verlust der französischen Staatsangehörigkeit zu bewahren, ist — für sich betrachtet — wegen der engen Beziehung zu Frankreich ebenfalls berechtigt. Die zu diesen Fragen vorliegende Literatur äußert zu Recht keine völkerrechtlichen Bedenken[7].

---

[3] Zu den Begriffen „territoire de la République française" und „originaire" siehe oben, III, 2, b, bb, am Anfang.

[4] Siehe oben, III, 2, b, bb, am Anfang.

[5] Siehe oben, III, 2, b, bb.

[6] Zum Problem des vollständigen Verlustes der französischen Staatsangehörigkeit durch die afrikanische Bevölkerung siehe oben, III, 2, b, cc.

Die den neuen afrikanischen Staatsangehörigen gegebene Möglichkeit einer *„reconnaissance"* der bisherigen französischen Staatsangehörigkeit bedeutet einen Eingriff der französischen Personalhoheit in den Bestand der Erstangehörigen der neuen Staaten. Von französischer Seite wird allerdings kein — rechtlich nicht möglicher — Entzug der neuen afrikanischen Staatsangehörigkeit angeordnet, sondern es wird die französische Staatsangehörigkeit neben der jeweiligen afrikanischen anerkannt[8]. Der von dem Staatsangehörigkeitswechsel betroffene Personenkreis wird insoweit berührt, als wegen der „reconnaissance" anstatt eines „Wechsels" der Staatsangehörigkeit die ursprüngliche französische Personalhoheit erhalten bleibt. Für *diese* Personen findet kein Staatsangehörigkeits*wechsel* statt. Diese durch den französischen Gesetzgeber ausgeübte Einflußnahme stellt keine unzulässige Regelung einer fremden Staatsangehörigkeit dar, sondern ist wegen der Nähe der afrikanischen Bevölkerung zum französischen Lebenskreis völkerrechtlich vertretbar[9]. Für die begünstigten Personen handelt es sich letztlich um eine optionsähnliche Möglichkeit, französisch zu bleiben. Da nur ehemalige *französische* Staatsangehörige zur „reconaissance" berechtigt sind, wird auch insoweit der Gedanke der Staatensukzession befolgt[10].

b) Die Einstellung der Gesetzgeber der neuen frankophonen afrikanischen Staaten zur Frage des von dem Staatsangehörigkeitswechsel betroffenen Personenkreises

Die Haltung der afrikanischen Staaten zu der Frage, welche Personen von dem Wechsel der Staatsangehörigkeit bei der Unabhängigkeit betroffen sind, läßt sich ebenfalls aus den von ihnen erlassenen Staatsangehörigkeitsgesetzen ersehen. Zunächst läßt sich ein Unterschied feststellen in der Art und Weise, in der die Gesetze die Abgrenzung des Staatsvolkes bei der Unabhängigkeit vornehmen. Mehrere Staatsangehörigkeitsgesetze enthalten insoweit gar keine besondere Regelung, sondern wenden die allgemeinen Erwerbsgründe[11] der Staatsangehörigkeit auch auf die „Erstausstattung" des Staatsvolkes mit der

---

[7] Vgl. hierzu *J. Foyer*, S. 139 ff. (145); *Batiffol*, S. 78.
Ein anderes Problem stellt die durch diese Vorschriften begünstigte Entstehung von doppelten Staatsangehörigkeiten dar, siehe unten, III, 6, c, dd.

[8] Siehe unten, III, 6, c, cc, am Anfang.

[9] In der Literatur finden sich hierzu keine Bedenken, vgl. etwa *M. M. Niang*, La condition juridique des Sénégalais en France, Revue sénégalaise de droit, 1971, Nr. 9, S. 18.

[10] Siehe unten, III, 4, b, aa.

[11] Die Terminologie soll grundsätzlich am deutschen Sprachgebrauch ausgerichtet sein. Danach wird die *allgemeine* anfängliche Gewährung der Staatsangehörigkeit durch Geburt als *„Erwerb"* bezeichnet, vielfach auch die nachträgliche Erlangung im *Einzelfall*, etwa durch Einbürgerung (vgl. *Dahm*, S. 452, 456). Die Gewährung im Einzelfall kann auch als *„Verleihung"*

neuen Staatsangehörigkeit an[12]. In den Gesetzen der anderen Staaten gibt es hingegen besondere Bestimmungen zur Abgrenzung des neuen Staatsvolkes. Die Staaten wenden dabei unterschiedliche Prinzipien an. Ob die Staaten besondere Abgrenzungsvorschriften haben oder nicht, ändert nichts an der inhaltlichen Unterschiedlichkeit und Vielfalt der getroffenen Regelungen.

Ein weiteres Mittel zur Bestimmung des neuen Staatsvolkes sind die anläßlich der Unabhängigkeit gewährten Optionen zugunsten der neuen Staatsangehörigkeiten. Da diese Optionen zu keiner automatischen „Erstausstattung" mit der neuen Staatsangehörigkeit führen, sondern von einer individuellen Willensbetätigung der Berechtigten abhängen, sollen sie erst im weiteren Verlauf der Darstellung gesondert abgehandelt werden[13].

Die nähere Kennzeichnung des von einem Wechsel der Staatsangehörigkeit anläßlich einer Gebietsveränderung erfaßten Personenkreises fällt in die souveräne Kompetenz der beteiligten Staaten. Sofern keine vertraglichen Vereinbarungen getroffen werden, hat jeder Staat grundsätzlich die Befugnis, sein eigenes Staatsvolk selbst zu bestimmen[14]. Hinsichtlich der Abgrenzung der betroffenen Personengruppen ist ein allgemeiner Völkerrechtssatz zu verneinen. Das Völkerrecht zieht lediglich insoweit Grenzen, als die Staaten ihre neuen Staatsangehörigen nur nach den zulässigen Anknüpfungspunkten (Prinzipien) gewinnen dürfen[15]. Innerhalb dieses Rahmens besteht ein weiter Gestaltungsspielraum.

---

bezeichnet werden. Der Sprachgebrauch der afrikanischen Gesetze unterscheidet zwischen „*attribution*" und „*acquisition*" der Staatsangehörigkeit, wobei mit „attribution" der ursprüngliche generelle Erwerb und mit „acquisition" die nachträgliche Gewährung im Einzelfall umschrieben wird (*Decottignies / de Biéville*).

[12] Vgl. hierzu beispielsweise Art. 98, 99 des Staatsangehörigkeitsgesetzes von Kongo (*Decottignies / de Biéville*, S. 118):

Art. 98: „La présente loi prend effet à compter du 15 août 1960."

Art. 99: „Néanmoins les dispositions relatives à l'attribution de la nationalité congolaise à titre de nationalité d'origine régissent même les individus nés avant cette date.

En outre, pour l'application du titre II, il sera tenu compte, si elles se poursuivent, des situations personnelles antérieures au 15 août 1960..."

Ähnlich auch die Staatsangehörigkeitsgesetze in der Elfenbeinküste (Art. 106), in Mauretanien (Art. 67, 70), im Niger (Art. 58), in der Zentralafrikanischen Republik (Art. 102) und in Dahome (Art. 98). Vgl. auch *Bleckmann*, S. 496. Im einzelnen siehe unten, III, 4, b, bb.

[13] Siehe unten, III, 5, c, bb.

[14] Dieser Grundsatz gilt allgemein, unabhängig von dem Vorliegen einer Staatensukzession.

[15] Siehe oben, III, 3, c. Dieser Satz gilt auch für die Verleihung der Staatsangehörigkeit allgemein (siehe oben I, 1, b, bb).

aa) Staaten, in denen der Kreis der Erstangehörigen besonders bestimmt wird

Die afrikanischen Staaten gebrauchen zur erstmaligen Ausstattung der Bevölkerung mit ihrer Staatsangehörigkeit verschiedenartige Prinzipien, die zum Teil in unterschiedlicher Weise kombiniert werden. Als Anknüpfungspunkte dienten meistens der Wohnsitz, der Geburtsort, die Abstammung, die Zugehörigkeit zu der für den jeweiligen Staat typischen Volksgruppe und das sichtbare Verhalten als Angehöriger des neuen Staates[16].

So heißt es in Art. 10 des *gabunischen* Staatsangehörigkeitsgesetzes[17]:

„Ont acquis la nationalité gabonaise au 17 août 1960[18], à titre de nationalité d'origine:

1. Toutes les personnes qui, à cette date, étaient *domiciliées* au Gabon, ainsi que leurs conjoints et leurs enfants. Toutefois cette attribution générale de nationalité ne prendra effet à l'égard des personnes nées hors du Gabon et de leurs enfants que si, dans l'année qui suivra la promulgation de la présente loi, elles confirment qu'elles entendent maintenir leur domicile au Gabon par déclaration adressée au chef de l'Etat qui, après enquête et sauf opposition de sa part, la fait publier au ‚Journal officiel'. Dans ce cas, elles seront réputées détenir la nationalité gabonaise depuis le 17 août 1960;
2. Toutes les personnes, même non domiciliées au Gabon à cette date, (qui sont nées au Gabon)[19] d'un parent au moins de *souche gabonaise*."

Die gabunische Staatsangehörigkeit bekamen also Personen und deren Angehörige[20] übertragen, die am Tag der Unabhängigkeit ihren Wohnsitz („être domicilié") in Gabun hatten oder von denen mindestens ein Elternteil gabunischen Ursprungs war. Der gabunische Gesetzgeber hat demnach die Abgrenzung des Staatsvolkes alternativ nach dem Domizilprinzip und nach einem erleichterten Abstammungsprinzip („souche gabonaise") vorgenommen[21]. Für Personen, die außerhalb

[16] Vgl. hierzu und zum Folgenden *Bleckmann*, S. 496, 497; *Zatzépine*, Le droit de la nationalité des republiques francophones d'Afrique et de Madagascar, S. 10 ff.

[17] *Decottignies / de Biéville*, S. 132, 133; Texte der afrikanischen Staatsangehörigkeitsgesetze auch bei *Tomson*.

[18] Tag der Unabhängigkeit, Art. 1 c. nat. gab.

[19] Die eingeklammerten Worte wurden aufgehoben durch „Ordonnance" vom 26. Juni 1965 (*Tomson*, S. 142).

[20] Der kollektive Effekt des Erwerbs bezüglich der Familienangehörigen (Ehegatten, Kinder) ist nicht ungewöhnlich (*Decottignies / de Biéville*, S. 129). Er entspricht dem sogenannten Grundsatz der Familieneinheit. Der Erwerb der gabunischen Staatsangehörigkeit trat auch bei Ehepartnern ein, die zuvor nicht die französische Staatsangehörigkeit besaßen. Dadurch wird zwar das Prinzip der Staatensukzession abgeschwächt. Die französische Staatsangehörigkeit des anderen Ehepartners trägt dem Sukzessionsgedanken jedoch genügend Rechnung.

[21] *Decottignies / de Biéville*, S. 129, betonen die souveräne Kompetenz des neuen Staates („le texte implique non un changement législatif concernant

Gabuns geboren sind, tritt diese allgemeine Erteilung der Staatsangehörigkeit nur in Kraft, wenn die Betreffenden rechtzeitig bestätigten, daß sie ihren Wohnsitz in Gabun beibehalten wollen. Insoweit wird das Domizilprinzip über den Zeitpunkt der Unabhängigkeit hinaus berücksichtigt. Andernfalls wird das Domizilprinzip mit dem Geburtsprinzip kombiniert.

Ein Problem könnte darin bestehen, ob der hier verwendete Begriff „domicile" von „résidence" zu unterscheiden ist. „Domicile" ist zu verstehen als Ort der hauptsächlichen Aktivitäten der betreffenden Person, „résidence" als jeweiliger momentaner Aufenthalt, der körperliche Anwesenheit voraussetzt. Danach ist fraglich, ob die betreffende Person am 17. August 1960 auf dem gabunischen Territorium anwesend sein mußte. „Domicile" ist wohl wörtlich zu verstehen, demnach wurde körperliche Anwesenheit nicht gefordert. Es genügte der „Wohnsitz" als prinzipieller Schwerpunkt der Lebensverhältnisse[22].

Das Domizilprinzip und das Prinzip der Abstammung von gabunischem Ursprung entsprechen völkerrechtlich geübten und anerkannten Anknüpfungen. Die Vorschrift muß jedoch insoweit dem Völkerrecht konform ausgelegt werden, als nur diejenigen Personen die neue Staatsangehörigkeit erlangen können, die zuvor die französische Staatsangehörigkeit besaßen. *Angehörige dritter Staaten* und *Staatenlose* werden nicht erfaßt. Das erfordert der Grundsatz der Staatensukzession[23].

Nach Art. 14 des Gesetzes bestand die Möglichkeit einer *„reconnaissance"* der gabunischen Staatsangehörigkeit im Sinne einer Erteilung als Ursprungsstaatsangehörigkeit. Es konnten sich die gabunische Staatsangehörigkeit „anerkennen", „bestätigen" lassen: Personen, die in Gabun oder einem Nachbarstaat geboren sind, die mindestens von einem gabunischen Elternteil abstammen oder die einer charakteristischen Gemeinschaft des gabunischen Volkes angehören oder vollständig in ihr assimiliert sind[24].

---

une nationalité déjà existante, mais un changement de nationalité et même la création d'une nationalité nouvelle"). Dadurch wird aber der Gedanke der Staatensukzession nicht verneint. Die angewandten Prinzipien entsprechen weitgehend den klassischen Regeln der Zessionsverträge (*Decottignies / de Biéville*, S. 129).

[22] *Zatzépine*, Le droit de la nationalité des républiques francophones d'Afrique et de Madagascar, S. 14; siehe auch oben, III, 2, b, cc, Anm. 26.
Zum Begriff der „souche" siehe unten, III, 4, b, aa, insbes. Anm. 45.

[23] Siehe oben, III, 3, d.
Insoweit unklar *Bleckmann*, S. 498.

[24] *Attribution* par voie de *reconnaissance:*
Art. 14 Code de la nationalité gabonaise:
„Peuvent se faire reconnaître la nationalité gabonaise à titre de nationalité d'origine:

Diese „reconnaissance" der gabunischen Staatsangehörigkeit erfolgte nicht automatisch im Zeitpunkt der Unabhängigkeit, sie bedurfte vielmehr eines Antrages des Betreffenden und wurde durch Dekret ausgesprochen[25]. Sie war aber rein deklaratorisch und wirkte auf den Tag der Unabhängigkeit zurück[26]. Im übrigen konnte der Antrag abgelehnt werden. Die Rückwirkung auf den Zeitpunkt der Unabhängigkeit und die Bezeichnung als „Ursprungsstaatsangehörigkeit" rechtfertigen jedoch die Einbeziehung der Vorschrift in den Kreis der — automatisch wirksamen — Regelungen zur Abgrenzung des neuen Staatsvolkes[27]. Die Vorschrift bedeutet deswegen mehr als eine „positive Option".

Art. 14, Ziffer 1 enthält lediglich das Prinzip der Geburt auf dem betreffenden Gebiet (Herkunftsprinzip) und verzichtet ausdrücklich auf das Erfordernis der gabunischen Abstammung. Art. 14, Ziffer 3 modifiziert unter anderem das Geburtsprinzip derart, daß zusätzlich der Tatbestand des Art. 10 nicht gegeben sein darf. Andererseits genügt auch, daß ein Elternteil die gabunische Staatsangehörigkeit besitzt. Art. 14, Ziffer 4 erleichtert die Anwendung des Domizilprinzips. Nach Art. 14, Ziffer 5 können sich Personen, die in einem Staat oder Territorium geboren sind, das eine gemeinsame Grenze mit Gabun hat oder die auf einer weniger als 400 Meilen entfernten Meeresinsel geboren sind, die gabunische Staatsangehörigkeit anerkennen (bestätigen) lassen. Dieser Erwerbstatbestand fällt aus dem Rahmen der sonstigen. Die bisher dargestellten Prinzipien entsprechen an sich völkerrechtlich zulässigen und häufig geübten Anknüpfungspunkten. Die Geburt in

---

1. Les personnes *nées* au Gabon et dont aucun des deux parents n'est de souche gabonaise; . . .
3. Les personnes *nées* au Gabon ou d'un parent au moins de nationalité gabonaise et qui n'auraient pas acquis la nationalité gabonaise par application de l'article 10;
4. Les personnes *domiciliées* au Gabon à la date du 17 août 1960 et qui n'auraient pas souscrit, dans les délais prescrits, la déclaration prévue à l'article 10. Dans ce cas, la reconnaissance de nationalité prend effet au 17 août 1960;
5. Les personnes nées dans un Etat ou Territoire ayant avec le Gabon une frontière commune ou dans une île située, en mer, à moins de 400 milles du Gabon;
6. Les personnes qui, même sans pouvoir établir le lieu de leur naissance ou celui de leur domicile au 17 août 1960 ni leur filiation, justifient appartenir ou être pleinement assimilées à l'une des *collectivités caractéristiques du peuple gabonais; . . .*" (exemplarische Auswahl, *Decottignies / de Biéville*, S. 133).

[25] Art. 15 c. nat. gab. (*Decottignies / de Biéville*, S. 133.)

[26] *Bleckmann*, S. 496; vgl. Text von Art. 14. Insoweit „Abgrenzungsvorschrift" von Rechts wegen.

[27] Wegen der Bezeichnung als genereller Erwerbstatbestand („attribution") stellt Art. 14 auch keine Optionsvorschrift dar; vgl. *Decottignies / de Biéville*, S. 129, 130. Die „reconnaissance" nach Art. 14 vervollständigt die Regelung des Artikels 10. (*Decottignies / de Biéville*, S. 129.) Eine gewisse Nähe zur Option wird aber zu bejahen sein.

einem Nachbarstaat oder auf einer nahen Insel erfaßt als ein ungewöhnlicher Anknüpfungspunkt nicht notwendig nur Personen, die bisher die französische Staatsangehörigkeit besaßen. Im übrigen bedeutet die Geburt in einem Nachbarstaat möglicherweise keine hinreichend vertiefte Beziehung zu Gabun, zumal auch keine Wohnsitznahme in Gabun verlangt wird. Mit der Erfassung fremder Staatsangehöriger wird in die Personalhoheit (Souveränität) dritter Staaten eingegriffen, und damit die Idee der Staatensukzession verlassen[28]. Da Art. 14 keine reine Optionsvorschrift darstellt, ist dieser weitgehende Anknüpfungspunkt völkerrechtlich bedenklich, zumindest sofern Personen betroffen sind, die zuvor nicht die französische Staatsangehörigkeit besaßen. Er stellt kein anerkanntes Prinzip zur Rechtsnachfolge in die Staatsangehörigkeit dar[29].

Soweit Art. 14 auf Geburt und Domizil abstellt, werden nur Personen zu Recht erfaßt, die vorher die französische Staatsangehörigkeit innehatten[30].

Art. 14, Ziffer 6 stellt ausschließlich auf die „collectivité caractéristique du peuple gabonais" ab. Es wird hier das — wohl weit auszulegende — Prinzip der Volkszugehörigkeit als Verleihungstatbestand zur Abgrenzung des Staatsvolkes eingeführt. Diese Volkszugehörigkeit dürfte durch den — insoweit die afrikanischen Verhältnisse besser treffenden — Begriff der Stammeszugehörigkeit präzisiert werden. Die Volkszugehörigkeit ist trotz einer gewissen Weite und Unbestimmtheit ein völkerrechtlich unbedenklicher Anknüpfungspunkt. Bedenken könnten allerdings daraus hergeleitet werden, daß die so erfaßten Stämme möglicherweise ins Nachbarland hineinreichen. Angesichts der Durchlässigkeit der Grenzen und der grenzüberschreitenden Wanderungsbewegungen wird man diese Anknüpfung aber — da sie dem Prinzip nach zulässig ist — im Gegensatz zur Regelung in Art. 14 Ziffer 5 von vornherein akzeptieren müssen.

---

[28] *Bleckmann*, S. 498; der Autor äußert sich über eine mögliche Völkerrechtswidrigkeit nicht.

[29] Die Rechtmäßigkeit von Art. 14, Ziffer 5 läßt sich nur bejahen, wenn der Gedanke der positiven Option herangezogen wird. Es überwiegt jedoch die Eigenschaft als allgemeiner Erwerbstatbestand. Im übrigen könnte eine Rechtfertigung höchstens mit der Erwägung angenommen werden, die Unsicherheit im Personenstandswesen, die Durchlässigkeit der Grenzen und daraus herrührende Migrationsbewegungen zwischen Stämmen, die beiderseits der Grenze beheimatet sind, erlaubten eine derartige Inanspruchnahme der benachbarten Bevölkerung. Auf diese Weise würde auch der Gefahr von Staatenlosigkeit begegnet.

[30] Anders nur bei Bejahung des Optionsgedankens (siehe unten, III, 5, c, bb).

Die Erstverleihung der Staatsangehörigkeit der Republik *Mali* richtet sich nach Art. 68 des malischen Staatsangehörigkeitsgesetzes[31]:

Est présumé posséder la nationalité malienne à titre de nationalité d'origine tout individu ayant à la date d'entrée en vigueur du présent Code sa *résidence habituelle* au Mali et justifiant de la *possession d'état de Malien.*

Cette présomption ne vaut que jusqu'à la preuve contraire administrée par l'intéressé ou par les pouvoirs publics conformément aux dispositions du titre VI du présent Code."

Von der Erstausstattung wurden also erfaßt alle Personen, die ihren gewöhnlichen Aufenthalt in Mali hatten und nachweisen konnten, daß sie den Status eines Maliers besaßen. Der gewöhnliche Aufenthalt *(résidence habituelle)* soll hier, ebenso wie der Begriff des Wohnsitzes *(domicile)*, als „Domizilprinzip" in einem weiteren Sinne bezeichnet werden, obwohl „gewöhnlicher Aufenthalt" und „Wohnsitz" nicht die gleiche Bedeutung haben müssen. Wegen der Ähnlichkeit und Vergleichbarkeit der beiden Begriffe sollen diese aber hier unter der *einheitlichen Anknüpfung des Domizilprinzips* gesehen werden[32]. Daher bedeutet dies im wesentlichen die Anwendung des Domizilprinzips, kombiniert mit dem Prinzip der *„possession d'état"* eines malischen Angehörigen. Dabei ist fraglich, was im einzelnen unter einer derartigen „possession d'état" zu verstehen ist.

---

31 *Decottignies / de Biéville*, S. 247.

32 Die allgemeine Abgrenzungsproblematik zwischen „domicile" und „résidence habituelle" taucht in verschiedenen Rechtsgebieten auf, so im Internationalen Privatrecht und im Staatsangehörigkeitsrecht. Vgl. dazu etwa die international-privatrechtliche Abhandlung von *L. J. de Winter*, Nationality or domicile? The present state of affairs, RdC, tome 128, 1969, III, S. 347 ff. (419 ff.); danach soll die „résidence habituelle" eher auf das Faktische bezogen sein. Siehe auch oben, III, 2, b, cc, Anm. 26; III, 3, a, aa, Anm. 16.

Zwischen „domicile" und „résidence habituelle" wird auch in der Literatur zum französischen Staatsangehörigkeitsrecht kein großer Unterschied gemacht. Die älteren französischen Vorschriften knüpften an das Erfordernis des „domicile" an (etwa Art. 8 Ziff. 4 Code civil; Art. 3, 4 Code de la nationalité von 1927). Lehre und Rechtsprechung waren sich einig, daß darunter eine „résidence effective et permanente" zu verstehen war. Das Staatsangehörigkeitsgesetz von 1945 hat daraus die Konsequenzen gezogen und anstelle des Begriffs des „domicile" den der „résidence" und der „résidence habituelle" verwendet (Art. 44, 52, 54, 55). Die „résidence habituelle" soll insoweit die gleiche Bedeutung haben wie früher das „domicile", also den „normalen, ständigen Aufenthalt" umschreiben, der auch vorübergehend unterbrochen sein kann. „Domicile" und „résidence habituelle" haben also beide einen primär faktischen Inhalt. Ein lediglich gesetzlicher Wohnsitz ohne tatsächliche Verbundenheit genügt nicht. Das französische Staatsangehörigkeitsrecht hat damit einen speziellen eigenen Begriff des Wohnsitzes bzw. des gewöhnlichen (ständigen) Aufenthaltes entwickelt, der nicht durch Verweisung auf andere Teile der französischen Rechtsordnung inhaltlich bestimmt wird (vgl. im einzelnen *Boulbès*, Droit français de la nationalité, S. 133 ff.; *Niboyet*, S. 230 ff.; *Batiffol*, S. 110; *Makarov*, Allgemeine Lehren des Staatsangehörigkeitsrechts, 2. Aufl., S. 280 ff., mit zahlreichen

Eine genaue Bestimmung des Begriffs der „possession d'état de Malien" ergibt sich aus dem „Circulaire no 331- M.E.J." vom 6. März 1962[33]. Danach ist darunter jemand zu verstehen, „qui s'est constamment considéré comme tel par les autorités et l'opinion publique". Die betreffende Person muß sich also wie ein Malier verhalten haben und als ein solcher behandelt worden sein („tatsächlicher Personenstand", „Status"). Das „sichtbare Verhalten" als malischer Angehöriger wird eine zutreffende Umschreibung dieses Anknüpfungskriteriums sein.

Im übrigen läßt sich eine im Ergebnis gleichlautende Inhaltsbestimmung der „possession d'état" durch einen Rückgriff auf das französische Staatsangehörigkeitsrecht gewinnen. Dort gilt die „possession d'état de Français" als Beweis für das Vorhandensein der französischen Staatsangehörigkeit einer Person und wird inhaltlich näher bezeichnet mit dem „sichtbaren Verhalten" als Franzose[34]. Dieses begriffliche Vorbild aus dem französischen Recht wird dem malischen Gesetzgeber vor Augen gestanden haben.

Rechtsprechungsnachweisen; Cour de cassation, Juris-Classeur Périodique (J. C. P.) 1958, II, 10414; siehe oben, III, 2, b, cc, Anm. 26).

Diese Auslegung der französischen Staatsangehörigkeitsvorschriften rechtfertigt es, die Anknüpfung nach der „résidence habituelle" hier begrifflich ebenfalls mit dem sog. Domizilprinzip zu erfassen. Es kann davon ausgegangen werden, daß die afrikanischen Gesetzgeber die französische Bedeutung des Begriffs aufgreifen wollten und deshalb auch keinen erheblichen Unterschied zwischen „domicile" und „résidence habituelle" machen wollten.

[33] J. O. R. M. 1 avril 1962, S. 272; vgl. auch *Decheix,* Le code de la nationalité malienne, Penant 73, 1963, S. 309.

[34] Vgl. etwa Art. 95, 143, 144 C. nat. fr. Die Cour d'appel d'Aix hat die Erfüllung folgender Voraussetzungen für die Annahme der „possession d'état de Français" gefordert: „La possession d'état de Français suppose non seulement que l'intéressé s'est continuellement comporté comme Français, tant en ce qui concerne les droits que les obligations attachés à cette qualité, mais encore qu'il ait été traité comme tel par le public et les autorités françaises" (C. A. Aix, 10 déc. 1947, Revue critique de droit international privé, 1948, S. 271, mit Anmerkung *Batiffol*). Die „possession d'état" besteht demnach aus einem Zusammenwirken mehrerer objektiv feststellbarer Tatsachen, die sich sowohl aus dem offenkundigen Verhalten der betreffenden Person als auch aus der Reaktion der Umwelt darauf ergeben müssen (vgl. *Boulbès,* Droit français de la nationalité, S. 137, 289). Die „possession d'état" eines Maliers oder eines Franzosen beinhaltet folglich das äußerlich erkennbare Verhalten als eine derartige Person, wobei die Gesamtheit der Lebensumstände heranzuziehen ist. Vgl. auch Cour d'appel de Montpellier, Revue critique de droit international privé, 1951, S. 272, mit Anmerkung *Batiffol; Batiffol,* S. 86; *Bilbao,* Le droit malgache de la nationalité, S. 40.

Bleckmann versteht unter „possession d'état de Malien" die malische „Herkunft" (S. 497). Dies dürfte eine ähnliche Bedeutung haben. Eine Person, die sich als Malier verhalten hat, wird in aller Regel der malischen Bevölkerung angehören oder ihr assimiliert sein. Insoweit umschreibt die „possession d'état" letztlich die Volks- oder Stammeszugehörigkeit. Im Unterschied zum französischen Recht bezeichnet sie in Afrika nämlich Personen, die zuvor nicht als Angehörige des neuen afrikanischen *Staates* angesehen werden konnten, da dessen eigene Staatlichkeit bzw. Staatsangehörigkeit noch nicht existierten.

Wegen des Grundsatzes der Staatensukzession müssen die betreffenden Personen zuvor die französische Staatsangehörigkeit besessen haben.

Art. 68 stellt hinsichtlich der genannten Voraussetzungen eine Vermutung auf, daß die besagten Personen die malische Staatsangehörigkeit besitzen. Durch diese Vermutung sollen Beweisschwierigkeiten verhindert werden[35].

Das durch das sichtbare Verhalten als malischer Angehöriger ergänzte Domizilprinzip stellt eine völkerrechtlich zulässige Anknüpfung dar[36].

Außerdem wird die ausländische Frau, die einen Malier vor dem Inkrafttreten des Staatsangehörigkeitsgesetzes geheiratet hat, so angesehen, als habe sie die malische Staatsangehörigkeit am Tage der Eheschließung erworben[37]. Die *Eheschließung* kann also gegebenenfalls für diese Frauen bereits im Zeitpunkt der Unabhängigkeit zu einem — mindestens fiktiven — Erwerb der neuen Staatsangehörigkeit geführt haben. Art. 71 ist demnach ein automatischer Erwerbstatbestand, der seine fiktive Wirkung in manchen Fällen allerdings schon vor der Unabhängigkeit (Tag der Eheschließung) gehabt haben kann. Da durch diese nachträgliche Anordnung im Wege der Fiktion die frühere französische Staatsangehörigkeit nicht beeinträchtigt wird, bestehen keine völkerrechtlichen Bedenken. Der Gedanke der Familieneinheit spricht im Gegenteil für die Regelung[38].

Die erstmalige Ausstattung mit der Staatsangehörigkeit der Republik *Madagaskar* bemißt sich nach den Art. 90 und 91 des madagassischen Staatsangehörigkeitsgesetzes[39]. Es heißt darin:

Art. 90: „Les personnes nées de père et de mère *d'origine malgache,* quels que soient leur âge, leur domicile ou leur résidence à la date du 26 juin 1960 ont la nationalité malgache.
Toutefois, ceux qui sont, à cette date, soumis au statut civil de droit moderne pourront, jusqu'au 31 décembre 1960, décliner la nationalité malgache s'ils ont conservé la nationalité française au regard de la loi française.
Art. 91: Les personnes issues d'un seul parent d'origine malgache, quels que soient leur âge, leur domicile ou leur résidence à la date du 26 juin 1960, ont la nationalité malgache. Toutefois, elles pourront, dans le délai d'un an à compter de cette date, décliner la nationalité malgache dans

---

[35] *Decottignies / de Biéville,* S. 237.
[36] Der Begriff der „possession d'état" findet sich auch in den Staatsangehörigkeitsgesetzen anderer afrikanischer Staaten (siehe unten, III, 4, b, dd).
[37] Art. 71 c. nat. mal., *Decottignies / de Biéville,* S. 248; vgl. auch *Diarra,* S. 542.
[38] Siehe unten, III, 4, b, aa, Anm. 60.
[39] *Decottignies / de Biéville,* S. 226.

les conditions prévues à l'article précédent, qu'elles soient légitimes ou nées hors mariage et qu'elles aient ou non été reconnues ou légitimées par un parent français."

Demnach wurde die madagassische Staatsangehörigkeit bei der Unabhängigkeit (26. Juni 1960) von Personen erworben, die als Kinder zumindest eines Elternteils madagassischen „Ursprungs" *(„origine")* geboren wurden. Nach dem ausdrücklichen Wortlaut des Gesetzes kommt es auf Wohnsitz oder Aufenthalt nicht an. Zusätzlich zu dem madagassischen Ursprung der Eltern wird die Abstammung von ihnen verlangt („... nées de père et de mère"). Es findet sich hier die Kombination zwischen einem „Ursprungsprinzip" und dem Abstammungsprinzip. Fraglich ist dabei, was unter dem Begriff „d'origine malgache" zu verstehen ist[40]. Der Wille des madagassischen Gesetzgebers wird nicht näher präzisiert. Das Völkerrecht kennt keine allgemeine Begriffsbestimmung des Ursprungs. In der Staatenpraxis verstand man darunter lange Zeit die Geburt in dem betreffenden Gebiet. Dieser enge Begriff des Ursprungs wurde allmählich gelockert[41]. Man forderte zwar zum Teil auch eine „qualifizierte Geburt", zum Beispiel dergestalt, daß die betreffende Person und ein Elternteil in dem jeweiligen Gebiet geboren sein müssen („doppelte Geburt"). Bei einer weiteren Auslegung hielt man es für genügend, daß lediglich ein Vorfahre in dem Gebiet geboren wurde[42].

Das madagassische Staatsangehörigkeitsgesetz wollte den Begriff der „origine malgache" in einem noch weiteren und weniger streng fixierten Sinne verstanden wissen. Es genügte die Zugehörigkeit zu einer Gemeinschaft, die in diesem Land verwurzelt war. Der Begriff des „Ursprungs" hat somit einen ethnischen Charakter[43]. Dem entspricht die offizielle Interpretation der „Chancellerie malgache": „L'originaire de Madagascar n'est pas celui qui est né à Madagascar, mais celui qui est de souche malgache[44]." Das Ursprungsprinzip beinhaltet daher eine Art Abstammungsprinzip. Das Erfordernis der Abstammung („filiation") bedeutet die allgemeine Anknüpfung nach dem „ius sanguinis"[45].

---

[40] Vgl. hierzu im einzelnen *Bilbao,* Le droit malgache de la nationalité, S. 31 ff.

[41] Siehe oben, III, 2, b, bb, Anm. 15.

[42] Vgl. *Batiffol,* S. 78, 79.

[43] *Bilbao,* Le droit malgache de la nationalité; *R. Razafimandranto* spricht von „sang malgache" und dem „Ius-sanguinis-Prinzip" (Le droit de la nationalité malgache, RJPIC 1971, vol. 24, no 4, S. 528).

[44] „Circulaire no 1838 du 9 septembre 1960 relative à l'application du titre VI du Code de la nationalité" (J. O. R. Malg., S. 1934).

[45] Vgl. *Lagarde,* S. 518; *Rivierez,* S. 538; oben, S. 136. Die dem madagassischen Gesetz entsprechende Auslegung dürfte auch für die gabunische Regelung anwendbar sein („souche gabonaise").

Die Abgrenzung des madagassischen Staatsvolkes bei der Unabhängigkeit erfolgte also insgesamt nach einem — ethnisch zu verstehenden — *Abstammungsprinzip*. Das Abstammungsprinzip („ius sanguinis") als solches ist völkerrechtlich unbedenklich. Die oben dargestellte, extensive Weite des Begriffs „origine" soll jedoch auch solche Personen erfassen, die zuvor nicht die französische Staatsangehörigkeit besaßen[46]. Bei einer derartigen Auslegung tritt der Gedanke der Staatensukzession in den Hintergrund. Madagaskar ist dann nicht nur der Nachfolgestaat von Frankreich, es wird zugleich eine ursprüngliche Souveränität wieder aufgegriffen, die zwischenzeitlich suspendiert war[47]. Der neue Staat überträgt seine Angehörigkeit an seine Kinder, ungeachtet wo sie sich befinden und welcher Personalhoheit sie verbunden sind. Die Einbeziehung eines derartig weiten Personenkreises in den madagassischen Staatsverband dürfte aber dem Völkerrecht widersprechen. Zwar kann man entgegenhalten, daß die souveräne Kompetenz des einzelnen Staates zur Bestimmung seiner Angehörigen sehr weit geht. Die bloße Berührung mit einer anderen Personalhoheit genügt noch nicht in jedem Falle zur Annahme einer Völkerrechtswidrigkeit[48]. Die Einbeziehung von Angehörigen dritter Staaten in das madagassische Abstammungsprinzip (Ursprungsprinzip) ist aber bedenklich[49]. Bei völkerrechtsgemäßer Auslegung können die Angehörigen von Drittstaaten und Staatenlose nicht erfaßt werden. Dies würde dem Rechtsgedanken der Staatensukzession widersprechen[50]. Auch die besonderen afrikanischen Verhältnisse legen insoweit keine andere Lösung nahe.

Art. 90, 91 enthalten die Möglichkeit, die so erlangte madagassische Staatsangehörigkeit unter bestimmten Voraussetzungen wieder auszuschlagen. Hierin liegt eine „negative Option"[51].

---

[46] So *Bilbao*, Le droit malgache de la nationalité, S. 43.

[47] Dies entspricht der Vorstellung von dem latenten Vorhandensein der afrikanischen Staatsangehörigkeiten bereits vor der Unabhängigkeit. Die Schaffung der neuen Staatsangehörigkeiten wird so losgelöst von dem Prinzip der Sukzession gesehen (siehe oben, II, 8; III, 2, c, aa, am Ende). Es gilt aber die Besonderheit, daß Madagaskar vor der französischen Annexion ein von den meisten europäischen Staaten anerkannter Staat war (siehe oben, I, 1, a, Anm. 4).

[48] Darüber Näheres in den Ausführungen über mehrfache Staatsangehörigkeit, unten, III, 6.

[49] Vgl. im übrigen zur madagassischen Staatsangehörigkeit *Terré*, A propos de la nationalité malgache, Penant 71, 1961, S. 339 ff. Dort wird auch auf die Zusammenhänge zwischen Art. 90, 91 und dem französischen Gesetz zur Änderung des französischen Staatsangehörigkeitskodex vom 28. Juli 1960 (Art. 13, 152 c. nat. fr.) eingegangen. Problematisch ist, ob Art. 90, 91 eine „disposition générale" nach Art. 152 c. nat. fr. darstellen. Nach der oben, III, 2, b, bb, Anm. 18, angeführten Definition liegt eine derartige „allgemeine Bestimmung" vor, da Art. 90, 91 keinerlei Willensbetätigung verlangen. Anders *Terré*, Penant 71, 1961, S. 344.

[50] Siehe oben, III, 3, d; III, 4, b, aa.

Die Abgrenzung des Staatsvolkes der Republik *Obervolta* erfolgte durch einige — sehr detaillierte — Vorschriften des voltaischen Staatsangehörigkeitsgesetzes.

Art. 120 besagt:

„Est Voltaique à compter du 5 août 1960 tout individu *né* antérieurement à cette date:

1. *En Haute-Volta,* d'un père qui y est lui-même né;
2. En Haute-Volta, de parents inconnus;
3. Hors de Haute-Volta, d'un père né en Haute-Volta et ne possédant pas une nationalité étrangère au 5 août 1960."

Art. 121 lautet:

„Est Voltaique à compter du 5 août 1960, sauf faculté de répudiation dans les six mois précédant la majorité ou éventuellement avant la date limite fixée à l'article 131 ci-après, tout individu né antérieurement au 5 août 1960:

1. En Haute-Volta, d'une mère qui y est elle-même née;
2. En Haute-Volta et dont un des quatre grands-parents y est lui-même né;
3. Hors de Haute-Volta, d'un père qui y est lui-même né et qui peut justifier au 5 août 1960 d'une nationalité étrangère;
4. Hors de Haute-Volta, d'une mere elle-même née en Haute-Volta;
5. Hors de Haute-Volta et dont les deux grands-pères sont nés en Haute-Volta[52]."

Außerdem wurde die voltaische Staatsangehörigkeit jeder Frau anläßlich der Unabhängigkeit zuerkannt, die vor dem Unabhängigkeitstag am 5. August 1960 einen Mann geheiratet hat, dem die voltaische Staatsangehörigkeit nach Art. 120, 121 übertragen wurde[53]. Schließlich wurde voltaischer Staatsangehöriger jede Person, die vor dem 5. August 1939 in Obervolta als Kind ausländischer Eltern geboren wurde und die im Zeitpunkt ihrer Volljährigkeit ihren gewöhnlichen Wohnsitz seit mindestens 5 Jahren in Obervolta hatte[54].

Die Erwerbstatbestände in Art. 120, 121 knüpfen zunächst an die *Geburt* in Obervolta an. Dieses Geburts- oder Herkunftsprinzip wird jeweils in verschiedenartiger Weise *qualifiziert,* so wird zusätzlich verlangt, daß der jeweilige Elternteil[55] selbst in Obervolta geboren wurde, daß einer der vier Großeltern in Obervolta geboren wurde oder daß die Eltern unbekannt sein müssen. Mit der voltaischen Staats-

---

[51] Auf die Optionen in den hier behandelten Staaten soll in einem besonderen Abschnitt eingegangen werden (siehe unten, III, 5; III, 5, c, cc).

[52] *Decottignies / de Biéville,* S. 379.

[53] Art. 122 Code de la nationalité voltaique (*Decottignies / de Biéville,* S. 380).

[54] Art. 123, 32 Code de la nationalité voltaique (*Decottignies / de Biéville,* S. 380).

[55] Abgesehen von der Ausschlagungsbefugnis beim Zurückgreifen auf die Geburt der *Mutter* sind Vater und Mutter gleichgestellt.

angehörigkeit wurde aber auch ausgestattet, wer außerhalb Obervoltas geboren wurde, sofern der Vater oder die Mutter in Obervolta geboren wurden[56]. Es genügte weiter, wenn die außerhalb Obervoltas geborene Person Kind eines Vaters war, der selbst in Obervolta geboren wurde und am Unabhängigkeitstag (5. August 1960) eine fremde Staatsangehörigkeit besaß. Eine hinreichende Anknüpfung war schließlich, daß die beiden Großväter in Obervolta geboren wurden. Auch hier handelt es sich um ein Geburts- oder Herkunftsprinzip im weiteren Sinne: Angeknüpft wurde nicht an die Geburt der betreffenden Person, sondern an die Geburt von Aszendenten in Obervolta. Es genügte die Herkunft von Eltern- oder Großelternteilen aus Obervolta. In allen Fällen wird auch für die Verknüpfung der Generationen das Kriterium der Abstammung maßgebend.

Sowohl das qualifizierte als auch das erleichterte Herkunftsprinzip entsprechen völkerrechtlich anerkannten und insbesondere in neuerer Zeit häufiger geübten Praktiken[57]. Das Herkunftsprinzip (Geburtsprinzip) als Abgrenzungskriterium entspricht dem allgemeinen Erwerbstatbestand des „ius soli“[58].

Die Erstübertragung der neuen Staatsangehörigkeit an die Ehefrauen, auch die ausländischen, der von Art. 120, 121 erfaßten Personen[59] entspricht dem Prinzip einer möglichst einheitlichen Behandlung der Familie im Bereich der Staatsangehörigkeit (Grundsatz der Familieneinheit)[60]. Die Angleichung des staatsangehörigkeitsrechtlichen Status

[56] Bei dieser Person (Art. 120, Ziffer 3 c. nat. vol.) wird verlangt, daß sie am Tag der Unabhängigkeit (5. August 1960) keine „nationalité *étrangère*“ besitzt. *Bleckmann* meint, unter dieser fremden Staatsangehörigkeit sei die französische zu verstehen (S. 497). Vgl. dazu auch *Decottignies / de Biéville*, die glauben, daß diese Bestimmung auf das Kind eines Vaters anwendbar ist, der voltaischen Ursprungs („souche“) ist und der vor der Unabhängigkeit die französische Staatsangehörigkeit besaß (S. 361). Diese Auffassung ist insoweit folgerichtig, als sie der Idee der Staatensukzession entspricht. Die betroffene Person selbst darf deshalb keine andere Staatsangehörigkeit besitzen.

[57] Siehe oben, III, 3, b, aa. Problematisch ist nur die Einbeziehung dritter Staatsangehörigkeiten, das heißt anderer als der ursprünglichen französischen. Dies ist ganz überwiegend abzulehnen.

[58] Vgl. hierzu *Decottignies / de Biéville*, S. 361. Die Autoren betonen, die Abgrenzung nach dem „ius soli“ sei bewußt vorgenommen worden, eine Erstausstattung nach den Grundsätzen des „ius sanguinis“ (Abstammung) sei wegen der wenig juristischen Fiktion einer Rückwirkung der neuen Staatsangehörigkeit unterblieben. Ähnlich *M. Zorome / E. Tani*, Attribution, acquisition et perte de la nationalité voltaique, RJPIC 1971, vol. 24, no 4, S. 520: „L'application du ius sanguinis conduit à une impasse car pour être Voltaique, il faut naître d'un père voltaique et pour que le père soit voltaique, il faut qu'il ait un père voltaique. Le recours au ius soli permet de tourner les difficultés ...“

[59] Art. 122 c. nat. vol.

[60] Vgl. *Dahm*, S. 463 ff., der im übrigen darauf hinweist, daß das *Prinzip der Familieneinheit* mehr und mehr durch den *Gleichberechtigungsgrund-*

der Ehefrau an denjenigen des Ehemannes entspricht einer bisher geübten Praxis. Das Prinzip der Staatensukzession wird gewahrt, wenn der Ehemann zuvor die französische Staatsangehörigkeit besaß.

Art. 123 schließlich kombiniert das Geburtsprinzip mit einem zeitlich erschwerten Domizilprinzip[61]. Der länger andauernde Aufenthalt in Obervolta ersetzte die Herkunft der Eltern- oder Großelterngeneration aus diesem Land. Die betreffende Person müßte jedoch zuvor französischer Staatsangehöriger gewesen sein.

Die Vorschriften, die die Abgrenzung des Staatsvolkes der Republik *Tschad* regeln, sind ohne eigenen systematischen Standort über das betreffende Staatsangehörigkeitsgesetz verstreut und finden sich innerhalb der für Dauer geltenden Regelungen. Die wesentlichen Abgrenzungskriterien enthält Art. 14 des tschadschen Staatsangehörigkeitsgesetzes[62]:

„Sont considérés comme Tchadiens les particuliers de *souche africaine* qui ont depuis quinze ans la *possession d'état de Tchadien.*
La possession d'état dans le sens du paragraphe précédent consiste dans le fait, pour celui qui s'en prévaut:
1. D'être de notoriété publique pleinement assimilé à une communauté vivant habituellement sur le territoire de la République;
2. D'avoir été et de continuer d'être publiquement traité comme Tchadien par la population et les autorités tchadiennes;
3. D'être de bonne vie et moeurs ..."

Verlangt wurden also afrikanische Abstammung (souche africaine) und die seit 15 Jahren vorliegende „possession d'état de Tchadien". Die

satz und durch das Prinzip der individuellen Entscheidung der Frau in Frage gestellt wird. Trotz dahingehender Abkommen gibt es insoweit noch keine einheitliche internationale Rechtsüberzeugung und keine gewohnheitsrechtliche Regel (S. 466). Vgl. auch *Menzel*, Völkerrecht, S. 190; *Weis*, Nationality and statelessness in International Law, S. 99, 100; oben, III, 4, b, aa.

[61] Im Ergebnis eine Art „Heimatprinzip".

[62] Das erste tschadsche Staatsangehörigkeitsgesetz wurde am 27. Februar 1961 erlassen (siehe oben, III, 2, c, aa, Anm. 59). Seine Abgrenzungsregeln sind wegen Art. 44 des zweiten Staatsangehörigkeitsgesetzes nachträglich aufgehoben worden. Es galt danach ausschließlich die neue Erstausstattungsvorschrift des Art. 14 des zweiten Gesetzes (vgl. auch *Bleckmann*, S. 497). Daher ist *J. B. Seid* nicht zuzustimmen, wenn er die erstmalige Verleihung der tschadschen Staatsangehörigkeit bereits nach dem Inkrafttreten des zweiten Staatsangehörigkeitsgesetzes noch auf Art. 4 des ersten Gesetzes zurückführt (*J. B. Seid*, Les modes d'attribution et d'acquisition de la nationalité tchadienne, RJPIC 1971, S. 566). Art. 4 des ersten Gesetzes verlangte im wesentlichen die Geburt auf dem Gebiet der Republik Tschad vor oder am Tag der Unabhängigkeit, im übrigen genügte die „possession d'état de national tchadien" (*Decottignies / de Biéville*, S. 317, 318). Hier wird aber nur von der Erstausstattung nach Art. 14 des zweiten Staatsangehörigkeitsgesetzes der Republik Tschad vom 14. August 1962 ausgegangen (siehe oben, III, 2, c, aa, Anm. 60).

„souche africaine" beinhaltet eine afrikanische Volkszugehörigkeit im weiten Sinne[63]. Die Begriffsbestimmung der „possession d'état" entspricht im wesentlichen den in anderen afrikanischen Staatsangehörigkeitsgesetzen gegebenen Definitionen[64]. Qualifizierend tritt hinzu das Erfordernis der fünfzehnjährigen Dauer.

Die relevanten Kriterien stellen also eine Kombination dar zwischen dem (erweiterten) Abstammungsprinzip und dem Prinzip des sichtbaren Verhaltens als Angehöriger des neuen Staates. Diese Prinzipien entsprechen neuerer völkerrechtlicher Praxis und sind unbedenklich.

Das Erfordernis der afrikanischen Abstammung ist weit gefaßt und erreicht dem Wortlaut nach nicht notwendig nur Personen, die zuvor die französische Staatsangehörigkeit hatten. Diese muß jedoch wegen des Prinzips der Staatensukzession als zusätzliches Erfordernis angesehen werden. Der langjährige tatsächliche Besitz des Personenstandes eines Staatsangehörigen von Tschad führt jedoch dazu, daß im wesentlichen nur Eingeborene von Tschad die neue Staatsangehörigkeit erlangt haben werden. Damit wird dem Sukzessionsgedanken allgemein Rechnung getragen.

Völkerrechtlich fragwürdig ist lediglich die Ziffer 3 des Artikels 14, wo für die „possession d'état de Tchadien" gefordert wird „d'être de bonne vie et moeurs". Der „normale Lebenswandel" und die „guten Sitten" sollten aber nicht für den generellen Erwerb einer Staatsangehörigkeit maßgebend sein. Es handelt sich insoweit nicht um völkerrechtlich übliche und anerkannte Anknüpfungen. Diese Bedingung ist daher möglicherweise völkerrechtswidrig[65]. Sie wird aber letztlich angesichts des weiten völkerrechtlichen Spielraumes bei der Wahl der Anknüpfung und der Tatsache, daß nicht in die Belange anderer Staaten eingegriffen wird, nicht zu beanstanden sein.

Nach den weiteren Anordnungen des Art. 14 konnten die betreffenden Personen innerhalb einer Frist ihren Willen kundtun, ihre Ursprungsstaatsangehörigkeit beizubehalten[66].

Eine weitere allgemeine Übergangsregelung enthält Art. 39 des tschadschen Staatsangehörigkeitskodex[67]:

„Les dispositions du titre premier supra, relatives à l'attribution de la nationalité tchadienne à titre de nationalité d'origine, s'appliqueront aux

---

[63] Siehe oben, III, 4, b, aa.
[64] Siehe oben, III, 4, b, aa; auch Art. 6 des „Décret du 28 septembre 1961 relatif au code de la nationalité tchadienne (J. O. R. Tch. 15 octobre 1961, S. 427, außer Kraft).
[65] Vgl. hierzu *Bleckmann*, S. 497.
[66] Siehe oben, III, 2, c, aa, Anm. 60.
[67] *Decottignies / de Biéville*, S. 330.

individus nés avant la date de la mise en vigueur de la présente ordonnance si ces individus n'ont pas encore, à cette date, atteint leur majorité ..."

Damit wurden die *allgemeinen* Erwerbstatbestände der Art. 9 ff. auch für die Erstausstattung mit der neuen Staatsangehörigkeit angewendet. Maßgebend ist insoweit im wesentlichen die Abstammung *(filiation)* von tschadschen Eltern[68]. Die Abgrenzung nach dem Abstammungsprinzip entspricht der Verleihung „iure sanguinis" und begegnet keinen völkerrechtlichen Bedenken. Dasselbe gilt für die Anwendung des „ius soli".

Zusammenfassend läßt sich sagen, daß diejenigen Staaten, die den Kreis ihrer Erstangehörigen besonders bestimmten, das in früheren Zessionsverträgen häufig geübte Domizilprinzip zugunsten eines — auch auf die Vorfahren erstreckten — Geburtsprinzips und des Prinzips der jeweiligen afrikanischen Volkszugehörigkeit vernachlässigt haben. Die Volkszugehörigkeit läßt sich auch mit dem Prinzip des jeweiligen afrikanischen Ursprungs (origine, souche) und mit dem der Abstammung (filiation, ius sanguinis) umschreiben. Hinzu tritt das Prinzip des sichtbaren Verhaltens als Angehöriger des neuen Staates. Das Domizilprinzip tritt zwar in einigen Staaten auf, überwiegt aber nicht. Die über mindestens zwei Generationen geforderte Verbundenheit zu dem Land oder Volk wird vermittelt durch die Abstammung der beteiligten Personen voneinander.

---

[68] Art. 9 Code de la nationalité tchadienne:
„Sont Tchadiens:
1. Les enfants légitimes ou naturels nés de deux parents tchadiens;
2. Les enfants légitimes ou naturels nés au Tchad d'un ascendant tchadien;
3. Les enfants légitimes ou naturels nés à l'étranger d'un ascendant tchadien; ..."

Außerdem war — mit Ausschlagungsmöglichkeiten — das Ius-soli-Prinzip anwendbar:
Art. 11: „Sont Tchadiens:
1. Les enfants légitimes ou naturels nés au Tchad et qui n'ont aucune autre nationalité d'origine;
2. Les enfants nés au Tchad de parents inconnus ...
Art. 12: Sont Tchadiens:
Les enfants nés au Tchad de parents étrangers; ..."

Sofern Staatenlose und Angehörige von Drittstaaten erfaßt werden, bestehen allerdings Bedenken wegen des Grundsatzes der Staatensukzession. Zum Text vgl. *Decottignies / de Biéville*, S. 316. Um die tschadsche Staatsangehörigkeit iure sanguinis weitergeben zu können, mußten die Eltern schon vor der Unabhängigkeit als fiktiv mit der tschadschen Staatsangehörigkeit ausgestattet angesehen werden. Erforderlich ist die Fiktion der Rückwirkung der neuen Staatsangehörigkeit (*Tomson*, S. 30; für die im folgenden Abschnitt III 4, b, bb behandelten Staaten ist dieses Abgrenzungskriterium von besonderer Bedeutung, so daß deshalb erst dort genauer auf die dabei zu beachtende Problematik eingegangen werden soll).

Aus Art. 39 kann wohl e contrario geschlossen werden, daß im Falle der Verleihung nach Art. 14 die Betroffenen volljährig sein mußten (*Decottignies / de Biéville*, S. 316).

bb) Staaten, in denen der Kreis der Erstangehörigen durch keine besondere Regelung bestimmt wird

Die übrigen frankophonen afrikanischen Neustaaten haben die Abgrenzung ihres Staatsvolkes bei der Unabhängigkeit nicht durch besondere Übergangsvorschriften („dispositions transitoires") vorgenommen. Sie haben vielmehr die allgemeinen Erwerbstatbestände ihrer Staatsangehörigkeit auch zur Bestimmung der Erstangehörigen ihres Staatsvolkes benutzt[69].

Das Staatsangehörigkeitsgesetz der Republik *Guinea* vom 1. März 1960 enthält keine spezielle Regelung zur erstmaligen Bestimmung der neuen Staatsangehörigen. Nach Art. 142 des neuen Gesetzes trat dieses mit dem Datum seiner Veröffentlichung in Kraft[70]. Daraus geht der Wille des Gesetzgebers hervor, daß die Bestimmungen über die neue Staatsangehörigkeit unmittelbar und sofort anwendbar sein sollten für alle Personen, die ihre Voraussetzungen erfüllten[71]. Es findet sich jedoch keine — zumindest klarstellende — Vorschrift, die die Anwendung der allgemeinen Erwerbsgründe der Staatsangehörigkeit auch zur erstmaligen Abgrenzung des Staatsvolkes angeordnet hätte. Man kann nur — völkerrechtskonform — annehmen, daß die mit der Unabhängigkeit bereits vorhandenen neuen Staatsangehörigen nach den allgemeinen Erwerbsgründen des Gesetzes bestimmt werden sollten[72].

Maßgebend sind demnach die *allgemeinen* Erwerbsgründe der guineischen Staatsangehörigkeit kraft Geburt[73]. Nach Art. 17, 18 des guineischen Staatsangehörigkeitskodex ist guineischer Staatsangehöriger das eheliche, in Guinea geborene Kind eines Vaters (einer Mutter), der (die) ebenfalls in Guinea geboren ist[74]. Hiernach wird die guineische Staatsangehörigkeit nach dem Anknüpfungspunkt des „ius soli" übertragen. Das Prinzip des „ius soli" wird verstärkt durch das zusätzliche Erfordernis der Geburt auch des jeweiligen Elternteils in Guinea. Dieses doppelte Ius-soli-Prinzip entspricht genau dem Prinzip der „doppelten Geburt", wie es andere, zuvor erwähnte afrikanische Staaten in

---

[69] Siehe oben, III, 4, b, am Anfang.

[70] Siehe oben, III, 2, c, aa, Anm. 94.

[71] *Decottignies / de Biéville*, S. 153.

[72] Dafür sprechen sowohl der aus Art. 142 hervorgehende Wille des Gesetzgebers als auch die Überlegung, daß ein subsidiäres völkerrechtliches Abgrenzungskriterium nicht existiert.

[73] Titel II des Gesetzes, vgl. *Decottignies / de Biéville*, S. 155 ff.

[74] Art. 17: „Est Guinéen:
1. L'enfant légitime *né en Guinée* d'un père qui y est lui-même né; . . .
Art. 18: „Est Guinéen, sauf la faculté de répudier cette qualité dans les six mois précédant sa majorité:
1. L'Enfant légitime né en Guinée d'une mère qui y est elle-même née; . . .
In Ziffer 2 von Art. 17, 18 wird dieses Prinzip auch auf das uneheliche Kind angewendet.

einer besonderen Regelung zur Bestimmung des von dem Staatsangehörigkeitswechsel betroffenen Personenkreises verwendet haben.

Nach Art. 15 ist guineischer Staatsangehöriger auch das in Guinea von unbekannten Eltern geborene Kind, sofern nicht seine Abstammung von einem Ausländer festgestellt wird.

Diese allgemeinen Erwerbsvorschriften haben auch den ersten Kreis der Staatsangehörigen bei der Unabhängigkeit abgegrenzt. Das dabei angewandte *qualifizierte Geburts- oder Herkunftsprinzip* enthält keine Anzeichen von Völkerrechtswidrigkeiten. Fremde, das heißt nicht ursprünglich französische, Staatsangehörige dürfen allerdings nicht erfaßt werden.

Einschlägig für die Rechtsnachfolge in die frühere französische Staatsangehörigkeit könnten auch die Artikel 11 bis 14 des guineischen Gesetzes sein[75]. Die Vorschriften enthalten allgemeine Erwerbstatbestände, die sich auf die *Abstammung* (ius sanguinis) von einem guineischen Vater oder einer guineischen Mutter gründen. Die bei der ehelichen Abstammung von einer guineischen Mutter für den zweiten Elternteil geforderten Voraussetzungen werden im einzelnen unterschiedlich festgelegt (ausländischer Vater, staatenloser Vater, unbekannte Staatsangehörigkeit). Im Gegensatz dazu werden bei der ehelichen Abstammung von einem guineischen Vater für den mütterlichen Elternteil keine besonders aufgezählten einschränkenden Voraussetzungen verlangt.

Es erscheint zunächst fraglich, ob diese auf dem „ius sanguinis" beruhenden Erwerbstatbestände auch auf die erstmalige Abgrenzung des guineischen Staatsvolkes anwendbar sind. Die Regelungen verlangen einen „guineischen" Vater und eine „guineische" Mutter, die ihre Staatsangehörigkeit auf ihr Kind weiterübertragen können. Vor der Unabhängigkeit gab es aber noch keine guineische Staatsangehörigkeit, die die Eltern auf ihre Kinder hätten übertragen können. Eine Vor-

---

[75] Art. 11 Code de la nationalité guinéenne:
„Est Guinéen:
1. L'enfant légitime *né d'un père guinéen;*
2. L'enfant naturel lorsque celui de ses parents à l'égard duquel la filiation a d'abord été établie, est Guinéen.

Art. 12: Est Guinéen:
1. L'enfant légitime né d'une mère guinéenne et d'un père qui n'a pas de nationalité ou dont la nationalité est inconnue;
2. L'enfant naturel lorsque celui de ses parents à l'égard duquel la filiation a été établie en second lieu, est Guinéen, si l'autre parent n'a pas de nationalité ou si sa nationalité est inconnue.

Art. 13: Est Guinéen . . . ,
1. L'enfant légitime né d'une mère guinéenne et d'un père de nationalité étrangère; . . ."

(*Decottignies / de Biéville*, S. 155, 156.)

schrift, durch die die fiktive Rückwirkung der guineischen Staatsangehörigkeit auf die Elterngeneration angeordnet würde, ist nicht vorhanden. Aus diesem Grunde bezweifeln *Decottignies / de Biéville*[76], daß die auf dem „ius sanguinis" beruhenden Vorschriften der Art. 11 bis 14 auf die Erstausstattung anwendbar seien. Dies wird man jedoch bejahen müssen, da die Fiktion der rückwirkenden Innehabung der guineischen Staatsangehörigkeit durch die Eltern der betreffenden Personen auch ohne ausdrückliche gesetzliche Anordnung möglich ist. Diese *fiktive Rückwirkung* ergibt sich konkludent aus dem Willen des Gesetzgebers, die Erwerbsgründe sofort wirksam werden zu lassen[77].

Die auf dem Abstammungsprinzip beruhende Bestimmung der Erstangehörigen entspricht dem allgemeinen Erwerbstatbestand des „ius sanguinis". Die bisher besprochenen afrikanischen Staaten haben dieses Prinzip unter dieser Bezeichnung weitgehend nicht verwendet[78]. Die Abstammung von dem — fiktiv „guineischen" — Elternteil beinhaltet aber letztlich eine durch die Abstammung vermittelte Zugehörigkeit zum guineischen Volk. Insoweit bestehen Berührungspunkte mit dem Prinzip der Volkszugehörigkeit und dem Ursprungsprinzip. Die Abgrenzung aufgrund der Abstammung von einem „guineischen" Elternteil bedeutet eine zulässige Anknüpfung, soweit der jeweilige Elternteil als fiktiver Inhaber der guineischen Staatsangehörigkeit nach Kriterien bestimmt wurde, die auf einer verstärkten Zugehörigkeit zu Guinea beruhten (zum Beispiel Geburt in Guinea).

Einen ausdrücklichen automatischen Erwerbstatbestand im Augenblick der Unabhängigkeit enthält schließlich Art. 141. Danach erlangte eine ausländische Frau, die mit einem guineischen Staatsangehörigen zur Zeit der Verkündung des Gesetzes verheiratet war, selbst die guineische Staatsangehörigkeit[79]. Der guineische Ehemann mußte nach einem der angeführten Anknüpfungspunkte bestimmt werden. Abgrenzungskriterium war demnach der familienrechtliche[80] Tatbestand der *Eheschließung* im Zusammenhang mit den jeweils für die Erstausstattung des Ehemannes maßgebenden Abgrenzungskriterien. Die-

---

[76] S. 153.

[77] Der Nachweis des fiktiven Besitzes der guineischen Staatsangehörigkeit durch die Eltern kann durch die „possession d'état de Guinéen" in dem Zeitpunkt, in dem die Staatsangehörigkeit auf die Kinder übertragen werden sollte, erbracht werden. Mögliches Indiz ist auch die Geburt auf dem Gebiet von Guinea. Der fiktive „Guineer" der Vergangenheit dürfte aufgrund seiner Zugehörigkeit zu Land und Volk zu ermitteln gewesen sein.

Vgl. im übrigen zu Einzelheiten über die Schwierigkeiten des noch nicht bestimmten Personenkreises der Guineer *Decottignies*, Nationalité et citoyenneté 1959 en Afrique noire, Annales africaines, 1959, S. 49.

[78] Vgl. jedoch zu Tschad gleich oben, Anm. 68.

[79] *Decottignies / de Biéville*, S. 173, 174, 153.

[80] Vgl. hierzu *Decottignies / de Biéville*, S. 153.

ses Prinzip der Familieneinheit dürfte völkerrechtlich zulässig sein, obwohl hier die Idee der Staatensukzession nur noch am Rande bestimmend ist. Die Ehefrau braucht demnach zuvor ausnahmsweise auch nicht die französische Staatsangehörigkeit besessen zu haben[81]. Der Gedanke der Staatensukzession wird aber dadurch gewahrt, daß der Ehemann vorher die französische Staatsangehörigkeit besitzen mußte.

Das Staatsangehörigkeitsgesetz der Republik *Elfenbeinküste* enthält ebenfalls im wesentlichen keine besonderen materiellen Regelungen zur Abgrenzung des ersten Kreises der Staatsangehörigen. Jedoch enthält die Übergangsbestimmung des Art. 106 des Staatsangehörigkeitsgesetzes von Elfenbeinküste inzidenter einen Hinweis auf die Möglichkeit, die neue Staatsangehörigkeit mit der Unabhängigkeit zu erwerben[82]. Daraus geht zumindest konkludent[83] hervor, daß der Gesetzgeber den neuen Kodex sofort für alle Personen anwendbar machen wollte, die seine Anwendungsvoraussetzungen erfüllten. Folglich sind die allgemeinen Vorschriften über den Erwerb der Staatsangehörigkeit der Republik Elfenbeinküste als Staatsangehörigkeit kraft Geburt maßgebend[84].

So wurde mit der Unabhängigkeit Staatsangehöriger der Republik Elfenbeinküste jede Person, die in Elfenbeinküste geboren wurde, mit Ausnahme des Falles, in dem die beiden Elternteile Ausländer waren (Art. 6)[85]. Dieses einfache *Geburtsprinzip* entspricht der Staatenpraxis und wurde schon früher in einigen Zessionsverträgen vereinbart. Es widerspricht nicht den vom Völkerrecht anerkannten Anknüpfungspunkten[86].

Außerdem ist Art. 7 anwendbar, wonach — hier als Folge der Unabhängigkeit — jede Person Staatsangehöriger der Republik Elfenbeinküste wurde, die außerhalb der Elfenbeinküste als Kind eines Staats-

---

[81] Siehe oben, III, 4, b, aa, Anm. 60.

[82] Art. 106 c. nat. iv.: „Les personnes ayant établi leur domicile en Côte d'Ivoire antérieurement au 7 août 1960 qui n'acquièrent pas la nationalité ivoirienne, soit de *plein droit*, soit volontairement conservent cependant à titre personnel tous les droits.“ (*Decottignies / de Biéville*, S. 200.) Der 7. August 1960 ist der Tag der Unabhängigkeit. Siehe auch oben, III, 2, c, aa, Anm. 86.

[83] *Decottignies / de Biéville*, S. 185. *Bleckmann*, S. 496, hält dies für eine ausdrückliche Anordnung der allgemeinen Erwerbsgründe.

[84] Art. 6 ff. Code de la nationalité ivoirienne (*Decottignies / de Biéville*, S. 187).

[85] Art. 6: „Est Ivoirien tout individu né en Côte d'Ivoire sauf si ses deux parents sont étrangers.“

[86] *Decottignies / de Biéville*, S. 185. Die Möglichkeit, daß auch Personen, die ursprünglich nicht die französische Staatsangehörigkeit besaßen, mit der Staatsangehörigkeit von Elfenbeinküste ausgestattet werden sollten, ist wegen des Prinzips der Staatensukzession abzulehnen.

angehörigen der Republik Elfenbeinküste geboren wurde[87]. Auch hierbei ist, wie in Guinea, von einer fiktiven Rückwirkung der neuen Staatsangehörigkeit auf den jeweiligen Elternteil im Zeitpunkt der Geburt des Kindes auszugehen[88]. Diese Fiktion ist völkerrechtlich unbedenklich, da sie nur der rechtslogischen Erklärung der Staatsangehörigkeitsverleihung kraft *Abstammung* (iure sanguinis) im Augenblick der Unabhängigkeit dient. Schwierig ist aber auch hier mangels einer ausdrücklichen Vorschrift die Bestimmung der Kriterien, nach denen der frühere „fiktive" Staatsangehörige von Elfenbeinküste bestimmt werden soll (zum Beispiel possession d'état, Geburt im Land).

Auch im Staatsangehörigkeitsgesetz von Elfenbeinküste gibt es eine besondere Übergangsbestimmung, die zum automatischen Ersterwerb der neuen Staatsangehörigkeit an eine ausländische — zuvor nicht unbedingt französische — Ehefrau führt, die bereits vorher mit einem Staatsangehörigen der Elfenbeinküste verheiratet war[89]. Maßgebend ist auch hier der beachtenswerte Gedanke der Familieneinheit auf dem Gebiet des Staatsangehörigkeitsrechts. Der Grundsatz der Staatensukzession ist abgeschwächt, er trifft nur auf den Staatsangehörigkeitserwerb des Ehemanns zu.

Im Staatsangehörigkeitsgesetz der *Zentralafrikanischen Republik* findet sich keine ausdrückliche Bestimmung zum Erwerb der neuen zentralafrikanischen Staatsangehörigkeit anläßlich der Unabhängigkeit. Aus Art. 102 und dem sonstigen Schweigen des Gesetzes zu dieser Frage geht jedoch hervor, daß die allgemeinen Erwerbsgründe auch für die erstmalige Abgrenzung des Staatsvolkes anwendbar sein sollten. In Art. 102 des Code de la nationalité centrafricaine[90] heißt es:

> „Pour l'application de la présente loi, sont réputées avoir eu la nationalité centrafricaine, les personnes décédées à la date de la promulgation de la présente loi qui remplissaient de leur vivant les conditions prévues aux articles 6 et 8."

Art. 6 und 8 enthalten die allgemeinen Gründe zum Erwerb der zentralafrikanischen Staatsangehörigkeit kraft Geburt[91]. Danach galt

[87] Art. 7: „Est Ivoirien l'individu né hors de Côte d'Ivoire d'un parent ivoirien" (*Decottignies / de Biéville*, S. 187). Die väterliche und die mütterliche Abstammung stehen also gleichberechtigt nebeneinander.

[88] *Bleckmann*, S. 496. Anders *Decottignies / de Biéville*, die die Fiktion der Rückwirkung auch hier bezweifeln, da eine diese Rückwirkung ausdrücklich anordnende Vorschrift fehle (S. 185). Das Kind eines im Zeitpunkt der Unabhängigkeit schon verstorbenen Elternteils würde demnach nicht von Art. 7 erfaßt werden. Der Wille des Gesetzgebers dürfte aber hier ebenfalls auf fiktive Rückwirkung der neuen Staatsangehörigkeit auf die Zeit vor der Unabhängigkeit gehen.

[89] Art. 101 (*Decottignies / de Biéville*, S. 200).

[90] *Decottignies / de Biéville*, S. 95.

[91] Art. 6: „Est Centrafricain tout individu né en République centrafricaine." Diese Fassung galt bis zum 1. Dezember 1964. Daraufhin wurde ohne

zunächst ein weites *„ius soli"*, von dessen Anwendung allerdings die Kinder zweier Ausländer ausgenommen wurden (Art. 7). Die Anwendung des „ius soli" (Geburtsprinzips) zur erstmaligen Bestimmung des Personenkreises der neuen Staatsangehörigkeit begegnete keinen dogmatischen Schwierigkeiten. Daher war es überflüssig, die neue Staatsangehörigkeit zu diesem Zweck auf die bereits verstorbenen Personen zurückwirken zu lassen[92]. Dieses völkerrechtlich häufig geübte Geburtsprinzip wurde ab 2. Dezember 1964 ersetzt durch einen neuen Art. 6, wonach Zentralafrikaner ohne Rücksicht auf den Geburtsort jeder wird, der mindestens einen zentralafrikanischen Elternteil hat. Diese Änderung dürfte jedoch die erstmalige Übertragung der zentralafrikanischen Staatsangehörigkeit nicht mehr berührt haben. Die Erstausstattung mit der neuen Personalhoheit gemäß Art. 6 alter Fassung (ius soli) war im Dezember 1964 ja bereits vollzogen.

Außerdem wurde die neue Staatsangehörigkeit bei der Unabhängigkeit nach den Abstammungsgrundsätzen des Art. 8 übertragen. Für die Anwendung dieses *„ius sanguinis"* zur Bestimmung der Erstangehörigen war die rückwirkende Verleihung der zentralafrikanischen Staatsangehörigkeit auf die verstorbene Elterngeneration dogmatisch notwendig[93]. Diese — auch hier wieder als fiktiv anzusehende — Rückwirkung ermöglichte es, daß das neue Staatsvolk seine Staatsangehörigkeit „iure sanguinis" von der Elterngeneration übertragen bekam. Im Gegensatz zu anderen afrikanischen Staaten[94] wurde die Fiktion der Rückwirkung hier durch Art. 102 ausdrücklich und nicht lediglich stillschweigend angeordnet.

Auch in der Zentralafrikanischen Republik führte der familienrechtliche Tatbestand der Eheschließung zu einer automatischen Erstausstattung mit der neuen Staatsangehörigkeit. Betroffen hiervon war die ausländische Ehefrau eines neuen zentralafrikanischen Staatsangehörigen[95].

Rücksicht auf den Geburtsort die Abstammung von einem zentralafrikanischen Elternteil — Vater oder Mutter — für maßgebend erklärt.

Art. 8: „Est Centrafricain l'individu né hors du territoire de la République centrafricaine d'un parent centrafricain." (*Decottignies / de Biéville*, S. 82.)

[92] *Decottignies / de Biéville*, S. 80.

[93] *Decottignies / de Biéville*, S. 81.

[94] Guinea, Elfenbeinküste.

[95] Art. 99 Code de la nationalité centrafricaine (*Decottignies / de Biéville*, S. 94).

Erwähnenswert in diesem Zusammenhang ist noch das UN-Abkommen über die Staatsangehörigkeit der verheirateten Frau vom 20. Februar 1957 (UNTS Band 309, S. 65 ff.). Nach dieser Vereinbarung soll beim Staatsangehörigkeitswechsel des Ehemanns in der Person der Frau kein automatischer Wechsel der Staatsangehörigkeit eintreten. In diesem Abkommen ist also der Grundsatz der Familieneinheit hinter den Gleichberechtigungsgrundsatz zurückgetreten. Die afrikanischen Staaten sind dem Vertrag jedoch nicht beigetreten.

Das Staatsangehörigkeitsgesetz der Republik *Kongo* (Brazzaville) enthält in Art. 99 die ausdrückliche Verweisung auf die allgemeinen Erwerbsgründe der Staatsangehörigkeit zur erstmaligen Abgrenzung des Staatsvolkes[96]. Die auf diese Weise anwendbaren Gründe zur Übertragung der kongolesischen Staatsangehörigkeit kraft Geburt beruhen sowohl auf dem „ius sanguinis" als auch auf einer Kombination zwischen „ius sanguinis" und „ius soli"[97]. Die Anwendung des „ius soli" (Geburtsprinzips) auf den Zeitpunkt der Unabhängigkeit ist unproblematisch. Um die Anwendbarkeit des Abstammungsprinzips (ius sanguinis) für die Rechtsnachfolge in die französische Staatsangehörigkeit zu ermöglichen, muß aus Art. 99 des Gesetzes entnommen werden, daß die neue kongolesische Staatsangehörigkeit bereits fiktiv auf die Elterngeneration zurückwirkte. Auch im Kongo konnte nur diese Fiktion der Rückwirkung dazu führen, daß die Eltern die kongolesische Staatsangehörigkeit auf ihre Kinder übertragen konnten[98]. Die Frage, nach welchen Kriterien sich die fiktive kongolesische Staatsangehörigkeit der Eltern bemißt, ergibt sich aus Art. 90 des kongolesischen Gesetzes. Diese Vorschrift besagt, daß im Falle eines Erwerbs der kongolesischen Staatsangehörigkeit kraft Abstammung („filiation") der tatsächliche Besitz des Personenstandes („possession d'état de Congolais") als Nachweis dient:

1. der Abstammung des Betreffenden,
2. der kongolesischen Staatsangehörigkeit der Vorfahren unter der Bedingung, daß der Betreffende selbst tatsächlich im Besitz des Personenstandes eines Kongolesen ist[99].

Die allgemeine Vorschrift des Art. 90 gilt auch im Falle der erstmaligen Gewährung der neuen Staatsangehörigkeit bei der Unabhängigkeit,

---

[96] Art. 98 Code de la nationalité congolaise:
„La présente loi prend effet à compter du 15 août 1960."
Art. 99: „Néanmoins les dispositions relatives à l'attribution de la nationalité congolaise à titre de nationalité d'origine régissent même les individus nés avant cette date ..." (*Decottignies / de Biéville*, S. 118; vgl. auch *Zatzépine*, Le droit de la nationalité des républiques francophones d'Afrique et de Madagascar, S. 11, 12.)
Der 15. August 1960 ist der Tag der Unabhängigkeit.

[97] Art. 7: „Est Congolais l'enfant né d'un père et d'une mère congolais."
Art. 8: „Est Congolais l'enfant né au Congo:
1. Soit d'un père congolais et d'une mère née au Congo;
2. Soit d'un père né au Congo et d'une mère congolaise;
3. Soit d'un père et d'une mère eux-mêmes nés au Congo.

Art. 9: Est Congolais, sauf si sa filiation est par ailleurs établie à l'égard d'un étranger:
1. L'enfant né d'un père congolais ou d'une mêre congolaise ..."

(*Decottignies / de Biéville*, S. 106, 107). Die mütterliche Abstammung steht also gleichberechtigt neben der väterlichen.

[98] *Decottignies / de Biéville*, S. 104.

[99] *Decottignies / de Biéville*, S. 117.

weil auch hierbei die kongolesische Staatsangehörigkeit nach Abstammungsgrundsätzen verliehen wurde. Demnach beinhaltet das Abstammungsprinzip als Kriterium für die Bestimmung des ersten Kreises der Staatsangehörigen im Kongo ein „verdecktes" Prinzip der Herkunft aus dem Kongo. Eine genaue gesetzliche Begriffsbestimmung der „possession d'état de Congolais" fehlt hier zwar, darunter wird aber in den meisten Fällen letztlich kongolesische Herkunft zu verstehen sein[100].

Das im übrigen zur Abgrenzung des Staatsvolkes verwendete Geburtsprinzip (Herkunftsprinzip, ius soli) wird in verschiedenartiger Weise mit dem Abstammungsprinzip kombiniert (Art. 8, 9). Die Vielfalt der Voraussetzungen führt dazu, daß die kongolesische Staatsangehörigkeit nicht einem weiten Kreis von Personen eröffnet wird, sondern ganz überwiegend der eingeborenen kongolesischen Bevölkerung vorbehalten bleibt. Daher sind Konflikte mit dem Völkerrecht nicht ersichtlich.

Die erstmalige Abgrenzung des Staatsvolkes der Republik *Senegal* bemißt sich zunächst nach Art. 1 des senegalesischen Staatsangehörigkeitsgesetzes[101].

Art. 1 lautet[102]:

„Est Sénégalais tout individu *né au Sénégal* d'un ascendant au premier degré qui y est lui-même né.
Est censé remplir ces deux conditions celui qui a sa résidence habituelle sur le territoire de la République du Sénégal et qui a eu de tout temps la possession d'état de Sénégalais. La possession d'état, dans le sens du paragraphe précédent consiste dans le fait pour celui qui s'en prévaut:

1. De s'être continuellement et publiquement comporté comme un Sénégalais;
2. D'avoir été continuellement et publiquement traité comme tel par la population et les autorités sénégalaises."

Danach ist Senegalese, wer, in Senegal geboren, von einem ebenfalls dort geborenen Elternteil abstammt. Die Erfüllung dieser Bedingungen wurde bei demjenigen vermutet, der seinen gewöhnlichen Wohnsitz[103] in Senegal hatte und der tatsächlich den Personenstand eines Senegalesen innehatte. Ähnlich wie in Mali erforderte die „possession d'état de Sénégalais", daß der Betreffende sich ständig und öffentlich wie ein

---

[100] Siehe oben, III, 4, b, aa. In erster Linie werden die einheimischen Stämme erfaßt worden sein.

[101] Die Anwendbarkeit der allgemeinen Erwerbsvorschrift des Art. 1 ergibt sich unmittelbar aus den Übergangsbestimmungen Art. 28 und Art. 31 des Gesetzes (*Decottignies / de Biéville*, S. 305, 306, 298). Vgl. auch *M'Baye Kéba*, S. 348 ff.; *Sall / Diop*, S. 557. Wer die Voraussetzungen des Art. 1 erfüllt, braucht die gegebenen Optionen nicht auszuüben.

[102] *Decottignies / de Biéville*, S. 300.

[103] Vgl. auch Art. 12 c. nat. sén.; *M'Baye Kéba*, S. 350; *Tomson*, S. 422.

Senegalese verhalten hat und demgemäß von der Bevölkerung und den Behörden Senegals behandelt worden ist.

Maßgebendes Prinzip für den Ersterwerb der neuen Staatsangehörigkeit ist demnach die Geburt in Senegal und die entsprechende Geburt eines Vorfahren. Es handelt sich dabei um ein „Prinzip der doppelten Geburt“, also ein *qualifiziertes Geburts- oder Herkunftsprinzip.* Dieses Prinzip stellt die allgemeine Anknüpfung nach dem „ius soli“ dar. Die Einbeziehung eines Vorfahren bedeutet eine Kombination mit dem Abstammungsprinzip (ius sanguinis)[104].

Diese bis in die Elterngeneration erstreckte Herkunft aus Senegal wird bei demjenigen vermutet, der seinen Wohnsitz in Senegal und die „possession d'état de Sénégalais“ hatte. Das Domizilprinzip und das Prinzip des sichtbaren Verhaltens als senegalesischer Angehöriger sind also ein Indiz für die bis in die Generation der Eltern reichende Herkunft aus Senegal[105].

Außerdem wird für die Erstausstattung mit der senegalesischen Staatsangehörigkeit der allgemeine Erwerbstatbestand nach dem „ius sanguinis“ (insbesondere Art. 5 des Staatsangehörigkeitsgesetzes)[106] anwendbar. Die Anwendung von Art. 5 wird ausdrücklich durch Art. 31 und 32 des Gesetzes angeordnet[107]. Um die Übertragung der neuen Staatsangehörigkeit „iure sanguinis“ zu ermöglichen, mußte diese auch hier im Wege der Fiktion auf die Eltern zurückwirken. Es heißt dazu in Art. 32 des senegalesischen Staatsangehörigkeitskodex[108]:

> „Pour l'application des articles 5, 6, 9 et 10 de la présente loi, sont reputés avoir eu la nationalité sénégalaise les ascendants au premier degré décédés à la date de promulgation de la présente loi qui remplissaient de leur vivant les conditions prévues à l'article premier.“

Die fiktive senegalesische Staatsangehörigkeit der Eltern ergibt sich also nach dem in Art. 1 aufgeführten Prinzip der „doppelten Geburt“,

---

[104] An die aufeinanderfolgende „doppelte Geburt“ ist die Vermutung einer Assimilation der betreffenden Person an das senegalesische Volk geknüpft. (Vgl. Tribunal de Dakar 17. April 1971, Anmerkung *P. Decheix,* Penant 82, 1972, S. 85 ff. [89].)

[105] Aus diesem Grunde ist es verständlich, wenn *Bleckmann* die „possession d'état“ mit Herkunft umschreibt (S. 497).

[106] Art. 5 Code de la nationalité sénégalaise:

„Est Sénégalais:

1. L'enfant légitime né d'un père sénégalais;
2. L'enfant légitime né d'une mère sénégalaise et d'un père sans nationalité ou de nationalité inconnue;
3. L'enfant naturel lorsque celui de ses parents à l'égard duquel la filiation a d'abord été établie, est Sénégalais ...“ (*Decottignies / de Biéville,* S. 300).

[107] Art. 31 Code de la nationalité sénégalaise; siehe oben, III, 2, c, aa, Anm. 84.

[108] *Decottignies / de Biéville,* S. 306.

das heißt letztlich nach der zu dessen Konkretisierung verwandten „possession d'état de Sénégalais“[109].

Der automatische Erwerb der neuen Staatsangehörigkeit erfaßte auch die ausländische Ehefrau eines zu dem betroffenen Personenkreis gehörenden Senegalesen (Art. 33 Code de la nationalité sénégalaise)[110]. Insoweit kommt auch hier der Grundsatz der Familieneinheit zur Anwendung.

Die Abgrenzung des senegalesischen Staatsvolkes wird insgesamt mit Hilfe mehrerer, verschiedenartiger Prinzipien (Herkunft, Abstammung) vorgenommen. Diese Prinzipien sind — für sich betrachtet und in ihrer Kombination — völkerrechtlich unbedenkliche Anknüpfungspunkte. Der Begriff der „possession d'état“ trägt den besonderen afrikanischen Verhältnissen (Stammeszugehörigkeit, vielfach keine Personenstandsregister) Rechnung[111]. Da es sich um den Vorgang einer Staatensukzession handelt, ist es allerdings erforderlich, daß die betreffenden Personen zuvor die französische Staatsangehörigkeit hatten.

Das Staatsangehörigkeitsgesetz der Republik *Niger* wendet ausdrücklich die allgemeinen Erwerbsgründe der Staatsangehörigkeit auf die Abgrenzung des Staatsvolkes bei der Unabhängigkeit an. Es heißt in Art. 58 des Gesetzes[112]:

> „Pour l'application des articles 10 et 11 de la présente loi, sont réputés avoir eu la nationalité nigérienne les ascendants au premier degré décédés à la date de la promulgation de la présente loi qui remplissaient de leur vivant les conditions prévues à l'article 7.“

Die so bezogenen Artikel 10 und 11 regeln die Übertragung der nigrischen Staatsangehörigkeit kraft Geburt aufgrund der Abstammung von einem nigrischen Staatsangehörigen[113]. Auch hier wäre der Erwerb der neuen Staatsangehörigkeit „iure sanguinis“ juristisch unmöglich gewesen, da die Eltern nicht eine Staatsangehörigkeit auf ihre Kinder übertragen konnten, die noch gar nicht existierte. Wie in anderen

---

[109] Siehe gleich oben.

[110] *Decottignies / de Biéville*, S. 306, 298.

[111] Vgl. hierzu besonders *P. Gulphe*, S. 179 ff. (180, 183). Hier werden die dennoch aufgetretenen Schwierigkeiten der Verwaltungspraxis bei der Feststellung der senegalesischen Staatsangehörigkeit behandelt.

[112] *Decottignies / de Biéville*, S. 284.

[113] Art. 10 Code de la nationalité nigérienne:
„Est Nigérien:
1. L'enfant légitime né d'un père nigérien;
2. L'enfant légitime né d'une mère nigérienne et d'un père sans nationalité ou de nationalité inconnue; ...

Art. 11: „Est Nigérien ...
1. L'enfant légitime né d'une mère nigérienne et d'un père de nationalité étrangère; ...“, außerdem das uneheliche Kind.

(*Decottignies / de Biéville*, S. 278).

Neustaaten ordnete deshalb der Gesetzgeber eine fiktive Rückwirkung der nigrischen Staatsangehörigkeit auf die vorhergehende Generation an. Als nigrische Staatsangehörige werden aber nur diejenigen, bereits verstorbenen, Aszendenten angesehen, die zu ihren Lebzeiten die in Art. 7 vorgesehenen Bedingungen erfüllt haben[114]. Nach Art. 7 des nigrischen Staatsangehörigkeitskodex ist nigrischer Staatsangehöriger jede Person, die in Niger geboren ist und deren unmittelbarer Vorfahre ersten Grades ebenfalls in Niger geboren ist[115]. Der mit der fiktiven nigrischen Staatsangehörigkeit versehene Elternteil wird also nach einem Prinzip der „doppelten Geburt" in Niger bestimmt[116]. Soweit das nigrische Staatsvolk nach dem Abstammungsprinzip abgegrenzt wird, tritt demnach das Geburts- oder Herkunftsprinzip ergänzend hinzu. Dieses durch ein verstärktes Geburtsprinzip näher bezeichnete Abstammungsprinzip entspricht dem traditionellen Anknüpfungspunkt des „ius sanguinis", konkretisiert durch das „ius soli". Beide Anknüpfungen entsprechen, auch in der hier gewählten ergänzenden Funktion, anerkannten Prinzipien des Völkerrechts.

Schließlich ist der allgemeine Erwerbstatbestand des „ius soli", wie er in Art. 7 zum Ausdruck kommt, für sich allein zur Abgrenzung des nigrischen Staatsvolkes anwendbar[117]. Die Anwendung der allgemeinen Vorschrift des Art. 7 auf die Erstausstattung mit der neuen Staatsangehörigkeit ergibt sich nicht ausdrücklich aus dem nigrischen Staatsangehörigkeitsgesetz. Art. 58 spricht zunächst nur von der Anwendung der Artikel 10 und 11. Dennoch läßt sich ein entsprechender Wille des Gesetzgebers zumindest schlüssig aus Art. 57 herleiten, der von dem „automatischen Erwerb der nigrischen Staatsangehörigkeit durch das vorliegende Gesetz" spricht[118]. Danach wurde mit der Unabhängigkeit nigrischer Staatsangehöriger jede in Niger geborene Person, deren unmittelbarer Vorfahre ersten Grades ebenfalls in Niger geboren ist[119].

---

[114] Art. 58; vgl. hierzu *Decottignies / de Biéville*, S. 276.

[115] *Decottignies / de Biéville*, S. 277. Dies ist die Vorschrift über die Erteilung der nigrischen Staatsangehörigkeit „iure soli".

[116] Der rückwirkend fingierte Staatsangehörige der Elterngeneration wird also in Niger nicht nach der „possession d'état" bestimmt wie in Kongo. Die Fiktion der Rückwirkung in diesen Fällen ist rechtlich möglich, da es sich nicht um die rückwirkende Regelung tatsächlicher Verhältnisse handelt. Die Schwierigkeit, die theoretisch mögliche Rückwirkungsfiktion nach konkreten Merkmalen (possession d'état, Geburt) zu bezeichnen, wird also unterschiedlich gelöst.

[117] *Decottignies / de Biéville*, S. 276.

[118] Titre VII: Dispositions transitoires

Art. 57: „Sont réputés avoir la nationalité nigérienne depuis leur naissance, les individus qui acquièrent cette nationalité soit par l'effet automatique de la présente loi; soit par les options qu'elle prévoit ..."

[119] Die rückwirkende Anwendung des Geburtsprinzips ist theoretisch ohne Schwierigkeiten möglich. In der Praxis wird allerdings der Nachweis mangels Geburtsregisters nur durch die Stammes- oder Volkszugehörigkeit zu

Dieses Geburts- oder Herkunftsprinzip ist trotz seiner Weite völkerrechtlich zulässig und wurde in neuerer Zeit immer wieder angewendet. Von dem Wechsel der Staatsangehörigkeit können aber nach den Grundsätzen der Staatensukzession auch hier nur solche Personen erfaßt werden, die zuvor die französische Staatsangehörigkeit besaßen[120]. Daher werden Angehörige dritter Staaten und Staatenlose durch die Bildung des Staatsvolkes nicht berührt, obwohl dies nach dem Wortlaut der Vorschriften möglich wäre.

Der automatische Erwerb der nigrischen Staatsangehörigkeit betrifft auch die ausländischen Ehefrauen der erstmalig mit der neuen Staatsangehörigkeit ausgestatteten Nigrer. Diese Frauen erwerben aufgrund der vorherigen Eheschließung ebenfalls die nigrische Staatsangehörigkeit[121].

Das Staatsangehörigkeitsgesetz der Islamischen Republik *Mauretanien* wendet die allgemeinen Bestimmungen zum Erwerb seiner Staatsangehörigkeit auch auf die Abgrenzung des Staatsvolkes bei der Unabhängigkeit an. Das ergibt sich zumindest mittelbar aus den Artikeln 67, 69 und 70 des mauretanischen Staatsangehörigkeitsgesetzes[122].

Auf diese Weise werden rückwirkend anwendbar die Vorschriften, die den Erwerb der mauretanischen Staatsangehörigkeit „iure soli" regeln. Nach Art. 9 des Gesetzes ist Mauretanier das in Mauretanien geborene Kind, dessen Vater oder Mutter ebenfalls in Mauretanien geboren ist[123]. Es handelt sich hier um das auch in einigen anderen afrikanischen Staaten herangezogene Geburts- oder Herkunftsprinzip. Wie in diesen Staaten bestehen wegen des Prinzips der Staatensukzession völkerrechtliche Bedenken gegen die Einbeziehung von Ange-

führen sein (*Bleckmann*, S. 496). Vor diesem praktischen Problem werden alle afrikanischen Staaten gestanden haben, die das „ius soli" als Abgrenzungskriterium eingeführt haben. Siehe gleich oben, insbes. Anm. 111.

[120] Siehe oben, III, 3, d; III, 4, b, aa.

[121] Art. 59; vgl. auch *Decottignies / de Biéville*, S. 276.

[122] Dispositions transitoires

Art. 67 Code de la nationalité mauritanienne:

„Doivent opter pour la nationalité mauritanienne, s'ils ne remplissent pas les conditions prévues aux titres 2 et 3 de la présente loi: ...

Art. 69: Sont réputés avoir la nationalité mauritanienne depuis leur naissance, les individus qui acquièrent cette nationalité soit par effet automatique de la présente loi, soit par les options qu'elle prévoit.

Art. 70: Pour l'application de l'article 8 de la présente loi sont réputés avoir eu la nationalité mauritanienne les ascendants directs au premier degré décédés à la date de promulgation de la présente loi, qui remplissaient de leur vivant les conditions prévues à l'article 9." (*Decottignies / de Biéville*, S. 266, 267).

Titel II des Gesetzes enthält die allgemeinen Erwerbsgründe der Staatsangehörigkeit. Diese sind somit alle auf den Zeitpunkt der Unabhängigkeit anwendbar, obwohl in Art. 70 nur auf Art. 8 verwiesen wird.

[123] *Decottignies / de Biéville*, S. 259.

hörigen dritter Staaten, die zuvor nicht die französische Staatsangehörigkeit hatten. Solche Personen, auch Staatenlose, konnten somit nicht die mauretanische Staatsangehörigkeit erlangen.

Rückwirkend anwendbar werden ebenfalls diejenigen Regeln, die den Erwerb der mauretanischen Staatsangehörigkeit nach dem Abstammungsprinzip (ius sanguinis) regeln (Art. 70, 8)[124]. Um diese Regelungen zur Anwendung zu bringen, ordnete auch das mauretanische Gesetz eine fiktive Rückwirkung der neuen mauretanischen Staatsangehörigkeit auf die vorherige Generation an (Art. 70). So konnte der betreffende Elternteil die mauretanische Staatsangehörigkeit an seine Kinder weitergeben[125].

Auch in Mauretanien erwarb die ausländische Ehefrau eines neuen mauretanischen Staatsangehörigen mit der Unabhängigkeit selbst die mauretanische Staatsangehörigkeit[126].

Die genannten Anknüpfungspunkte — ius sanguinis und die familienrechtliche Anknüpfung der Eheschließung — sind völkerrechtlich unbedenklich. Auffallend ist die Ähnlichkeit der mauretanischen Regelung mit derjenigen der Republik Niger.

Schließlich hat auch das Staatsangehörigkeitsgesetz der Republik *Dahome* die allgemeinen Regeln zum Erwerb seiner Staatsangehörigkeit auf die „Erstausstattung“ im Zeitpunkt der Unabhängigkeit angewendet[127]. So heißt es ausdrücklich in der wichtigen Übergangsbestimmung des Art. 98 des dahomeischen Gesetzes[128]:

> „Les dispositions du titre premier relatives à l'attribution de la nationalité dahoméenne à titre de nationalité d'origine sont applicables aux per-

---

[124] Art. 8 Code de la nationalité mauritanienne:
„Est Mauritanien:
1. L'enfant né d'un père mauritanien;
2. L'enfant né d'une mère mauritanienne et d'un père sans nationalité ou de nationalité inconnue;
3. L'enfant né en Mauritanie d'une mère mauritanienne et d'un père de nationalité étrangère, sauf la faculté de répudier cette qualité dans l'année qui précède sa majorité.“
(*Decottignies / de Biéville*, S. 259).
In Ziffer 3 liegt eine Kombination mit dem Geburtsprinzip vor.

[125] *Decottignies / de Biéville*, S. 257.
Die fiktive mauretanische Staatsangehörigkeit der Eltern wurde auch hier näher präzisiert durch das Ius-soli-Prinzip des Art. 9, auf den in Art. 70 ausdrücklich verwiesen wird.

[126] Art. 71 Code de la nationalité mauritanienne (*Decottignies / de Biéville*, S. 267). Die Frau mußte im Zeitpunkt der Unabhängigkeit bereits mit dem Mauretanier verheiratet sein.

[127] Siehe oben, III, 2, c, aa, zu den Fragen, die durch das lange Untätigbleiben des dahomeischen Gesetzgebers ausgelöst wurden.

[128] Siehe *Decheix*, Le code de la nationalité dahoméenne, RJPIC 19, 1965, S. 621 (Gesetzestext). Vgl. allgemein zum dahomeischen Staatsangehörigkeitsgesetz *Zatzépine*, Le droit de la nationalité des républiques francophones d'Afrique et de Madagascar, Mise à jour 1966, 1967, S. 5 ff.

sonnes nées avant la date de publication de la présente loi, lesquelles sont réputées avoir eu cette nationalité dès leur naissance sans que cette rétroactivité puisse porter atteinte à la validité des actes passés par les intéressés ni aux droits acquis par des tiers."

Die so herangezogenen allgemeinen Erwerbstatbestände enthalten als Anknüpfungspunkte sowohl das „ius soli" als auch das „ius sanguinis". Nach Art. 7 und 8 des dahomeischen Gesetzes ist Dahomeer, wer in Dahome als Kind eines Vaters (einer Mutter) geboren ist, der (die) selbst in Dahome geboren wurde[129]. Dabei wird angenommen, daß diese Bedingungen von demjenigen erfüllt werden, der seinen gewöhnlichen Aufenthalt („résidence habituelle") in Dahome hat und den Status („possession d'état") eines Dahomeers besitzt (Art. 7)[130]. Es handelt sich auch hier um eine durch Abstammung verbundene „doppelte" Geburt. Dieses qualifizierte Geburts- oder Herkunftsprinzip wird als erfüllt vermutet mit Hilfe einer kumulativen Anwendung des Wohnsitzprinzips und des Prinzips des sichtbaren Verhaltens als dahomeischer Angehöriger. Die an sich unterschiedlichen Prinzipien dienen also dazu, untereinander die Erfüllung ihrer jeweiligen Voraussetzungen zu beweisen[131]. Jedes der insoweit angesprochenen Prinzipien ist völkerrechtlich zulässig. Die „possession d'état de Dahoméen" wird in der Regel die Einbeziehung von Angehörigen dritter Staaten nicht auftreten lassen. Soweit im übrigen eine Person, die vor der Unabhängigkeit nicht die französische Staatsangehörigkeit besaß, von der Vorschrift erfaßt wurde, durfte sie aus völkerrechtlichen Gründen (Beschränkung auf Staatensukzession) nicht die dahomeische Staatsangehörigkeit erwerben.

Art. 98 des dahomeischen Gesetzes verweist auch zur Abgrenzung des Staatsvolkes auf Art. 12 und 13. Danach bekam die dahomeische Staatsangehörigkeit kraft Abstammung übertragen das Kind eines

---

[129] *Decheix,* Le code de la nationalité dahoméenne, RJPIC 19, 1965, S. 609, 610.

[130] Es handelt sich insoweit um eine gesetzliche Vermutung. Der Begriff der „résidence habituelle" soll im Gegensatz zum Domizil allgemein die körperliche Anwesenheit der betreffenden Person voraussetzen (*Zatzépine,* Le droit de la nationalité des républiques francophones d'Afrique et de Madagascar, S. 23). Trotz dieser im übrigen wohl abzulehnenden Ansicht soll auch hier vom „Wohnsitzprinzip" gesprochen werden, da der *bloße* Aufenthalt nicht genügend ist. (Siehe auch oben, III, 4, b, aa, Anm. 32). Hinsichtlich der „possession d'état de Dahoméen" enthält der Gesetzestext keine Definition. Jedoch wird die in einigen anderen afrikanischen Gesetzen gegebene Begriffsbestimmung auch hier anwendbar sein (*Zatzépine,* Le droit de la nationalité des républiques francophones d'Afrique et de Madagascar, Mise à jour, 1967, S. 5). Im einzelnen siehe oben, III, 4, b, aa; III, 4, b, bb.

[131] Die Vermutung des Art. 7 dient dazu, die durch das Fehlen eines Geburtsregisters verursachten Beweisschwierigkeiten zu beheben. Der Beweis wird durch die Vermutung erbracht (*Zatzépine,* Le droit de la nationalité . . . , Mise à jour, 1967, S. 6; *Bleckmann,* S. 496).

dahomeischen Vaters oder das Kind einer dahomeischen Mutter, wenn der Vater unbekannt war oder wenn seine Staatsangehörigkeit nicht bekannt war. Dahomeer wurde auch das Kind einer dahomeischen Mutter und eines Vaters ausländischer Staatsangehörigkeit[132]. Um das Ius-sanguinis-Prinzip auch auf die Erstausstattung mit der neuen Staatsangehörigkeit anwendbar zu machen, ordnet Art. 98 wie andere afrikanische Gesetze eine fiktive Rückwirkung der neuen Staatsangehörigkeit auf die Vorfahren ersten Grades an[133]. Es heißt im weiteren Verlauf des Art. 98:

„Toutefois, pour l'application des articles 12 et 13, si l'intéressé n'est pas né au Dahomey, ne sont réputés avoir eu la nationalité dahoméenne que les ascendants au premier degré qui remplissaient, ou auraient rempli s'ils étaient vivants, les conditions requises au chapitre premier du titre premier pour l'attribution de la nationalité dahoméenne en raison de la naissance au Dahomey, ou nés eux-mêmes d'un ascendant qui remplit, ou aurait rempli s'il était vivant, les mêmes conditions ...“

Die so angeordnete Rückwirkung ist zulässig und grenzt das neue Staatsvolk nach dem Abstammungsprinzip ab. Die fiktiven Staatsangehörigen der Elterngeneration werden nach dem ausdrücklichen Wortlaut des Art. 98 durch die in den Artikeln 7 ff. niedergelegten Prinzipien der „doppelten Geburt“ in Dahome und den hierfür aufgestellten Vermutungsregeln mittels „résidence habituelle“ und „possession d'état de Dahoméen“ näher bestimmt[134].

Dieses — so konkretisierte — Abstammungsprinzip entspricht als anerkannter Anknüpfungspunkt dem durch das Völkerrecht gezogenen Rahmen.

Eine weitere Übergangsvorschrift zur Bestimmung des neuen Staatsvolkes findet sich in Art. 99 des dahomeischen Staatsangehörigkeitsgesetzes[135]. Danach sind die Bestimmungen der Art. 24 ff. anwendbar auf Personen, die vor dem Zeitpunkt der Veröffentlichung des Gesetzes geboren sind. Nach Art. 24[136] erwirbt jede in Dahome als Kind ausländischer Eltern geborene Person die dahomeische Staatsangehörigkeit mit Erreichen der Volljährigkeit, wenn sie zu diesem Zeitpunkt

---

[132] *Decheix*, Le code de la nationalité dahoméenne, RJPIC 19, 1965, S. 610. Bei der Übertragung der dahomeischen Staatsangehörigkeit „iure sanguinis“ sind also Mann und Frau weitgehend gleichgestellt.

[133] Die Fiktion der Rückwirkung erfaßt nach dem Wortlaut des Art. 98 auch den Erwerb der dahomeischen Staatsangehörigkeit „iure soli“. Von diesen Personen wird angenommen, daß sie die neue Staatsangehörigkeit seit ihrer Geburt haben. Rechtsdogmatisch ist die Rückwirkung aber insoweit nicht erforderlich.

[134] Hierin liegt eine Ähnlichkeit mit anderen afrikanischen Regelungen, siehe gleich oben, auch Anm. 125.

[135] *Decheix*, Le code de la nationalité dahoméenne, RJPIC 19, 1965, S. 621.

[136] *Decheix*, Le code de la nationalité dahoméenne, RJPIC 19, 1965, S. 611, 612.

ihren Aufenthalt in Dahome hat und dort ihren gewöhnlichen Aufenthalt seit ihrem 16. Lebensjahr gehabt hat. Art. 99 verlangt weiter, daß die Personen, die die Volljährigkeit bereits erreicht haben, zu dem betreffenden Zeitpunkt ihren Aufenthalt noch in Dahome haben. Der automatische nachträgliche Erwerb der dahomeischen Staatsangehörigkeit mit Erreichung der Volljährigkeit und später wird also im wesentlichen angeknüpft an die Geburt und den Aufenthalt in Dahome. Dies ist völkerrechtlich unbedenklich, soweit nicht in die Staatsangehörigkeit dritter Staaten eingegriffen wird.

Die ausländische Ehefrau schließlich, die vor dem Zeitpunkt der Veröffentlichung des Gesetzes einen „Erstangehörigen" von Dahome geheiratet hat, erwarb mit der Unabhängigkeit ebenfalls die dahomeische Staatsangehörigkeit[137].

Zusammenfassend ist festzuhalten, daß die die allgemeinen Erwerbsgründe anwendenden Staaten die Prinzipien des „ius soli" und des „ius sanguinis" in verschiedenartiger Weise miteinander *kombinieren*[138] und untereinander modifizieren. Dabei wird das Ius-sanguinis-Prinzip konkretisiert durch das Geburtsprinzip oder durch das Prinzip des sichtbaren Verhaltens als Angehöriger des neuen Staates.

cc) Die Abgrenzung des Staatsvolkes in Kamerun und Togo

In den beiden ehemaligen Treuhandstaaten trat der „Wechsel" der Staatsangehörigkeit und damit die Entstehung der neuen, eigenen Staatsangehörigkeiten schon vor der Unabhängigkeit ein[139]. Trotz dieser zeitlichen Vorverlagerung und der dadurch bedingten rechtlichen Besonderheiten enthalten die Staatsangehörigkeitsgesetze von Togo und Kamerun ähnliche Regelungen zum erstmaligen Erwerb ihrer Staatsangehörigkeiten wie die Gesetze der übrigen afrikanischen Staaten[140].

Das Staatsangehörigkeitsgesetz von *Kamerun* wendet zunächst die *allgemeinen Erwerbsregeln* rückwirkend auf den Personenkreis der „Erstangehörigen" an. Maßgebend hierfür ist die Übergangsbestimmung des Art. 45[141]:

---

[137] Art. 102 Code de la nationalité dahoméenne (*Decheix*, Le code de la nationalité dahoméenne, RJPIC 19, 1965, S. 621). Obwohl das dahomeische Staatsangehörigkeitsgesetz erst mehrere Jahre nach der Unabhängigkeit erlassen wurde, fand der Staatsangehörigkeitswechsel bereits mit dem Souveränitätswechsel statt (siehe oben, III, 2, c, aa).

[138] Vgl. *Bleckmann*, S. 496.

[139] Siehe oben, III, 2, c, bb.

[140] *Bleckmann*, S. 499. Der Kreis der von der erstmaligen Staatsangehörigkeitsverleihung betroffenen Personen wurde bereits durch die Ordonnanzen vom 30. Dezember 1958 im Grundsatz bestimmt. („Ressortissants camerounais, togolais", siehe oben, I, 2, c, bb.) Die danach erlassenen Staatsangehörigkeitsgesetze enthielten die Einzelregelungen.

[141] *Decottignies / de Biéville*, S. 68.

„Les dispositions du chapitre II supra, relatives à l'attribution de la nationalité camerounaise à titre de nationalité d'origine, s'appliqueront même aux individus nés avant la date de la mise en vigueur de la présente ordonnance, si ces individus n'ont pas encore à cette date, atteint leur majorité ..."

Die Anwendung der allgemeinen Erwerbstatbestände beschränkt sich also zunächst auf diejenigen Personen, die im Zeitpunkt des Inkrafttretens des Gesetzes ihre Volljährigkeit noch nicht erreicht haben. Verwiesen wird dabei auf den Erwerb der kamerunischen Staatsangehörigkeit nach dem Abstammungsprinzip (ius sanguinis) und nach dem Geburtsprinzip (ius soli). Art. 6 ff. regeln den Erwerb der neuen Staatsangehörigkeit aufgrund der Abstammung[142]. Erforderlich ist danach die Abstammung von mindestens einem kamerunischen Elternteil. Das Gesetz ordnet nicht ausdrücklich die Rückwirkung der kamerunischen Staatsangehörigkeit auf die vorhergehende Generation an, wie andere afrikanische Staaten dies getan haben, um die Übertragung der neuen Staatsangehörigkeit zu ermöglichen. Der Gesetzgeber scheint sich auf den Standpunkt gestellt zu haben, daß die kamerunische Staatsangehörigkeit schon geraume Zeit vor der Unabhängigkeit existierte und daher eine derartige fiktive Rückwirkung unnötig war[143]. Andernfalls — dafür spricht die tatsächliche Rechtslage — wäre diese Fiktion der Rückwirkung zumindest konkludent anzunehmen. Über den Nachweis der — zumindest fiktiven — kamerunischen Staatsangehörigkeit der Elterngeneration enthält das Gesetz keine besondere Vorschrift. Man wird jedoch entsprechend Art. 46 des Gesetzes das Vorhandensein der „possession d'état de ressortissants camerounais" als Beweis genügen lassen[144]. Völkerrechtliche Bedenken bei dieser Regelung bestehen nicht.

---

[142] Art. 6: „Est Camerounais:
1. L'enfant légitime né de parents camerounais;
2. L'enfant naturel lorsque les deux parents à l'égard desquels sa filiation a été établie sont Camerounais.

Art. 7: Est Camerounais:
1. L'enfant légitime né d'un père camerounais et d'une mère de nationalité étrangère;
2. L'enfant naturel lorsque celui de ses parents à l'égard duquel la filiation a d'abord été établie est Camerounais, si l'autre parent est de nationalité étrangère ...

Art. 8: Est Camerounais:
1. L'enfant légitime né d'une mère camerounaise et d'un père qui n'a pas de nationalité ou dont la nationalité est inconnue; ..."

(*Decottignies / de Biéville*, S. 63).

[143] Vgl. hierzu *Decottignies / de Biéville*, S. 61; auch *de Biéville*, La naissance d'une nouvelle nationalité en Afrique: la nationalité camerounaise, RJPOM 15, 1961, S. 600 ff.; oben, I, 2, c.

[144] So im Ergebnis *Bleckmann*, S. 499. Vgl. auch Art. 12 des Dekrets über die Durchführung des Staatsangehörigkeitskodex von Kamerun vom 31. Dezember 1959.

Art. 45 des kamerunischen Gesetzes zieht auch die allgemeinen Erwerbstatbestände nach dem Prinzip „ius soli“ zur Abgrenzung des Staatsvolkes heran. Einschlägig sind insoweit die Art. 9 ff.[145]. Nach der weitgehenden Vorschrift des Art. 12 genügt allein die Tatsache der Geburt auf kamerunischem Gebiet zur Übertragung der Staatsangehörigkeit. Das insoweit anwendbare Geburtsprinzip entspricht der völkerrechtlichen Praxis. Die in Art. 9, 11 und 12 erkennbare Rücksichtnahme auf die Staatsangehörigkeit anderer Staaten läßt diese Regelungen besonders völkerrechtsfreundlich erscheinen[146]. Das Problem einer völkerrechtswidrigen Einbeziehung von Angehörigen dritter Staaten entsteht hier nicht aus dem Erfordernis der ursprünglichen französischen Staatsangehörigkeit. Die Bewohner der Treuhandstaaten besaßen zuvor nicht die französische Staatsangehörigkeit, sondern eine Gebietsangehörigkeit eigener Art. Das Prinzip der Staatensukzession erfordert hier, daß die „Erstangehörigen“ vorher die kamerunische Gebietsangehörigkeit innehatten.

Eine besondere Vorschrift zur Bestimmung des ersten Kreises der kamerunischen Staatsangehörigen findet sich in Art. 46 des Staatsangehörigkeitsgesetzes. Es heißt dort[147]:

> „Sont considérés comme possédant la nationalité camerounaise les individus qui, ayant atteint leur majorité à la date de la mise en vigueur de la présente ordonnance, pourront justifier à cette date de la possession d'état de ressortissants camerounais.“

Die Bestimmung wendet sich zunächst einmal nur an diejenigen Personen, die im Zeitpunkt des Inkrafttretens des Gesetzes ihre Volljährigkeit bereits erreicht haben. Diese wurden mit der kamerunischen Staatsangehörigkeit ausgestattet, wenn sie nachweisen können, daß sie den tatsächlichen Personenstand eines Kameruners besitzen. Diese

---

[145] Art. 9 c. nat. cam.: „Est Camerounais l'enfant né au Cameroun de parents inconnus.

Toutefois, il sera réputé n'avoir jamais été Camerounais si, au cours de sa minorité, sa filiation est établie à l'égard d'un étranger, et s'il a, conformément à la loi nationale de cet étranger, la nationalité de celui-ci.

Art. 11: Est Camerounais, sauf la faculté de répudier cette qualité dans les six mois précédant sa majorité:

1. L'enfant légitime né au Cameroun de parents étrangers si le père y est lui-même né;
2. L'enfant naturel, né au Cameroun, lorsque celui des parents étrangers à l'égard duquel la filiation a d'abord été établie, y est lui-même né.

Art. 12: La nationalité camerounaise sera en outre attribuée de plein droit, par le seul fait de la naissance sur le territoire camerounais, à toute personne ne pouvant se prévaloir d'aucune nationalité d'origine.“ (*Decottignies / de Biéville*, S. 63).

[146] Vgl. *Tomson*, S. 31.

[147] *Decottignies / de Biéville*, S. 68. Vgl. hierzu auch *Zatzépine*, Le droit de la nationalité des républiques francophones d'Afrique et de Madagascar, S. 10, 11.

„possession d'état de ressortissants camerounais" wird durch das Gesetz nicht näher definiert[148]. Jedoch wird — ähnlich wie in den anderen afrikanischen Staaten — das ständige öffentliche Verhalten als kamerunischer Angehöriger und die entsprechende Behandlung von Seiten der Behörden und der Bevölkerung darunter zu verstehen sein[149]. Die „possession d'état de ressortissant camerounais" ist insoweit ein *selbständiger,* besonderer Erwerbstatbestand für die erstmalige Ausstattung mit der kamerunischen Staatsangehörigkeit. Das darin zum Ausdruck kommende Abgrenzungsprinzip des sichtbaren Verhaltens als Angehöriger des neuen Staates ist im Ergebnis am ehesten auf die Stammeszugehörigkeit zugeschnitten. Dieses Prinzip ist in der völkerrechtlichen Praxis erst in jüngerer Zeit aufgetreten, hält sich aber dennoch innerhalb des anerkannten zulässigen Rahmens.

Die Ausländerin, die vor der Schaffung der kamerunischen Staatsangehörigkeit einen kamerunischen „Erstangehörigen" geheiratet hat, soll aufgrund der unmittelbaren Anwendbarkeit der neuen Bestimmungen ebenfalls die kamerunische Staatsangehörigkeit erworben haben[150]. In Frage käme nur der in Art. 17 enthaltene Erwerbstatbestand für die ausländische Frau durch Eheschließung. Art. 45 verweist jedoch nicht auf diese Vorschrift, so daß der Tatbestand der Eheschließung für die ausländische Frau zu keiner Ausstattung mit der neuen Staatsangehörigkeit geführt haben dürfte.

Ebenfalls bereits vor der Unabhängigkeit war die Staatsangehörigkeit der Republik *Togo* entstanden.

Wie in Kamerun und in einigen anderen afrikanischen Staaten ordnet das Staatsangehörigkeitsgesetz von Togo die rückwirkende Anwendung der allgemeinen Erwerbsgründe auf die erstmalige Abgrenzung des Staatsvolkes an. Es heißt hierzu in der Übergangsvorschrift des Art. 72[151]:

> „Les dispositions du titre premier relatives à l'attribution de la nationalité togolaise à titre de nationalité d'origine s'appliqueront même aux individus nés avant la date de publication de la présente loi, ..."

[148] Auch das Dekret über die Durchführung des Staatsangehörigkeitsgesetzes vom 31. Dezember 1959 enthält keine Begriffsbestimmung (*Decottignies / de Biéville,* S. 69).
Über den Nachweis der Staatsangehörigkeit vgl. Art. 11 ff. des Dekrets.

[149] Siehe oben, III, 4, b, aa, bb; unten, III, 4, b, cc, am Ende. Die Erstausstattung mit der kamerunischen Staatsangehörigkeit wird schon aus diesem Grunde mit der Schaffung dieser Staatsangehörigkeit am 30. Dezember 1958 wirksam geworden sein (siehe oben, I, 2, c, bb). Die Ordonnanz vom 30. Dezember 1958 enthielt bereits das Abgrenzungskriterium des „ressortissant camerounais".

[150] *Decottignies / de Biéville,* S. 61.

[151] *Decottignies / de Biéville,* S. 351.

Anwendbar wurden so auch die allgemeinen, auf dem Prinzip der Abstammung („ius sanguinis") beruhenden Erwerbsvorschriften der Art. 5 und 6[152]. Demnach ist erforderlich die Abstammung von mindestens einem togolesischen Elternteil. Wie in Kamerun wird nicht ausdrücklich die Rückwirkung der neuen Staatsangehörigkeit auf die vorhergehende Generation angeordnet. Dies dürfte aus denselben Gründen wie in Kamerun unterblieben sein. Der togolesische Gesetzgeber wird davon ausgegangen sein, daß die von der französischen Staatsangehörigkeit verschiedene togolesische Personalhoheit bereits zur Mandats- und Treuhandzeit bestanden habe und daß daher diese Fiktion der Rückwirkung unnötig sei[153].

Über den Nachweis der togolesischen Staatsangehörigkeit der Elterngeneration finden sich in dem Gesetz keine Bestimmungen. Entsprechend Art. 70 wird das Vorhandensein der „possession d'état de Togolais" hierfür genügen[154].

Gemäß Art. 72 werden auch die allgemeinen Erwerbsgründe nach dem „ius soli" für die erstmalige Bestimmung der Staatsangehörigen angewendet. Maßgebend sind insoweit die Art. 1 ff.[155]. Die togolesische Staatsangehörigkeit erlangten demnach die in Togo geborenen Personen, von denen auch ein Elternteil dort geboren wurde. Nach Art. 3 genügte die Geburt der betreffenden Person auf togolesischem Gebiet, wenn diese keine andere Staatsangehörigkeit hatte.

Ohne daß es aus dem Wortlaut des Art. 72 hervorgeht, wird anzunehmen sein, daß die Bestimmung nur anwendbar ist für Personen,

---

[152] Art. 5 Code de la nationalité togolaise:
„Est Togolais:
1. L'enfant né d'un père togolais;
2. L'enfant né d'une mère togolaise et d'un père n'ayant pas de nationalité ou dont la nationalité est inconnue.

Art. 6: Est Togolais, sauf la faculté, s'il n'est pas né au Togo, de répudier cette qualité dans les six mois précédant sa majorité, l'enfant né d'une mère togolaise et d'un père de nationalité étrangère." (*Decottignies / de Biéville*, S. 341, 342).

[153] Siehe oben, III, 4, b, cc, am Anfang. Vgl. auch *Decottignies / de Biéville*, S. 339; *Tomson*, S. 436. Die fiktive Rückwirkung wäre im übrigen mindestens schlüssig anzunehmen.

[154] So im Ergebnis auch *Bleckmann*, S. 499. Der Autor wendet den Art. 70 wohl direkt an. Art. 70 stellt jedoch einen selbständigen Erwerbstatbestand dar und steht in keinem direkten Zusammenhang mit Art. 72, so daß eine entsprechende Anwendung richtig erscheint.

[155] Art. 1 c. nat. tog.: „Est Togolais l'enfant né au Togo d'un père qui y est lui-même né.

Art. 2: Est Togolais, ... l'enfant né au Togo d'une mère qui y est ellemême née.

Art. 3: La nationalité togolaise est en outre attribuée de plein droit, par le seul fait de la naissance sur le territoire togolais, à toute personne ne pouvant se prévaloir d'aucune autre nationalité d'origine." (*Decottignies / de Biéville*, S. 341).

die ihre Volljährigkeit im Zeitpunkt der Veröffentlichung des Gesetzes noch nicht erreicht haben[156]. Das ergibt der Umkehrschluß aus dem Wortlaut des Art. 70.

Sowohl das Abstammungsprinzip (ius sanguinis) als auch das Geburtsprinzip (ius soli) entsprechen völkerrechtlichen Anforderungen. Wie in Kamerun war neben dem Prinzip der „doppelten Geburt" auch das einfache Geburtsprinzip anwendbar. Art. 3 nimmt auf völkerrechtliche Bedenken Rücksicht und greift nicht in fremde Personalhoheiten ein[157]. Als Übergangsregelung zur Abgrenzung des Staatsvolkes bewirken Art. 72, 3, daß der Gedanke der Staatensukzession befolgt wird und keine Personen mit anderen Staatsangehörigkeiten in den Staatsverband aufgenommen werden. Bei Anwendung des „ius soli" müssen die betreffenden Personen vorher die togolesische „Gebietsangehörigkeit" besessen haben.

Außerdem enthält das togolesische Staatsangehörigkeitsgesetz noch eine spezielle Übergangsbestimmung in Art. 70, wo es heißt[158]:

„Sont considérées comme possédant la nationalité togolaise les personnes qui ayant atteint leur majorité à la date de publication de la présente loi, justifient à cette date de la possession d'état de Togolais.
La possession d'état, au sens de l'alinéa qui précède, consiste notamment dans le fait pour l'intéressé:

a) De s'être constamment et publiquement comporté comme un Togolais;
b) D'avoir été constamment et publiquement traité comme tel par la population et les autorités togolaises."

Danach wurden als togolesische Staatsangehörige nur Personen angesehen[159], die zur Zeit der Veröffentlichung des Gesetzes die Volljährigkeit erreicht hatten[160]. Ihnen wurde die Staatsangehörigkeit aufgrund der „possession d'état de Togolais" übertragen[161]. Im Gegensatz zu dem kamerunischen Gesetz enthält Art. 70 selbst eine Begriffsbestimmung der „possession d'état de Togolais". Diese besteht darin, daß die betreffende Person sich ständig und öffentlich als Togolese verhalten hat[162] und von der Bevölkerung und den Behörden ständig und öffentlich als Togolese behandelt worden ist[163].

---

[156] *Decottignies / de Biéville*, S. 340. Siehe auch oben, Anm. 68, am Ende.
[157] Siehe gleich oben. Die Regelung entspricht derjenigen in Kamerun.
[158] *Decottignies / de Biéville*, S. 351; vgl. auch *Creppy*, S. 579.
[159] Es handelt sich hierbei um eine Vermutung.
[160] Personen, die die Volljährigkeit nicht besaßen, konnten die togolesische Staatsangehörigkeit nur nach Art. 72 erwerben. Wer volljährig war, fiel ausschließlich in den Anwendungsbereich von Art. 70.
[161] *Decottignies / de Biéville*, S. 340.
[162] Die Erstausstattung mit der togolesischen Staatsangehörigkeit wurde jedenfalls aus diesem Grunde bereits mit der Schaffung dieser Staatsangehörigkeit wirksam (siehe oben, Anm. 149).
[163] Siehe oben, III, 4, b, aa, bb.

Wie in Kamerun stellt die „possession d'état" einen eigenständigen Erwerbsgrund zum Zwecke der erstmaligen Bestimmung des togolesischen Staatsvolkes dar. Das Prinzip der „possession d'état" entspricht den besonderen afrikanischen Verhältnissen[164] und ist deshalb trotz einer gewissen Undeutlichkeit völkerrechtlich zulässig.

Anders als im kamerunischen Gesetz bekam die ausländische Ehefrau eines Togolesen — möglicherweise schon mit der Schaffung der togolesischen Staatsangehörigkeit — diese verliehen, sofern die Eheschließung vor der Veröffentlichung des Gesetzes stattgefunden hatte[165]. Hierdurch soll die Familieneinheit im Bereich der Staatsangehörigkeit gewahrt werden.

dd) Zusammenfassung

Das in der früheren Staatenpraxis, insbesondere in Zessionsverträgen, überwiegend geübte Prinzip des Wohnsitzes (Domizil) zur Bestimmung des von dem Staatsangehörigkeitswechsel betroffenen Personenkreises wurde bei der Unabhängigkeit der afrikanischen Staaten weniger herangezogen als andere Abgrenzungskriterien. Lediglich Gabun, Mali, Senegal und Obervolta verwenden das Domizilprinzip[166], zum Teil kombiniert mit anderen Grundsätzen. Häufiger findet sich das Geburts- oder Herkunftsprinzip (ius soli), meistens kombiniert mit dem zusätzlichen Erfordernis der Geburt eines Elternteils in dem betreffenden Gebiet („doppelte Geburt"); so in Senegal, Obervolta, Guinea, Elfenbeinküste, Zentralafrikanische Republik, Kongo (Brazzaville), Niger, Mauretanien, Dahome, Kamerun, Togo. Das Abstammungsprinzip im engeren Sinne (ius sanguinis) wird angewendet in Tschad, Guinea, Elfenbeinküste, Zentralafrikanische Republik, Kongo (Brazzaville), Niger, Mauretanien, Dahome, Kamerun, Togo[167]. Das Prinzip der Volkszugehörigkeit oder des ethnischen Ursprungs diente zur Abgrenzung in Gabun, Madagaskar, Tschad; an das Kriterium des sichtbaren Verhaltens als Angehöriger des neuen Staates (possession d'état) wurde angeknüpft in Kamerun und Togo[168].

---

[164] Wegen des Fehlens von Personenstandsregistern ist ein derartiges, letztlich auf die Stammeszugehörigkeit abstellendes, Kriterium am ehesten praktikabel.

[165] Art. 73 Code de la nationalité togolaise (*Decottignies / de Biéville*, S. 351, 352).

[166] In Mali, Senegal und Obervolta wird insoweit auf die mehr im faktischen Sinne zu verstehende „résidence habituelle" abgehoben.

[167] Die Aszendenten werden konkretisiert durch die Geburt auf dem betreffenden Gebiet oder durch die „possession d'état". Im übrigen beinhalten das Prinzip der „doppelten Geburt" und das Prinzip des ethnischen Ursprungs ebenfalls Abstammungskriterien.

[168] Die „possession d'état" tritt in einigen anderen Staaten als ergänzendes Erfordernis zu den dort verwandten Abgrenzungsprinzipien hinzu, so zum Beispiel in Mali zum Domizilprinzip, in Senegal zum Geburtsprinzip.

Diese Prinzipien entsprechen völkerrechtlich anerkannten Anknüpfungen, die in der jüngeren Praxis häufiger angewendet wurden. Die Prinzipien des jeweiligen afrikanischen Ursprungs und der „possession d'état" entsprechen den afrikanischen Verhältnissen im Zeitpunkt der Unabhängigkeit (keine zuverlässigen Registrierungen des Personenstandes).

In zahlreichen Staaten führt der Tatbestand der Eheschließung für die ausländische Ehefrau eines Erstangehörigen ebenfalls zur erstmaligen Ausstattung mit der neuen Personalhoheit, so in Obervolta, Guinea, Elfenbeinküste, Zentralafrikanische Republik, Niger, Mauretanien, Dahome, Mali und Togo. Das hierin zum Ausdruck kommende Prinzip der Familieneinheit behauptet sich also insoweit in diesen Staaten gegenüber der Tendenz zur Gleichstellung der Frau[169].

Insgesamt kann festgehalten werden, daß die afrikanischen Staaten sich bei der Abgrenzung ihrer Staatsvölker im Rahmen der Prinzipien gehalten haben, die bei Staatensukzession ohne völkerrechtliche Bedenken möglich sind[170]. Lediglich die Einbeziehung von Angehörigen dritter Staaten und von Staatenlosen dürfte als völkerrechtswidrig anzusehen sein[171].

5. Die Gewährung von Optionen bei der Unabhängigkeit (Verselbständigung) der neuen frankophonen Staaten

Bei der Darstellung des von dem Staatsangehörigkeitswechsel betroffenen Personenkreises wurde bereits auf die Möglichkeit von *Optionen* hingewiesen. Bevor näher auf die in den afrikanischen Staatsangehörigkeitsgesetzen enthaltenen Optionen eingegangen wird, sollen die mit Optionen *allgemein* zusammenhängenden völkerrechtlichen Fragen jeweils gesondert behandelt werden.

a) Die Frage einer völkerrechtlichen Pflicht zur Gewährung von Optionen bei Staatensukzessionen

Die Zessionsverträge der Neuzeit enthalten seit dem 18. Jahrhundert, in Ansätzen bereits seit dem 17. Jahrhundert, für die von dem Gebiets-

---

[169] Siehe oben, Anm. 60.

[170] Insoweit muß *Tomson*, S. 29, widersprochen werden, der annimmt, daß die meisten der beteiligten Staaten die Regeln der Staatensukzession hierbei verworfen hätten. Es handelt sich durchaus um Staatensukzessionen (siehe oben, II, 8), bei denen hinsichtlich der Abgrenzung des von dem Staatsangehörigkeitswechsel betroffenen Personenkreises ein weiter Gestaltungsrahmen besteht. Die Besonderheiten der afrikanischen Regelungen gebieten nicht, sie aus dem Bereich der Staatensukzession herauszunehmen.

[171] Dies entspricht dem Wesen der Staatensukzession, deren Rechtsgrundsätze von den afrikanischen Gesetzgebern beachtet werden mußten.

wechsel und damit von dem Staatsangehörigkeitswechsel betroffenen Personen in den meisten Fällen die Möglichkeit von Optionen zugunsten der Staatsangehörigkeit des Altstaates[1]. Die Option gibt den Begünstigten die Möglichkeit, selbst über ihre Staatsangehörigkeit zu bestimmen und ihrem bisherigen Staat die Treue zu bewahren, indem sie die neue Staatsangehörigkeit ausschlagen *(„negative Option")*. Daneben sind auch Optionen zugunsten des bisher fremden Staates denkbar *(„positive Optionen")*.[2] Die Option als ein individueller Akt entspringt der Grundidee der freien Entscheidung des Individuums über seine Staatsangehörigkeit[3].

Angesichts der weiten Verbreitung des Optionsrechts in den Zessionsverträgen und der jahrhundertelangen Übung erhebt sich die Frage, ob die Gewährung von Optionen bei einer Staatensukzession ein völkerrechtlich gebotenes Recht ist. Die wohl überwiegende Meinung in der Völkerrechtsliteratur verneint das Bestehen einer derartigen, im allgemeinen Völkerrecht gewohnheitsrechtlich begründeten Verpflichtung der Staaten zur Gewährung der Option[4]. Danach ist beim Schweigen eines Vertrages ein Optionsrecht nicht gewährt. Die herr-

---

[1] Als Ansatz eines Optionsrechtes („Option älterer Art") findet sich das „beneficium emigrandi" bereits in dem Frieden von Ryswick (1697). Dieses ursprüngliche Auswanderungsrecht wird seit dem Frieden von Campo Formio (1797) durch das Optionsrecht ersetzt (siehe oben, III, 1, b, Anm. 19). Vgl. hierzu auch *F. Stoerk*, Option und Plebiszit bei Eroberungen und Gebietszessionen, Leipzig, 1879. Eine Übersicht über die bisherige wichtigste Staatenpraxis geben *Bernhardt*, S. 661 ff. und *K. M. Meessen*, Die Option der Staatsangehörigkeit, Berlin, 1966, S. 15 ff.

[2] *Stoerk*, S. 25.

[3] Terminologisch kann der Begriff der völkerrechtlichen Option von demjenigen der staatsrechtlichen (innerstaatlichen) Option unterschieden werden. Unter völkerrechtlicher Option versteht man die in einer Völkerrechtsnorm (zum Beispiel Vertrag) vorgesehene individuelle Entscheidung für eine bestimmte Staatsangehörigkeit. Die in den Staatsangehörigkeitsgesetzen einzelner Staaten enthaltenen Optionen gehören dem innerstaatlichen Recht an; das Völkerrecht bestimmt aber hier die Grenzen der staatlichen Regelungsbefugnis (vgl. hierzu *Bernhardt*, S. 661). Insoweit ist also auch die innerstaatliche Option von völkerrechtlicher Relevanz.

Nach *Meessen* spricht die Identität der Erscheinungsformen gegen eine dogmatische Trennung von völkerrechtlicher und staatsrechtlicher Option. Der Unterschied beruhe nur auf der Rechtsquelle (S. 67).

[4] So etwa *H. J. Jellinek*, S. 63; *Makarov*, Allgemeine Lehren des Staatsangehörigkeitsrechts, 2. Aufl., S. 99; *Dahm*, S. 478; *Schätzel*, Der Staatsangehörigkeitswechsel bei Gebietsveränderungen, Zeitschrift für Völkerrecht, Band 12, 1923, S. 107; *K. Stokar von Neuforn*, Die völkerrechtliche Option vor und nach dem Weltkrieg mit besonderer Berücksichtigung ihrer Durchführung in der Tschechoslowakei, 1932, S. 30; *P. Weis*, Nationality and statelessness in International Law, London, 1956, S. 163; *derselbe*, Staatsangehörigkeit und Staatenlosigkeit im gegenwärtigen Völkerrecht, Berlin, 1962, S. 17. *Schoenborn* betrachtet das Optionsrecht als „werdendes Völkergewohnheitsrecht" (S. 39, 70). Weitere Nachweise bei *Meessen*, S. 82.

Aus der französischen Literatur vgl. beispielsweise *Niboyet*, S. 121; *Decottignies / de Biéville*, S. 42.

schende Ansicht führt aus, trotz der weitverbreiteten Praxis dürfe nicht die Schlußfolgerung gezogen werden, daß in den Fällen, in denen eine Option nicht gewährt wird, sogleich eine Verletzung des allgemeinen Völkerrechts vorliege. Es sei nicht ohne weiteres gestattet, aus der Gestaltung der Verträge in bestimmten Fragen sogleich Folgerungen über den Inhalt der Normen des allgemeinen Völkerrechts zu ziehen[5].

Es wird aber auch die Auffassung vertreten, daß die Staaten völkerrechtlich verpflichtet seien, Optionen zu gewähren[6]. Danach gibt es, selbst wenn der Zessionsvertrag keinerlei diesbezügliche Bestimmungen enthält, gewisse Rechtsgrundsätze, deren Nichtbeachtung eine Verletzung des Völkerrechts bedeuten würde. So hätten in den Fällen, in denen die Bewohner mit dem abgetretenen Gebiet durch einen Wohnsitz verbunden sind, diese das Recht auf eine individuelle Entscheidung über ihre Staatsangehörigkeit. Mit dem Erwerb der Staatsangehörigkeit des Nachfolgestaates ist nach dieser Auffassung ein Optionsrecht zugunsten des Altstaates verbunden („negative Option").

Die Frage einer völkerrechtlichen Verpflichtung zur Gewährung von — negativen — Optionen erlaubt für den Fall des Bejahens zwei Lösungen: Der Staat, der trotz seiner Verpflichtung die Option nicht gewährt, handelt zwar völkerrechtswidrig, die von dem Staatsangehörigkeitswechsel betroffene Person hat aber kein im allgemeinen Völkerrecht begründetes subjektives Recht auf die Option. Es ist aber auch denkbar, daß in dem Falle, in dem die beteiligten Staaten dem Völkerrecht zuwider keine Optionen vorsehen, die betreffenden Personen ohne entsprechende vertragliche oder gesetzliche Anordnungen ein Optionsrecht haben.

Unter Einbeziehung der noch überwiegenden Meinung, daß eine völkerrechtliche Pflicht zur Gewährung von Optionen jeglicher Art nicht bestehe, ergeben sich also drei Möglichkeiten, diese Frage zu beantworten. Angesichts der bisherigen Staatenpraxis ist das Institut der Option bei Gebietswechseln üblich geworden[7]. Von dieser Üblichkeit auf einen bereits gewohnheitsrechtlich zustande gekommenen Völkerrechtssatz schließen zu wollen, ist wohl immer noch verfrüht[8]. Das

[5] *Makarov*, Allgemeine Lehren des Staatsangehörigkeitsrechts, 2. Aufl., S. 99.

[6] So *E. Kaufmann*, Règles générales du droit de la paix, RdC, tome 54, 1935, IV, S. 373; *Meessen*, S. 85, 86, der allerdings meint, die Verpflichtung könne vertraglich aufgehoben werden.

[7] Vgl. *Makarov*, Zur Behandlung von deutschen Zwangseinbürgerungen 1938 bis 1945, JZ 1952, S. 406, 407. Der Autor spricht von einer „allgemeinen Tendenz des modernen Staatsangehörigkeitsrechts".

[8] Vgl. auch *Schoenborn*, S. 39 ff.

Recht der persönlichen Selbstbestimmung ist der Hoheitsgewalt der Staaten völkerrechtlich noch immer nachgeordnet. Es wird jedoch interessant sein zu sehen, inwieweit Frankreich und die neuen afrikanischen Staaten bei der Abgrenzung ihrer Staatsvölker Optionen zulassen und welche völkerrechtlichen Schlüsse daraus zu ziehen sind.

b) Optionen anläßlich der Unabhängigkeit der afrikanischen Staaten

Die Staatsangehörigkeitsgesetze[9] der neuen afrikanischen Staaten geben einem Teil des Staatsvolkes die Möglichkeit, die anläßlich der Unabhängigkeit (Verselbständigung) erworbene jeweilige afrikanische Staatsangehörigkeit durch eine negative Option wieder auszuschlagen. Abgesehen von Optionen, die verheirateten Frauen eröffnet wurden, gibt es insoweit keine weiteren in Guinea, Elfenbeinküste, Niger, Senegal, Mauretanien, Zentralafrikanische Republik und Kamerun. In den übrigen Staaten haben immerhin einige Kategorien des neuen Staatsvolkes die Befugnis, die afrikanische Staatsangehörigkeit abzulehnen[10]. Insgesamt kann festgehalten werden, daß die Praxis der afrikanischen Staaten insoweit ziemlich restriktiv ist und nur recht selten die Möglichkeit gibt, die neue Staatsangehörigkeit auszuschlagen[11]. Der relative Mangel an derartigen Optionen trägt nicht dazu bei, aus gewohnheitsrechtlichen Gründen eine allgemeine völkerrechtliche Pflicht zur Gewährung negativer Optionen bei Gebietsveränderungen anzunehmen. Die afrikanische Praxis ist weit davon entfernt, jeder von der Staatensukzession betroffenen Person eine solche Option einzuräumen.

Hinsichtlich der Optionen *zugunsten* der neuen afrikanischen Staatsangehörigkeiten („positive Optionen") im Zusammenhang mit der Verselbständigung sind die afrikanischen Kodices etwas großzügiger[12]. Mit Ausnahme der Gesetze von Gabun, Zentralafrikanische Republik, Kongo (Brazzaville) und Kamerun enthalten sie alle die Möglichkeit von Optionen zugunsten ihrer neuen Staatsangehörigkeit[13].

Als ein der positiven Option ähnliches Institut wird man auch die „reconnaissance" der französischen Staatsangehörigkeit nach Art. 152 des französischen Staatsangehörigkeitsgesetzes ansehen können[14].

---

[9] Es existieren keine vertraglichen Optionsvereinbarungen.

[10] Im einzelnen siehe unten, III, 5, c, cc. Die Ausschlagung der afrikanischen Staatsangehörigkeit mußte zugunsten der bisherigen französischen erfolgen.

[11] *Tomson*, S. 30. Dies kann man aus der Tatsache erklären, daß es sich um die Entstehung neuer Staatsvölker im Wege der Emanzipation und nicht nur um den Austausch von Bevölkerungen durch Zessionen handelte.

[12] Die positive Option ist von Interesse für Personen, die die neue Staatsangehörigkeit nicht automatisch erworben haben.

[13] Im einzelnen siehe unten, III, 5, c, bb.

[14] Vgl. *Lagarde*, S. 535. Aus der Sicht des französischen Gesetzes handelt es sich um eine Entscheidung zugunsten der eigenen Staatsangehörigkeit.

Die Praxis der afrikanischen Staaten läßt insoweit immerhin erkennen, daß neben dem automatischen Staatsangehörigkeitserwerb aufgrund der Staatensukzession auch der individuelle Erwerbsakt anläßlich der Gebietsveränderung von Bedeutung ist. Entsprechende völkerrechtliche Pflichten lassen sich aber daraus noch nicht herleiten.

c) Der Kreis der Optionsberechtigten

aa) Der Kreis der Optionsberechtigten bei Staatensukzessionen allgemein

Die Frage nach dem Kreis der Optionsberechtigten legt die genaue Unterscheidung zwischen den schon angesprochenen sogenannten negativen und positiven Optionen nahe. Bei jeder dieser Optionsarten werden die Optionsberechtigten vielfach in unterschiedlicher Weise bestimmt sein.

Der klassische Begriff der Option kannte die Möglichkeit einer sowohl negativen als auch positiven Optionsentscheidung noch nicht. So verstand man früher unter dem Optionsrecht lediglich die den von einer Staatensukzession betroffenen Personen zustehende Möglichkeit, durch einen eigenen freien Willensakt sich für ihre alte Staatsangehörigkeit zu entscheiden[15]. Diese Verengung des Optionsbegriffs auf den Fall der Gebietsveränderung und auf die Entscheidungsfreiheit zugunsten der alten Staatsangehörigkeit (negative Option) erscheint heute nicht mehr sinnvoll, vielmehr ist ein weiterer Begriff üblich und gerechtfertigt[16]. Demnach ist sowohl eine Option zugunsten der *bisherigen* als auch der *neuen* Staatsangehörigkeit möglich (negative, positive Option). Die Option zugunsten der alten Staatsangehörigkeit beinhaltet zugleich die Ablehnung der neuen, darin liegt das negative Element.

Die Frage nach dem Kreis der zu einer negativen Option (Ausschlagung der neuen Personalhoheit) berechtigten Personen hängt unmittelbar zusammen mit dem Gesichtspunkt des von einem — automatischen — Staatsangehörigkeitswechsel betroffenen Personenkreises. In der Regel wird diese Option nämlich ausnahmslos oder teilweise den Personen gewährt, die infolge des Gebietswechsels ihre bisherige Staatsangehörigkeit verlieren und die des Nachfolgestaates erwerben würden. Die Personen, die ein negatives Optionsrecht besitzen, bestimmen sich demnach nach den Kriterien, die für die Abgrenzung des von dem Staatsangehörigkeitswechsel betroffenen Personenkreises maß-

---

[15] *J. L. Kunz,* Die völkerrechtliche Option, Band I, Breslau, 1925, S. 85.

[16] *Bernhardt,* S. 661; *Meessen,* S. 73. In dem hier interessierenden Zusammenhang kommt es aber nur auf die Option bei Staatensukzessionen an.

gebend sind, also nach dem Domizilprinzip, Herkunftsprinzip, Abstammungsprinzip, Prinzip der Volkszugehörigkeit und anderen, auch nach den verschiedenen Kombinationen alternativer und kumulativer Art[17]. Daraus folgt auch, daß die Angehörigen dritter Staaten, die von dem Staatsangehörigkeitswechsel nicht erfaßt sein dürfen[18], jedenfalls kein negatives Optionsrecht haben[19].

Der Kreis der zu einer positiven Option zugunsten der neuen Staatsangehörigkeit berechtigten Personen bestimmt sich, ähnlich wie bei den automatisch wirkenden Erwerbstatbeständen, nach Anknüpfungspunkten, die diese Personen mit dem neuen Staat verbinden (zum Beispiel Wohnsitz, ethnische Zugehörigkeit). Eine positive Option ist insbesondere denkbar, wenn ausnahmsweise kein automatischer Wechsel der Staatsangehörigkeit vorgesehen ist[20]. Sie tritt als individueller Willensakt an die Stelle des automatischen Staatsangehörigkeitswechsels. Der Erwerb der Staatsangehörigkeit erfolgt dabei durch die rechtsgestaltende Erklärung des Optanten[21].

Im Unterschied zum automatischen Staatsangehörigkeitserwerb ist zumindest die innerstaatliche Option auch kein kraft Völkerrecht wirkendes Rechtsinstitut. Jedoch sind auch hier Inhalt und Schranken der Regelung von völkerrechtlicher Relevanz.

Durch die positive Option tritt die optierende Person einem bisher fremden Staatsverband bei[22]. Auch bei der positiven Option ist problematisch die Einbeziehung von Angehörigen dritter Staaten, die an der Gebietsveränderung nicht beteiligt sind.

bb) Die Gewährung von „positiven" Optionen und Einbürgerungen anläßlich der Unabhängigkeit

Die mit der Unabhängigkeit vorgesehenen „positiven" Optionen zugunsten der neuen afrikanischen Staatsangehörigkeiten dienten ebenfalls der Abgrenzung des jeweiligen Staatsvolkes. Im Unterschied zu den bereits dargestellten allgemeinen, automatisch wirkenden Verleihungstatbeständen bewirkten die sogenannten „Übergangsoptionen"[23] nur dann den Erwerb der neuen Staatsangehörigkeit, wenn ein

[17] Vgl. hierzu *Cogordan*, S. 322; *Niboyet*, S. 120; *Meessen*, S. 94 ff.
[18] Siehe oben, III, 3, d.
[19] *Cogordan*, S. 322.
[20] Vgl. *Bernhardt*, S. 663; *Niboyet*, S. 122. *Niboyet* behauptet an dieser Stelle, die Fälle einer positiven Option seien in der Völkerrechtspraxis ziemlich selten und stellten nicht den typischen Fall einer Option dar. Für die Gegenwart wird man dieser Meinung nicht zustimmen können.
[21] *Meessen*, S. 62, mit weiteren Nachweisen.
[22] *Stoerk*, S. 25.
[23] Die französischen Autoren sprechen in diesem Zusammenhang von „options transitoires".

entsprechender individueller Willensakt des Berechtigten vorgenommen wurde[24].

Ganz überwiegend ist den Optionsvorschriften zugunsten der neuen Staatsangehörigkeiten gemeinsam, daß sie sich im Grunde als „Vorzugseinbürgerungen" darstellen[25]; diesen zumindest ähnlich sind. Darin ist insoweit keine Besonderheit zu sehen, als der Einbürgerung im eigentlichen Sinne der Erwerb der Staatsangehörigkeit durch eine Optionserklärung gleichzusetzen ist[26]. Für *Niboyet* waren sowohl die Einbürgerung als auch die Option „des cas de nationalité contrôlée"[27]. Unterschiede zwischen Einbürgerung und Option bestehen dennoch: Der sich Einbürgernde hat auf die Einbürgerung in der Regel keinen Rechtsanspruch, wohingegen das Optionsrecht, also der Anspruch auf die Ausübung der Option, sich aus dem jeweiligen Vertrag oder Gesetz ergibt. Der Staatsangehörigkeitserwerb durch Einbürgerung beruht auf einem konstitutiven Staatsakt, derjenige durch Option auf einer individuellen rechtsgestaltenden Willensentscheidung des Berechtigten[28].

Bei den Optionen zugunsten der neuen afrikanischen Staatsangehörigkeiten erfolgte deren Erwerb durch die Optionserklärung selbst[29]. Andererseits wurde in zahlreichen Fällen den staatlichen Behörden ein Oppositionsrecht gegen diesen Staatsangehörigkeitserwerb durch „Übergangsoptionen" eingeräumt. Von einem „echten" Optionsrecht wird allgemein nur dann gesprochen, wenn allein die Entscheidung des Berechtigten maßgebend ist[30]. Um eine „unechte" Option handelt es sich,

---

[24] Diese beiden Möglichkeiten der Bildung des neuen Staatsvolkes werden zum Beispiel ausdrücklich in Art. 31 des senegalesischen Staatsangehörigkeitsgesetzes angesprochen.

[25] So *Decottignies / de Biéville*, S. 45.

[26] *Makarov*, Allgemeine Lehren des Staatsangehörigkeitsrechts, 2. Aufl., S. 339, 340. Die Gleichstellung betrifft insbesondere den in der Regel leicht zu führenden Nachweis der durch Naturalisation oder Optionserklärung erworbenen Staatsangehörigkeit. Vgl. auch *Dahm*, S. 456, der von „Einbürgerung im weiteren Sinne" spricht.

[27] Zitiert nach *Makarov*, Allgemeine Lehren des Staatsangehörigkeitsrechts, 2. Aufl., S. 340; vgl. auch *Niboyet*, S. 105, 106 ff.

[28] Vgl. hierzu *Makarov*, Allgemeine Lehren des Staatsangehörigkeitsrechts, 2. Aufl., S. 339, 340; *Meessen*, S. 68, 73; *Dahm*, S. 475.

[29] Das ergibt sich aus dem Wortlaut der Vorschriften, zum Beispiel Art. 75 des malischen Staatsangehörigkeitsgesetzes (siehe gleich unten, Anm. 34).

Etwas anderes gilt im allgemeinen nur in den Fällen, in denen ausdrücklich eine Einbürgerung verlangt wurde oder der Berechtigte die neue Staatsangehörigkeit „beantragen" („réclamer") mußte.

Das Erfordernis einer Registrierung der Optionserklärung (etwa Art. 71 Code de la nationalité togolaise) hindert nicht deren rechtsgestaltenden Charakter. Vgl. *Bilbao*, Le droit malgache de la nationalité, S. 104.

[30] *Bernhardt*, S. 664. Die echte Option wird demnach ohne Mitwirkung des Staates wirksam.

wenn der Ausdruck „Option" gebraucht wird, aber eine Einbürgerung gemeint ist[31].

Dennoch wird man bei den afrikanischen Regelungen insoweit von Optionen sprechen können, als es sich um individuelle Entscheidungsbefugnisse zugunsten der neuen Staatsangehörigkeiten handelt. Allerdings rücken diese Optionen wegen des staatlichen Oppositionsrechts rechtlich zumindest in die Nähe von („Vorzugs-")Einbürgerungen[32].

Bei den positiven Optionen[33] wurde das Domizilprinzip zur Abgrenzung der Optionsberechtigten stärker herangezogen als zur Bestimmung der neuen Staatsangehörigen durch die allgemeinen, automatisch wirkenden Erwerbstatbestände. So konnte in *Mali* jede Person für die malische Staatsangehörigkeit optieren, die ihren gewöhnlichen Aufenthalt in Mali hatte[34]. Erforderlich waren zusätzlich eine Erklärung des Berechtigten, sich wie ein würdiger Bürger der Republik Mali zu verhalten und eine von zwei malischen Bürgern vorgelegte Assimilierungsbescheinigung. Andernfalls mußte die zuständige Behörde die Annahme der Optionserklärung ablehnen (Oppositionsverpflichtung).

Ähnlich konnte in *Mauretanien* für die mauretanische Staatsangehörigkeit optieren, wer zur Zeit des Inkrafttretens des Gesetzes seinen gewöhnlichen Aufenthalt (résidence habituelle) dort hatte[35]. Die Re-

---

[31] *Meessen*, S. 73.

[32] Im Gegensatz zu den allgemeinen, automatisch wirkenden Übertragungstatbeständen tritt der Staatsangehörigkeitserwerb hier nicht kraft Völkerrechts ein. Es handelt sich um innerstaatliche Optionen, die durch die Staatsangehörigkeitsgesetze gewährt werden.

[33] Vgl. hierzu allgemein *Decottignies / de Biéville; Zatzépine*, Le droit de la nationalité des républiques francophones d'Afrique et de Madagascar, 1963, Mise à jour, 1966, 1967; *Tomson*. Hier finden sich die entsprechenden Regelungen der einzelnen Staaten. Vgl. auch *Bleckmann*, S. 497, 498.

[34] Art. 75 Code de la nationalité malienne:

„Jusqu'à l'expiration d'un délai de six mois à compter de la publication du présent Code, tout individu, même né à l'étranger ayant sa *résidence habituelle* au Mali peut *opter* pour la nationalité malienne par déclaration souscrite conformément aux articles 45 et 46 du présent Code.

L'autorité compétente doit refuser de recevoir la déclaration si elle n'est pas assortie:

1. D'un acte de soumission par lequel le déclarant s'engage à se comporter en tout comme un digne et loyal citoyen de la République du Mali et à élever ses enfants dans le même esprit;
2. D'une attestation présentée en personne par deux citoyens maliens certifiant sur l'honneur que le déclarant a donné des gages d'assimilation et de sens national . . .

(*Decottignies / de Biéville*, S. 248).

Vgl. hierzu auch *Decheix*, Le code de la nationalité malienne, Penant 73, 1963, S. 312, 313, wo von einer „naturalisation simplifiée" die Rede ist.

[35] Art. 68 Code de la nationalité mauritanienne:

„Peut opter pour la nationalité mauritanienne toute personne qui, à la date d'entrée en vigueur de la présente loi, a sa *résidence habituelle* en Mauritanie . . .

gierung konnte sich diesem Erwerb der mauretanischen Staatsangehörigkeit wegen Unwürdigkeit oder wegen mangelnder Assimilierung widersetzen, sie war dazu jedoch nicht verpflichtet (Oppositionsrecht). Voraussetzung für das Optionsrecht war daher grundsätzlich nur der gewöhnliche Aufenthalt.

Ebenfalls nur daran knüpft Art. 105 des Staatsangehörigkeitsgesetzes der Republik *Elfenbeinküste* an. Danach konnten Personen, die ihren gewöhnlichen Aufenthalt (résidence habituelle) vor dem 7. August 1960 in Elfenbeinküste hatten, eingebürgert werden[36]. Dieser Fall des „kontrollierten" Staatsangehörigkeitserwerbs wurde also vom Gesetzgeber ausdrücklich als Einbürgerung ausgestaltet[37]. Dies zeigt die Nähe zwischen der positiven Option und der Einbürgerung, die beide den von den afrikanischen Gesetzgebern verfolgten Zweck erfüllten, die Abgrenzung des Staatsvolkes durch „überwachte" Einzelerwerbstatbestände zu vervollständigen. Bei der Einbürgerung steht der Staatsangehörigkeitserwerb in der Regel im Ermessen der zuständigen Behörde, da die betreffende Person lediglich naturalisiert werden „kann". Eine ähnliche Wirkung kann bei einer Option erreicht werden, der sich der jeweilige Staat widersetzen kann.

Ebenfalls ein Optionsrecht nur aufgrund des Wohnsitzes am Tag der Unabhängigkeit hatten in *Madagaskar* die in den französischen Staatsverband eingebürgerten ehemaligen Ausländer[38]. Gegen diesen Erwerb der madagassischen Staatsangehörigkeit konnte sich die Re-

---

Le Gouvernement peut, dans un délai d'un an à compter de l'option et après s'être entouré, le cas échéant, de tous renseignements, s'opposer par décret à l'acquisition de la nationalité mauritanienne soit pour indignité, soit pour défaut d'assimilation ...

(*Decottignies / de Biéville*, S. 266, 267).

„Résidence habituelle" dürfte in diesen Vorschriften gleichbedeutend mit „domicile" sein (siehe oben, III, 4, b, aa, Anm. 32).

[36] Art. 105 Code de la nationalité ivoirienne:

„Par dérogation aux dispositions de l'article 26, les personnes ayant eu leur *résidence habituelle* en Côte d'Ivoire antérieurement au 7 août 1960 peuvent être *naturalisées* sans condition de stage si elles formulent leur demande dans le délai d'un an à compter de la mise en vigueur du présent Code ..."

(*Decottignies / de Biéville*, S. 200).

[37] *Decottignies / de Biéville*, S. 185; *Zatzépine*, Le droit de la nationalité des républiques francophones d'Afrique et de Madagascar, 1963, S. 13; *Tomson*, S. 131; *Bleckmann*, S. 497. Dies bedeutet, daß die allgemeinen Vorschriften des Gesetzes über Einbürgerung (Art. 25 ff.) grundsätzlich anwendbar wurden.

[38] Art. 92 Ziffer 2 Code de la nationalité malgache:

„Pourront opter en faveur de la nationalité malgache:

...2. Les anciens étrangers naturalisés français *domiciliés* à Madagascar à la date du 26 juin 1960; ..."

(*Decottignies / de Biéville*, S. 226, 227). Vgl. hierzu auch *Bilbao*, Le droit malgache de la nationalité, S. 92, 93.

gierung widersetzen[39]. Schon deshalb liegt es nahe, auch hier von einer „naturalisation de faveur" zu sprechen[40].

Die Heranziehung des reinen Wohnsitzprinzips (domicile) und des gewöhnlichen Aufenthalts (résidence habituelle) zur Bestimmung des Kreises der Optionsberechtigten entspricht einem klassischen völkerrechtlichen Anknüpfungspunkt im Bereich der Staatensukzessionen. Dabei ist dem Wortlaut der Vorschriften nach der Staatsangehörigkeitserwerb nicht auf Personen beschränkt, die die französische Staatsangehörigkeit innehatten. Bei den allgemeinen Abgrenzungstatbeständen erschien eine derartige Einbeziehung von Angehörigen dritter Staaten und von Staatenlosen als völkerrechtlich unzulässig, zumindest aber bedenklich[41]. Bei den Options- und Einbürgerungsmöglichkeiten anläßlich der Unabhängigkeit dürften diese völkerrechtlichen Bedenken nicht bestehen. Zwar wurde durch die Anwendung des reinen Domizilprinzips der Gedanke der Staatensukzession verlassen[42]. Die Möglichkeit einer individuellen Option zugunsten der neuen Staatsangehörigkeiten beruht aber nicht nur auf dem Prinzip der Staatensukzession. Die Unabhängigkeit ist lediglich der Anlaß, der einer Gruppe von Personen, die durch Wohnsitz mit dem neuen Staat verbunden sind, die Gelegenheit gibt, dessen Angehörigkeit zu erwerben. Die Interessenlage ist für die Beteiligten ähnlich einer Einbürgerung, die der betreffenden Person ohne Rücksicht auf ihre bisherige Staatsangehörigkeit zugänglich ist. Dem entspricht es auch, daß die Optionen wie Vorzugseinbürgerungen ausgestaltet sind und daß in Elfenbeinküste direkt der Weg der Einbürgerung gewählt wurde. Die Optionen („Vorzugseinbürgerungen") und Einbürgerungen beruhen also nicht nur auf dem Prinzip der Staatensukzession, sondern eröffnen anläßlich der Unabhängigkeit allgemein die neue Staatsangehörigkeit den — hier durch Wohnsitz — mit dem neuen Staat verbundenen Personen. Diese „Einbürgerungsoptionen" sollen gerade den Ausländern den Zugang zu dem neuen Staatsvolk eröffnen. Deshalb ist die Erstreckung der Optionen oder Einbürgerungen auf alle Staatsangehörigkeiten nicht völkerrechtswidrig[43]. Die Optanten brauchen also zuvor nicht die französische Staatsangehörigkeit besessen zu haben.

---

[39] Art. 93 c. nat. malg.

[40] *Decottignies / de Biéville,* S. 210.

[41] Siehe oben, III, 3, d.

[42] *Bleckmann,* S. 498.

[43] Bei den allgemeinen, automatisch wirkenden Erwerbstatbeständen zur Abgrenzung des Staatsvolkes ist die Einbeziehung der Angehörigen dritter Staaten deshalb völkerrechtlich unzulässig, weil dieser automatische und generelle Staatsangehörigkeitswechsel unmittelbar auf den Grundsätzen der Staatensukzession beruht.

Der Kreis der Optionsberechtigten wurde auch durch eine Kombination zwischen dem Domizilprinzip und der Herkunft aus den ehemaligen Mitgliedstaaten der französischen Gemeinschaft bestimmt. So hatte in der Republik *Niger* jede Person ein Optionsrecht, die aus einem Mitgliedstaat der Gemeinschaft stammte, sofern sie zur Zeit des Inkrafttretens des nigrischen Staatsangehörigkeitsgesetzes ihren gewöhnlichen Wohnsitz in Niger hatte[44].

Unter denselben Voraussetzungen gewährte Art. 29 des Staatsangehörigkeitsgesetzes von *Senegal* eine Option für die senegalesische Staatsangehörigkeit[45].

Diese Optionen sind vergleichbar Vorzugseinbürgerungen[46]; der Staat hatte jeweils ein Oppositionsrecht.

Obwohl durch die Einbeziehung von Personen aus anderen frankophonen afrikanischen Gebieten die Idee der Staatensukzession im engeren Sinne verlassen wird[47], halten sich diese erweiterten Optionsmöglichkeiten im Rahmen des Völkerrechts. Dies gilt sowohl für diejenigen Personen, die zuvor nicht die französische Staatsangehörigkeit besaßen als auch für diejenigen Franzosen afrikanischer Herkunft, die nach der Unabhängigkeit ihres Staates dessen neue Staatsangehörigkeit erwarben. Die Optionen können — wie Einbürgerungen — verschiedene Staatsangehörigkeiten erfassen.

Das Domizilprinzip tritt auch durch das zusätzliche Erfordernis eines in dem betreffenden Gebiet ausgeübten Berufes ergänzt auf. So wurde in *Guinea* den Ausländern ein Optionsrecht gewährt, die ihren Wohnsitz in Guinea hatten und dort einen handwerklichen, kaufmännischen oder freien Beruf während der letzten fünf Jahre vor der Unabhängig-

---

[44] Art. 55 Code de la nationalité nigérienne:
„Peut opter pour la nationalité nigérienne toute personne originaire de l'un des Etats issus des anciens groupes de territoires d'A. O. F. et d'A. E. F., du Togo, du Cameroun et de Madagascar qui, à la date d'entrée en vigueur de la présente loi, a sa résidence habituelle au Niger." (*Decottignies / de Biéville*, S. 284).
Abgestellt wurde also auf die „résidence habituelle". Die Herkunft aus dem Gemeinschaftsstaat („originaire") wird nicht nur auf die Geburt in dem jeweiligen Gebiet beschränkt sein. *Bleckmann* spricht insoweit lediglich von der Geburt (S. 498).
Vgl. auch *M. Sao*, Les dispositions transitoires du Code de la nationalité nigérienne, RJPIC 1971, Nr. 4, S. 545, 546.

[45] *Decottignies / de Biéville*, S. 305.

[46] *Decottignies / de Biéville*, S. 276, 298.

[47] Die Bewohner der ehemaligen Mitgliedstaaten der Französischen Gemeinschaft hatten zwar überwiegend die französische Staatsangehörigkeit. Das Prinzip der Staatensukzession beschränkt sich aber auf die Sukzession in die Staatsgewalt über das jeweilige Gebiet. Hinsichtlich der Gesamtheit der ehemaligen Gemeinschaftsstaaten läßt sich der Sukzessionsgedanke höchstens in einem weiteren Sinne anwenden.

keit ausgeübt hatten[48]. Die Regierung hatte zwar kein förmliches Oppositionsrecht, jedoch stand die Gewährung der Option in ihrem Ermessen. Dadurch wird auch diese Option in die Nähe einer Vorzugseinbürgerung gerückt[49]. Nach Art. 92, Ziffer 3 des Staatsangehörigkeitsgesetzes von *Madagaskar* konnten für die madagassische Staatsangehörigkeit optieren die französischen Staatsangehörigen nicht madagassischen Ursprungs, die ihren Wohnsitz nach Madagaskar verlegt hatten und die im Zeitpunkt der Unabhängigkeit seit fünf Jahren dort gelebt oder ihren Beruf ausgeübt hatten[50]. Die Regierung konnte sich diesem Erwerb der madagassischen Staatsangehörigkeit widersetzen[51]. Im Ergebnis stellt daher auch diese Option eine erleichterte Einbürgerung dar[52].

Die madagassische Regelung entspricht dem Prinzip der Staatensukzession insoweit, als französische Staatsangehörige berechtigt werden[53]. Eine Kollision mit anderen afrikanischen Staatsangehörigkeiten rechtfertigt ebenfalls nicht die Annahme der Völkerrechtswidrigkeit. Die Einbeziehung von Ausländern durch die guineische Regelung ist zulässig, sie entspricht dem Wesen der Einbürgerung. Das Erfordernis eines mehrjährigen Aufenthaltes oder einer entsprechend langen Berufsausübung rückt diese Anknüpfungskriterien in die Nähe des sogenannten Heimatprinzips.

Eine kumulative Anwendung des Domizilprinzips und des Geburtsprinzips findet sich in Mali und in Obervolta. So hatte ein Options-

---

[48] Art. 140 Code de la nationalité guinéenne:
„... le Gouvernement *peut* permettre aux étrangers domiciliés en Guinée ayant exercé une profession industrielle, commerciale et libérale pendant cinq ans au moins avant le 2 octobre 1958, d'opter pour la nationalité guinéenne ..."
(*Decottignies / de Biéville*, S. 173).

[49] *Decottignies / de Biéville*, S. 153. Vgl. auch den Wortlaut des Art. 140 am Anfang und am Ende, wo von den Beschränkungen einer Einbürgerung befreit wird.

[50] Art. 92 Code de la nationalité malgache:
„Pourront opter en faveur de la nationalité malgache:
...3. Les nationaux français non originaires de Madagascar qui y ont transporté leur *domicile* et qui y ont résidé ou exercé une activité professionnelle depuis cinq années à la date du 26 juin 1960." (*Decottignies / de Biéville*, S. 226, 227).
Der Ausdruck „domicile" bezeichnet den Wohnsitz und ist im wesentlichen von gleicher Bedeutung wie „résidence habituelle".
Zu den Motiven des madagassischen Gesetzgebers bei Gewährung dieser Optionen vgl. *Razafimandranto*, S. 530. Art. 92, Ziffer 2, 3 c. nat. malg. wandte sich hauptsächlich an die in Madagaskar lebenden Inder und Chinesen.

[51] Art. 93 c. nat. malg.

[52] *Decottignies / de Biéville*, S. 210.

[53] Den Gedanken der Staatensukzession in diesem Zusammenhang betont *Bilbao*, Le droit malgache de la nationalité, S. 89. Zu einzelnen Auslegungsproblemen äußert sich der Autor auf S. 90 bis 92.

recht zugunsten der malischen Staatsangehörigkeit jede in *Mali* als Kind ausländischer Eltern geborene volljährige Person, die im Zeitpunkt des Inkrafttretens des Gesetzes ihren gewöhnlichen Aufenthalt (résidence habituelle) seit mindestens fünf Jahren in Mali hatte[54]. Nach dem Wortlaut des Gesetzes hat der Staat kein Oppositionsrecht. Unter diesem Gesichtspunkt ist die Ähnlichkeit mit einer Vorzugseinbürgerung nicht gegeben[55].

Andererseits konnte zum voltaischen Staatsangehörigen durch Dekret jede Person erklärt werden, die in *Obervolta* geboren ist und die ihren gewöhnlichen Aufenthalt am Tag der Unabhängigkeit seit mindestens 20 Jahren in Obervolta hatte[56]. Der Erwerb der neuen Staatsangehörigkeit erfolgte hier nicht kraft der einseitigen Erklärung des Berechtigten, sondern aufgrund eines staatlichen Dekrets. Außerdem stand der Erwerb der Staatsangehörigkeit im Ermessen der Republik Obervolta. Rechtlich handelte es sich daher nicht um eine Option, sondern ausschließlich um eine Einbürgerung[57].

Sowohl die voltaische Einbürgerung als auch die malische Option beruhen auf einer kumulativen Anwendung völkerrechtlich anerkannter Anknüpfungspunkte zur Rechtsnachfolge in die Staatsangehörigkeit bei Staatensukzessionen[58]. Die Vorschriften dienen der ergänzenden Abgrenzung des Staatsvolkes anläßlich der Unabhängigkeit und gehen in ihrem Anwendungsbereich über den Vorgang der Staatensukzession hinaus. Es ist daher — gerade bei der Einbürgerung — völkerrechtsgemäß, daß nicht nur ehemalige Franzosen auf diese Weise die neue Staatsangehörigkeit erlangen konnten.

Schließlich wurde das Domizilprinzip kombiniert mit der Herkunft aus Nachbargebieten in der Republik *Togo*. Aus den Nachbargebieten von Togo stammende Personen, die zur Zeit der Veröffentlichung des

---

[54] Art. 70 Code de la nationalité malienne:
„Peut opter pour la nationalité malienne tout individu majeur né au Mali de parents étrangers qui y avait, à la date d'entrée en vigueur du présent Code, sa *résidence habituelle* depuis au moins cinq ans ..."
(*Decottignies / de Biéville*, S. 248). Vgl. auch *Diarra*, S. 540.

[55] Diese Nähe zu einer Vorzugseinbürgerung wird aber bejaht von *Decottignies / de Biéville*, S. 237.

[56] Art. 124 Code de la nationalité voltaique:
„Pourra être déclaré Voltaique à compter du 5 août 1960, par décret pris en Conseil des ministres, tout individu né en Haute-Volta qui a sa résidence habituelle en Haute-Volta à cette date et depuis au moins vingt ans."
(*Decottignies / de Biéville*, S. 380).

[57] So im Ergebnis auch *Bleckmann*, S. 497. *Decottignies / de Biéville* äußern sich hierzu nicht, handeln die Vorschrift aber, wie die Vorzugseinbürgerungen anderer Staaten, unter „Optionen" ab (S. 362).

[58] Das Erfordernis des mehrjährigen Aufenthaltes bedeutet zugleich eine Anwendung des Heimatprinzips.

Staatsangehörigkeitsgesetzes seit mindestens fünf Jahren ihren gewöhnlichen Aufenthalt in Togo hatten, konnten befristet für die togolesische Staatsangehörigkeit optieren[59]. Innerhalb einer Frist von einem Jahr konnte sich die Regierung dem Erwerb der togolesischen Staatsangehörigkeit widersetzen[60]. Die Ausübung des Oppositionsrechts stand also im Ermessen des Staates. Insoweit ist es berechtigt, auch hier von einer „naturalisation de faveur" zu sprechen[61].

Die Anknüpfung an den gewöhnlichen Aufenthalt ist völkerrechtlich zulässig. Die Herkunft aus Nachbarstaaten entspricht zwar nicht mehr dem Prinzip der Staatensukzession[62]. Wegen des einbürgerungsähnlichen Charakters der Option braucht diese jedoch nicht Beschränkungen durch das Recht der Staatensukzession zu unterliegen. Aus diesem Grunde mußten auch Personen, die zuvor nicht die französische Staatsangehörigkeit besaßen, optionsberechtigt gewesen sein.

In *Dahome* schließlich wurde das Domizilprinzip kombiniert mit der Herkunft aus afrikanischen Ländern. Danach konnten aus afrikanischen Ländern oder Madagaskar stammende Personen, die seit mindestens fünf Jahren ihren gewöhnlichen Aufenthalt in Dahome hatten, die dahomeische Staatsangehörigkeit durch Erklärung beantragen[63]. Nach dem Gesetzeswortlaut genügte der Ursprung aus einem afrikanischen Land; dieses brauchte nicht unbedingt dem frankophonen Bereich anzugehören. Die Regierung konnte sich innerhalb von sechs Monaten dem Erwerb der dahomeischen Staatsangehörigkeit widersetzen[64]. Diese „réclamation" der neuen Staatsangehörigkeit hat den Charakter einer Einbürgerung. Der Interessent beantragt (reklamiert) die Staatsangehörigkeit lediglich, über den Erwerb entscheidet der Staat.

Völkerrechtliche Beschränkungen bestehen bei der Einbürgerung anläßlich der Unabhängigkeit aus dem Gedanken der Staatensuk-

---

[59] Art. 71 Code de la nationalité togolaise:
„Peuvent opter pour la nationalité togolaise:
1. Les personnes originaires des pays limitrophes du Togo qui, à la date de la publication de la présente loi, ont depuis cinq ans au moins leur résidence habituelle au Togo; ..." (*Decottignies / de Biéville*, S. 351). Vgl. auch *Creppy*, S. 579.

[60] Art. 71 c. nat. tog. am Schluß.

[61] So *Decottignies / de Biéville*, S. 340.

[62] *Bleckmann*, S. 498.

[63] Art. 103 Code de la nationalité dahoméenne:
„Dans un délai de six mois à compter de la date de publication de la présente loi, pourront réclamer la nationalité dahoméenne par déclaration dans les conditions prévues aux articles 54 et suivants:
1. Les personnes originaires des pays africains et malgache qui, depuis cinq ans au moins, ont leur résidence habituelle au Dahomey ..."
(*Decheix*, Le code de la nationalité dahoméenne, RJPIC 19, 1965, S. 622).

[64] Art. 71 c. nat. dahom.

zession nicht. Daß hier Personen aus allen übrigen afrikanischen Ländern antragsberechtigt sind, berührt zwar die Interessen zahlreicher anderer Staaten, ist aber nicht völkerrechtswidrig. Das Erfordernis des mindestens fünfjährigen gewöhnlichen Aufenthalts in Dahome ist hinreichender Anknüpfungspunkt.

Ohne zusätzliches Erfordernis hatten in *Senegal* eine positive Option diejenigen, die aus den an Senegal grenzenden Gebieten stammten[65]. Die Regierung hatte gegen diesen Erwerb der senegalesischen Staatsangehörigkeit ein Oppositionsrecht[66]. Daher ist es berechtigt, hier wieder von einer „naturalisation de faveur" zu sprechen[67]. Im Gegensatz zu anderen Regelungen fehlt hier der zusätzliche Anknüpfungspunkt des gewöhnlichen Aufenthalts in dem betreffenden Land. Die Option (Einbürgerung) berührt die Interessen der benachbarten Staaten. Der Gesichtspunkt der Staatensukzession ist bei dieser Regelung zur Abgrenzung des Staatsvolkes nicht mehr ersichtlich. Eine Völkerrechtswidrigkeit ist dennoch nicht anzunehmen, da Einbürgerungen grundsätzlich allen fremden Staatsangehörigen zugänglich sind[68]. Die berechtigten Personen brauchen weder zuvor die französische Staatsangehörigkeit besessen zu haben noch müssen sie senegalesischen Ursprungs sein. Die Einbürgerung als solche ist genügender Anknüpfungspunkt[69].

Eine weitere durch das Staatsangehörigkeitsgesetz von *Togo* gewährte Option beruhte auf einer Kombination zwischen dem Prinzip der

---

[65] Art. 29 Code de la nationalité sénégalaise:

„... La même option est ouverte aux originaires des territoires limitrophes du Sénégal.

Par territoires limitrophes, l'on doit entendre:

1. Les Etats ou territoires ayant une frontiére commune avec le Sénégal;
2. Les Etats ou territoires ne se trouvant séparés par aucun autre Etat ou territoire du Sénégal et se trouvant à moins de 400 milles de ce dernier."

(*Decottignies / de Biéville*, S. 305).

Nach dem Gesetzeswortlaut war ein gewöhnlicher Aufenthalt in Senegal nicht erforderlich. Dieser wurde nur für die im ersten Teil von Art. 29 gewährte Option verlangt (siehe oben, S. 182).

Zu den Optionen in Senegal vgl. *M'Baye Kéba*, S. 350 ff. und *Sall / Diop*, S. 557, 558. Danach wurden diese Optionen an die Afrikaner wegen der Idee der „unité africaine" gewährt.

[66] Art. 30. Die Ausübung dürfte im Ermessen der Regierung gelegen haben („Le gouvernement peut ... s'opposer ...").

[67] *Decottignies / de Biéville*, S. 298. Die terminologische Frage wird von *M'Baye Kéba* unter Hinweis auf das inhaltlich klare Verfahren offengelassen (S. 350, 351). Dieser Autor scheint die Annahme einer Einbürgerung aber eher abzulehnen (S. 353). Für eine „Option" sprechen sich wohl aus *Sall / Diop*, S. 557, 558.

[68] Zur völkerrechtlichen Betrachtung der Einbürgerung und möglichen Beschränkungen der innerstaatlichen Gestaltung vgl. etwa *Dahm*, S. 456 ff. (458).

[69] Vgl. beispielsweise *Berber*, S. 356. Im übrigen stellte die Herkunft aus den Nachbargebieten eine hinreichende Lebensbeziehung zu Senegal dar, so daß dahingehende völkerrechtliche Bedenken unberechtigt wären.

Volkszugehörigkeit und dem Geburts- oder Abstammungsprinzip sowie den Einbürgerungsvoraussetzungen. Danach konnten innerhalb einer Frist von sechs Monaten seit Veröffentlichung des Gesetzes für die togolesische Staatsangehörigkeit optieren diejenigen Personen, die der togolesischen Gemeinschaft angehörten, jedoch aufgrund von Umständen, die auf das Treuhandschaftsregime zurückgehen, die französische Staatsangehörigkeit erworben hatten. Weitere Voraussetzung war, daß sie die Bedingungen erfüllten, die vom Staatsangehörigkeitsgesetz für den ursprünglichen oder nachträglichen Erwerb der togolesischen Staatsangehörigkeit gefordert werden[70]. Unter „togolesischer Gemeinschaft" wird im allgemeinen die dortige afrikanische Stammeszugehörigkeit zu verstehen sein. Der Verweis auf die Voraussetzungen für Verleihung oder Erwerb der togolesischen Staatsangehörigkeit (Art. 1 ff.; 5 ff.; 8 ff. c. nat. tog.) bringt das zusätzliche Erfordernis der Geburt — auch des Vaters — in Togo (ius soli) oder der Abstammung von einem togolesischen Elternteil (ius sanguinis) oder einiger Erwerbsgründe, zum Beispiel eines fünfjährigen ständigen Aufenthaltes als Einbürgerungsbedingung. Auf diese Weise sollen die an die französische Personalhoheit „verlorengegangenen Kinder" wieder zurückgewonnen werden.

Da die Regierung über ein Oppositionsrecht verfügte[71], ist auch hier die Nähe zu einer Vorzugseinbürgerung gegeben[72].

Die kumulative Anwendung des Prinzips der ethnischen Zugehörigkeit und des Abstammungs- oder Geburtsprinzips hält sich im Rahmen der völkerrechtlich zulässigen Anknüpfungen. Die Erfassung von Personen, die „an sich", das heißt ohne den Erwerb der französischen Staatsangehörigkeit, die togolesische Staatsangehörigkeit verliehen bekommen hätten[73], bewegt sich im Rahmen des Sukzessionsgedankens.

In *Niger, Mauretanien* und *Senegal* hatten die Mitglieder der Regierung, die Abgeordneten des Parlaments und die Gemeinderäte ein Optionsrecht zugunsten der jeweiligen neuen Staatsangehörigkeit[74].

---

[70] Art. 71 Code de la nationalité togolaise:
„Peuvent opter pour la nationalité togolaise: ...
2. Les personnes qui, appartenant à la collectivité togolaise, avaient, sous l'empire de circonstances dues au régime de tutelle, acquis la nationalité française, sous réserve toutefois qu'elles remplissent les conditions prévues par la présente loi pour l'attribution ou l'acquisition de la nationalité togolaise ..."
(*Decottignies / de Biéville*, S. 351; vgl. auch *Creppy*, S. 579).

[71] Art. 71 am Ende, siehe oben, Anm. 60.

[72] *Decottignies / de Biéville*, S. 340; siehe oben, S. 185.

[73] Siehe oben, III, 4, b, cc.

[74] Zum Beispiel Art. 53 Code de la nationalité nigérienne:
„Peuvent opter pour la nationalité nigérienne s'ils ne remplissent pas les conditions prévues à l'article premier:
1. Les membres du gouvernement;

In Senegal war es zusätzlich erforderlich, daß der Berechtigte endgültig seinen Wohnsitz auf dem Territorium der Republik Senegal begründete[75]. Gegenüber diesen Optionen hatte der Staat nach dem Wortlaut der gesetzlichen Vorschriften kein Oppositionsrecht. Die Option erfolgte durch Erklärung des Berechtigten. Es erscheint deshalb nicht richtig, auch hier eine Vorzugseinbürgerung anzunehmen[76]. Vielmehr dürfte es sich um eine positive Option im strengen rechtlichen Sinne handeln, entsprechend dem Wortlaut der Vorschriften[77].

Diese Optionen waren sinnvoll für Ausländer, die die entsprechenden Ämter innehatten. Die hier gewählten Anknüpfungen für den Erwerb der Staatsangehörigkeit entsprechen, abgesehen vom Erfordernis des Domizils in Senegal, nicht den üblichen Abgrenzungskriterien im Falle der Staatensukzession oder allgemein bei der Verleihung der Staatsangehörigkeit. Diese Optionen sind aber insoweit einer Einbürgerung vergleichbar, als sie einer — bevorzugten — Gruppe von Ausländern den Erwerb der neuen Staatsangehörigkeiten ermöglichen. Diese — zwar nicht rechtsdogmatisch, aber interessenmäßig — einbürgerungsähnlichen Optionen begegnen keinen völkerrechtlichen Bedenken, da die Berechtigten mit den neuen Staaten in besonderer Weise verbunden waren.

In *Niger* konnten außerdem für die nigrische Staatsangehörigkeit diejenigen Personen optieren, die dort seit mehr als zehn Jahren ein öffentliches Amt oder einen freien Beruf ausübten[78]. Der Präsident

---

2. Les députés à l'Assemblée nationale ainsi que les conseillers municipaux.

Cette option doit être effectuée dans un délai d'un mois à compter de la mise en vigueur de la présente loi par déclaration devant le président du tribunal civil dans le ressort duquel le déclarant a sa résidence ..." (*Decottignies / de Biéville*, S. 283, 284; vgl. auch *Sao*, S. 545). Ähnlich Art. 67 Code de la nationalité mauritanienne und Art. 28 Code de la nationalité sénégalaise (*Decottignies / de Biéville*, S. 266, 305).

Art. 28 c. nat. sén. wird von *Zemanek* als Grund angeführt, daß der Staatsangehörigkeitswechsel nicht kraft Völkerrechts schon bei der Unabhängigkeit eingetreten sein könne (S. 277, Anm. 37). Die positive Option stellt aber sowieso keinen völkerrechtlich wirkenden automatischen Erwerbstatbestand dar.

[75] Art. 28 („... ils établissent définitivement leur domicile sur le territoire de la République du Sénégal ...").

[76] So aber ohne nähere Begründung *Decottignies / de Biéville*, S. 257, 276, 298. Wohl für Optionen im Rechtssinn sprechen sich aus *Sall / Diop*, S. 558.

[77] Gegenüber anderen in diesen Staaten gewährten „positiven Optionen" gab es allerdings ausdrücklich ein staatliches Oppositionsrecht (siehe gleich oben die einzelnen Beispiele). Diese Widerspruchsrechte wird man auf die hier behandelten Optionen kaum ergänzend anwenden können.

[78] Art. 54 Code de la nationalité nigérienne:

„Peuvent opter pour la nationalité nigérienne les individus qui, à la date d'entrée en vigueur de la présente loi:

1. Exercent depuis plus de dix ans un emploi public ou une profession libérale régie par un texte réglementaire de l'Etat nigérien; ..."

(*Decottignies / de Biéville*, S. 284; vgl. auch *Sao*, S. 545).

der Republik hatte die Möglichkeit, sich der Option wegen Unwürdigkeit oder wegen mangelnder Assimilierung zu widersetzen[79]. Aus diesem Grund ist die Option auch rechtlich als „naturalisation de faveur" zu betrachten, abgesehen von der durch die Interessenlage bedingten Vergleichbarkeit mit einer Einbürgerung[80]. Unter dem Gesichtspunkt der Einbürgerung ist der Anknüpfungspunkt einer beruflichen Tätigkeit unbedenklich. Die Prinzipien der Staatensukzession greifen hier nicht ein; der Berechtigte braucht nicht die französische Staatsangehörigkeit besessen zu haben.

Das Staatsangehörigkeitsgesetz der Republik *Obervolta* ermöglichte schließlich anläßlich der Unabhängigkeit den Erwerb der voltaischen Staatsangehörigkeit für Personen, die Wahlämter oder Mandate innehatten oder die Beamte waren. Die Betreffenden konnten ihre normale Einbürgerung beantragen und waren dabei von einigen sonst vorgeschriebenen Einschränkungen befreit[81]. Hierbei handelte es sich bereits nach dem ausdrücklichen Wortlaut des Gesetzes um eine — erleichterte — Einbürgerung und nicht um eine Option[82]. Völkerrechtliche Bedenken bestehen nicht.

Schließlich ist auch im Bereich der positiven Optionen der familienrechtliche Tatbestand der Eheschließung von Bedeutung. So führt eine bestehende Ehe unter entsprechenden weiteren Voraussetzungen zu einem Options- oder Einbürgerungsrecht anläßlich der Unabhängigkeit in *Dahome, Madagaskar, Niger, Senegal* und *Tschad.* In Dahome konnten die Ehefrauen der aus afrikanischen Ländern stammenden Personen neben diesen die dahomeische Staatsangehörigkeit beantragen. Antragsberechtigt waren auch die Männer, die seit mindestens fünf Jahren mit einer Dahomeerin verheiratet waren[83]. Für die mada-

---

[79] Art. 56 Code de la nationalité nigérienne.

[80] *Decottignies / de Biéville,* S. 276.

[81] Art. 130 Code de la nationalité voltaique:
„Les individus investis de fonctions ou de mandats électifs ou titulaires d'un cadre de fonctionnaires à la date de promulgation du présent Code et qui ne pourraient se prévaloir de la qualité de Voltaique en application des dispositions du présent titre, ne seront pas soumis, après leur *naturalisation* demandée et prononcée dans les conditions prévues aux articles 42 et suivants du présent Code, aux incapacités édictées par l'article 61."
(*Decottignies / de Biéville,* S. 380).

[82] *Decottignies / de Biéville* stellen die Vorschrift in dem Abschnitt über Optionen dar (S. 362).

[83] Art. 103 Code de la nationalité dahoméenne:
„... pourront réclamer la nationalité dahoméenne par déclaration ...
1. Les personnes originaires des pays africains et malgache qui, depuis cinq ans au moins, ont leur résidence habituelle au Dahomey;
2. Les épouses des personnes désignées en l'alinéa précédent;
3. Les personnes mariées à une Dahoméenne depuis au moins cinq ans ..."
(*Decheix,* Le code de la nationalité dahoméenne, RJPIC 19, 1965, S. 622; siehe oben, Anm. 63.)

gassische Staatsangehörigkeit konnten optieren die Staatsangehörigen eines Staates der Communauté, deren Ehegatte die madagassische Staatsangehörigkeit hatte[84]. Für die nigrische Staatsangehörigkeit konnten diejenigen Personen optieren, die mit einer Nigrerin verheiratet waren[85]. Jede Person, die mit einer Senegalesin seit fünf Jahren verheiratet war, war hinsichtlich der senegalesischen Staatsangehörigkeit optionsberechtigt[86]. In Tschad konnten Ausländer, die Staatsangehörige von Tschad vor der Veröffentlichung des Staatsangehörigkeitsgesetzes geheiratet hatten, die tschadsche Staatsangehörigkeit beantragen („demander à acquérir")[87].

In allen Fällen hatte der Staat ein Oppositionsrecht gegen diesen Erwerb der Staatsangehörigkeit[88]. Daher stellen diese Optionen, sofern sie überhaupt als Optionen bezeichnet werden, tatsächlich Vorzugseinbürgerungen dar[89]. Die Gleichbehandlung von Ehegatten auf dem Gebiet des Staatsangehörigkeitsrechts dient insoweit der Einheit der Familie und entspricht dem Völkerrecht. Da die Optionsbefugnis lediglich einen im freien Belieben stehenden rechtlichen Vorteil bietet, bestehen hinsichtlich der Ehefrauen auch keine Bedenken wegen des Gleichberechtigungsgrundsatzes und wegen des Prinzips der individuellen Entscheidung der Frau. In einigen Fällen hatten die Optionsberechtigten noch zusätzliche, vom Gesetz geforderte, Lebensbeziehungen zu dem jeweiligen Neustaat (Herkunft aus afrikanischen Ländern, mehrjährige Ehe).

Positive Optionen anläßlich der Unabhängigkeit wurden nicht gewährt in *Gabun, Kongo* (Brazzaville), der *Zentralafrikanischen Republik* und *Kamerun*. Da grundsätzlich keine völkerrechtliche Verpflichtung zur Gewährung derartiger Optionen besteht, ist diese Praxis nicht zu beanstanden.

Aus der Sicht des französischen Staatsangehörigkeitskodex ist ein der positiven Option ähnliches, zumindest vergleichbares, Institut die „reconnaissance" der französischen Staatsangehörigkeit gegenüber den

---

[84] Art. 92, Ziffer 1 Code de la nationalité malgache (*Decottignies / de Biéville,* S. 226, 227; vgl. hierzu auch *Bilbao,* Le droit malgache de la nationalité, S. 88, 89).

[85] Art. 54 Ziffer 2 Code de la nationalité nigérienne (*Decottignies / de Biéville,* S. 284).

[86] Art. 29 Ziffer 2 Code de la nationalité sénégalaise (*Decottignies / de Biéville,* S. 305).

[87] Art. 41 Code de la nationalité tchadienne (1962) (*Decottignies / de Biéville,* S. 330; die Autoren stellen die Vorschrift in dem Abschnitt über Optionen dar, S. 316).

[88] Senegal: Art. 30; Madagaskar: Art. 93; Niger: Art. 56; Tschad: Art. 41, 18; Dahome: Art. 103.

[89] So beispielsweise *Decottignies / de Biéville,* S. 276, 298, 299.

Angehörigen der neuen afrikanischen Staaten[90]. Die Ermöglichung dieser „reconnaissance“ begegnet trotz der damit verbundenen Einwirkungen auf die neuen afrikanischen Personalhoheiten keinen völkerrechtlichen Hinderungsgründen[91].

Zusammenfassend ist festzustellen, daß die herkömmlichen Anknüpfungspunkte zur Abgrenzung des betroffenen Personenkreises bei Staatensukzessionen wie Domizil (gewöhnlicher Aufenthalt), Geburt in dem jeweiligen Gebiet und Ursprung („origine“) daraus sowie ethnische Zugehörigkeit auch bei den positiven Übergangsoptionen angewandt wurden. Darüber hinaus finden sich andere mit dem jeweiligen Staat verbindende Kriterien wie Herkunft aus dem frankophonen Afrika, berufliche Tätigkeit, Eigenschaft als Regierungs- oder Parlamentsmitglied oder bestehende Ehe mit einem Staatsangehörigen. Diese den Kreis der Berechtigten erweiternden Anknüpfungen entsprechen der Nähe der hier gegebenen Optionen zu erleichterten Einbürgerungen[92]. Völkerrechtliche Bedenken gegen die insoweit geübte Praxis bestehen nicht; auch das Institut der Option (Einbürgerung) von Angehörigen dritter Staaten ist zulässig[93].

cc) Die Gewährung von „negativen Optionen“ anläßlich der Unabhängigkeit

Die im Zusammenhang mit der Unabhängigkeit gewährten „negativen“ Optionen ermöglichten es den betroffenen, mit den neuen afrikanischen Staatsangehörigkeiten ausgestatteten Personen, diese Staatsangehörigkeit auszuschlagen. Diese Möglichkeit, die neue Staatsangehörigkeit zurückzuweisen, bedeutete zugleich eine Entscheidungsfreiheit zugunsten der alten französischen Staatsangehörigkeit[94]. Die Ent-

[90] Siehe oben, S. 132, 134, 175; im einzelnen näher *Lagarde*, S. 535 ff. Die „reconnaissance“ könnte allerdings als einer „negativen Option“ ähnlich angesehen werden, wenn auf den objektiven Vorgang der Staatensukzession und auf die Entscheidung zugunsten der bisherigen französischen Staatsangehörigkeit abgestellt wird. Vgl. *P. Reuter*, Droit international public, Paris, 1963, S. 122.

[91] Siehe oben, III, 4, a, am Ende.

[92] Für die Einbürgerung genügt nach allgemeiner Meinung das Vorhandensein einer gewissen Lebensbeziehung zwischen dem Eingebürgerten und seinem Aufnahmestaat (vgl. *Dahm*, S. 457, 458, sowie das sogenannte „Nottebohm-Urteil“, IGH 1955, S. 4).

[93] Immerhin hatten in Madagaskar nur die zuvor französischen Staatsangehörigen ein positives Optionsrecht, wodurch dem Prinzip der Staatensukzession Genüge getan werden sollte (*Bilbao*, Le droit malgache de la nationalité, S. 89).

[94] Das französische Staatsangehörigkeitsgesetz ordnete für die Afrikaner nicht selbst den Verlust der bisherigen französischen Staatsangehörigkeit an, sondern ließ hierfür die Regelungen der afrikanischen Staaten maßgebend sein. (Siehe oben, III, 2, b, bb.) Die Ausschlagung einer afrikanischen Staatsangehörigkeit bewirkte damit das Fortbestehen der französischen Staatsangehörigkeit der betreffenden Person.

scheidung für die bisherige Staatsangehörigkeit anläßlich einer Gebietsveränderung beinhaltet den klassischen engen Optionsbegriff[95]. Die Zurückweisung der neuen afrikanischen Staatsangehörigkeiten durch damit ausgestattete Personen berührt die Abgrenzung des jeweiligen neuen Staatsvolkes insoweit, als die so optierenden Personen aus dem Staatsvolk ausscheiden oder gar nicht zu ihm gehören. Die für die Erstgewährung der afrikanischen Staatsangehörigkeiten maßgebenden Prinzipien werden jedoch durch die negativen Optionen nicht betroffen. Diese Optionen korrigieren lediglich den Vorgang der automatischen Bildung des neuen Staatsvolkes durch — vereinzelte — subjektive Willensentscheidungen. Die praktische Bedeutung der negativen Optionen für die Zusammensetzung der neuen Staatsangehörigen wird folglich relativ gering gewesen sein. Völkerrechtlich relevant ist nur, inwieweit überhaupt derartige Optionen gewährt wurden und welche Kategorien der neuen Staatsangehörigen davon Gebrauch machen konnten. Es handelt sich dabei um staatsrechtliche Optionen, die aber ebenfalls den Grenzen des Völkerrechts unterliegen.

Alle fünfzehn frankophonen Neustaaten haben negative Optionen bei teilweise unterschiedlichen Voraussetzungen gegeben. Ein Teil der nach den Prinzipien des „ius sanguinis" und des „ius soli" bestimmten neuen Staatsangehörigen hatte ein Optionsrecht in *Dahome, Kongo* (Brazzaville), *Obervolta, Togo* und *Tschad*[96]. Dabei waren im einzelnen die Voraussetzungen des automatischen Staatsangehörigkeitserwerbs, bei deren Erfüllung zugleich ein negatives Optionsrecht gewährt wurde, unterschiedlich. Als Gemeinsamkeit ist festzuhalten, daß die Ausschlagungsbefugnis bei einer als schwächer angesehenen Bindung zum jeweiligen Staat gegeben war, so insbesondere bei der durch die mütterliche Abstammung vermittelten Beziehung zum neuen Staat und bei der neben anderen Anknüpfungen gegebenen Abstammung von ausländischen Staatsangehörigen. Insoweit entsprachen diese Optionen dem Prinzip des Völkerrechts, daß die Ausstattung mit einer Staatsangehörigkeit nicht in die Personalhoheit anderer Staaten eingreifen dürfe[97].

Die von dem automatischen Staatsangehörigkeitswechsel erfaßten Personen hatten auch teilweise ein Optionsrecht zugunsten der bisheri-

---

[95] *Bernhardt,* S. 661.

[96] Dahome: Art. 98; Kongo: Art. 100, 9, 14, 15, 20, 21; Obervolta: Art. 121, 122, 123; Togo: Art. 72, 2, 6; Tschad: Art. 14, 42, 39, 9, 11, 12 (Gesetz von 1962). In der Republik Tschad tritt das Ius-sanguinis-Prinzip auch in der Gestalt des ethnisch zu verstehenden Abstammungsprinzips auf (souche africaine, eurafricaine).

[97] Siehe oben, I, 1, b, bb, Anm. 16, am Ende.

gen französischen Staatsangehörigkeit in *Madagaskar* und *Gabun*[98]. Völkerrechtliche Bedenken hiergegen bestehen nicht, auch nicht dagegen, daß ein Teil des neuen Staatsvolkes nicht über eine derartige Option verfügte.

In zahlreichen afrikanischen Staaten wurde schließlich ein negatives Optionsrecht aufgrund des familienrechtlichen Tatbestandes einer bestehenden Ehe gewährt. So hatte die ausländische Frau, die einen Inländer geheiratet hatte, eine Optionsbefugnis zugunsten ihrer Heimatstaatsangehörigkeit und umgekehrt die inländische Frau, die einen Ausländer geheiratet hatte, zugunsten der ausländischen Staatsangehörigkeit ihres Ehemannes in den Staaten *Elfenbeinküste, Kamerun, Mali, Mauretanien, Niger, Obervolta, Senegal, Togo* und *Zentralafrikanische Republik*[99]. In beiden Fällen wurde mit der Option zugleich die mit der Unabhängigkeit oder Verselbständigung erworbene inländische Staatsangehörigkeit ausgeschlagen („negative Option"). In den Staaten *Dahome* und *Guinea* stand dieses Optionsrecht nur der mit einem Inländer verheirateten Ausländerin zu[100]. Diese Tendenz der Gleichstellung von Ehepaaren auf dem Gebiet des Staatsangehörigkeitsrechts entspricht dem völkerrechtlichen Grundsatz der Familieneinheit und ist insbesondere bei Optionen unbedenklich. Deshalb ist auch nicht zu beanstanden, daß die Ausschlagung der afrikanischen Staatsangehörigkeit nicht nur zugunsten der französischen Staatsangehörigkeit zu erfolgen brauchte.

Außer dem durch den Tatbestand der Ehe begründeten negativen Optionsrecht gibt es kein weiteres in Elfenbeinküste, Guinea, Kamerun, Mauretanien, Niger, Senegal und Zentralafrikanische Republik[101]. Völkerrechtliche Bedenken lassen sich daraus kaum herleiten, da es nach

---

[98] Madagaskar: Art. 90, 91; Gabun: Art. 10, Abs. I. In Gabun gab es eine „stillschweigende" Option durch Unterlassen der Bestätigung, den Wohnsitz in Gabun beizubehalten.

Mit der Option verbunden war als negatives Element die Ablehnung der neuen Staatsangehörigkeit.

Nach Art. 90 des madagassischen Staatsangehörigkeitsgesetzes mußten die Berechtigten dem Zivilstatut des modernen Rechts unterliegen und die französische Staatsangehörigkeit im Einklang mit dem französischen Gesetz behalten (vgl. hierzu *Decottignies / de Biéville*, S. 226; *Bilbao*, Le droit malgache de la nationalité, S. 47 ff., 50 ff.). In Gabun konnte die neue Staatsangehörigkeit nur von denjenigen betroffenen Personen abgelehnt werden, die außerhalb Gabuns geboren waren.

[99] Elfenbeinküste: Art. 101, 102; Kamerun: Art. 18, 33; Mali: Art. 71, 73; Mauretanien: Art. 71, 72; Niger: Art. 59, 60; Obervolta: Art. 122, 131 Ziffer 6; Senegal: Art. 33, 34; Togo: Art. 73, 74; Zentralafrikanische Republik: Art. 99, 100.

[100] Dahome: Art. 99, 102; Guinea: Art. 141.

[101] In *Mali* hatte das eheliche Kind einer malischen Mutter und eines Vaters mit fremder Staatsangehörigkeit ebenfalls das Recht, die malische Staatsangehörigkeit auszuschlagen (Art. 72).

herrschender Meinung keine völkerrechtliche Pflicht zur Gewährung derartiger Optionen anläßlich einer Gebietsveränderung gibt[102]. Die insoweit restriktive Praxis der afrikanischen Staaten[103] trägt auch nicht dazu bei, eine entgegengesetzte Tendenz, wie sie früher in Zessionsverträgen üblich war, wieder aufzunehmen.

Da die Angehörigen von Drittstaaten von dem automatischen Staatsangehörigkeitswechsel nicht erfaßt wurden, hatten sie auch keine negative Option.

d) Der Zeitpunkt des Staatsangehörigkeitswechsels und des Wirksamwerdens bei den Optionen und Einbürgerungen

aa) Allgemeine Problemerörterung

Die Frage nach dem Zeitpunkt des Staatsangehörigkeitswechsels bei negativen Optionen steht in unmittelbarem Zusammenhang mit der Art und Weise, in der sich der Staatsangehörigkeitswechsel vollzieht. In Praxis und Lehre besteht keine Einigkeit darüber, ob im Falle der Gewährung einer Option zugunsten der bisherigen Personalhoheit an die Bewohner abgetretener Gebiete diese die Staatsangehörigkeit des Nachfolgestaates im Zeitpunkt des Wechsels der Gebietshoheit oder erst nach Verstreichen der Optionsfrist erwerben[104]. Dieses Problem stellt sich im Falle der Nichtausübung des Optionsrechtes. Da nach überwiegender Ansicht im allgemeinen von einem automatischen Staatsangehörigkeitswechsel bei Staatennachfolge ausgegangen werden kann, ist der Augenblick des Souveränitätswechsels für den Staatsangehörigkeitswechsel auch in den Fällen maßgebend, in denen Optionsrechte zugunsten des Altstaates („negative Optionen") gewährt wurden. Auf den Willen der optionsberechtigten Personen kommt es demnach nicht an[105].

Wenn man von dem Grundsatz des automatischen Staatsangehörigkeitswechsels ausgeht, so bedeutet die Ausübung des gegebenen Optionsrechtes lediglich eine Ausnahme von dem Wechsel der Personalhoheit. Es erfolgt in diesem Falle ein doppelter Staatsangehörigkeitswechsel: Das erste Mal ereignet sich dieser Wechsel beim Übergang der Souveränität, das zweite Mal durch die Optionserklärung zugun-

---

[102] Siehe oben, III, 5, a, am Ende.
[103] Siehe oben, III, 5, b.
[104] Vgl. hierzu *H. J. Jellinek*, S. 30.
[105] Bei Befürwortung der „Unterwerfungstheorie" anstelle des Prinzips vom automatischen Staatsangehörigkeitswechsel (siehe oben, III, 1, f) könnte der Wechsel der Staatsangehörigkeit allerdings erst nach Ablauf der Optionsfrist eintreten. Wer danach noch nicht optiert hat, hat durch seinen Willen gezeigt, daß er sich der neuen Hoheitsgewalt unterwerfen und Staatsangehöriger des Nachfolgestaates werden will.

sten der bisherigen Staatsangehörigkeit. Nach der gegenteiligen Meinung, die den automatischen Staatsangehörigkeitswechsel ablehnt, verliert die betreffende Bevölkerung auch hier ihre alte Staatsangehörigkeit erst dann, wenn sie durch die Nichtausübung des Optionsrechts gezeigt hat, daß sie die Staatsangehörigkeit des Nachfolgestaates erlangen will (insoweit „Unterwerfungstheorie"). Für den Fall der Ausübung der Option käme es nach dieser Meinung bei den optierenden Personen zu gar keinem Wechsel der Staatsangehörigkeit.

Bei Annahme eines automatischen Staatsangehörigkeitswechsels, der ja überwiegend in Praxis und Lehre befürwortet wird, ist also im Falle der Ausübung des Optionsrechtes zugunsten des Altstaates ein *doppelter Wechsel der Staatsangehörigkeit* die rechtliche Folge. Die Optanten erwerben durch die vorgenommene Option lediglich die ursprüngliche Staatsangehörigkeit wieder, waren also in der Zwischenzeit Staatsangehörige des Nachfolgestaates. Die Annahme eines zweimaligen Staatsangehörigkeitswechsels schließt es jedoch möglicherweise nicht aus, der Option im Zweifel rückwirkende Kraft bis zum Zeitpunkt des Souveränitätswechsels zu geben[106]. Die Rückwirkung würde den zwischenzeitlichen Erwerb der neuen Staatsangehörigkeit im Wege der *Fiktion* rückgängig machen und den Optanten so stellen, als habe er seine Staatsangehörigkeit nie gewechselt. Die Beibehaltung der alten Staatsangehörigkeit wäre dann solange lediglich fiktiv anzunehmen[107]. Im einzelnen kommt es auf die Auslegung der jeweiligen vertraglichen Vereinbarungen oder sonstigen Bestimmungen an; ein zwingender Völkerrechtssatz besteht nicht.

Für eine fiktive Rückwirkung könnte beispielsweise Art. 2 des Frankfurter Friedens vom 10. Mai 1871[108] herangezogen werden, der von einer Beibehaltung der ursprünglichen Staatsangehörigkeit der Optanten spricht, obwohl die Vertragsparteien mit dem Souveränitätswechsel zugleich einen automatischen Staatsangehörigkeitswechsel bejaht hatten. In den Verträgen nach dem Ersten Weltkrieg wird jedoch mehrfach betont, daß die Ausübung der Option Wiedererwerb der alten Staatsangehörigkeit mit dem Zeitpunkt der Optionserklärung bedeute. In der Zwischenzeit sind die Optanten Angehörige des Nachfolgestaates gewesen. Es liegt ein doppelter Staatsangehörigkeitswechsel vor, ohne daß der Optionserklärung rückwirkende Kraft zukäme.

---

[106] Vgl. zu dieser Möglichkeit bejahend *Bernhardt*, S. 664; *Meessen*, S. 102, m. w. N. *Schätzel* lehnt im Ergebnis unter Berücksichtigung der Entwicklung in der Staatenpraxis eine Rückwirkung ab (Der Staatsangehörigkeitswechsel bei Gebietsveränderungen, Zeitschrift für Völkerrecht, Band 12, 1923, S. 107).

[107] Hierzu auch *H. J. Jellinek*, S. 33.

[108] *Martens*, Nouveau recueil général de traités, tome XIX, S. 688; siehe oben, III, 1, b. Vgl. auch *Cogordan*, S. 360.

Dies ergibt sich beispielsweise aus den Bestimmungen des Versailler Vertrages vom 28. Juni 1919[109], in denen der automatische Staatsangehörigkeitswechsel ausdrücklich erwähnt wird und zugleich eine Option für die deutsche, also die frühere, Staatsangehörigkeit gewährt wird (Art. 37, 85, 91, 112 des Vertrages). Da die Formulierungen keine Anhaltspunkte für einen rückwirkenden Erwerb der ursprünglichen Staatsangehörigkeit geben, ist wohl ein uneingeschränkter zweifacher Staatsangehörigkeitswechsel anzunehmen. Ähnliches gilt für die sogenannten Minderheitenschutzverträge nach dem Ersten Weltkrieg[110].

In der Völkerrechtsliteratur wird ein doppelter Staatsangehörigkeitswechsel der optierenden Personen auch mit dem Hinweis auf daraus entstehende nachteilige juristische Konsequenzen — so etwa Weitergabe der zwischenzeitlichen neuen Staatsangehörigkeit — abgelehnt[111]. Falls, wie es regelmäßig sein wird, der Souveränitätswechsel mit einem automatischen Wechsel der Staatsangehörigkeit verbunden ist, kann die Ausübung einer Option aber nur zu einem erneuten Staatsangehörigkeitswechsel führen. Die fiktive Rückwirkung der Option mit dem Ergebnis, daß fiktiv kein Wechsel der Personalhoheit angenommen wird, ist konstruktiv möglich, bedarf aber einer ausdrücklichen oder zumindest des Fehlens einer gegenteiligen Anordnung durch die beteiligten Staaten.

Sowohl die Anordnung der Rückwirkung (Fiktion des Nichtwechsels der Staatsangehörigkeit) als auch ihre Unterlassung sind völkerrechtsgemäß. Es gibt keinen naheliegenden Grund, einer der beiden Möglichkeiten die Bedeutung eines allgemeinen dispositiven Völkerrechtssatzes zuzuschreiben[112].

---

[109] *Strupp*, S. 140 ff.; vgl. auch *H. J. Kunz*, L'option de nationalité, RdC, tome 31, 1930, I, S. 143, 153.

[110] Vgl. hierzu *H. J. Jellinek*, S. 31.

[111] Etwa so *Cogordan*, der sich insoweit auf die französische Rechtsprechung bezieht (S. 326, 327). Der Autor bejaht zwar wohl einen automatischen Staatsangehörigkeitswechsel als Folge des Souveränitätswechsels, will diesen Wechsel der Staatsangehörigkeit aber erst mit der Nichterfüllung der Optionsformalitäten effektiv werden lassen. Vorher sei der Staatsangehörigkeitswechsel lediglich „virtuell" (S. 325). Über eine Rückwirkung der Option wird weiter nichts gesagt.

Niboyet lehnt ebenfalls einen doppelten Staatsangehörigkeitswechsel im Falle der Ausübung der Option ab (S. 121, 122). Die Optionsberechtigten würden durch die Ausübung der Option vielmehr ihre ursprüngliche Staatsangehörigkeit beibehalten. Der Souveränitätswechsel habe zwar auch für die Optionsberechtigten einen Wechsel der Staatsangehörigkeit zur Folge, allerdings unter dem Vorbehalt, daß diese Personen die neue Staatsangehörigkeit nicht durch eine Option zurückwiesen. Im Ergebnis verneint der Autor demnach einen Staatsangehörigkeitswechsel der Optanten.

[112] Vgl. auch den Überblick bei *Dahm*, S. 477.

Ähnlich erhebt sich bei den „positiven Optionen" die Frage, ob die Optanten die neue Staatsangehörigkeit im Zeitpunkt der Optionserklärung oder etwa des Souveränitätswechsels erwerben. Dieses Problem steht in keinem Zusammenhang mit dem automatischen Staatsangehörigkeitswechsel. Über den Zeitpunkt des Wirksamwerdens einer Optionserklärung zur Erlangung der neuen Staatsangehörigkeit ist eine einheitliche, völkerrechtlich zwingende Lösung nicht anzunehmen.

Es wird nun zu untersuchen sein, wie Frankreich und die neuen afrikanischen Staaten sich zu den genannten Problemen gestellt haben.

bb) Zeitpunkt des Staatsangehörigkeitswechsels bei den „negativen" Optionen

Die Staatsangehörigkeitsgesetze der neuen afrikanischen Staaten enthalten überwiegend keine Äußerungen, ob und gegebenenfalls wie sich ein Wechsel der Staatsangehörigkeit bei den Optanten vollzieht. Lediglich die nach den Art. 98 und 99 des Staatsangehörigkeitskodex von *Dahome* gegen die dahomeische Staatsangehörigkeit optierenden Personen wurden „behandelt, als hätten sie die dahomeische Staatsangehörigkeit nie erworben"[113]. Demnach geht das Gesetz von einem zweimaligen Staatsangehörigkeitswechsel der Optanten aus; der Option wird jedoch eine fiktive Rückwirkung auf den Zeitpunkt der Unabhängigkeit beigelegt, so daß im Ergebnis die Fiktion entsteht, die optierenden Personen hätten ihre Staatsangehörigkeit nie gewechselt (Fiktion des Nichtwechsels). Diese Konstruktion entspricht der im Völkerrecht wohl überwiegend vertretenen Meinung[114].

Hingegen wird nach dem Staatsangehörigkeitsgesetz von *Gabun* ein Wechsel der Staatsangehörigkeit ausdrücklich verneint bei den in Gabun am Tag der Unabhängigkeit domizilierten Personen, die außerhalb Gabuns geboren sind und die es unterlassen, fristgemäß zu bestätigen, daß sie ihren Wohnsitz in Gabun beibehalten wollen[115]. Hier bedarf es nach dem Wortlaut des Gesetzes nicht mehr der Annahme eines doppelten Staatsangehörigkeitswechsels und der Korrektur der daraus entstehenden Folgen durch die fiktive Annahme eines Nicht-Wechsels

---

[113] Art. 98, 99 Code de la nationalité dahoméenne:
„... les intéressés seront réputés n'avoir jamais acquis la nationalité dahoméenne."
(*Decheix*, Le code de la nationalité dahoméenne, RJPIC 19, 1965, S. 621.)

[114] Siehe oben, III, 5, d, aa.

[115] Art. 10, Ziffer 1 Code de la nationalité gabonaise:
„... cette attribution générale de nationalité ne prendra effet à l'égard des personnes nées hors du Gabon et de leurs enfants que si, dans l'année qui suivra la promulgation de la présente loi, elles confirment qu'elles entendent maintenir leur domicile au Gabon par déclaration ..." (Siehe oben, III, 4, b, aa, am Anfang; III, 5, c, cc, Anm. 98.)

der Personalhoheit. Das Unterlassen der vom Gesetz vorausgesetzten Handlung (Bestätigung, den Wohnsitz in Gabun beizubehalten) ist eine „stillschweigende“ Option[116] und verhindert den wirksamen Erwerb der gabunischen Staatsangehörigkeit am Tag der Unabhängigkeit und den damit verbundenen Verlust der bisherigen französischen Staatsangehörigkeit. Ein Staatsangehörigkeitswechsel der so „optierenden“ Personen entfällt also wegen der besonderen Konstruktion des Gesetzes und ist auch deshalb völkerrechtlich unbedenklich.

Die im übrigen von den neuen Staaten, hauptsächlich auf Grund des familienrechtlichen Tatbestandes der bestehenden Ehe, gewährten Optionen[117] enthalten keine eindeutigen Hinweise auf den Willen der Gesetzgeber hinsichtlich der Frage des Staatsangehörigkeitswechsels der Optanten. Durch entsprechende Auslegung der einschlägigen Vorschriften kann möglicherweise subsidiär auf den der rechtlichen Logik entsprechenden Grundsatz eines doppelten Staatsangehörigkeitswechsels der Optanten zurückgegriffen werden. Um die Nachteile dieses doppelten Staatsangehörigkeitswechsels zu vermeiden, wird man auch hier, der herrschenden Meinung in der Literatur folgend, der Option rückwirkende Kraft beilegen können[118]. Die Folge ist beispielsweise, daß die Optanten in der Zeit zwischen Unabhängigkeit und Ausübung des Optionsrechtes die neue Staatsangehörigkeit nicht „iure sanguinis“ weitergeben konnten. Eine derartige Auslegung der Gesetze entspricht der überwiegenden Ansicht in der Völkerrechtslehre und einem erheblichen Teil der bisherigen Praxis.

cc) Zeitpunkt des Wirksamwerdens der „positiven“ Optionen und Einbürgerungen

Die von den afrikanischen Neustaaten zur Abrundung ihres Staatsvolkes gewährten „positiven Optionen“ stellen sich ähnlich wie erleich-

---

[116] Siehe oben, III, 4, b, aa, am Anfang.

[117] Vgl. Elfenbeinküste: Art. 101, 102; Guinea: Art. 141; Kamerun: Art. 18, 33; Mauretanien: Art. 71, 72; Niger: Art. 59, 60; Senegal: Art. 33, 34; Zentralafrikanische Republik: Art. 99, 100; Mali: Art. 71, 72, 73; Obervolta: Art. 121, 122, 123, 131, Nr. 6; Togo: Art. 72, 73, 74; Kongo (Brazzaville): Art. 100, 9, 18, 19, 20, 21; Madagaskar: Art. 90, 91; Tschad: Art. 14, 42.

[118] Vgl. allgemein zu dieser Problematik oben, S. 195 ff.; insbesondere auch *Meessen*, S. 101 ff., m. w. N.

In Auslegung der durch die Artikel 90 und 91 des Staatsangehörigkeitsgesetzes von Madagaskar gewährten negativen Optionen nimmt *Bilbao* ebenfalls eine fiktive Rückwirkung der Optionserklärung an mit der Folge, daß die Optanten so behandelt werden, als hätten sie niemals die madagassische Staatsangehörigkeit erworben (*Bilbao*, Le droit malgache de la nationalité, S. 65, 84 ff.). Davon ist auch die Praxis der madagassischen Behörden ausgegangen. Der Autor weist jedoch ausdrücklich darauf hin, daß die Annahme eines doppelten Staatsangehörigkeitswechsels ohne korrigierende Rückwirkungsfiktion konstruktiv möglich ist und auch an sich dem „esprit de la loi malgache“ entspreche. Die „Fiktion des Nichtwechsels“ wird aber aus Gründen der Praktikabilität vorgezogen.

terte Einbürgerungen dar[119]. Die rechtliche Wirksamkeit einer Einbürgerung im engeren Sinne beruht auf einem konstitutiven Staatsakt. Dabei wird die Einbürgerung in der Regel im Zeitpunkt ihrer *Vornahme* wirksam werden[120]. Für die in der Form einer unechten Option anläßlich einer Gebietsveränderung vorgenommene Einbürgerung gilt grundsätzlich dasselbe. Die Vornahme ist dabei wohl wegen des optionsrechtlichen Charakters im Zeitpunkt der Erklärung des Berechtigten zu sehen[121]. Es wäre aber denkbar, die anläßlich einer Staatensukzession vorgenommene unechte positive Option (Einbürgerung) auf den Zeitpunkt der Gebietsveränderung, hier der Unabhängigkeit, zurückwirken zu lassen.

Keine Äußerung bezüglich des Zeitpunktes des Wirksamwerdens der anläßlich der Unabhängigkeit möglichen unechten positiven Optionen findet sich in den Staatsangehörigkeitsgesetzen von *Elfenbeinküste, Madagaskar, Togo, Dahome, Guinea* und *Tschad*. Demnach findet der Grundsatz Anwendung, wonach der Zeitpunkt der Vornahme der Einbürgerung (Option) maßgebend ist[122]. Ein rückwirkendes Wirksamwerden der Einbürgerung im Zeitpunkt der Unabhängigkeit müßte ausdrücklich angeordnet werden oder doch wenigstens konkludent aus den entsprechenden Bestimmungen hervorgehen.

Im Gegensatz zu den anderen Staaten enthalten die Staatsangehörigkeitsgesetzes von *Niger, Senegal* und *Mauretanien* eine Vorschrift, wonach die Personen, die die neue Staatsangehörigkeit sowohl automatisch durch die Wirkungen des Gesetzes als auch durch die darin vorgesehenen Optionen erwerben, behandelt werden, als hätten sie die nigrische Staatsangehörigkeit seit ihrer Geburt[123], oder entsprechend die Staatsangehörigkeit von Senegal und Mauretanien. In

---

[119] Siehe oben, III, 5, c, bb.

[120] Der Erwerb der Staatsangehörigkeit durch Einbürgerung wirkt nach allgemeiner Ansicht nur für die Zukunft; er ist nicht retroaktiv. Vgl. *Cogordan*, S. 145 ff.; *Weiss*, S. 40 ff.; *Triepel*, Virtuelle Staatsangehörigkeit, S. 21; *D. de Folleville*, Traité théorique et pratique de la naturalisation, Paris, 1880, S. 448 ff.

[121] Für Madagaskar vgl. hierzu *Bilbao*, Le droit malgache de la nationalité, S. 104, 105. Die dortige Regelung ist im einzelnen zweifelhaft.

[122] Vgl. hinsichtlich Madagaskars auch die „Circulaire no 1838 du 9 septembre 1960 relative à l'application du titre VI du Code de la nationalité" (J. O. R. Malg., S. 1934; *Tomson*, S. 316, 321).

Eine Rückwirkung der positiven Optionen in Madagaskar auf den Tag der Unabhängigkeit wird ausdrücklich abgelehnt von *Bilbao*, Le droit malgache de la nationalité, S. 104 („Les effets ne se produisent que pour l'avenir").

[123] Niger: Art. 57; Senegal: Art. 31; Mauretanien: Art. 69. Art. 57 Code de la nationalité nigérienne:

„Sont réputés avoir la nationalité nigérienne depuis leur naissance, les individus qui acquièrent cette nationalité soit par l'effet automatique de la présente loi, soit par les options qu'elle prévoit."

(*Decottignies / de Biéville*, S. 284; siehe oben, III, 2, c, aa, Anm. 84).

ihrer zeitlichen Wirkung wird die durch Option erworbene Staatsangehörigkeit der automatisch verliehenen also gleichgestellt. Es wird eine *fiktive Rückwirkung* auf den Zeitpunkt der Geburt der betreffenden Person angeordnet[124]. Die Fiktion der Rückwirkung setzt aber gerade voraus, daß normalerweise die Wirkungen der unechten positiven Option erst mit deren Vornahme einsetzen. Anders als in den übrigen Neustaaten haben aber hier die Optanten bereits zur Zeit der Unabhängigkeit fiktiv die neue Staatsangehörigkeit. Die den Augenblick der Unabhängigkeit einschließende Rückwirkung auf den Zeitpunkt der Geburt ändert aber nichts an der grundsätzlichen ex-nunc-Wirkung der einbürgerungsähnlichen unechten Option, die lediglich im Wege der Fiktion korrigiert wird.

Nach der ausdrücklichen Anordnung des Staatsangehörigkeitsgesetzes von *Mali* erwirbt die nach Art. 70 für die malische Staatsangehörigkeit optierende Person diese mit dem Zeitpunkt, an dem die Erklärung abgegeben worden ist[125]. Andererseits scheint bezüglich der nach Art. 75 desselben Gesetzes gewährten Option eine fiktive Rückwirkung bis zur Geburt gewollt zu sein[126].

Lediglich die in Art. 124 des Staatsangehörigkeitsgesetzes von *Obervolta* vorgesehene Einbürgerung[127] sah — als einzige Regelung dieser Art in den afrikanischen Gesetzen — den Erwerb der voltaischen Staatsangehörigkeit ausdrücklich am Tag der Unabhängigkeit vor. Dabei handelt es sich um einen nachträglichen rückwirkenden Erwerb, aber ohne jede Fiktion. Diese Rückwirkung ist möglich und zulässig, da sie ein Rechtsverhältnis regelt und begünstigend wirkt.

Hingegen enthielt die in Art. 130 des voltaischen Gesetzes geregelte Einbürgerung[128] keine derartige Rückwirkung auf den Zeitpunkt der Unabhängigkeit. Daher dürfte der Erwerb der Staatsangehörigkeit nach dieser Vorschrift erst im Augenblick der Vornahme der Einbürgerung eingetreten sein.

Demnach ist zusammenfassend festzuhalten, daß der Zeitpunkt des Staatsangehörigkeitswechsels bei den „positiven Optionen" in den afri-

---

[124] *M'Baye Kéba* betont ausdrücklich für das senegalesische Gesetz, daß die darin enthaltenen positiven Optionen eine andere zeitliche Wirkung haben als Einbürgerungen, nämlich rückwirkende Kraft. Den Begriff der Fiktion verwendet er nicht expressis verbis (S. 351, 353).

[125] Art. 70, 27, 22 Code de la nationalité malienne.

[126] Art. 75 Code de la nationalité malienne:

„... L'enregistrement emporte tous les effets de la nationalité malienne d'origine."

(*Decottignies / de Biéville,* S. 248; vgl. auch *Decheix,* Le code de la nationalité malienne, Penant 73, 1963, S. 313).

[127] Siehe oben, III, 5, c, bb, in der Mitte.

[128] Siehe oben, III, 5, c, bb, gegen Ende.

kanischen Neustaaten unterschiedlich geregelt wurde. In einigen Staaten wurde auf den Zeitpunkt der Vornahme der Option abgestellt, in anderen eine fiktive Rückwirkung auf den Augenblick der Geburt oder, in einem Fall, eine normale Rückwirkung auf den Tag der Unabhängigkeit angenommen. Es zeigt sich also keine einheitliche Tendenz. Die verschiedenartigen Regelungen halten sich alle innerhalb der entsprechenden völkerrechtlichen Schranken. Es handelt sich hier um die Regelung der eigenen Staatsangehörigkeit, bei der das Völkerrecht einen weiten Spielraum zuläßt[129]. Die Annahme unterschiedlicher Zeitpunkte für das Wirksamwerden unechter Optionen ist völkerrechtlich zulässig.

e) Die Optionen der Minderjährigen

aa) Allgemeine Problemerörterung

Bei der Gewährung von Optionen an die Bevölkerung abgetretener Gebiete werden zur Ausübung der Option regelmäßig bestimmte Formalitäten vorgeschrieben. Insbesondere gehört dazu, daß die Option als Willensakt innerhalb einer bestimmten Frist vorgenommen werden muß. Die rechtzeitige Abgabe dieser Willenserklärung stellt für die volljährigen Optionsberechtigten kein besonderes Problem dar. Schwieriger wird jedoch die Beurteilung der von den Minderjährigen oder für diese abgegebenen Optionserklärungen[130].

Die einfachste Methode ergibt sich aus der Ansicht, wonach die Staatsangehörigkeit der minderjährigen Kinder der Staatsangehörigkeit des Familienvorstandes nachfolgt *(kollektive Option)*. In diesem Falle ist keine besondere Optionserklärung der Minderjährigen oder für diese erforderlich[131].

Eine andere Möglichkeit besteht darin, daß die Frist zur Vornahme der Option für die Minderjährigen bis zu ihrer *Volljährigkeit* verlängert wird. Das würde bedeuten, daß für die minderjährige Bevölkerung eines abgetretenen Gebietes nicht dieselbe Optionsfrist gilt wie für die Volljährigen. Den Minderjährigen würde eine besondere Frist zuerkannt, die für jeden am Tag seiner Volljährigkeit beginnen würde. Dieses System bedeutet eine besondere Rücksichtnahme auf den indi-

---

[129] Vgl. im einzelnen etwa *Makarov*, Allgemeine Lehren des Staatsangehörigkeitsrechts, 2. Aufl., S. 64 ff.

[130] Vgl. zu diesen Fragen *Cogordan*, S. 324, 325.

[131] Eine ähnliche Problematik stellte sich — hauptsächlich früher — auch bei den Optionen der Ehefrauen, die aber inzwischen vielfach ihre Rechte selbst ausüben können (vgl. *Meessen*, S. 97). Der sich auf diese Weise mehr und mehr durchsetzende Grundsatz der individuellen Option (vgl. *Dahm*, S. 477) wurde für die Optionen der Ehefrauen auch von den afrikanischen Staaten ganz überwiegend befolgt. Daher soll dieser Frage im einzelnen nicht nachgegangen werden.

viduellen Willen der Optionsberechtigten. Die Verlängerung der üblichen Optionsfrist für die minderjährige Bevölkerung wurde beispielsweise in dem Vertrag zwischen Frankreich und Schweden über die Abtretung der Insel Saint-Barthélemy vereinbart[132].

Schließlich ist es denkbar, daß die Minderjährigen innerhalb derselben Frist wie die Volljährigen optieren und sich zu diesem Zweck der Hilfe ihrer *gesetzlichen Vertreter* bedienen. Hierbei ist eine Einwilligung von seiten des gesetzlichen Vertreters möglich oder die Abgabe der Erklärung durch ihn selbst. Der Nachfolgestaat dürfte vielfach die Unsicherheit und Unruhe fürchten, die durch eine Verlängerung der Optionsfrist für die minderjährige Bevölkerung hervorgerufen würde. Wohl deshalb schien sich in der zweiten Hälfte des 19. Jahrhunderts die allgemeine Rechtsüberzeugung dahin gefestigt zu haben, daß auch Minderjährige innerhalb des für die übrige Bevölkerung gesetzten Zeitraumes durch ihre gesetzlichen Vertreter das Optionsrecht ausüben müssen[133]. Die Option der Minderjährigen durch ihre gesetzlichen Vertreter wurde zum Beispiel im Frankfurter Friedensvertrag vom 10. Mai 1871[134] festgelegt.

Diese unterschiedlichen Lösungen, die für das Optionsrecht der Minderjährigen vorgeschlagen und praktiziert wurden[135], sind völkerrechtlich zulässig, da sie berechtigten Interessen der Staaten entsprechen können und individuellen Rechten nicht zuwiderlaufen. Es ist nun darzustellen, wie dieses Problem bei der Verselbständigung der afrikanischen Staaten gelöst wurde.

bb) Die Regelungen der afrikanischen Staaten

Die für die Optionen der Minderjährigen anläßlich der Unabhängigkeit der neuen afrikanischen Staaten getroffenen Regelungen zeigen, daß die Gesetzgeber sich im wesentlichen an die bereits in der bisherigen Staatenpraxis üblichen Methoden gehalten haben.

Bei den — positiven — „Einbürgerungsoptionen" haben die meisten Staaten das Prinzip befolgt, wonach die Eltern (gesetzliche Vertreter) mit ihrer Entscheidung zugleich kollektiv die Staatsangehörigkeit der minderjährigen Kinder bestimmen. Der Minderjährige muß nicht selbst entscheiden, sondern die Entscheidung seiner Eltern wirkt für und gegen ihn. Diese Regelung wurde praktiziert in den Staaten *Elfen-*

[132] Zitiert nach *Cogordan*, S. 325.
[133] *Stoerk*, S. 134. Fraglich ist noch, ob man innerhalb der Minderjährigkeit ein gewisses Mindestalter verlangen sollte, etwa das 18. Lebensjahr oder den Zeitpunkt des Beginns der Militärpflicht.
[134] Siehe oben, III, 1, b; III, 3, a, bb.
[135] Vgl. etwa *Meessen*, S. 97, 98.

beinküste, Dahome, Guinea, Madagaskar, Mali, Mauretanien, Niger, Senegal, Tschad und in *Frankreich* bei der „reconnaissance"[136].

In *Togo* und *Obervolta* bedurfte der Minderjährige zur Wirksamkeit seiner Erklärung der Einwilligung seiner Eltern[137]. Im Gegensatz zu der erstgenannten kollektiven Lösung gab er hier also eine eigene Erklärung ab.

Ebenso konnten bestimmte Kategorien von Minderjährigen unter 18 Jahren auch selbst ihre Einbürgerung oder positive Option beantragen, bedurften dazu aber einer Einwilligung oder mußten vertreten werden. Diese Möglichkeit bestand in *Elfenbeinküste, Guinea, Madagaskar* und *Niger*[138].

Die positiven einbürgerungsähnlichen Optionen konnten von den Minderjährigen ohne Einwilligung ab ihrem 18. Lebensjahr selbst abgegeben werden in *Dahome, Madagaskar, Niger, Obervolta* und *Senegal;* desgleichen die Einbürgerungen in *Elfenbeinküste, Guinea, Mali* und *Mauretanien* sowie die „reconnaissance" in *Frankreich*[139]. In *Togo* war dies erst nach Vollendung des 21. Lebensjahres möglich[140].

In *Tschad* begann die sogenannte staatsangehörigkeitsrechtliche Volljährigkeit bereits mit vollendetem 18. Lebensjahr (Art. 8), so daß auch hier die Berechtigten ohne ihre Eltern optieren konnten. In den Gesetzen der übrigen Staaten ist eine besondere „staatsangehörigkeitsrechtliche Volljährigkeit" nicht vorgesehen.

---

[136] Elfenbeinküste: Art. 105, 45; Dahome: Art. 103; Guinea: Art. 140, 73; Madagaskar: Art. 92, 40; Mali: Art. 70, 75, 21; Mauretanien: Art. 67, 68, 15; Niger: Art. 53, 54, 55, 19; Senegal: Art. 28, 29, 10; Tschad: Art. 41, 4, 25 (vgl. auch Art. 4 Durchführungsdekret); Frankreich: Art. 153 („reconnaissance").

Zu Madagaskar vgl. auch *Bilbao*, Le droit malgache de la nationalité, S. 107. Nach dem „Zikular Nr. 1838 betreffend die Anwendung des Titels VI des madagassischen Staatsangehörigkeitskodex 1960" mußten bei den positiven Optionen die Regeln des Art. 36 beachtet werden, wonach für das noch nicht sechzehnjährige Kind dessen gesetzlicher Vertreter die Erklärung abgeben mußte. Der über sechzehn, aber noch nicht achtzehn Jahre alte Optant gab seine Erklärung mit Einwilligung des gesetzlichen Vertreters selbst ab. (*Tomson*, S. 316 ff., 320.) M. E. kann aber auch Art. 40 c. nat. malg. anwendbar sein (vgl. Art. 93 c. nat. malg.).

[137] Togo: Art. 71, 15, 18; Obervolta: Art. 124, 130, 48 (hierbei handelt es sich um eine echte Einbürgerung).

In Senegal wäre anstatt der Anwendung des Art. 10 (siehe oben, Anm. 136) auch die Anwendung der Einbürgerungsvorschrift des Art. 15 denkbar. Danach wäre eine Einwilligung der Eltern erforderlich. M. E. ist Art. 10 vorzuziehen.

[138] Elfenbeinküste: Art. 28, 30; Guinea: Art. 55, 58; Madagaskar: Art. 36; Niger: Art. 20, 21, 22. In den übrigen Staaten dürften die Minderjährigen unter 18 Jahren keine Möglichkeit gehabt haben, selbst derartige Einbürgerungs- oder Optionserklärungen abzugeben.

[139] Dahome: Art. 103; Madagaskar: Art. 36; Niger: Art. 30; Obervolta: Art. 48; Senegal: Art. 15; Elfenbeinküste: Art. 30; Guinea: Art. 58; Mali: Art. 32; Mauretanien: Art. 21; Frankreich: Art. 152.

[140] Art. 18.

Die angewandten Prinzipien sind völkerrechtlich unbedenklich. Überwiegend hat sich bei den positiven Optionen (Einbürgerungen) die Tendenz durchgesetzt, die Entscheidung der Eltern für und gegen das minderjährige Kind kollektiv wirken zu lassen. Die Fähigkeit zur wirksamen Abgabe dieser staatsangehörigkeitsrechtlichen Erklärungen wird dabei fast ausschließlich ab dem 18. Lebensjahr zuerkannt.

Bei den echten negativen Optionen der Minderjährigen wurden ebenfalls verschiedene Lösungen gewählt. So konnte in allen Staaten, in denen die minderjährige Ehefrau aufgrund der bestehenden Ehe ein Optionsrecht hatte, dieses von ihr selbst ausgeübt werden, ohne irgendeine Einwilligung. Diese Regelung findet sich in den Staatsangehörigkeitsgesetzen von *Elfenbeinküste, Guinea, Kamerun, Mali, Mauretanien, Niger, Obervolta, Togo, Zentralafrikanische Republik* und *Senegal*[141].

Sofern im übrigen der von dem automatischen Staatsangehörigkeitswechsel erfaßte Personenkreis ein negatives Optionsrecht hatte, konnten nur in *Gabun* und *Madagaskar* die gesetzlichen Vertreter für die Minderjährigen durch Vertretung entscheiden[142]. Diese wurden also bei der Abgabe ihrer eigenen Erklärung vertreten.

Die Einwilligung der gesetzlichen Vertreter zu den ansonsten ebenfalls von den Minderjährigen selbst abzugebenden Optionserklärungen war erforderlich oder möglich in *Kongo* (Brazzaville) und *Madagaskar*[143]. Ohne Einschränkungen konnte in bestimmten Fällen der Minderjährige selbst nur in der Republik *Tschad* gegen die neue Staatsangehörigkeit optieren; er benötigte hierzu keine Einwilligung[144]. In

---

[141] Elfenbeinküste: Art. 101, 102, 51; Guinea: Art. 141, 83; Kamerun: Art. 18, 33; Mali: Art. 71, 73, 23, 41; Mauretanien: Art. 71, 72, 16, 32; Niger: Art. 59, 60, 14; Obervolta: Art. 121, 122, 131 Ziffer 6, 68; Togo: Art. 73, 74, 8, 9, 26; Zentralafrikanische Republik: Art. 99, 100, 49; Senegal: keine Aussage im Gesetz, jedoch dürfte aus diesem Schweigen das besagte Ergebnis konkludent hervorgehen.

[142] Gabun: Art. 10 Ziffer 1, S. 2; Madagaskar: Art. 90, 91, 45. *Razafimandranto* führt dazu hinsichtlich Madagaskars aus, daß zu diesem Zweck eine besondere Erklärung im Namen eines jeden minderjährigen Kindes unterschrieben werden mußte. Eine lediglich von dem Familienoberhaupt abgegebene Erklärung ohne nähere Bezeichnung, auf welche Familienangehörigen (Kinder) sie sich erstreckt, soll nicht genügt haben (S. 529). Es wird also eine namentliche Präzisierung der Erklärung verlangt und damit das Prinzip der Vertretung bejaht. Vgl. auch das Dekret betreffend die Form der Erklärungen nach Titel VI des madagassischen Staatsangehörigkeitskodex vom 21. Oktober 1960 (*Tomson*, S. 313).

[143] Kongo: Art. 14, 21 (während des letzten Jahres vor Erreichen der Volljährigkeit bedurfte der Minderjährige keiner Einwilligung mehr); Madagaskar: Art. 90, 91, 45 (neben der Einwilligung war auch Vertretung möglich, siehe oben, Anm. 142).

[144] Art. 14, 26, 8. Im Falle der Option nach Art. 42 mußte der Berechtigte die Volljährigkeit erreicht haben. In Tschad begann die staatsangehörigkeitsrechtliche Volljährigkeit mit Vollendung des 18. Lebensjahres (Art. 8).

Obervolta, Togo und *Dahome* konnten die Optionsberechtigten wohl erst innerhalb der sechs Monate, die ihrer Volljährigkeit vorausgingen, ihre Erklärungen wirksam abgeben[145]. Davor sind weder Einwilligung noch Vertretung möglich.

Auch bei den negativen Optionen zeichnet sich zum Teil die Tendenz ab, die uneingeschränkte Optionsfähigkeit mit dem vollendeten 18. Lebensjahr beginnen zu lassen[146]. Das selbständig auszuübende Optionsrecht der minderjährigen Ehefrau erklärt sich aus dem Bestreben, die verheiratete minderjährige Frau rechtlich wie volljährig zu behandeln. Auch die übrigen, im einzelnen unterschiedlichen, Regelungen entsprechen bisher praktizierten Methoden und begegnen keinen völkerrechtlichen Bedenken. Eine einheitliche Tendenz läßt sich dabei angesichts der zahlreichen unterschiedlichen Lösungen nicht feststellen.

6. Die Entstehung von mehrfachen Staatsangehörigkeiten und Staatenlosigkeiten (Staatsangehörigkeitskonflikten) bei der Unabhängigkeit (Verselbständigung) der neuen frankophonen Staaten

a) Das Problem der mehrfachen Staatsangehörigkeit und Staatenlosigkeit allgemein

Bevor auf die afrikanischen Regelungen eingegangen wird, soll zunächst ein allgemeiner Überblick über die Problematik der Staatsangehörigkeitskonflikte gegeben werden.

Jeder Staat hat die souveräne Befugnis, seine Staatsangehörigen selbst zu bestimmen, eingeschränkt allerdings durch bestimmte völkerrechtliche Regeln und durch Verpflichtungen aus internationalen Verträgen[1]. Die Schranken dieser einzelstaatlichen Befugnis können

---

[145] Obervolta: Art. 121, 123, 125; Togo: Art. 72, 2, 6; Dahome: Art. 98, 99, 13, 14.

[146] Madagaskar: Art. 90, 91, 45, 36; Tschad: Art. 8.

[1] *Niboyet*, S. 91; *Batiffol*, S. 71 ff.; *Dahm*, S. 448; *Makarov*, Allgemeine Lehren des Staatsangehörigkeitsrechts, S. 58 ff.; im einzelnen siehe oben, I, 1, b, bb. Dieses Prinzip der innerstaatlichen Freiheit bei Verleihung der Staatsangehörigkeit wird auch in Art. 1 der „Convention de la Haye concernant certaines questions relatives aux conflits de lois sur la nationalité" vom 12. April 1930 ausgedrückt: „Il appartient à chaque Etat de déterminer par sa législation quels sont ses nationaux." (Zitiert nach *Batiffol*, S. 71.) Das Prinzip wurde vom Internationalen Gerichtshof (IGH) in dem sogenanten „Nottebohm-Urteil" vom 6. April 1955 wiederholt (IGH Recueil 1955, S. 4; siehe oben, III, 5, c, bb, Anm. 92). Trotz dieser weitgehenden, aus der Souveränität herrührenden Kompetenz nennt auch die Haager Konvention insoweit einige Schranken: „les conventions internationales, la coutume internationale et les principes de droit généralement reconnus en matière de nationalité." (Zitiert nach *Batiffol*, S. 72.)

sich also auch aus allgemeinen Völkerrechtssätzen ergeben. So ist anerkannt, daß ein Staat trotz seiner weitgehenden Freiheit auf dem Gebiet der Staatsangehörigkeitsregelungen an bestimmte völkerrechtlich zulässige Anknüpfungspunkte bei Übertragung seiner Staatsangehörigkeit gebunden ist[2]. Abgesehen von dieser Bindung ist jeder Staat aber insoweit weitgehend frei. Die unbeschränkte unterschiedliche Anwendung der Anknüpfungspunkte des „ius sanguinis“ und des „ius soli“ sowie der Heirat einer Frau oder einer Einbürgerung kann nun dazu führen, daß eine Person bei der Geburt oder später eine doppelte oder mehrfache Staatsangehörigkeit besitzt. Die Aberkennung einer Staatsangehörigkeit und auch die Überschneidung unterschiedlicher Anknüpfungssysteme kann hingegen zu Staatenlosigkeit führen[3]. Außerdem ist es möglich, daß Staatsangehörigkeitskonflikte anläßlich von Gebietsveränderungen auftreten.

Der Zustand des Völkerrechts hinsichtlich der Regelung der Staatsangehörigkeit wird vielfach als unvollkommen empfunden. Er kommt dadurch zum Ausdruck, daß das Prinzip, wonach jede Person eine Staatsangehörigkeit, aber auch nur eine einzige, besitzen muß und damit Staatsangehörigkeitskonflikte ausgeschlossen sind, (noch) nicht als ein allgemein verbindlicher völkerrechtlicher Grundsatz angesehen werden kann[4]. Ein derartiges Verbot von doppelten oder mehrfachen Staatsangehörigkeiten und von Staatenlosigkeit wäre der Ausgangspunkt einer sinnvollen Verteilung der Personen auf die verschiedenen Staaten. Lediglich *Cogordan* scheint eine weitergehende Bindung der innerstaatlichen Staatsangehörigkeitsgesetzgebung anzunehmen[5]. Er spricht von einer Regel, wonach niemand ohne Staatsangehörigkeit bleiben könne und einer ergänzenden Regel, nach der eine Einbürgerung nur vorgenommen werden dürfe, wenn die betreffende Person zuvor von ihrer bisherigen Staatsangehörigkeit entbunden sei. Der Autor weist zugleich aber auf die entgegenstehende überwiegende Staatenpraxis hin.

Immer wieder, auch in der Gegenwart, stellen die nationalen Gesetzgebungen Regeln auf, die derartige Staatsangehörigkeitskonflikte hervorrufen können. Man kann nicht sagen, daß die Staatengemeinschaft sich durch das erwähnte Prinzip der „einfachen Staatsangehörig-

[2] *Makarov*, Allgemeine Lehren des Staatsangehörigkeitsrechts, S. 58 ff., 94, 95; *Dahm*, S. 455; siehe oben, I, 1, b, bb, Anm. 16.

[3] Vgl. *Menzel*, Völkerrecht, S. 192 ff.; *Dahm*, S. 486 ff.

[4] So etwa *Batiffol*, S. 73; *Niboyet*, S. 91, 521 ff.; *Boulbès*, Droit français de la nationalité, S. 250, 251; *Dahm*, S. 492, 493, 489.

[5] *Cogordan*, S. 11, 14 („... règle que nul ne peut rester sans nationalité ... règle aux termes de laquelle nul n'obtiendrait la naturalisation sans être dégagé de tout lien envers son ancienne patrie. De la sorte, on éviterait en même temps le manque et le cumul de nationalité.“). Vgl. auch *Weiss*, S. 25.

keit" gebunden fühlt[6]. Das kommt auch in der Präambel der Haager Staatsangehörigkeitskonvention vom 12. April 1930[7] zum Ausdruck, wo es heißt, „qu'il est de l'intérêt général de la communauté internationale de faire admettre par tous ses membres que tout individu devrait avoir une nationalité et n'en posséder qu'une[8]." Hier wird zwar ein entsprechendes „allgemeines Interesse" der Völkerrechtsgemeinschaft anerkannt, jedoch wird gleichzeitig gesagt, daß dieses Prinzip als noch nicht völkerrechtlich verbindlich angesehen wird. Zur Frage der Staatenlosigkeit nimmt auch die Allgemeine Menschenrechtserklärung der UNO von 1948 Stellung, in der es in Art. 15 heißt: „Tout individu a droit à une nationalité. Nul ne peut être arbitrairement privé ni de sa nationalité ni du droit de changer de nationalité[9]." Hier scheint zwar von einem völkerrechtlichen Gebot ausgegangen zu werden, jedoch zeigen die Einschränkungen („arbitrairement"), daß die völkerrechtliche Verbindlichkeit des Prinzips im Ergebnis nur gering ist[10].

Trotz der in Praxis und Lehre überwiegenden Ablehnung eines völkerrechtlichen Verbots von Staatenlosigkeit und mehrfacher Staatsangehörigkeit besteht weitgehende Übereinstimmung in dem Bestreben, das Auftreten derartiger Fälle zu vermeiden oder wenigstens zu verrringern. Die Staaten sind vielfach bemüht, das Prinzip der einfachen Staatsangehörigkeit zumindest im Grundsatz zu beachten. Das geschieht beispielsweise dadurch, daß man versucht, die bereits eingetretenen Staatsangehörigkeitskonflikte durch geeignete Maßnahmen — etwa internationale Verträge — zu beheben[11]. Es zeigt sich also die *Tendenz* der Staaten, eine objektive Zuweisung der Personen zu den verschiedenen Staatsangehörigkeiten zu erreichen. Trotzdem bleiben zahlreiche Fälle ungelöster Staatsangehörigkeitskonflikte. Zwischenstaatliche Vereinbarungen werden nicht so häufig geschlossen, wie es notwendig wäre.

Die Völkerrechtswissenschaft betrachtet das *Prinzip der einfachen Staatsangehörigkeit* zwar auch überwiegend nicht als verbindlich, sieht seine Verwirklichung jedoch als *wünschenswert* an[12]. Zur Begründung des Vermeidens von Staatenlosigkeit wird angeführt, daß jeder Mensch

---

[6] *Batiffol*, S. 73.

[7] Siehe oben, Anm. 1.

[8] Zitiert nach *Batiffol*, S. 73.

[9] Déclaration universelle des droits de l'homme de 1948 (zitiert nach *Batiffol*, S. 73).

[10] Vgl. hierzu *Batiffol*, S. 73; *Dahm*, S. 492. Danach ist die Erklärung nicht der Ausdruck geltenden Rechts, sondern ein Zukunftsprogramm.

[11] Eine solche mögliche Maßnahme stellt auch die Option zugunsten einer — einzigen — Staatsangehörigkeit dar.

[12] *Dahm*, S. 486 ff.; *Berber*, S. 359; *Batiffol*, S. 73; *Niboyet*, S. 91; *Boulbès*, Droit français de la nationalité, S. 250; besonders weitgehend *Cogordan*, S. 11, 14.

der Zugehörigkeit zu einem Staat bedürfe, der sich um seine Erziehung, seine geistige und körperliche Heranbildung, der Entfaltung seiner Persönlichkeit, seinen Schutz und seine volle Rechtsstellung kümmert, ihn zugleich aber auch allgemeinen öffentlichen Pflichten unterwirft[13]. Die mehrfache Staatsangehörigkeit bringt den Nachteil mit sich, daß ein und dieselbe Person von mehreren Staaten zur Militärpflicht herangezogen werden kann und daß nicht feststeht, welcher Staat zur Ausübung des diplomatischen Schutzes im Ausland berechtigt ist[14]. Die ältere Literatur hebt hervor, daß die Idee des Vaterlandes unvereinbar sei mit der Tatsache, daß eine Person mehrere Staatsangehörigkeiten innehat[15]. Auch heute wird die Zuordnung aller Einzelpersonen zu jeweils einem einzigen Staat für erstrebenswert erachtet[16].

Da das Prinzip der einfachen Staatsangehörigkeit zur Klarheit und Übersichtlichkeit im völkerrechtlichen und innerstaatlichen Bereich beiträgt, Konflikte zwischen den beteiligten Staaten verhindert und im allgemeinen den Interessen der Individuen dient[17], ist seine Verwirklichung vorteilhaft.

Die Staatenpraxis bemüht sich immer wieder erkennbar, mehrfache Staatsangehörigkeit und Staatenlosigkeit zu vermeiden. Daraus läßt sich der Schluß ziehen, daß das Prinzip der einfachen Staatsangehörigkeit zwar kein allgemeiner Grundsatz des Völkerrechts geworden ist, daß aber zumindest eine dahingehende völkerrechtliche Tendenz besteht. Dies wird bestätigt durch die in der Rechtslehre vertretenen Ansichten. Da aber kein entsprechender gewohnheitsrechtlicher Völkerrechtssatz besteht, lassen sich Staatsangehörigkeitskonflikte nicht ohne weiteres durch Entscheidungen internationaler Gerichte oder durch sonstige Mittel des Völkerrechts lösen[18].

---

[13] *Cogordan*, S. 11; *Dahm*, S. 492.

[14] Vgl. hierzu *Batiffol*, S. 80; *Boulbès*, Droit français de la nationalité, S. 251.

[15] *Cogordan*, S. 15; auch *Dahm*, S. 487 („Die Treue läßt sich nicht teilen.").

[16] *Batiffol*, S. 73.

[17] Dagegen Bedenken bei *Schätzel*, Die elsaß-lothringische Staatsangehörigkeitsregelung und das Völkerrecht, Berlin, 1929, S. 120 ff. Der Autor führt aus, daß die Doppelstaatsangehörigkeit insbesondere für die Einzelperson vielfach mehr Vorteile als Nachteile mit sich bringe. Die „absolute Verdammung" der mehrfachen Staatsangehörigkeit sei nicht richtig. Die im einzelnen gegebenen Begründungen sind beachtenswert.

[18] Eine Lösung von Staatsangehörigkeitskonflikten ist rechtlich denkbar. Die Mehrstaatigkeit könnte beseitigt werden, wenn eine Regel bestünde, nach der alle Personen mit mehrfacher Staatsangehörigkeit gezwungen wären, für die eine oder andere Staatsangehörigkeit zu optieren. Ein allgemeines Optionsrecht würde mehrfache Staatsangehörigkeiten erheblich vermindern (vgl. *Dahm*, S. 487; *Niboyet*, S. 524). Die Staatenlosigkeit als Folge des „ius sanguinis" würde dadurch verhindert, daß das „ius soli" als ergänzendes Prinzip Anwendung fände (*Dahm*, S. 493, 494).

Mehrstaatigkeit und Staatenlosigkeit können auch bei Staatensukzessionen auftreten. Anhand der Praxis bei der Unabhängigkeit (Verselbständigung) der frankophonen afrikanischen Staaten soll untersucht werden, inwieweit die Regelungen der beteiligten Staaten der völkerrechtlichen Tendenz, Staatsangehörigkeitskonflikte zu vermeiden, entsprechen.

b) Die möglichen Staatsangehörigkeitskonflikte

Bei der Unabhängigkeit der afrikanischen Staaten sind Staatsangehörigkeitskonflikte denkbar einerseits zwischen der ehemaligen französischen Staatsangehörigkeit und den neuen afrikanischen Personalhoheiten, andererseits zwischen den neuen afrikanischen Staatsangehörigkeiten untereinander. Als möglich erscheinen schließlich noch Überschneidungen der neuen Staatsangehörigkeiten mit beliebigen anderen.

Zunächst sollen die durch die Aufeinanderfolge der französischen und der jeweiligen neuen afrikanischen Staatsangehörigkeit verursachten Kollisionen behandelt werden.

c) Konflikte zwischen der ursprünglichen französischen Personalhoheit und den neuen afrikanischen Staatsangehörigkeiten

Das Verhältnis zwischen der in den Gemeinschaftsstaaten zunächst allein vorhandenen französischen Staatsangehörigkeit und den neuen afrikanischen Angehörigkeiten wird insbesondere durch das den französischen Staatsangehörigkeitskodex ändernde Gesetz vom 28. Juli 1960 geregelt[19]. Diese Regelung wird im Ergebnis durch die neuen afrikanischen Staatsangehörigkeitsgesetze ergänzt; allerdings geschieht dies ungewollt, da hinsichtlich der Rechtsnachfolge in die Staatsangehörigkeit zwischen Frankreich und den afrikanischen Neustaaten keine Abkommen getroffen wurden.

aa) Die grundsätzliche Entscheidung des französischen Gesetzgebers

Nach dem durch das Gesetz vom 28. Juli 1960 geänderten Art. 13 in Verbindung mit dem damals neu eingefügten Art. 152 des französischen Staatsangehörigkeitsgesetzes sollten die Bewohner der unabhängig gewordenen Staaten ihre bisherige französische Staatsangehörigkeit zumindest nicht vor dem Zeitpunkt verlieren, an dem ihnen eine andere Staatsangehörigkeit durch eine allgemeine Bestimmung verliehen wurde. Das französische Gesetz stellte insoweit auf eine ent-

[19] Siehe oben, III, 2, b, aa.

sprechende Regelung der neuen afrikanischen Staaten ab[20]. Auf diese Weise erreichte der französische Gesetzgeber, daß — ungeachtet der Regelungen der Neustaaten — die betroffene Bevölkerung nicht staatenlos wurde. Für die vom französischen Territorium stammenden Personen („originaires") und deren Angehörige, die in den unabhängig gewordenen Gebieten domiziliert waren, galt der Vorzug, daß ihnen ohne Rücksicht auf die Regelungen der Neustaaten die französische Staatsangehörigkeit belassen wurde[21]. Da diesen Personen meistens nicht die jeweilige neue afrikanische Staatsangehörigkeit übertragen wurde, hat die französische Regelung auch insbesondere verhindert, daß die Metropolitanfranzosen anläßlich der Unabhängigkeit staatenlos wurden, was bei der ungeänderten Fassung des Art. 13 Code de la nationalité française der Fall gewesen wäre[22]. Die neue französische Regelung trug daher dazu bei, den völkerrechtlichen Tendenzen entsprechend Staatenlosigkeiten zu vermeiden.

bb) Das Problem des vollständigen Verlustes der französischen Staatsangehörigkeit nach Erlangung einer afrikanischen Staatsangehörigkeit („nationalité de jouissance — nationalité d'exercice")[23]

In der Literatur ist umstritten, ob die Bewohner der afrikanischen Neustaaten nach der allgemeinen Ausstattung mit der jeweiligen afrikanischen Staatsangehörigkeit noch die bisherige französische Staatsangehörigkeit in ihrem juristischen Kern, als „nationalité de jouissance", weiterbehalten haben oder ob ein vollständiger Verlust der französischen Personalhoheit eingetreten ist[24]. Ein völkerrechtlich relevanter Grund, der gegen die Beibehaltung einer französischen „nationalité de jouissance" der Afrikaner spricht, ist die Tatsache, daß diesen Personen inzwischen afrikanische Staatsangehörigkeiten verliehen wurden. Eine derartige Auslegung der Art. 13, 152 des französischen Staatsangehörigkeitsgesetzes würde zum Auftreten von mehrfachen Staatsangehörigkeiten in großem Ausmaß führen. Diese Erscheinung würde — jedenfalls im Prinzip — auch nicht dadurch abgemildert, daß die eine Staatsangehörigkeit nur eine „nationalité de jouissance", eine „Rumpfstaatsangehörigkeit" wäre. Eine dem Völkerrecht konforme Auslegung der Art. 13, 152 Code de la nationalité ge-

---

[20] Siehe oben, III, 2, b, bb.

[21] Siehe oben, III, 2, b, bb, am Anfang.

[22] *J. Foyer*, S. 145.

[23] Siehe oben, III, 2, b, cc.

[24] Siehe oben, III, 2, b, cc. Die Unterscheidung zwischen der noch verbliebenen „nationalité de jouissance" und der ruhenden „nationalité d'exercice" befürworten *Terré*, La reconnaissance de la nationalité française, Penant 71, 1961, S. 21; *J. Foyer*, S. 148. Dagegen wenden sich *Bilbao*, La nationalité française et l'accession à l'Indépendance des anciens territoires d'outre-mer, Penant 71, 1961, S. 517 ff. und *Bleckmann*, S. 501.

bietet also, auch deshalb den vollständigen Verlust der französischen Staatsangehörigkeit anzunehmen[25]. Gegen diese „völkerrechtskonforme Interpretation“ läßt sich auch nicht einwenden, daß das Prinzip der einfachen Staatsangehörigkeit kein allgemeiner Grundsatz des Völkerrechts ist[26]. Es genügt insoweit die Feststellung, daß eine dahingehende völkerrechtliche Tendenz besteht. Diese muß den Ausschlag geben, sofern nicht ein entgegenstehender Wille des Gesetzgebers ersichtlich ist. Man wird hier aber im Gegenteil davon ausgehen können, daß die Absicht des französischen Gesetzgebers dahin ging, doppelte Staatsangehörigkeiten zu vermeiden[27].

Folglich ist festzuhalten, daß die französische Regelung auch unter diesem Gesichtspunkt — Staatsangehörigkeit der afrikanischen Bevölkerung — das Prinzip der einfachen Staatsangehörigkeit befolgt und mehrfache Staatsangehörigkeiten vermeidet.

cc) Das Problem der mehrfachen Staatsangehörigkeit im Zusammenhang mit der „reconnaissance“ der französischen Staatsangehörigkeit durch Bewohner der neuen Staaten

Nach Art. 152 Code de la nationalité française haben die Franzosen, denen eine afrikanische Staatsangehörigkeit durch eine allgemeine Bestimmung des neuen Staates gewährt wurde, ein unbefristetes Recht, nach Begründung ihres Wohnsitzes auf dem Territorium der Französischen Republik die *„reconnaissance“* der französischen Staatsangehörigkeit durch eine Erklärung vor dem zuständigen französischen Richter vornehmen zu lassen[28]. Diese Befugnis hat der überwiegende Teil der Bevölkerung der ehemaligen Gemeinschaftsstaaten. Es fragt sich, ob diejenigen Personen, die von der Möglichkeit der „reconnaissance“ Gebrauch machen und sich somit die französische Staatsangehörigkeit anerkennen lassen, deshalb ihre jeweilige afrikanische Staatsangehörigkeit verlieren oder ob sie diese dennoch behalten. Im letzteren Falle hätten die betreffenden Personen eine mehrfache (doppelte) Staatsangehörigkeit.

Nach der in Art. 152 enthaltenen Regelung des französischen Gesetzes ist die Anerkennung (reconnaissance) der französischen Staatsangehörigkeit nicht mit dem Verlust der jeweiligen afrikanischen

---

[25] Siehe oben, III, 2, b, cc, gegen Ende. Ebenso unter ausdrücklichem Hinweis auf das Auftreten völkerrechtlich unerwünschter mehrfacher Staatsangehörigkeiten *Bilbao*, La nationalité française et l'accession à l'Indépendance des anciens territoires d'outre-mer, Penant 71, 1961, S. 519, 520; *Bilbao*, Le droit malgache de la nationalité, S. 74 - 77; *Bleckmann*, S. 501.

[26] Siehe oben, III, 6, a, am Ende.

[27] *Bilbao*, La nationalité française et l'accession à l'Indépendance des anciens territoires d'outre-mer, Penant 71, 1961, S. 520.

[28] Siehe oben, III, 2, b, cc.

Staatsangehörigkeit verbunden. Eine solche Anordnung ergibt sich weder aus dem Wortlaut noch aus dem Sinn des französischen Staatsangehörigkeitsgesetzes. Sie ist auch gar nicht möglich, da das französische Gesetz den Verlust einer afrikanischen Staatsangehörigkeit nicht anordnen kann.

Fraglich ist jedoch, ob nach den Vorschriften der afrikanischen Staatsangehörigkeitsgesetze die wirksame „reconnaissance" der französischen Staatsangehörigkeit durch Afrikaner zu einem Verlust der entsprechenden afrikanischen Staatsangehörigkeit führt oder ob die betreffenden Personen statt dessen eine mehrfache Staatsangehörigkeit besitzen.

Die Anerkennung der französischen Staatsangehörigkeit bringt nach dem ausdrücklichen Wortlaut der Staatsangehörigkeitsgesetze der *Elfenbeinküste* und der *Zentralafrikanischen Republik* den Verlust dieser neuen afrikanischen Staatsangehörigkeiten mit sich[29]. Diese Staaten verhalten sich demnach betont völkerrechtskonform, als sie die Möglichkeit einer mehrfachen Staatsangehörigkeit der betroffenen Personen von sich aus ausschließen[30].

Mit Ausnahme von Gabun und dem Tschad enthalten die Staatsangehörigkeitsgesetze der übrigen frankophonen afrikanischen Staaten die Regelung, wonach jeweils derjenige volljährige Staatsangehörige die bisherige Staatsangehörigkeit verliert, der freiwillig eine fremde Staatsangehörigkeit erwirbt[31]. Es wäre denkbar, unter diesem „freiwilligen Erwerb einer fremden Staatsangehörigkeit" auch die „reconnais-

---

[29] Art. 48 Code de la nationalité ivoirienne:
„Perd la nationalité ivoirienne l'Ivoirien majeur qui acquiert volontairement une nationalité étrangère, ou qui déclare *reconnaître* une telle nationalité ..." (*Decottignies / de Biéville*, S. 193). Den gleichen Wortlaut enthält die Regelung in Art. 46 Code de la nationalité centrafricaine (*Decottignies / de Biéville*, S. 87; siehe oben, III, 2, c, aa, Anm. 81).
Vgl. zu dem Verlusttatbestand der „reconnaissance" in Elfenbeinküste und der Zentralafrikanischen Republik auch *Decottignies / de Biéville*, S. 79, 183; Cour d'Appel de Bangui 5. Juni 1963, Penant 74, 1964, S. 213, 214; *Tomson*, S. 29; *Meessen*, S. 43.
Diese Gleichstellung der „Anerkennung" mit dem „freiwilligen Erwerb" einer fremden Staatsangehörigkeit erfolgte im Hinblick auf die Regelung des Art. 152 Code de la nationalité française (*Decottignies / de Biéville*, S. 79, 183; *Meessen*, S. 43).

[30] Der Verlust dieser beiden afrikanischen Staatsangehörigkeiten tritt insoweit jeweils mit dem Zeitpunkt des Erwerbs der ausländischen Staatsangehörigkeit ein (Art. 50 Code de la nationalité ivoirienne, Art. 48 Code de la nationalité centrafricaine).
Lagarde bezeichnet die Einführung des Verlustgrundes der „reconnaissance" als „certaine aggressivité" (S. 515).

[31] Dahome: Art. 46; Guinea: Art. 76; Kamerun: Art. 32 Nr. 1; Kongo (Brazzaville): Art. 47; Madagaskar: Art. 42; Mali: Art. 38; Mauretanien: Art. 30; Niger: Art. 38; Obervolta: Art. 66 Nr. 1; Senegal: Art. 18; Togo: Art. 23 Nr. 1.

sance" der französischen Staatsangehörigkeit zu verstehen[32]. Die Anerkennung bedeutet für die Afrikaner zumindest den effektiven Wiedererwerb der ursprünglichen französischen Staatsangehörigkeit. Außerdem enthält die „reconnaissance" durch das Erfordernis eines Antrags auch ein voluntatives Element. Gegen diese weite Auslegung spricht jedoch die Überlegung, daß die Anerkennung den Berechtigten rückwirkend so stellt, als habe er die französische Staatsangehörigkeit nie verloren[33]. Den afrikanischen Gesetzgebern selbst scheint der Unterschied zwischen „Anerkennung" und „freiwilligem Erwerb" bewußt gewesen zu sein, da die erwähnten Vorschriften in den Staatsangehörigkeitsgesetzen der Elfenbeinküste und der Zentralafrikanischen Republik diese beiden Modalitäten nebeneinander enthalten. Die Anerkennung aktiviert in der Person des Berechtigten eine bereits latent vorhandene, potentielle Staatsangehörigkeit. Beim freiwilligen Erwerb einer fremden Staatsangehörigkeit hingegen bestand zwischen dem Berechtigten und der neuen Personalhoheit zuvor keine Beziehung. Folglich erfaßt der Verlusttatbestand des freiwilligen Erwerbs einer ausländischen Staatsangehörigkeit nicht den Fall der Anerkennung einer ursprünglich innegehabten, hier der französischen, Staatsangehörigkeit. Die Angehörigen der oben aufgeführten Staaten behalten also ihre jeweilige afrikanische Staatsangehörigkeit, wenn sie sich die ursprüngliche französische Staatsangehörigkeit anerkennen lassen[34].

Die Staatsangehörigkeitsgesetze von *Gabun* und *Tschad* kennen als Verlustgrund insoweit lediglich die Aberkennung ihrer Staatsangehörigkeit, wenn die betreffende Person sich „wie ein Staatsangehöriger eines fremden Staates verhält"[35]. Diese Aberkennung ist auch nicht zwingend, sondern lediglich durch Dekret für möglich erklärt. Die „reconnaissance" der französischen Staatsangehörigkeit durch einen Angehörigen dieser Staaten führt demnach nicht ohne weiteres zu einem Verlust der afrikanischen Personalhoheit. Die bloße „reconnaissance" dürfte noch nicht bedeuten, daß der Betreffende sich wie der Angehörige eines fremden Staates verhält. Es müssen noch weitere entsprechende Verhaltensweisen hinzukommen.

---

[32] So *Bleckmann*, S. 502.

[33] Vgl. hierzu Art. 156 Code de la nationalité française, wonach die französische Staatsangehörigkeit dieser Personen als „festgestellt gilt".

[34] So im Ergebnis *Decottignies / de Biéville*, S. 208, 274, unter Bezugnahme auf die entsprechenden Regelungen in Madagaskar und Niger; Conseil d'Etat 14. Juni 1963 Razafindrainibe, Penant 74, 1964, S. 345 ff. (347, 348), mit Schlußanträgen von *Chardeau* und Anmerkung von *Lampué; Rivierez*, S. 536; *Lagarde*, S. 515, 524; *Niang*, S. 18; *Gonidec*, L'Etat africain, S. 86; *Meessen*, S. 43; *Tomson*, S. 29.

[35] Art. 28 Nr. 4 Code de la nationalité gabonaise; Art. 27 Nr. 4 Code de la nationalité tchadienne, 1962. (*Decottignies / de Biéville*, S. 136, 328; vgl. auch *Bleckmann*, S. 502).

Demnach verlieren nur die Angehörigen der Elfenbeinküste und der Zentralafrikanischen Republik ihre afrikanische Staatsangehörigkeit, wenn sie sich die französische Staatsangehörigkeit gemäß Art. 152 Code de la nationalité française anerkennen lassen[36]. Die Angehörigen der übrigen Neustaaten behalten trotz der Anerkennung zunächst[37] ihre jeweilige afrikanische Staatsangehörigkeit bei. Die „reconnaissance“ der französischen Staatsangehörigkeit durch Afrikaner bewirkt also das Entstehen von mehrfachen Staatsangehörigkeiten. Insofern wird die völkerrechtliche Tendenz zur einfachen Staatsangehörigkeit nicht beachtet[38]. Eine Völkerrechtswidrigkeit läßt sich daraus allerdings nicht herleiten[39].

dd) Die Staatsangehörigkeitskonflikte der in den unabhängig gewordenen Gebieten lebenden und vom Territorium der Französischen Republik stammenden Personen („originaires“)

Nach Art. 13, Abs. 2 des französischen Staatsangehörigkeitskodex i. d. F. des Gesetzes vom 28. Juli 1960 haben diejenigen Franzosen, die aus Gebieten stammen, welche am 28. Juli 1960 zur Französischen Republik gehörten („Français originaires du territoire de la République française“) sowie deren Ehegatten und Kinder durch die Unabhängigkeit der neuen Staaten nicht ihre französische Staatsangehörigkeit verloren, auch wenn sie ihren Wohnsitz innerhalb dieser Staaten haben[40]. Aus dem Wortlaut des Gesetzes geht auch mittelbar hervor, daß die *„originaires“*, also die *Metropolitanfranzosen,* die französische Staatsangehörigkeit selbst dann behalten, wenn ihnen durch das afrikanische Recht eine neue afrikanische Staatsangehörigkeit gewährt wird. Demnach hat der französische Gesetzgeber insoweit bewußt das Auftreten von mehrfachen Staatsangehörigkeiten in Kauf genommen[41].

---

[36] Der Verlust der Staatsangehörigkeit tritt in der Zentralafrikanischen Republik ipso iure mit dem Zeitpunkt der Anerkennung der fremden Staatsangehörigkeit ein (Art. 48 Nr. 1 Code de la nationalité centrafricaine). Für die Elfenbeinküste enthält Art. 50 Nr. 1 des dortigen Staatsangehörigkeitsgesetzes die gleiche Regelung, jedoch unterliegt der Verlust einer Genehmigung durch die Regierung (Art. 48).

[37] Im weiteren Verlauf besteht allerdings die Möglichkeit der Aberkennung der afrikanischen Staatsangehörigkeit, wenn der Betreffende sich tatsächlich wie ein Angehöriger eines fremden Staates verhält (siehe Anm. 35; auch z. B. Art. 48 des madagassischen Staatsangehörigkeitsgesetzes). Außerdem gibt es die Befugnis, die afrikanische Staatsangehörigkeit aufzugeben (etwa Art. 19 des senegalesischen Staatsangehörigkeitsgesetzes).

[38] Diese Konsequenz wird jedoch abgemildert durch die unter Umständen gegebene Möglichkeit einer Aberkennung oder Aufgabe der afrikanischen Staatsangehörigkeit.

[39] Siehe oben, III, 6, a.

[40] Siehe oben, III, 2, b, aa.

Die durch das Gesetz vom 28. Juli 1960 vorgenommene Änderung des Art. 13 C. nat. fr. verfolgte auch den Zweck, den in den afrikanischen Gebieten wohnhaften Metropolitanfranzosen den Verlust der französischen Staatsangehörigkeit im Zusammenhang mit der Unabhängigkeit zu ersparen. Die aus Frankreich stammenden Franzosen sollten nicht der Gefahr der Staatenlosigkeit ausgesetzt werden, die bei Anwendung des ungeänderten Art. 13 aufgetreten wäre[42]. Die Neuregelung des französischen Gesetzes entsprach so gesehen durchaus der Tendenz des Völkerrechts, Staatenlosigkeiten zu vermeiden. Die dafür gefundene Lösung mußte hingegen im Ergebnis die völkerrechtlich ebenfalls problematischen mehrfachen Staatsangehörigkeiten hinnehmen[43]. Angesichts des Fehlens vertraglicher Vereinbarungen über diese Probleme kann der französischen Regelung dennoch kein Vorwurf gemacht werden.

ee) Der vom automatischen Staatsangehörigkeitswechsel betroffene Personenkreis unter dem Gesichtspunkt von Staatsangehörigkeitskonflikten

Die Unabhängigkeit der afrikanischen Staaten führte im allgemeinen zu einem automatischen Staatsangehörigkeitswechsel der davon betroffenen Personen[44]. Der Ersterwerb der jeweiligen neuen afrikanischen Staatsangehörigkeit war mit dem Verlust der bisherigen französischen Staatsangehörigkeit verbunden. Nach Art. 13, Abs. II in Verbindung mit Art. 152 des französischen Staatsangehörigkeitsgesetzes behielten die aus den afrikanischen Gebieten stammenden und dort wohnhaften Franzosen die französische Staatsangehörigkeit solange, bis sie infolge der allgemeinen Bestimmungen des Staatsangehörigkeitsgesetzes eines Neustaates mit dessen Angehörigkeit versehen wurden. Auf diese Weise hat das französische Gesetz sichergestellt, daß

---

[41] Vgl. *J. Foyer*, S. 146, 147; *Bilbao*, La nationalité française et l'accession à l'Indépendance des anciens territoires d'outre-mer, Penant 71, 1961, S. 521; *Dumas*, S. 35 ff. (36); *Lagarde*, S. 523.

Dumas beschäftigt sich mit der staatsangehörigkeitsrechtlichen Situation der franko-afrikanischen Mischlinge, die unter den Begriff „descendants d'originaires de la République française" fallen. Diese Personen erhielten mit der Unabhängigkeit grundsätzlich die neue afrikanische Staatsangehörigkeit, ohne die französische zu verlieren.

[42] *J. Foyer*, S. 145.

[43] Auch hier besteht lediglich die Möglichkeit, bei entsprechendem Verhalten der betreffenden Person eine Aberkennung der jeweiligen fremden Staatsangehörigkeit vorzunehmen (Art. 96 Code de la nationalité française, diesbezügliche Regelungen der afrikanischen Staaten).

[44] Siehe oben, III, 2; kein automatischer Wechsel in Kamerun und Togo. Die die Kamerun-Ordonnanz vom 30. Dezember 1958 begleitenden Verträge zwischen Frankreich und Kamerun enthielten Verpflichtungen für die beiden Staaten, das Auftreten von mehrfachen Staatsangehörigkeiten und Staatenlosigkeiten zu vermeiden (siehe oben, I, 2, c, bb).

die Bewohner der unabhängigen Gebiete in keinem Falle staatenlos wurden[45]. Infolge des an die Entstehung der jeweiligen afrikanischen Staatsangehörigkeit geknüpften Verlustes der französischen Staatsangehörigkeit führte die Unabhängigkeit auch insoweit nicht zu einer mehrfachen Staatsangehörigkeit der Angehörigen des neuen Staatsvolkes.

Aus Art. 13, Abs. I des französischen Staatsangehörigkeitskodex ergibt sich jedoch, daß die außerhalb der unabhängig gewordenen Gebiete wohnhaften Franzosen die französische Staatsangehörigkeit ohne Rücksicht auf eine mögliche Herkunft aus den afrikanischen Territorien behalten haben[46]. Diese Personen können möglicherweise durch die Gesetzgebung der Neustaaten erstmalig mit deren jeweiliger Angehörigkeit ausgestattet worden sein[47]. Nach der Regelung des französischen Gesetzes wird somit eine mehrfache Staatsangehörigkeit in diesem Fall nicht ausgeschlossen. Die afrikanischen Gesetze sind aber so auszulegen, daß die automatische Erstausstattung mit der neuen Staatsangehörigkeit in allen Fällen konkludent zu einem Verlust der französischen Staatsangehörigkeit führt[48].

---

[45] Vgl. *Lagarde*, S. 524, 528; oben, III, 6, c, aa.

[46] Siehe oben, III, 2, b, bb.

[47] Dies kann beispielsweise durch die Anwendung des Geburtsprinzips oder auch des Prinzips des ethnischen Ursprungs geschehen sein.

[48] Siehe oben, III, 2, c, aa. Dieser generelle Wille der afrikanischen Gesetzgeber läßt sich auch — wie oben schon ausgeführt — für die Regelungen des Staatsangehörigkeitsgesetzes von *Madagaskar* bejahen. Nach Art. 90, Abs. II, 91 c. nat. malg. konnten diejenigen der neuen madagassischen Staatsangehörigen, die am Tag der Unabhängigkeit dem Zivilstatut des modernen Rechts unterlagen, befristet die madagassische Staatsangehörigkeit ablehnen, wenn sie die französische Staatsangehörigkeit im Einklang mit dem französischen Gesetz behalten haben.

Durch das Erfordernis der französischen Staatsangehörigkeit soll nur sichergestellt werden, daß die gegen Madagaskar optierenden Personen nicht staatenlos werden. Mangels einer die Staatsangehörigkeitsfragen regelnden Vereinbarung zwischen Frankreich und Madagaskar und ohne Kenntnis des Inhalts des französischen Änderungsgesetzes vom 28. Juli 1960 (Art. 13, 152 c. nat. franç.) hat das madagassische Gesetz den negativ Optierenden die französische Staatsangehörigkeit sichern wollen. Die kombinierte Anwendung von Art. 13, 152 des französischen und Art. 90, Abs. II, 91 des madagassischen Gesetzes führt zu einer — von den isoliert tätig gewordenen Gesetzgebern nicht gewollten — Hin- und Herverweisung. Nach dem Sinn der Vorschriften entscheidet die madagassische Seite. Hier bestand aber nicht die Absicht, den Erstangehörigen des neuen Staates im Falle des Unterlassens einer negativen Option generell die französische Staatsangehörigkeit zu belassen und somit eine mehrfache Staatsangehörigkeit hinzunehmen. Dies war lediglich im Falle einer „reconaissance" der französischen Staatsangehörigkeit möglich (vgl. *Bilbao*, Le droit malgache de la nationalité, S. 62 - 63, 80 - 86; dagegen wohl *Razafimandranto*, S. 531, die mehrfache Staatsangehörigkeit annimmt).

Hinsichtlich der Anwendung von Art. 91 Code de la nationalité malgache weist *Razafimandranto* darauf hin, daß beispielsweise chinesisch-madagassische Mischlinge neben ihrer mit der Unabhängigkeit erworbenen mada-

Abgesehen von der Regelung in Art. 13, Abs. I Code de la nationalité française fördern die zur Abgrenzung der neuen Staatsvölker anwendbaren Vorschriften das Prinzip der einfachen Staatsangehörigkeit. Art. 13, Abs. I wird im übrigen dennoch von dem Bestreben her zu verstehen sein, den betreffenden Personen die Staatenlosigkeit zu ersparen.

ff) Staatsangehörigkeitskonflikte in der Person französischer Staatsangehöriger, die für eine neue afrikanische Staatsangehörigkeit optieren

In einigen afrikanischen Neustaaten hatten bestimmte französische Staatsangehörige, denen die neue Personalhoheit nicht automatisch gewährt worden war, eine einbürgerungsähnliche Option[49]. Die derartige Optionen (Vorzugseinbürgerungen) enthaltenden afrikanischen Staatsangehörigkeitsgesetze sahen dabei jedenfalls teilweise keinen Verlust der französischen Staatsangehörigkeit vor. Die Option zugunsten der neuen Personalhoheit bewirkte hiernach folglich das Entstehen von mehrfachen Staatsangehörigkeiten, jedenfalls in afrikanischer Sicht[50].

Nach Art. 87 des französischen Staatsangehörigkeitsgesetzes[51] verliert hingegen der volljährige Franzose, der freiwillig eine ausländische Staatsangehörigkeit erwirbt, die französische Staatsangehörigkeit. Für wehrpflichtige Männer unterliegt der Verlust allerdings einer staatlichen Genehmigung (Art. 88). Die Optionen und Einbürge-

---

gassischen Staatsangehörigkeit auch — nach dem chinesischen Recht — noch die chinesische Staatsangehörigkeit besitzen (S. 531). Diese Ansicht wird richtig sein, da kraft Staatensukzession Madagaskar zwar den Verlust der französischen, nicht aber etwa der chinesischen Staatsangehörigkeit annehmen kann. Die betroffenen Personen besaßen vor der Unabhängigkeit sowohl die französische als auch die chinesische Staatsangehörigkeit. Die mehrfache Staatsangehörigkeit wurde durch die Unabhängigkeit also nicht geschaffen, sondern nur inhaltlich verändert. An die Stelle der französischen trat nämlich die madagassische Staatsangehörigkeit.

[49] Madagaskar: Art. 92 Nr. 2, 3; Togo: Art. 71, Nr. 2 (siehe oben, III, 5, c, bb). Im übrigen waren nach den allgemeinen Options- oder Einbürgerungsvorschriften natürlich auch französische Staatsangehörige berechtigt.

[50] Vgl. beispielsweise hinsichtlich des *madagassischen* Staatsangehörigkeitsrechts *Bilbao*, Le droit malgache de la nationalité, S. 105. Nach Art. 92 Nr. 2, 3 Code de la nationalité malgache hatten bestimmte Gruppen französischer Staatsangehöriger ein Optionsrecht zugunsten der madagassischen Staatsangehörigkeit (siehe Anm. 49). Es ist keine madagassische Gesetzesvorschrift ersichtlich, wonach die Optanten mit dem Erwerb der madagassischen Staatsangehörigkeit die französische verlieren sollten. *Bilbao* spricht folglich, an sich zu Recht, von einer „porte ouverte aux doubles nationalités“, wird dabei aber nur die madagassische Regelung im Auge gehabt haben. Ebenso bezüglich Madagaskar *Razafimandranto*, S. 531. Der Autor betont das Entstehen doppelter Staatsangehörigkeiten bei der Ausübung der positiven Optionen des Art. 92 Nr. 2, 3 Code de la nationalité malgache.

[51] *Decottignies / de Biéville*, S. 393.

rungen der afrikanischen Staaten fallen unter diese Vorschrift. Damit dürfte im Ergebnis das Auftreten derartiger mehrfacher Staatsangehörigkeiten stark reduziert worden sein[52].

Etwas Besonderes könnte hinsichtlich derjenigen positiven Optionen anzunehmen sein, die französischen Staatsangehörigen anläßlich der Unabhängigkeit in *Senegal, Mauretanien* und *Niger* gewährt wurden. Es handelt sich dabei um die Optionen der Regierungsmitglieder, Parlamentsabgeordneten und Gemeinderäte[53]. In diesen Funktionen waren häufig Metropolitanfranzosen tätig. Positive Optionen, die an den Wohnsitz[54], an ein öffentliches Amt oder die Ausübung eines freien Berufes[55] anknüpfen, waren den französischen Staatsangehörigen ebenfalls eröffnet. Schließlich kam für Franzosen noch die Option aufgrund einer vorherigen Eheschließung mit einer einheimischen Frau in Betracht[56]. In diesen Staaten werden Personen, die die neue Staatsangehörigkeit durch die automatische Wirkung des Gesetzes oder durch die darin vorgesehene Option erwerben, behandelt, als hätten sie diese Staatsangehörigkeit seit ihrer Geburt[57]. Die darin zum Ausdruck kommende Gleichstellung des Erwerbs der neuen Staatsangehörigkeit durch Übergangsoptionen mit dem automatischen Staatsangehörigkeitserwerb könnte sich möglicherweise nicht nur auf den Zeitpunkt des Erwerbes (Geburt) beziehen, sondern auch generell die positive Option in ihren Auswirkungen mit der automatischen Erstausstattung gleichsetzen. Der im Falle der automatischen Erstübertragung durch die afrikanischen Gesetze angeordnete Verlust der französischen Staatsangehörigkeit[58] würde bei einer derartigen Sicht auch für die positive Option gelten. Diese weitgehende Auslegung der genannten Vorschriften dürfte jedoch abzulehnen sein. Die Gleichstellung zwischen automatischer Gewährung und positiver Option bezieht sich nur auf die zeitlichen Wirkungen des Erwerbs der Staatsangehörigkeit. Dafür spricht neben dem Wortlaut die Erwägung, daß keine völkerrechtliche Befugnis besteht, im Zusammenhang mit einer positiven Option eine fremde Staatsangehörigkeit zu entziehen[59]. Dies würde einen rechtlich

---

[52] Insofern erscheinen auch die Gefahren, von denen *Bilbao* und *Razafimandranto* sprechen (oben, Anm. 50), erheblich abgemildert.

[53] Senegal: Art. 28; Mauretanien: Art. 67; Niger: Art. 53 (siehe oben, III, 5, c, bb).

[54] Mauretanien: Art. 68.

[55] Niger: Art. 54.

[56] Senegal: Art. 29, Abs. I Nr. 2; Niger: Art. 54 Nr. 2.

[57] Senegal: Art. 31; Mauretanien: Art. 69; Niger: Art. 57. Die Bestimmungen beziehen sich jeweils nur auf die Erstausstattung mit der neuen Staatsangehörigkeit.

[58] Siehe oben, III, 2, c, aa.

[59] Die Staaten sind lediglich berechtigt, die zu ihren Gunsten ausgeübte positive Option (Einbürgerung) von dem Verzicht auf die bisherige Staatsangehörigkeit des Optanten (Einbürgerungswilligen) abhängig zu machen.

unmöglichen Eingriff in die Souveränität eines fremden Staates bedeuten[60]. Folglich konnte die positive Option von Franzosen auch in Senegal, Mauretanien und Niger nicht kraft Anordnung dieser Staaten einen Verlust der französischen Staatsangehörigkeit herbeiführen. Die afrikanischen Regelungen ermöglichten insoweit mehrfache Staatsangehörigkeiten.

Im Ergebnis wurde die Gefahr doppelter Staatsangehörigkeiten auch in diesen Fällen durch Art. 87 des französischen Staatsangehörigkeitsgesetzes vielfach beseitigt. Die Option zugunsten afrikanischer Staatsangehörigkeiten stellte eine „acquisition volontaire d'une nationalité étrangère" dar und führte nach dem Willen des französischen Gesetzes zu einem Verlust der französischen Staatsangehörigkeit. Frankreich konnte diesen Verlust aber in manchen Fällen durch die Verweigerung seiner Genehmigung verhindern, mit der Folge, daß dann mehrfache Staatsangehörigkeiten bestanden (Art. 88 c. nat. fr.).

gg) Zusammenfassung

Die anläßlich der Unabhängigkeit der afrikanischen Staaten getroffenen Regelungen trugen nicht immer dazu bei, positive Staatsangehörigkeitskonflikte zwischen der französischen und einer afrikanischen Staatsangehörigkeit zu vermeiden. Abgesehen von den Angehörigen der Elfenbeinküste und der Zentralafrikanischen Republik führte die „reconnaissance" der französischen Staatsangehörigkeit durch Afrikaner bei diesen zu einer Kumulierung der afrikanischen und französischen Staatsangehörigkeiten. Die Metropolitanfranzosen und deren Angehörige konnten infolge der Unabhängigkeit unter Umständen ebenfalls mit mehrfachen Staatsangehörigkeiten versehen sein. Schließlich konnten manche der zugunsten einer neuen afrikanischen Staatsangehörigkeit optierenden Franzosen nach dem Willen des Mutterlandes weiterhin zusätzlich mit der französischen Staatsangehörigkeit ausgestattet sein[61].

Das Auftreten der mehrfachen Staatsangehörigkeiten rührte daher, daß der französische Gesetzgeber bei der Unabhängigkeit der afrika-

---

Dieser Verzicht müßte dann von dem Optanten (Einzubürgernden) *selbst* gegenüber seinem bisherigen Staat erklärt werden. Vgl. dazu etwa *Dahm*, S. 457.

Eine derartige Bedingung wird in den afrikanischen Gesetzen nicht gestellt.

[60] Lediglich bei der Bestimmung des Personenkreises, der automatisch die neue Staatsangehörigkeit erhielt, hatten die afrikanischen Staaten die völkerrechtliche Befugnis, von einem Verlust der bisherigen französischen Staatsangehörigkeit auszugehen.

[61] Im weiteren Verlauf konnten diese mehrfachen Staatsangehörigkeiten allerdings im Wege der Aberkennung oder der freiwilligen Aufgabe beseitigt werden.

nischen Gebiete Staatenlosigkeiten vermeiden wollte, jedoch keine entsprechenden Abkommen getroffen wurden. Der negative Staatsangehörigkeitskonflikt wurde damit auf Kosten des positiven verhindert. Eine strenge Tendenz zur einfachen Staatsangehörigkeit läßt sich daher aus dieser Praxis nicht entnehmen.

d) Konflikte der neuen afrikanischen Staatsangehörigkeiten untereinander

Das Verhältnis der neuen afrikanischen Staatsangehörigkeiten untereinander wurde weder durch mehrseitige Abkommen noch durch eine anderweitige gegenseitige Harmonisierung geregelt[62]. Diese mangelnde Abstimmung wirkt sich bei der erstmaligen Verleihung der Staatsangehörigkeiten und bei den positiven Übergangsoptionen aus.

aa) Der vom automatischen Staatsangehörigkeitswechsel betroffene Personenkreis unter dem Gesichtspunkt von innerafrikanischen Staatsangehörigkeitskonflikten

Die afrikanischen Staatsangehörigkeitsgesetzgeber haben den Kreis ihrer Erstangehörigen vielfach durch die kumulative Anwendung des „ius sanguinis“ und des „ius soli“, durch den Gebrauch des Domizilprinzips oder sonstiger, weitgehend auf die Volkszugehörigkeit abstellender, Prinzipien bestimmt[63]. Die Anwendung derart weitgehender Anknüpfungsprinzipien mußte zu *Überschneidungen* der afrikanischen Staatsangehörigkeiten untereinander führen[64]. Eine Person konnte beispielsweise durch den einen Staat aufgrund des Abstammungsprinzips (ius sanguinis), gleichzeitig durch den anderen aufgrund des Geburts- oder Domizilprinzips automatisch in Anspruch genommen werden. Auf diese Weise konnten mehrfache — afrikanische — Staatsangehörigkeiten entstehen. Die so zustande gekommene Kumulierung der neuen Staatsangehörigkeiten bildete auch keinen Verlustgrund nach dem Recht der Neustaaten. Es handelte sich ja nicht um den freiwilligen Erwerb einer fremden Staatsangehörigkeit, sondern um die jeweilige automatische Ausstattung damit. Daher waren diese mehrfachen Staatsangehörigkeiten insoweit beständig[65].

---

[62] Die UAM-Konferenz vom September 1961 hatte eine derartige Harmonisierung abgelehnt; vgl. République Malgache, Conférence des Chefs d'Etat et de Gouvernement africains et malgache, Tananarive, 6 - 12 septembre 1961, S. 94.

[63] Siehe oben, III, 4, b, dd.

[64] Vgl. *Tomson*, S. 30; *Bleckmann*, S. 498; *Zemanek*, S. 275.

[65] Möglich waren aber auch hier gegebenenfalls die Aberkennung einer Staatsangehörigkeit oder der freiwillige Verzicht darauf.

bb) Staatsangehörigkeitskonflikte in der Person afrikanischer Staatsangehöriger, die für eine andere neue afrikanische Staatsangehörigkeit optieren

In zahlreichen afrikanischen Neustaaten hatten bestimmte Afrikaner, denen die neue Staatsangehörigkeit nicht automatisch verliehen wurde, eine einbürgerungsähnliche Option[66]. Die afrikanischen Staatsangehörigkeitsgesetze gewährten derartige Optionen, ohne den Verlust einer anderen afrikanischen Staatsangehörigkeit vorauszusetzen[67]. Nach dem Staatsangehörigkeitsrecht des die Option gewährenden Staates waren folglich mehrfache Staatsangehörigkeiten möglich.

Die Staatsangehörigkeitsgesetze der anderen afrikanischen Staaten, deren Angehörige sich durch die Option in Anspruch nehmen lassen[68], sehen allerdings in solchen Fällen die Möglichkeit des Verlustes ihrer eigenen Staatsangehörigkeit vor. Die positive Option zugunsten des fremden Staates bedeutet die „acquisition volontaire d'une nationalité étrangère“ und bewirkt grundsätzlich den Verlust der bisherigen Staatsangehörigkeit[69]. In einigen afrikanischen Staaten ist dieser Verlust der bisherigen Staatsangehörigkeit aber von einer staatlichen Genehmigung abhängig[70]. Im Ergebnis dürften daher für manche afrikanische Optanten mehrfache Staatsangehörigkeiten entstanden sein.

cc) Staatenlosigkeiten infolge der afrikanischen Gesetzgebungen

Im Gegensatz zu der häufigen Erscheinung von mehrfachen Staatsangehörigkeiten haben die afrikanischen Staatsangehörigkeitsgesetze das Auftreten von Staatenlosigkeit im Zusammenhang mit der Unabhängigkeit weitgehend vermieden. Das ist insbesondere die Folge der in zahlreichen Staaten praktizierten kumulativen Anwendung des „ius sanguinis“ und des „ius soli“[71]. Auf diese Weise wurde erreicht,

---

[66] Siehe oben, III, 5, c, bb. Im einzelnen vgl. zum Beispiel Dahome: Art. 103; Niger: Art. 55; Senegal: Art. 29. Im übrigen waren Afrikaner auch nach den allgemeinen Options- oder Einbürgerungsvorschriften berechtigt. Das Problem stellt sich ähnlich dar wie bei den positiven Optionen französischer Staatsangehöriger (siehe oben, III, 6, c, ff, am Anfang).

[67] Siehe auch oben, III, 6, c, ff, Anm. 59.

[68] Insoweit ist Voraussetzung, daß der bisherige Heimatstaat des Optanten bei Vornahme der Option bereits seine Unabhängigkeit erlangt hat. Andernfalls sind Konflikte mit der französischen Staatsangehörigkeit denkbar.

[69] Siehe oben, III, 6, c, ff, am Ende; III, 2, c, aa. In Gabun und Tschad besteht die Möglichkeit einer Aberkennung der Staatsangehörigkeit (siehe oben, III, 6, c, cc, Anm. 35).

[70] Dahome: Art. 46 Nr. 1; Elfenbeinküste: Art. 48; Guinea: Art. 77; Kongo (Brazzaville): Art. 48; Madagaskar: Art. 43; Senegal: Art. 18; Togo: Art. 23 Nr. 1.

[71] Vgl. *Tomson*, S. 31. Bereits bestehende Staatenlosigkeiten wurden aber zum Beispiel in Madagaskar nicht behoben (siehe dazu *Razafimandranto*, S. 531, 532). In Madagaskar galt das Ursprungsprinzip (origine malgache).

daß nach Möglichkeit kein potentieller Staatsangehöriger verlorenging. Vielfach wurden Personen Angehörige des neuen Staates, die eine lediglich zufällige oder schwache Bindung zu dem jeweiligen Land hatten.

In Staaten, in denen die kumulative Anwendung des Abstammungs- und des Geburtsprinzips nicht befolgt wurde, dürften Staatenlosigkeiten aus afrikanischer Sicht jedoch nicht in allen Fällen auszuschließen sein[72]. Dieses Ergebnis wurde letztlich allerdings durch Art. 13, Abs. II in Verbindung mit Art. 152 C. nat. fr. weitgehend ausgeschlossen: Die aus den afrikanischen Gebieten stammenden und dort wohnenden[73] Franzosen behalten ihre Staatsangehörigkeit, sofern sie nicht aufgrund der allgemeinen Bestimmungen des Staatsangehörigkeitsgesetzes eines der neuen Staaten dessen Staatsangehörigkeit erworben haben[74].

dd) Zusammenfassung

Bei dem automatischen Ersterwerb der neuen afrikanischen Staatsangehörigkeiten konnte es aufgrund sich überschneidender Anknüpfungsprinzipien zu positiven Staatsangehörigkeitskonflikten kommen. Die einbürgerungsähnlichen Optionen führten bei den Afrikanern im Ergebnis meistens zu einem Verlust der bisherigen afrikanischen Staatsangehörigkeit; es konnte jedoch auch zu mehrfachen Staatsangehörigkeiten kommen. Staatenlosigkeiten dürften ganz überwiegend nicht aufgetreten sein.

Das Entstehen der mehrfachen Staatsangehörigkeiten war ungewollt und entspricht nicht der erwünschten völkerrechtlichen Tendenz. Das Vermeiden der Staatenlosigkeit jedoch steht damit in Einklang.

e) Konflikte der neuen afrikanischen mit sonstigen Staatsangehörigkeiten

Schließlich bestand noch die Möglichkeit von Überschneidungen zwischen den neuen afrikanischen Staatsangehörigkeiten und beliebigen anderen Personalhoheiten. Die insoweit auftretenden Staatsangehörigkeitskonflikte betreffen sowohl den von dem automatischen Staatsangehörigkeitswechsel betroffenen Personenkreis als auch diejenigen

---

[72] Vgl. *Bleckmann*, S. 498; *Tomson*, S. 31; *Gonidec*, L'Etat africain, S. 86.

[73] Die außerhalb der verselbständigten Gebiete domizilierten Franzosen behalten ihre französische Staatsangehörigkeit nach Art. 13, Abs. I code de la nationalité française. (Siehe oben, III, 2, b, aa, bb.)

[74] Siehe oben, III, 2, b, bb. Die französische Regelung kam ohne Absprache mit den afrikanischen Staaten zustande. So gesehen ist die Feststellung gerechtfertigt, daß die afrikanischen Gesetzgeber für sich betrachtet die Staatenlosigkeit überwiegend, aber nicht in jedem Fall, ausschließen wollten.

Individuen, die durch eine positive Option (Einbürgerung) die jeweilige neue Staatsangehörigkeit erworben haben.

aa) Auftreten von mehrfachen Staatsangehörigkeiten bei Personen, die automatisch mit den neuen afrikanischen Staatsangehörigkeiten ausgestattet wurden

Bei dem vom automatischen Staatsangehörigkeitswechsel betroffenen Personenkreis waren positive Staatsangehörigkeitskonflikte mit sonstigen Personalhoheiten nur unter besonderen Voraussetzungen möglich. Die Angehörigen von sogenannten „Drittstaaten", also Nicht-Franzosen, wurden von der Erstausstattung mit den neuen Staatsangehörigkeiten nicht erfaßt[75]. Es ist jedoch denkbar, daß ein aus den afrikanischen Gebieten stammender französischer Staatsangehöriger im Zeitpunkt der Unabhängigkeit zugleich eine andere Staatsangehörigkeit besaß. Nach dem hier allgemein bejahten Prinzip des automatischen Staatsangehörigkeitswechsels verlor diese Person die französische Staatsangehörigkeit und erwarb diejenige des Neustaates. Das Prinzip der Staatensukzession (Rechtsnachfolge in die Staatsangehörigkeit) erfordert aber nicht den Verlust der unbeteiligten dritten Staatsangehörigkeit und gestattet ihn auch nicht. Der Entzug der Staatsangehörigkeit eines am Sukzessionsvorgang nicht beteiligten Staates beruht nicht auf dem Prinzip der Staatennachfolge und würde einen völkerrechtlich nicht möglichen Eingriff in die Souveränität dieses Staates bedeuten. Folglich hat der mit einer doppelten Staatsangehörigkeit versehene Afrikaner diese Mehrstaatigkeit auch nach der Unabhängigkeit, allerdings mit dem Unterschied, daß seine bisherige französische Staatsangehörigkeit durch diejenige des neuen afrikanischen Staates ersetzt worden ist[76]. Die dargelegte Tendenz der afrikanischen Staatsangehörigkeitskodices, nach Möglichkeit mehrfache Staatsangehörigkeiten ihrer eigenen Angehörigen zu vermeiden[77], ändert nichts an diesem auch völkerrechtlich zwingenden Ergebnis.

Im weiteren Verlauf allerdings wird die Beseitigung derartiger positiver Staatsangehörigkeitskonflikte im Wege des Verzichts oder einer Aberkennung möglich gewesen sein.

Mehrfache Staatsangehörigkeiten dieser Art konnten auch bei den ausländischen Ehefrauen der Erstangehörigen eines afrikanischen Staates auftreten. Diese Frauen erwarben in Befolgung des Grundsatzes der Familieneinheit mit ihren Ehemännern automatisch die jeweilige

---

[75] Siehe oben, III, 3, d; auch III, 4, b, bb.
[76] Bezüglich Madagaskar vgl. oben, III, 6, c, ee, Anm. 45 am Ende.
[77] Siehe oben, III, 6, d, dd.

afrikanische Staatsangehörigkeit[78]. Ein Verlust der bisherigen Staatsangehörigkeit dieser Frauen kann den Regelungen der afrikanischen Gesetze nicht entnommen werden; dies würde ebenfalls einen völkerrechtlich nicht möglichen Eingriff in die Souveränität (Personalhoheit) unbeteiligter Staaten darstellen und wäre mit dem Gedanken der Staatensukzession nicht zu rechtfertigen.

bb) Auftreten von mehrfachen Staatsangehörigkeiten bei Personen, die „positive Optionen" (Einbürgerungen) zugunsten der neuen afrikanischen Staatsangehörigkeiten vornehmen

Die Ausübung von positiven Optionen zugunsten der neuen afrikanischen Staatsangehörigkeiten bewirkte die Möglichkeit der Entstehung von mehrfachen Staatsangehörigkeiten[79]. Dies gilt nicht nur für Optanten, die die französische oder eine afrikanische Staatsangehörigkeit aus dem hier behandelten frankophonen Bereich besaßen, sondern auch für die entsprechenden Angehörigen beliebiger sonstiger Staaten. Derartige allgemeine Optionen, zu denen nicht nur Franzosen oder Afrikaner aus einem ehemaligen Gemeinschaftsstaat berechtigt waren, ergaben sich insbesondere, wenn der Kreis der Optionsberechtigten nach dem reinen Domizilprinzip oder nach den kumulativen Voraussetzungen des Wohnsitzes und eines dort ausgeübten freien Berufes bestimmt wurde[80]. Desgleichen standen allen Ausländern diejenigen Optionen (Einbürgerungen) zu, die allein an die Ausübung eines freien Berufes, eines Wahlamtes oder eines öffentlichen Amtes anknüpften[81] oder die Herkunft aus einem beliebigen anderen afrikanischen Land zur Voraussetzung hatten[82]. Ebenso hatten die ausländischen Ehepartner der neuen afrikanischen Staatsangehörigen in einigen Staaten ein Optionsrecht zugunsten des Neustaates[83].

Nach dem Staatsangehörigkeitsrecht derjenigen Staaten, deren Angehörige die hier behandelten Optionen ausübten, trat möglicherweise ein Verlust der bisherigen Staatsangehörigkeit ein. Das hing im einzelnen vom Inhalt der jeweiligen Rechtsordnung ab. Das Staatsangehörigkeitsrecht der neuen afrikanischen Staaten ordnete den Verlust der bisherigen Staatsangehörigkeit der Optanten nicht an[84], was völker-

---

[78] Etwa: Elfenbeinküste: Art. 101; Obervolta: Art. 122 (siehe oben, III, 4, b, dd).
[79] Siehe oben, III, 6, c, ff; III, 6, d, bb.
[80] Siehe oben, III, 5, c, bb (Mali, Mauretanien, Elfenbeinküste, Guinea).
[81] Siehe oben, III, 5, c, bb, gegen Ende (Niger, Obervolta).
[82] Siehe oben, III, 5, c, bb, in der Mitte (Dahome).
[83] Siehe oben, III, 5, c, bb, gegen Ende.
[84] Siehe oben, III, 6, d, bb; III, 6, c, ff, Anm. 59.

rechtlich auch nicht ohne weiteres möglich wäre. Bei entsprechendem Verhalten wäre höchstens eine Aberkennung der neuen Staatsangehörigkeit in Frage gekommen.

cc) Zusammenfassung

Demnach waren bei den aufgeführten Personengruppen positive Staatsangehörigkeitskonflikte zwischen einer neuen afrikanischen und einer beliebigen sonstigen Staatsangehörigkeit durchaus möglich. Das Entstehen von Staatenlosigkeit hingegen ist insofern nicht ersichtlich.

f) Abschließende Betrachtung zu den Staatsangehörigkeitskonflikten

Anläßlich der Unabhängigkeit der afrikanischen Staaten konnten aus verschiedenen Rechtsgründen mehrfache Staatsangehörigkeiten entstehen. Das Auftreten von Staatenlosigkeiten wurde weitgehend verhindert. Hinsichtlich der positiven Staatsangehörigkeitskonflikte befanden sich die Gesetzgeber der neuen Staaten folglich nicht in Übereinstimmung mit den erstrebten Tendenzen des Völkerrechts. Die Möglichkeiten des Entstehens von mehrfachen Staatsangehörigkeiten waren einigermaßen häufig. Dadurch wird das Bestreben der neuen Staaten offenkundig, grundsätzlich möglichst viele Staatsangehörige zu gewinnen[85]. Nicht nur die Eingeborenen, sondern auch die für den Aufbau des jeweiligen Staates unentbehrlichen Metropolitanfranzosen sollten erfaßt werden, zumindest auf dem Wege über großzügige Optionen oder Einbürgerungen. Das den Staaten zustehende Oppositionsrecht sicherte diesen die Befugnis, im Einzelfall unerwünschte Personen zurückweisen zu können[86].

Das bewußte Inkaufnehmen von mehrfachen Staatsangehörigkeiten bei der Unabhängigkeit der afrikanischen Staaten zeigt, daß das Prinzip der einfachen Staatsangehörigkeit nach wie vor kein allgemeiner Grundsatz des Völkerrechts ist. Die dabei zu Tage getretene Staaten-

---

[85] Auf diese Weise wurden auch die subjektiven Interessen derjenigen Personen gefördert, die der Volksgemeinschaft des neuen Staates an sich nicht angehörten. Der Erwerb der neuen Staatsangehörigkeit verbesserte deren Rechtsstellung beträchtlich. Selbst wenn es nicht zum Erwerb der Staatsangehörigkeit kam, so waren in einzelnen Staaten dennoch über das Fremdenrecht hinausgehende Besserstellungen gegeben. Nach Art. 106 des Staatsangehörigkeitsgesetzes der *Elfenbeinküste* zum Beispiel behalten Ausländer, die ihren Wohnsitz in Elfenbeinküste vor der Unabhängigkeit begründet haben und die Staatsangehörigkeit von Elfenbeinküste nicht erworben haben, ihre erworbenen Rechte mit Ausnahme der politischen bei. Diese Personen hatten aber auch ein Einbürgerungsrecht nach Art. 105 des Gesetzes (siehe oben, III, 5, c, bb, erste Hälfte).

[86] Vgl. hierzu *Bleckmann*, S. 498; *Tomson*, S. 20.

praxis läßt auch bezweifeln, ob es zu einem derartigen verbindlichen Grundsatz kommen wird[87].

Das Vermeiden von Staatenlosigkeiten hingegen bestärkt die entsprechende völkerrechtliche Tendenz. Das Verbot der Staatenlosigkeit als ein allgemeiner völkerrechtlicher Grundsatz kann aus dieser insoweit eher beiläufigen Praxis aber ebenfalls noch nicht angenommen werden. Im übrigen wollten die afrikanischen Staaten für sich die Staatenlosigkeit nicht in allen Fällen vermeiden[88].

Die Unabhängigkeit der frankophonen afrikanischen Staaten hat gezeigt, daß einseitige innerstaatliche Regelungen der Rechtsnachfolge in die Staatsangehörigkeit auch zu *ungewollten* Staatsangehörigkeitskonflikten führen können. Diese Tatsache legt es nahe, für vergleichbare Fälle von Staatensukzessionen vertragliche Abmachungen zu befürworten.

[87] Einige frankophone afrikanische Staaten haben inzwischen versucht, für ihre Angehörigen eine mehrfache Staatsangehörigkeit generell einzuführen. Die Elfenbeinküste, Dahome, Obervolta, Niger und Togo schlossen im Dezember 1965 eine „Konvention über die Errichtung einer doppelten Staatsangehörigkeit". Danach sollten unter Beachtung des Gegenseitigkeitsprinzips im Verhältnis der Signatarstaaten untereinander die fremdenrechtlichen Beschränkungen beseitigt werden. Praktische Bedeutung hat die Konvention bisher noch nicht gewonnen. Insbesondere wurde keine neue einheitliche Staatsangehörigkeit geschaffen (vgl. *H. Hecker*, Mehrseitige völkerrechtliche Verträge zum Staatsangehörigkeitsrecht, 1970, S. 102; auch *N. Nemin*, La nationalité ivoirienne, RJPIC 1971, Nr. 4, S. 501).

[88] Siehe oben, III, 6, d, cc. Dabei ist zu beachten, daß Frankreich am 8. März 1960 der Staatenlosen-Konvention der UNO aus dem Jahre 1954 beigetreten war. Der Beitritt wurde nach 90 Tagen wirksam. Die meisten der ehemals französischen Gebiete wurden erst im Sommer 1960 unabhängig, so daß der Beitritt Frankreichs sich noch teilweise auf sie erstreckt haben kann. Auch unter Berücksichtigung dieser Konvention besteht noch kein entsprechender allgemeiner Völkerrechtsgrundsatz (vgl. *Tomson*, S. 31, 32).

IV. Abschließende völkerrechtliche Betrachtung

Die Abgrenzung des Staatsvolkes bei der Verselbständigung der frankophonen Staaten Schwarzafrikas stellt sich als ein Vorgang dar, der unter verschiedenartigen — im einzelnen oben aufgeführten — völkerrechtlichen Aspekten gesehen werden kann. Im Lichte des Völkerrechts betrachtet zeigt sich eine unterschiedliche Einstellung der beteiligten französischen und afrikanischen Gesetzgeber zu den einschlägigen Problemen. Diese Haltung der Staaten läßt sich unterteilen in eine Bestätigung, Weiterentwicklung und auch Nichtbeachtung bestehender völkerrechtlicher Grundsätze und Tendenzen, wobei in einzelnen Regelungen Besonderheiten der afrikanischen Entkolonialisierung zu Tage treten.

1. Bestätigung völkerrechtlicher Grundsätze und Tendenzen

Bestätigt durch die afrikanische Praxis wird zunächst der allgemeine völkerrechtliche Grundsatz des automatischen Staatsangehörigkeitswechsels bei Staatensukzessionen[1]. Sofern zur Bestimmung des von dem Staatsangehörigkeitswechsel betroffenen Personenkreises das Domizilprinzip und das Geburtsprinzip (Herkunftsprinzip) als Anknüpfungskriterium angewandt wurden[2], liegt ebenfalls eine Bestätigung dieser in der Staatenpraxis schon früher üblichen Anknüpfungen vor. Die Bejahung dieser dem Recht der Staatennachfolge zugehörigen Grundsätze erlaubt den generellen Schluß, daß die afrikanischen Staaten den Vorgang ihrer Unabhängigkeit selbst als einen Fall der Staatensukzession angesehen haben[3]. Dem steht nicht entgegen die Idee einer souveränen Schaffung von eigenen Staatsangehörigkeiten. Die neuen Staaten haben bei der erstmaligen Regelung ihrer Staatsangehörigkeiten ihre souveräne Kompetenz betont und sich nicht um die vorherige französische Staatsangehörigkeit gekümmert. Sie haben ihr neues politisches Selbstverständnis manifestiert[4]. Die an die Unabhängigkeit geknüpfte verbindliche Entstehung der neuen Staatsangehörigkeiten, angeordnet kraft eigener Souveränität, bestätigt als ein Akt der Staatenpraxis die durch den allgemeinen Völkerrechtssatz

[1] Siehe oben, III, 2, c, aa, gegen Ende.
[2] Siehe oben, III, 4, b, dd.
[3] Siehe oben, II, 8; III, 2, c, aa, am Ende.
[4] Siehe oben, III, 2, c, aa, am Ende.

ausgesprochene Rechtsfolge des automatischen Staatsangehörigkeitswechsels bei einem Souveränitätswechsel. Eine abweichende Disposition wurde nicht vorgenommen[5].

Der für diese Rechtswirkungen der Staatensukzession maßgebliche Augenblick war nach den Anordnungen der Staaten der Zeitpunkt der Unabhängigkeit[6]. Bis zum Wechsel der Souveränität war die französische Staatsangehörigkeit in den afrikanischen Gebieten die völkerrechtlich allein verbindliche Personalhoheit. Die Anknüpfung des Staatsangehörigkeitswechsels an den Zeitpunkt des Souveränitätswechsels durch die betroffenen Staaten bestätigt auch insofern das Prinzip der Staatensukzession bei der Unabhängigkeit der frankophonen Gebiete. Bestätigt wird auch die Annahme eines doppelten Staatsangehörigkeitswechsels bei Ausübung einer negativen Option, verbunden mit einer fiktiven Rückwirkung auf den Zeitpunkt des Souveränitätswechsels („Fiktion des Nichtwechsels")[7].

Sofern bei der positiven „Einbürgerungsoption" der Zeitpunkt ihrer Vornahme maßgebend ist, hält sich die entsprechende Regelung an die normalen Grundsätze des Einbürgerungs- und Optionsrechts[8].

Allgemein üblich ist es auch, die Berechtigung zu einer positiven Option oder Einbürgerung von einer verbindenen „Lebensbeziehung" zu diesem Staat abhängig zu machen. Diese Beziehung wurde durch das Erfordernis bestimmter, teilweise recht lockerer, Anknüpfungspunkte hergestellt[9]. Die Einbeziehung von Angehörigen dritter Staaten, die bei der Sukzession nicht beteiligt waren, ist in diesem Zusammenhang weder außergewöhnlich noch bedenklich.

Die Praxis der afrikanischen Staaten bestätigt auch einerseits, daß die Gewährung eines negativen Optionsrechts anläßlich von Gebietsveränderungen immer wieder vorkommt, sie läßt aber andererseits durch insoweit restriktives Verhalten erkennen, daß die Ermöglichung negativer und auch positiver Optionen nicht als völkerrechtliche Pflicht angesehen werden kann[10].

Unterstützt wird schließlich die Tendenz, das Auftreten von Staatenlosigkeiten zu vermeiden[11].

---

[5] Das französische Staatsangehörigkeitsgesetz (Art. 13, 152) knüpft allerdings an die Unabhängigkeit selbst insoweit keine rechtlichen Wirkungen, sondern verweist auf die Regelungen der unabhängigen Staaten (siehe oben, III, 2, b, bb, cc).

[6] Anders in Kamerun und Togo (siehe oben, III, 2, c, bb).

[7] Siehe oben, III, 5, d, bb.

[8] Siehe oben, III, 5, d, cc.

[9] Siehe oben, III, 5, c, bb, am Ende.

[10] Siehe oben, III, 5, a; III, 5, c, cc, am Ende.

[11] Siehe oben, III, 6, f.

2. Weiterentwicklung völkerrechtlicher Grundsätze und Tendenzen

Eine Weiterentwicklung völkerrechtlicher Gesichtspunkte ist besonders bei der Abgrenzung des von dem Staatsangehörigkeitswechsel betroffenen Personenkreises festzustellen. Die häufige Anwendung des Abstammungsprinzips (ius sanguinis), des Geburts- oder Herkunftsprinzips (ius soli), des Prinzips der Volkszugehörigkeit (ethnischer Ursprung) und des „possession d'état-Prinzips" (sichtbares Verhalten als Angehöriger des neuen Staates) geht einher mit einer gleichzeitigen Zurückdrängung des Domizilprinzips[1]. Daher läßt diese Praxis ebenfalls den Schluß zu, daß eine dispositive Geltung des Domizilprinzips kraft allgemeinen Völkerrechts nicht gerechtfertigt ist[2]. Zu bemerken ist auch, daß die Prinzipien des „ius sanguinis" und des „ius soli" als Anknüpfungspunkte dienen können sowohl bei dem allgemeinen Erwerb der Staatsangehörigkeit als Staatsangehörigkeit kraft Geburt als auch bei der Bestimmung des von einem Staatsangehörigkeitswechsel bei einer Staatensukzession betroffenen Personenkreises und auch der dabei zu einer negativen Option berechtigten Individuen.

Auch im Bereich des Optionsrechts zeigen sich einige gemeinsame Entwicklungstendenzen. So fällt auf, daß bei einer vermuteten stärkeren Bindung der betreffenden Person an den jeweiligen Neustaat ein negatives Optionsrecht vielfach nicht gegeben wird[3]. Zur Wirksamkeit der Optionen von Minderjährigen genügt häufig die Entscheidung der gesetzlichen Vertreter. Das 18. Lebensjahr kennzeichnet mehr und mehr den Beginn der Optionsmündigkeit, vor allem bei den einbürgerungsähnlichen positiven Optionen. Schließlich ist erwähnenswert, daß die minderjährige Ehefrau ihre negativen Optionen ohne Einwilligung selbst vornehmen kann[4].

3. Besonderheiten der Entkolonisierung

Die mit der Abgrenzung des Staatsvolkes zusammenhängenden Regelungen der afrikanischen Staaten enthalten zum Teil einige Besonderheiten, die sich aus dem spezifischen Vorgang der Dekolonisierung erklären lassen[1]. Die von den afrikanischen Staaten betonte souveräne Schaffung ihrer eigenen Staatsangehörigkeiten als Ausdruck ihrer politischen Macht stellt keine rechtliche Besonderheit dar, sondern ist die politische Erläuterung eines davon zu trennenden rechtlichen Handelns. Der Rechtsakt der Einführung eigener Staatsangehörigkeiten folgt grundsätzlich dem allgemeinen Prinzip der Staatensukzession.

---

[1] Siehe oben, III, 4, b, dd.
[2] Siehe oben, III, 3, c.
[3] Siehe oben, III, 5, c, cc.
[4] Siehe oben, III, 5, e, bb.

Eine rechtliche Besonderheit der Entkolonisierung liegt aber in der Feststellung, daß in Kamerun und Togo die Entstehung[2] der neuen Staatsangehörigkeiten zeitlich bereits vor dem Souveränitätswechsel (vollständige Unabhängigkeit) eingetreten ist. Das erklärt sich aus der besonderen Art der „gestreckten" allmählichen Verselbständigung in diesen Gebieten, wo die innere Autonomie bereits vor dem endgültigen Souveränitätswechsel weit vorangeschritten war[3]. Deshalb konnte der Grundsatz des automatischen Staatsangehörigkeitswechsels beim Souveränitätswechsel hier keine Anwendung finden.

Speziell auf die Belange der afrikanischen Bevölkerung stellen einige der Kriterien ab, die zur Abgrenzung des von dem Wechsel der Staatsangehörigkeit betroffenen Personenkreises verwandt wurden. Die Prinzipien der Volkszugehörigkeit (ethnischer Ursprung) und des sichtbaren Verhaltens als Angehöriger des neuen Staates (possession d'état) entsprechen den Bestrebungen der afrikanischen Staaten, im wesentlichen nur Angehörige des eigenen Volkes, also der eingeborenen Stämme, mit der neuen Personalhoheit zu versehen. Das Prinzip der „possession d'état" erlaubt es, ansonsten zu befürchtende Beweisschwierigkeiten (unvollkommene Registrierung des Personenstandes) zu umgehen und entsprechende Vermutungen genügen zu lassen. Auf diese Weise wird das der kolonialen Verselbständigung zugrunde liegende Streben der Afrikaner nach afrikanischer Eigenständigkeit und Selbstbehauptung gefördert und manifestiert.

Diejenigen Bestimmungen, die den Kreis der positiv Optionsberechtigten abgrenzen, kommen in ihren Wirkungen den mit der Unabhängigkeit auftretenden Bedürfnissen der neuen Staaten ebenfalls entgegen. Die Options- und Einbürgerungsmöglichkeiten zugunsten der neuen Staatsangehörigkeiten sind weitreichend und erfassen zum Teil Metropolitanfranzosen und Angehörige dritter Staaten. Auf diese Weise konnten die unabhängig gewordenen Staaten die für den weiteren Aufbau erwünschten Ausländer, insbesondere auch europäische

[1] Die erörterten völkerrechtlichen Gesichtspunkte gehören überwiegend dem Recht der Staatensukzession an, so die Frage des automatischen Staatsangehörigkeitswechsels, die Bestimmung des von dem Staatsangehörigkeitswechsel betroffenen Personenkreises, die Gewährung von negativen Optionen und die damit verbundene Frage eines doppelten Staatsangehörigkeitswechsels. Der Gesichtspunkt der positiven („Übergangs"-)Optionen liegt dagegen in der Nähe des Einbürgerungsrechts. Das Problem der Staatsangehörigkeitskonflikte tritt hier nur anläßlich der Staatensukzessionen auf, es ist im übrigen ein eigenständiger völkerrechtlicher Aspekt.

[2] In den ehemaligen Treuhandstaaten Togo und Kamerun trat genau genommen kein Wechsel der „Staatsangehörigkeit" ein, sondern die ursprüngliche Gebietsangehörigkeit wechselte zu der jeweiligen neuen Staatsangehörigkeit.

[3] Siehe oben, I, 2, c, bb, am Anfang.

Fachkräfte, in den eigenen Staatsverband integrieren. Ein der Regierung in der Regel zustehendes Oppositionsrecht ermöglichte die Zurückweisung unerwünschter Personen.

Desgleichen entspricht der Zeitpunkt des Wirksamwerdens der positiven Optionen in den Fällen der — zumindest fiktiven — Rückwirkung auf den Tag der Unabhängigkeit den Belangen der afrikanischen Staaten. So ist sichergestellt, daß die betreffenden Personen von Anfang an dem neuen Staat angehören[4].

4. Nichtbeachtung völkerrechtlicher Grundsätze und Tendenzen

In einigen Bereichen schließlich haben die neuen Staaten bestehende völkerrechtliche Grundsätze und Tendenzen nicht beachtet. So widerspricht bei der Abgrenzung des von dem Staatsangehörigkeitswechsel betroffenen Personenkreises die automatische Einbeziehung von Personen, die zuvor nicht die französische Staatsangehörigkeit besaßen, dem Prinzip der Staatensukzession. Angesichts der darin liegenden Völkerrechtswidrigkeit läßt sich insoweit die Unwirksamkeit dieser Regelungen bejahen, die *völkerrechtskonform ausgelegt* werden müssen.

Die Zurückdrängung des Domizilprinzips bei der Bestimmung der neuen Staatsvölker widerspricht einer zumindest in der Vergangenheit anläßlich von Gebietsveränderungen häufig geübten Tendenz. Dadurch wird offenbar, daß die Hervorhebung des Domizilprinzips als eines dispositiven Völkerrechtssatzes durch die frankophone afrikanische Praxis überwiegend nicht bestätigt wird.

Eine aus dem häufigen Auftreten negativer Optionen bei Souveränitätswechseln etwa angenommene völkerrechtliche Pflicht zu deren Gewährung wird ebenfalls eher widerlegt. Negative Optionen werden von den afrikanischen Staaten nur recht sparsam zur Verfügung gestellt.

Dadurch, daß bei der Unabhängigkeit mehrfache Staatsangehörigkeiten nicht vermieden werden, wird die entgegenstehende völkerrechtliche Tendenz ebenfalls nicht beachtet.

Generell läßt sich aber sagen, daß Bestätigung und Weiterentwicklung völkerrechtlicher Grundsätze und Tendenzen überwiegen, unter gelegentlicher Berücksichtigung von spezifischen Besonderheiten der Entkolonisierung im frankophonen Schwarzen Afrika.

---

[4] Die auf diese Weise erworbene neue Staatsangehörigkeit konnte damit von der Unabhängigkeit an „iure sanguinis" weitergegeben werden.

Nachtrag

Die hier vorgelegte Abhandlung geht, soweit französisches Recht relevant ist, von dem französischen Staatsangehörigkeitsgesetz vom 19. Oktober 1945 und der Ergänzung vom 28. Juli 1960 aus. Dieses Gesetz wurde durch eine Novellierung vom 9. Januar 1973 geändert, wobei auch der Bereich der Zessionen und der Verselbständigung von überseeischen Departements und Territorien neu geregelt wurde[1]. Eine Änderung trat zunächst formal insoweit ein, als der Komplex der Verselbständigung überseeischer Gebiete aus Art. 13 herausgenommen wurde und nun vollständig in Titel VII (Art. 152 bis 157) abgehandelt wird. Nach Art. 24 Abs. I des Rahmengesetzes zum Staatsangehörigkeitskodex vom 9. Januar 1973 wird das zeitliche Inkrafttreten der neuen Vorschriften in den betreffenden Gebieten auf den 10. Juli 1973 festgesetzt. Bis dahin gilt für den fraglichen Personenkreis die Regelung, daß er sich die französische Staatsangehörigkeit in Anwendung des Gesetzes vom 28. Juli 1960 „anerkennen" lassen kann. Im übrigen werden die staatsangehörigkeitsrechtlichen Folgen des Erwerbes fremden und der Abtretung französischen Territoriums in Art. 12 zusammengefaßt.

Inhaltlich ist zu diesen Neuregelungen Folgendes zu sagen:

1. Der Grundsatz des automatischen Staatsangehörigkeitswechsels bei Staatensukzessionen wird bestätigt (Art. 12).

2. Die im Gesetz vom 28. Juli 1960 getroffenen Regelungen bezüglich der Entkolonisierung werden im Ergebnis überwiegend aufrechterhalten (Art. 152, 153, 155).

   a) So haben die vom Territorium der Republik Frankreich stammenden Personen, die am Tage der Erlangung der Unabhängigkeit ihren Wohnsitz in einem Neustaat hatten, die französische Staatsangehörigkeit beibehalten (Art. 152).

   b) Die Übertragung einer neuen Staatsangehörigkeit durch ein Gesetz des betreffenden Neustaates führt zu einem Verlust der bisherigen französischen Staatsangehörigkeit bei Personen, die

[1] Vgl. im einzelnen E. *Tomson*, Das Staatsangehörigkeitsrecht Frankreichs (nach dem Gesetz vom 9. Januar 1973), in: Sammlung geltender Staatsangehörigkeitsgesetze, Band 29 a, herausgegeben von der Forschungsstelle für Völkerrecht und ausländisches öffentliches Recht der Universität Hamburg, Frankfurt/M., 1974, S. 12 ff., 67 ff., 98 ff.

am Unabhängigkeitstag in dem jeweiligen Neustaat ihren Wohnsitz hatten (Art. 155 e contrario). Insoweit wird das Domizilprinzip ausdrücklich bestätigt.

c) Die ehemaligen französischen Staatsangehörigen und jetzigen Angehörigen der Neustaaten, die am Unabhängigkeitstag ihren Wohnsitz auf dem Territorium des jeweiligen Neustaates hatten, können, wenn sie ihren Wohnsitz in Frankreich begründet haben, wieder eingebürgert werden („peuvent ... être réintegrées", Art. 153). Damit wird die ursprüngliche „reconnaissance" durch eine ausdrückliche „réintegration" ersetzt. Darin liegt aber insofern keine Änderung, als die ursprüngliche „reconnaissance" auch schon als eine Art Wiedereinbürgerung angesehen werden konnte.

Literaturverzeichnis

Alliot, Michel: L'attribution de la nationalité à titre originaire dans les Etats africains francophones, Congrès de l'I. D. E. F. tenu à Bujumbura du 10 au 19 août 1971 sur la nationalité, RJPIC, 1971, Nr. 4, S. 603 ff.

Audinet: in: Répertoire de droit international, herausgegeben von A. de Lapradelle und J. P. Niboyet, Band I, Paris, 1929.

Bardonnet, Daniel: La succession d'Etats à Madagascar (Succession au droit conventionnel et aux droits patrimoniaux), Paris, 1970.

Bastid, Paul: Cours de droit international public, Paris, 1950/51.

Batiffol, Henri: Droit international privé, 4. Aufl., Paris, 1967.

— Note, C. A. Aix, 10 décembre 1947, Revue critique de droit international privé, 1948, S. 271 ff.

— Note, Cour d'appel de Montpellier, Revue critique de droit international privé, 1951, S. 272 ff.

Bedjaoui, Mohammed: Problèmes récents de succession d'états dans les Etats nouveaux, Recueil des Cours (RdC), tome 130, 1970, II, S. 455 ff.

Berber, Friedrich: Lehrbuch des Völkerrechts, Band I, München-Berlin, 1960.

Bernhardt, Rudolf: Option, in: Strupp-Schlochauer, Wörterbuch des Völkerrechts, 2. Aufl., Berlin, 1961, Band II, S. 661 ff.

Biéville, Marc de: La naissance d'une nouvelle nationalité en Afrique: la nationalité camerounaise, RJPOM 15, 1961, S. 600 ff.

Bilbao, René: La nationalité française et l'accession à l'Indépendance des anciens territoires d'outre-mer, Penant 71, 1961, S. 517 ff.

— Le droit malgache de la nationalité, Paris, 1965.

— Statuts civils et nationalité, Revue Sénégalaise de Droit, 1969, Nr. 5, S. 28 ff.

Bleckmann, Albert: Das französische Kolonialreich und die Gründung neuer Staaten. Die Rechtsentwicklung in Syrien/Libanon, Indochina und Schwarzafrika; Max-Planck-Institut für Ausländisches Öffentliches Recht und Völkerrecht, Beiträge, Band 50, Köln - Berlin - Bonn - München, 1969.

Borella, François: L'évolution de la Communauté en 1960: De la Communauté constitutionnelle à la Communauté conventionnelle, AFDI, tome 6, 1960, S. 925 ff.

Boulbès, Raymond: Droit français de la nationalité, Paris, 1956.

— Nationalité française, Paris, 1960.

Bourel, Pierre: La conjonction du droit africain et du droit européen dans le droit des conflits de lois en Afrique noire francophone, Annales africaines 1968, S. 53 ff.

Brin, Henri-Louis: La nationalité française dans les territoires d'outre-mer, Nouvelle revue de droit international privé, tome 15, 1948, S. 9 ff.

— La nationalité française dans les territoires d'outre-mer (décret du 24 février 1953), Paris, 1954.

Castro, Federico de: La nationalité, la double nationalité et la supranationalité, Recueil des Cours (RdC), tome 102, 1961, I, S. 515 ff.

Cavaré, Louis: Le droit international public positif, tome 1, Paris, 1951.

Chatelain, Jean: La nouvelle constitution et le régime politique de la France, Paris, 1959.

Cogordan, Georges: La nationalité au point de vue des rapports internationaux, 2. Aufl., Paris, 1890.

Cohen, Rosalyn: Legal problems arising from the dissolution of the Mali Federation, in: The British Yearbook of International Law 1960, S. 375 ff.

Creppy, Robert Kanyi: La nationalité togolaise, Congrès de l'I. D. E. F. tenu à Bujumbura du 10 au 19 août 1971 sur la nationalité, RJPIC 1971, Nr. 4, S. 577 ff.

Dahm, Georg: Völkerrecht, Band I, Stuttgart, 1958.

Decheix, Pierre: Le code de la nationalité dahoméenne, RJPIC 19, 1965, S. 605 ff.

— Le code de la nationalité malienne, Penant 73, 1963, S. 300 ff.

— Note, Tribunal de Dakar, 17. April 1971, Penant 82, 1972, S. 85 ff.

Decottignies, Roger: La condition des personnes au Togo et au Cameroun, Annales africaines 1957, S. 7 ff.

— L'application du code de la nationalité dans les territoires d'outre-mer (décret du 24 février 1953), Annales africaines 1954, S. 49 ff.

— Les nouvelles nationalités africaines, Penant 74, 1964, S. 9 ff.

— Nationalité et citoyenneté 1959 en Afrique noire, Annales africaines 1959, S. 41 ff.

Decottignies, Roger / *Biéville*, Marc de: Les nationalités africaines, Paris, 1963.

Delbez, Louis: Manuel de droit international public, 2. Aufl., Paris, 1951.

Despagnet, Frantz: Cours de droit international public, 4. Aufl., herausgegeben von de Boeck, Paris, 1910.

Diarra, Tiémoko Diatigui: Caractères particuliers du code de la nationalité au Mali, Congrès de l'I. D. E. F. tenu à Bujumbura du 10 au 19 août 1971 sur la nationalité, RJPIC 1971, Nr. 4, S. 539 ff.

Dieye, Abdoulaye: La nationalité française dans les anciens territoires d'outre-mer après la loi du 28 juillet 1960, Revue sénégalaise de droit, März 1970, Nr. 7, S. 119 ff.

Dölle, Hans / *Reichert-Facilides*, Fritz / *Zweigert*, Konrad: Internationalrechtliche Betrachtungen zur Dekolonisierung, Tübingen, 1964, in: Recht und Staat, H. 280/281.

Dumas, Jean-Pierre: Effets de la décolonisation sur la nationalité française des métis, RJPIC 24, 1970, I, S. 35 ff.

Dumont (de Carels-Croon), Jean: Corps universel diplomatique du droit des gens, tome 1 - 8, 1726 - 1731.

Fauchille, Paul: Traité de droit international public, Band I, 1. Teil, Paris, 1922; zugleich 8., völlig neubearbeitete Auflage des Lehrbuchs von H. Bonfils.

Feer, Robert Ernest: Die mehrfache Staatsangehörigkeit natürlicher Personen, Diss., Zürich, 1955.

Fenwick, Charles G.: International Law, 3. Aufl., New York, 1948.

Folleville, Daniel de: Traité théorique et pratique de la naturalisation, Paris, 1880.

Foyer, Jean: Travaux du comité français de droit international privé, 1960 - 1962, S. 139 ff.

Gandolfi, Alain: Naissance et mort sur le plan international d'un état éphémère: la Fédération du Mali, AFDI, tome 6, 1960, S. 881 ff.

Gaudin de Lagrange, E. de: Nationalité française 1963, in: Recueil Dalloz, 1963, S. 107 ff.

Glélé, Maurice-A.: Naissance d'un Etat noir. L'évolution politique et constitutionnelle du Dahomey, de la colonisation à nos jours, Paris, 1969.

Goerdeler, Rainer: Die Staatensukzession in multilaterale Verträge. Eine Darstellung der Praxis der Gebietsnachfolger Frankreichs in Afrika, Berlin, 1970.

Gonidec, P. F.: Droit d'outre-mer, tome 1, 2, Paris, 1959, 1960.

— La nationalité dans les Etats de la Communauté et dans les Etats „marginaux", AFDI 7, 1961, S. 814 ff.

— L'Etat africain, Paris, 1970.

— Note sur la nationalité et les citoyennetés dans la Communauté, AFDI 5, 1959, S. 748 ff.

Graupner, Rudolf: Nationality and State Succession. General Principles of the Effect of Territorial Changes on Individuals in International Law, Transactions of the Grotius Society 1946, vol. 32, London, 1947, S. 87 ff.; abgedruckt in: Staatsangehörigkeit, kleine Schriften.

Grawert, Rolf: Staat und Staatsangehörigkeit. Verfassungsgeschichtliche Untersuchung zur Entstehung der Staatsangehörigkeit, Berlin, 1973.

Guggenheim, Paul: Lehrbuch des Völkerrechts, Band I, Basel, 1948.

Gulphe, Pierre: Le certificat de nationalité sénégalaise, RJPIC 1971, Nr. 2, S. 179 ff.

Hecker, Helmuth: Die Staatsangehörigkeitsvorschriften der Staaten Afrikas, Verfassung und Recht in Übersee, 1968, 1. Quartal, S. 65 ff.

— Mehrseitige völkerrechtliche Verträge zum Staatsangehörigkeitsrecht, Sammlung geltender Staatsangehörigkeitsgesetze, herausgegeben von der Forschungsstelle für Völkerrecht und ausländisches öffentliches Recht der Universität Hamburg, Band 30, Frankfurt/M. - Berlin, 1970.

Hecker, Helmuth / *Tomson,* Edgar: Das Staatsangehörigkeitsrecht Frankreichs einschließlich der Überseegebiete und ehemaligen Kolonien, Sammlung geltender Staatsangehörigkeitsgesetze, herausgegeben von der Forschungsstelle für Völkerrecht und ausländisches öffentliches Recht der Universität Hamburg, Band 29, Frankfurt/M. - Berlin, 1968.

Heller, Hermann: Die Souveränität, Berlin - Leipzig, 1927.

Herbig, Gottfried: Staatensukzession und Staatenintegration. Ein Beitrag zur Frage der Kontinuität völkerrechtlicher Verträge bei Staatenzusammenschlüssen, Mainz, 1968.

Herbst, Leonore: Staatensukzession und Staatsservituten, Berlin, 1962.

Huber, Max: Die Staatensuccession. Völkerrechtliche und staatsrechtliche Praxis im 19. Jahrhundert, Leipzig, 1898.

Jellinek, Georg: Allgemeine Staatslehre, 3. Aufl., 7. Neudruck, Darmstadt, 1960.

Jellinek, Hansjörg: Der automatische Erwerb und Verlust der Staatsangehörigkeit durch völkerrechtliche Vorgänge, zugleich ein Beitrag zur Lehre von der Staatensukzession; Max-Planck-Institut für ausländisches öffentliches Recht und Völkerrecht, Beiträge, Heft 27, Berlin - Detmold - Köln, 1951.

Jerusalem, Franz W.: Grundsätze des französischen Kolonialrechts, in: Kapitel III, das Recht der Staatsangehörigkeit in den Kolonien, Berlin, 1909, S. 81 - 119.

Kaufmann, Erich: Règles générales du droit de la paix, Recueil des Cours (RdC), tome 54, 1935, IV, S. 313 ff.

Kelsen, Hans: Souveränität, in: Strupp-Schlochauer, Wörterbuch des Völkerrechts, Band III, 2. Aufl., Berlin, 1962, S. 278 ff.

Kordt, Erich / *Zemanek*, Karl: Gegenwärtige Fragen der Staatensukzession, in: Berichte der deutschen Gesellschaft für Völkerrecht, Heft 5, Karlsruhe, 1964, S. 1 ff.

Krüger, Herbert: Allgemeine Staatslehre, Stuttgart, 1964.

Kunz, Joseph L.: Die völkerrechtliche Option, 1. Band, Breslau, 1925.

— L'option de nationalité, Recueil des Cours (RdC), tome 31, 1930, I, S. 111 - 175.

Lacharrière, René de: L'évolution de la Communauté Franco-Africaine, AFDI, tome 6, 1960, S. 9 ff.

Lagarde, Paul: De quelques conséquences de la décolonisation sur le droit français de la nationalité, in: Mélanges offerts à René Savatier, Paris, 1965, S. 511 ff.

Lampué, Pierre: La diversité des statuts de droit privé dans les Etats africains, Penant 71, 1961, S. 1 ff.

— Le droit de la nationalité française dans les territoires d'outre-mer, Congrès de l'I. D. E. F. tenu à Bujumbura du 10 au 19 août 1971 sur la nationalité, RJPIC 1971, Nr. 4, S. 741 ff.

— Note, Cour d'appel de Bangui, 5. Juni 1963, Penant 74, 1964, S. 213 ff.

— Note, Conseil d'Etat, 14. Juni 1963, Razafindrainibe, mit Schlußanträgen von Chardeau, Penant 74, 1964, S. 345 ff.

Lanz, Wilhelm-Albert: Der Wechsel der Staatsangehörigkeit und das Optionsrecht nach dem Versailler Vertrag, Diss. Heidelberg, in: Kleine Schriften über Staatsangehörigkeit und Völkerrecht, Band II.

Lavroff, Dmitri Georges / *Peiser*, Gustave: Les Constitutions africaines; l'Afrique Noire Francophone et Madagascar, texte et commentaire, tome premier, Paris, 1961.

l'Huillier, Jean: Eléments de droit international public, Paris, 1950.

Luchaire, François: Droit d'outre-mer, Paris, 1959.

Mabilat, P.: Note, Cour suprême du Gabon 4. 1. 1971, Penant 81, 1971, S. 373 ff.

Makarov, Alexander N.: Allgemeine Lehren des Staatsangehörigkeitsrechts, 2. Aufl., Stuttgart, 1962.

— Deutsches Staatsangehörigkeitsrecht, Kommentar, Frankfurt/M. - Berlin, 1971.

— Staatsangehörigkeit, in: Strupp-Schlochauer, Wörterbuch des Völkerrechts, Band III, 2. Aufl., Berlin, 1962, S. 323 ff.

— Zur Behandlung von deutschen Zwangseinbürgerungen 1938 bis 1945, JZ 1952, S. 403 ff.

Marcoff, Marco G.: Accession à l'Indépendance et succession d'états aux traités internationaux, Freiburg (Schweiz), 1969.

Martens, Georges Frédéric de: Recueil de traités, 2. Aufl., tome 1 - 8, Göttingen, 1817 - 1835.

— Nouveau recueil de traités, tome 1 - 16, 1817 - 1842.

— Nouveau recueil général de traités, 1. Serie, tome 1 - 20, Göttingen, 1843 - 1875; 2. Serie, tome 1 - 35, Göttingen, 1876 - 1908.

Marticou-Riou, Anne: Les statuts personnels au Cameroun, Revue sénégalaise de droit, 1969, Nr. 5, S. 40 ff.

Mayinguidi, Etienne: La nationalité en République populaire du Congo, Congrès de l'I. D. E. F. tenu à Bujumbura du 10 au 19 août 1971 sur la nationalité, RJPIC 1971, Nr. 4, S. 479 ff.

M'Baye Kéba: L'attribution de la nationalité sénégalaise „iure soli“ et l'option de nationalité dans la loi sénégalaise du 7 mars 1961, Penant 71, 1961, S. 347 ff.

Meessen, Karl Matthias: Die Option der Staatsangehörigkeit, Berlin, 1966.

Menzel, Eberhard: Staatensukzession, in: Strupp-Schlochauer, Wörterbuch des Völkerrechts, 2. Aufl., Band III, Berlin, 1962, S. 306 ff.

— Völkerrecht, München - Berlin, 1962.

Millot, Albert: Les mandats internationaux. Etude sur l'application de l'article 22 du Pacte de la Société des Nations, Paris, 1924.

Mosler, Hermann: Wirtschaftskonzessionen bei Änderungen der Staatshoheit. Eine völkerrechtliche Studie, Stuttgart, 1948.

Münch, Ingo von: Verselbständigung von Staatsteilen, in: Strupp-Schlochauer, Wörterbuch des Völkerrechts, 2. Aufl., Band III, Berlin, 1962, S. 523 ff.

Nemin, Noel: La nationalité ivoirienne, Congrès de l'I. D. E. F. tenu à Bujumbura du 10 au 19 août 1971 sur la nationalité, RJPIC 1971, Nr. 4, S. 493 ff., 501 (débats).

Ngongang-Ouandji, André: Acquisition et perte de la nationalité camerounaise, Congrès de l'I. D. E. F. tenu à Bujumbura du 10 au 19 août 1971 sur la nationalité, RJPIC 1971, Nr. 4, S. 471 ff.

Niang, Mamadou Moustapha: La condition juridique des Sénégalais en France, Revue sénégalaise de droit, 1971, Nr. 9, S. 5 ff.

Niboyet, Jean Paul: Traité de droit international privé français, tome I, Paris, 1947.

O'Connell, Daniel Patrick: International Law, Vol. I, London - New York, 1965.

— The Law of State Succession, Cambridge, 1956.

— State Succession in Municipal Law and International Law, Vol. I, Cambridge, 1967.

Parry, Clive: Nationality and Citizenship Laws of the Commonwealth and of the Republic of Ireland, London, 1957.

Pillet, Antoine: Traité pratique de droit international privé, tome I, Grenoble - Paris, 1923.

Quadri, Rolando: Diritto Internazionale Pubblico, 4. Aufl., Palermo, 1963.

Quaritsch, Helmut: Staat und Souveränität, Band I, Die Grundlagen, Frankfurt/M., 1970.

Razafimandranto, Rachel: Le droit de la nationalité malgache, Congrès de l'I. D. E. F. tenu à Bujumbura du 10 au 19 août 1971 sur la nationalité, RJPIC 1971, Nr. 4, S. 523 ff.

Reuter, Paul: Droit international public, Paris, 1963.

Rivierez, Hector: Nationalité et citoyenneté des originaires de l'île Sainte-Marie de Madagascar, Congrès de l'I. D. E. F. tenu à Bujumbura du 10 au 19 août 1971 sur la nationalité, RJPIC 1971, Nr. 4, S. 533 ff.

Rousseau, Charles: Droit international public approfondi, Paris, 1961.

Salacuse, Jeswald W.: An Introduction to Law in French-Speaking Africa, Vol. I, Africa South Of The Sahara; Charlottesville (Virginia, USA), 1969.

Sall, Amadou Clédor / *Diop*, Abdoulaye: La nationalité au Sénégal, Congrès de l'I. D. E. F. tenu à Bujumbura du 10 au 19 août 1971 sur la nationalité, RJPIC 1971, Nr. 4, S. 555 ff.

Sao, Marankan: Les dispositions transitoires du Code de la nationalité nigérienne, Congrès de l'I. D. E. F. tenu à Bujumbura du 10 au 19 août 1971 sur la nationalité, RJPIC 1971, Nr. 4, S. 545, 546.

Scelle, Georges: Manuel de droit international public, Paris, 1948.

— Précis de droit des gens. Principes et systématiques. Deuxième partie, Paris, 1934.

Schätzel, Walter: Der Staatsangehörigkeitswechsel bei Gebietsveränderungen, in: Schriften zum Staatsangehörigkeitswechsel, Sonderabdruck aus: Zeitschrift für Völkerrecht, Band XII, Heft 1/2, 1923, S. 86 - 116.

— Die elsass-lothringische Staatsangehörigkeitsregelung und das Völkerrecht, Berlin, 1929.

Scherk, Nikolaus: Dekolonisation und Souveränität. Die Unabhängigkeit und Abhängigkeit der Nachfolgestaaten Frankreichs in Schwarzafrika, Wien - Stuttgart, 1969.

Schmidt, Horst-Alex: Staatsangehörigkeitswechsel bei Staatensukzessionen, Diss., München, 1966.

Schoenborn, Walther: Staatensukzessionen, in: Stier-Somlo's Handbuch des Völkerrechts, 2. Band, Stuttgart, 1913.

Seid, Joseph Brahim: Les modes d'attribution et d'acquisition de la nationalité tchadienne, Congrès de l'I. D. E. F. tenu à Bujumbura du 10 au 19 août 1971 sur la nationalité, RJPIC 1971, Nr. 4, S. 565 ff.

Sereni, Angelo Piero: Diritto Internazionale, Band II, 1. Teil, Organizzazione Internazionale, soggeti a carattere territoriale, Mailand, 1958.

Sibert, Marcel: Traité de droit international public. Le droit de la paix. Tome I, Paris, 1951.

Simson, Werner von: Die Souveränität im rechtlichen Verständnis der Gegenwart, Berlin, 1965.

Stoerk, Felix: Option und Plebiszit bei Eroberungen und Gebietszessionen, Leipzig, 1879.

Stokar von Neuforn, Kurt: Die völkerrechtliche Option vor und nach dem Weltkrieg mit besonderer Berücksichtigung ihrer Durchführung in der Tschechoslowakei, Diss., 1932.

Strupp, Karl: Documents pour servir à l'histoire du droit des gens, 2e éd., considérablement augmentée des „Urkunden zur Geschichte des Völkerrechts", tome IV, Berlin, 1923.

Stülken, Gustav: Die mehrfache Staatsangehörigkeit, Diss., 1934; in: Kleine Schriften über Staatsangehörigkeit und Völkerrecht, Band I.

Terré, François: A propos de la nationalité malgache, Penant 71, 1961, S. 399 ff.

— La reconnaissance de la nationalité française, Penant 71, 1961, S. 17 ff.

Thiam, Doudou: La portée de la citoyenneté française dans les territoires d'outre-mer, Paris, 1953.

Tomson, Edgar: Das Staatsangehörigkeitsrecht des frankophonen Schwarzen Afrika, Sammlung geltender Staatsangehörigkeitsgesetze, herausgegeben von der Forschungsstelle für Völkerrecht und ausländisches öffentliches Recht der Universität Hamburg, Band 28, Frankfurt/M. — Berlin, 1967.

— Das Staatsangehörigkeitsrecht Frankreichs (nach dem Gesetz vom 9. Januar 1973), in: Sammlung geltender Staatsangehörigkeitsgesetze, herausgegeben von der Forschungsstelle für Völkerrecht und ausländisches öffentliches Recht der Universität Hamburg, Frankfurt/M., 1974. (Nur im Nachtrag.)

Toure, Moussa: Du contentieux et de la preuve de la nationalité tchadienne, Congrès de l'I. D. E. F. tenu à Bujumbura du 10 au 19 août 1971 sur la nationalité, RJPIC 1971, Nr. 4, S. 571 ff.

Triepel, Heinrich: Virtuelle Staatsangehörigkeit, in: Abhandlungen zum Friedensvertrage, Heft 1 - 5, Berlin, 1921.

— Völkerrecht und Landesrecht, Leipzig, 1899.

Verdier, Jean-Maurice: Décolonisation et développement en droit international privé (Essai d'une systématisation à partir de l'expérience française), Journal du Droit International (Clunet), 1962, S. 904 ff.

Verdross, Alfred: Völkerrecht, 5. Aufl., Wien, 1964.

Visscher, Charles de: Théories et réalités en droit international public, Paris, 1953.

Weis, Paul: Nationality and statelessness in International Law, London, 1956.

— Staatsangehörigkeit und Staatenlosigkeit im gegenwärtigen Völkerrecht, Berlin, 1962.

Weiss, André: Traité théorique et pratique de droit international privé, 2. Aufl., Band I, Paris, 1907.

Wengler, Wilhelm: Völkerrecht, Band II, Berlin - Göttingen - Heidelberg, 1964.

— Betrachtungen zum Begriff der Staatsangehörigkeit, in: Internationalrechtliche und staatsrechtliche Abhandlungen, Festschrift für Walter Schätzel zu seinem 70. Geburtstag, Düsseldorf, 1960.

Werner, Auguste-Raynald: Essai sur la réglementation de la nationalité dans le droit colonial français, Paris, 1936.

Winter, Louis J. de: Nationality or domicile? The present state of affairs, Recueil des Cours (RdC), tome 128, 1969, III, S. 347 ff.

Zatzépine, Alexandre: Attribution et acquisition de la nationalité dans les états africains d'expression française et à Madagascar, RJPOM 17, 1963, S. 86 ff.

— Le droit de la nationalité des républiques francophones d'Afrique et de Madagascar, Paris, 1963; Mise à jour 1966, Paris, 1967 (auch RJPOM 16, 1962, S. 455 ff., La nationalité dans les états africains d'expression française et à Madagascar).

Zemanek, Karl: State succession after decolonization, Recueil des Cours (RdC), tome 116, 1965, III, S. 181 ff.

Zippelius, Reinhold: Allgemeine Staatslehre, 3. Aufl., München, 1971.

Zorome, Malick / *Tani*, Edouard: Attribution, acquisition et perte de la nationalité voltaique, Congrès de l'I. D. E. F. tenu à Bujumbura du 10 au 19 août 1971 sur la nationalité, RJPIC 1971, Nr. 4, S. 513 ff.

FSC
www.fsc.org
MIX
Papier | Fördert gute Waldnutzung
FSC® C083411

Kolibri 360 GmbH
Ferdinand-Jühlke-Straße 7
99095 Erfurt, Deutschland
produktsicherheit@kolibri360.de

Druck:
CPI Druckdienstleistungen GmbH
im Auftrag der
Kolibri 360 GmbH
Ferdinand-Jühlke-Str. 7
99095 Erfurt